乡愁花湖

严基树　主编

武汉出版社

图书在版编目（CIP）数据

乡愁花湖 / 严基树主编. -- 武汉 ： 武汉出版社，
2024. 7. -- ISBN 978-7-5582-6934-9

Ⅰ. K296.33-53；K892.463.3-53

中国国家版本馆 CIP 数据核字第 2024061YF8 号

乡愁花湖
XIANGCHOU HUAHU

主　　编：严基树
责任编辑：赵　可
出　　版：武汉出版社
社　　址：武汉市江岸区兴业路 136 号　　邮　　编：430014
电　　话：（027）85606403　　　　85600625
http://www.whcbs.com　　E-mail：whcbszbs@163.com
印　　刷：武汉鑫佳捷印务有限公司　　经　　销：新华书店
开　　本：787mm×1092mm　　　1/16
印　　张：25.75　　　　字　　数：397 千字
版　　次：2024 年 11 月第 1 版　　2024 年 11 月第 1 次印刷
定　　价：98.00 元

《乡愁花湖》编辑委员会

顾　　　问：熊明新

编委会主任：尹　彬

副　主　任：王　杰　廖金星　余建兵　王　涛

执 行 委 员：张细宏　熊　聪　戴君华　漆　锟　严　建　刘　杜

委　　　员（按姓氏笔画排序）：

　　　　　　丁羽奇　王友燕　方征武　刘喜珍　江大泉　严　斌　严大新

　　　　　　严小燕　严子滨　严泽宏　严基元　严基树　严基亮　严新恒

　　　　　　李　春　李凤梅　李共明　邱　风　何元华　余　剑　汪智明

　　　　　　陈　露　邵立松　邵国发　邵国春　林金寿　赵善全　袁泽江

　　　　　　高　倩　唐伶俐　陶　峰　曹　平　龚顺良　熊寿昌

主　　　编：严基树

副　主　编：熊寿昌

总　策　划：夏建国

策　　　划：邱　风

设　　　计：严泽宏

审　　　编：邵国春

编　　　务：严子滨

摄　　　影：严泽宏　范修海　朱文秋　周园林　吴国强　余金水　赵承舟

校　　　核：赵晓静　韩　维

乡愁花湖

鄂州市人民政府办公大楼

鄂州——百湖之市

中国优秀旅游城市

文峰古塔

莲花山花园

郷愁花湖

万里长江第一阁——观音阁

三国历史文化城——吴王古城

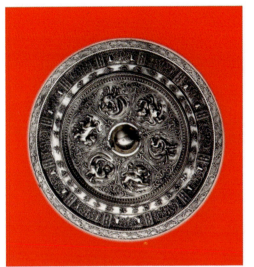
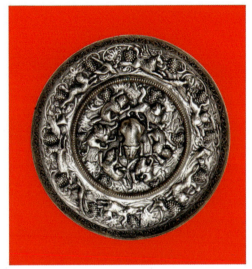

古铜镜

孙权广场

乡愁花湖

鄂州市临空经济区（产业孵化基地）

鄂州花湖机场航站楼

燕矶镇人民政府办公楼

杨叶镇人民政府办公楼

新庙镇人民政府办公楼

沙窝乡人民政府办公楼

湖北国际物流核心枢纽项目开工仪式

鄂州花湖机场鸟瞰图

湖北国际物流核心枢纽项目开工庆典

鄂州花湖机场塔台

乡 愁 花 湖

鄂州市会展中心

鄂州市公共医疗卫生中心

乡愁花湖

长江南岸明珠燕矶镇

临空经济区

乡愁花湖

沙窝乡神塘街

鸟瞰走马湖

乡愁花湖

花马湖风光

杨叶平石石窟

花湖机场拆迁区乡村记忆

沙窝走马高石头

鄉愁花湖

难忘的乡愁

难忘的乡愁

百节龙申报吉尼斯

百节龙到市区迎春送福

百节龙博物馆

百节龙民间习俗围龙塘

国家级非遗——嵩山百节龙

临空经济区民俗文化博物馆

熊明新

　　"花湖"二字，以往鄂州人乍一听，首先在脑海中呈现的是那一片微风荡漾下波光粼粼、船只穿梭的湖泊，或者是车水马龙的花湖集镇、开发区。随着2019年花湖机场正式命名挂牌，"花湖"立即成为这座规模世界第四、亚洲第一的国际物流机场的法定名片，逐渐声名远播！

　　鄂州市素有"百湖之市"的美誉，位于鄂州东南、靠近黄石并与黄冈隔江相望的花湖，自古就是鄂州百湖之中为数不多的独立通江水系。千百年来，花湖宛若一朵盛开的鲜花，镶嵌在鄂州东南这片美丽而神奇的土地上。

　　作为湖泊，花湖全名花马湖，是花家湖和走马湖的合称。其中，走马湖等三湖又称上湖或上三湖，花家湖为下湖。今天的花家湖原名华家湖。传说华家湖中有座山，山上有一种奇特的白石，在太阳照耀下闪闪发光，整座山则如盛开的花朵，因而民间称此山为花山。该地方言"花""华"音近，花山后来逐渐被湖区百姓称为华山，附近的这个湖泊顺理成章就成为华家湖了。

　　花湖流域地跨鄂州市东南部的花湖、汀祖、新庙、燕矶、杨叶、沙窝等6个乡镇，这里地处鄂州、黄石两市交界，其中花湖、汀祖地区在1955年以前属黄石大冶，1955年底鄂城和大冶区划调整时从大冶划入鄂城。之后鄂城县设立汀祖区花湖乡，花湖不仅取代了原来的湖名华家湖，还开始作为地名一直沿用。

　　2016年4月6日，随着国家民航局正式批复鄂州（花湖）机场选址的消息发布，花马湖地区迅速成为一片热土。自2017年10月启动机场建设征地拆迁以来，该地群众为支持国家建设，积极配合、无私奉献，半年之内机场核心区范围内近两万群众全部搬家腾地。随后因配套设施建设需要，更多群众陆续动迁。伴随着物流枢纽建设的全面推进，未来该地区还会有更多群众将惜别故土，拥抱新城，开创崭新的城市生活。为留住花湖地区群众共同的乡愁记忆，《乡愁花湖》

编委会在鄂州市民政局、临空经济区和鄂城区的支持下，历时两年，编纂完成《乡愁花湖》一书，这是一件回应群众期待、有温度的好事。

《乡愁花湖》记录了花湖地区的诸多人文史实和民间故事。全书从花湖文脉、乡愁记忆、红色土地、乡愁文化、古朴民俗、地方特色等六个方面记述了花湖流域6个乡镇的地理环境、历史渊源、民间故事、民俗传统与家族文化，内容丰富、条理清晰，可谓一幅区域化的风土人情长卷。书中很多内容通过编纂人员访谈挖掘、现场考证、考据整理而来，对保护地方文化资源、继承红色革命传统、弘扬特色民俗传统有非常积极的意义。

在各地快速城市化的进程中，如何同步做好地方历史文化的整理和保护，《乡愁花湖》无疑做了一次有益的探索和尝试。我充分相信，花湖地区的父老乡亲皆能通过本书，唤起美好记忆，激发奋进动力；其他地区的读者也能看见魅力花湖，生发无限向往。从这个意义上说，《乡愁花湖》虽算不上鸿篇巨制，但实实在在地开启了一扇连通花湖历史和未来的大门，值得点赞！

是为序。

2023 年 11 月 12 日

（作者为中共鄂州市委原副书记、一级巡视员）

　　"望得见山，看得见水，记得住乡愁。"习近平总书记2013年7月22日视察鄂州并与峒山社区村民代表亲切座谈时，留下生态文明建设的殷殷嘱托。乡愁，那是一种魂牵梦萦的牵挂，如同远方的灯火，总是在人们心底燃烧。"悠悠天宇旷，切切故乡情。"这首唐代诗人张九龄创作的《西江夜行》，写出了离乡游子对故土的思念之情。留住记忆，留住乡愁，是我们这一代人的历史责任。鄂州市地名文化研究会组织的"鄂州地名历史文化丛书"编纂项目以及"五古"（古镇、古村落、古遗址、古桥、古树）立档调查活动，就是留住历史遗产、记住乡愁的一个历史性的文化工程，是广大地名历史文化工作者出于爱国爱乡、尊重历史、弘扬传统、传承文化的火热情怀所担负的一大重任，也是"留住乡愁，传承文化"的阶段性成果。

　　鄂州临空经济区域内的乡镇村塆，都有着丰厚的历史底蕴、独特的民俗文化、丰富的遗迹遗产。临空经济区原住民服从国家建设大局和时代发展要求，很大一部分村落进行了拆迁、重组重建。为了较好地弘扬临空经济区传统文化，加强对区域历史文化和传统民俗文化的保护和规划建设管理，保存和延续文化遗产的真实历史信息和独特价值，有效利用不可再生的历史文化资源，根据"鄂州历史文化丛书"编纂方案要求，我们组织力量编撰了这部《乡愁花湖》。

　　万众瞩目的花湖机场于2016年4月经国家民航局正式批复，落户鄂州市燕矶镇。这意味着，一个地方小镇，将建设成航空物流国际口岸，是世界第四、亚洲第一座专业货运（兼营客运）枢纽机场。同时，这也意味着，机场核心区和与之配套的道路建设项目占用区内16000户村民、6万多名父老乡亲要搬离祖祖辈辈生产生活的地方。虽然故土难离，但是，在各级党委政府耐心细致的思想工作和政策引导下，机场核心区群众响应党的号召，本着"舍小家、顾大家"

的奉献精神，积极投入支持花湖机场建设之中，使得花湖机场建设十分顺利，按规划提前完成了各项目工程。

为了加快推进花湖机场建设，湖北省人民政府于2019年3月批复设立鄂州市临空经济区管委会，同年10月管委会正式在燕矶镇挂牌成立。鄂州市临空经济区西起鄂黄大桥连接线，北抵长江，东接黄石市主城区，南接黄石市下陆、铁山，起步区下辖4个乡镇，总面积178.7平方千米。

花湖机场建成促进了临空经济区飞跃发展。2022年，全区GDP达到102.89亿元，较上年增长7.1%，增速全市第一，高出全市平均速度2个百分点。产业发展成效初显，按照创新空港型物流枢纽城市建设和产业发展模式，初步构建"一港五区"的总体空间发展格局，截至2023年8月底，全区累计实现亿元以上签约项目42个，签约总金额243.66亿元。

花湖机场定位为"货运枢纽、客运支线、公共平台、航空基地"。机场距武汉市中心76千米，与鄂州、黄冈、黄石三个城市中心距离均在20千米以内，场址紧邻长江黄金水道，1000千米半径内，1.5小时飞行圈可覆盖全国90%的经济总量、80%人口和五大国家级城市群。

花湖机场一期按照满足年货运吞吐量330万吨、旅客吞吐量150万人次的目标规划，飞行区等级4E，建设2条长3600米、宽45米、间距1900米的跑道，126个机位的站坪，1座75万平方米货运分拣中心及1座MRO维修基地，1座1.5万平方米的客运航站楼，配套建设空管、航油等设施。

自2022年7月开航投运至2023年10月底，花湖机场货运已按计划开通鄂州至北京、上海、广州、深圳、昆明、大连、泉州、哈尔滨、郑州、青岛、西安、成都、合肥、无锡、沈阳、南通、南京、温州、厦门、重庆、宁波、长春、贵阳、义乌、兰州、潍坊、天津、石家庄、济南、长沙等44条国内全货机航线，以及鄂州至比利时列日、印度金奈、印度德里、哈萨克斯坦卡拉干达、美国洛杉矶、美国安克雷奇、美国纽约、德国法兰克福、阿联酋阿布扎比、新加坡等13个国际货运航点的15条国际货运航线。目前，花湖机场进出港货运航班每天达93架次，名列全国第二。

花湖机场客运功能不断增强，已开通鄂州至北京、上海、厦门、重庆、温州、广州、哈尔滨、大连、海口、昆明、青岛、呼和浩特、珠海、南宁、兰州、济南、成都、宁波、鄂尔多斯、泉州等15条客运航线、22个客运航点。

作为国家重要生产力布局、湖北"一带一路"建设和长江经济带发展的重要抓手，花湖机场将以建设国际一流航空货运枢纽为目标，奋力打造服务新发展格局的中心节点、战略链接的开放平台与贸易通道，增强面向全球配置资源要素能级，为中部地区乃至全国高水平对外开放贡献力量。

鄂州市临空经济区临江靠山，自然景观资源十分丰富。城区濒临长江中游南岸，岸线约26千米，坐拥天平山等山体，区内拥走马湖及慈湖港、鸭畈港等两条主要河流港，地势平坦，自然生态要素丰富。区内布局文化中心、体育中心、会展中心、高端五星级酒店、卫生保健服务中心等高能级服务设施，以及物流产业、医疗产业等多类型临空相关产业，与空港形成相互促进发展的格局。大力发展航空物流产业、电子商务产业、临空服务产业、新一代信息技术产业、高端临空制造产业、大健康产业，全力构建高端临空产业体系，并带动传统产业转型升级，区域经济跨越发展，建成航空货运特色鲜明、功能优势突出、高端产业聚集、公共服务高效、绿色生态宜居一体的港产城，塑造临空都市区核心。呈现如下特色和远景前瞻：

一是集聚发展，构建港产城理想空间格局。落实省委双集中工作要求，重点打造燕矶组团和临空片区两大发展组团。以燕矶组团为服务核心，聚集高能级城市、产业服务功能，打造临空经济区城市发展核心。以走马湖为生态景观核心，串联临空片区产业社区服务中心，打造临空产业片区共享活力环。布局多类型居住社区和产业社区，构建城市发展基础。

二是功能提级，布局高附加值服务功能。服务机场产业，加快培育高能级现代服务业，完善配套航空服务、金融贸易、高端商务等城市性生产服务设施，推动形成高附加值产业集群，支撑推动临空经济区产业发展。布局高端功能，建设包括高端购物中心、大型体育中心、高端商务办公、三甲医院、高等院校等高等级综合服务功能，补足城市级综合服务设施缺口，推动鄂州主城组团服务能级跃升。运用共同缔造理念,逐步完善社区服务设施,加快建设完整社区。

三是产城互动,推进临空经济产业加速发展。推进建设综保区,加快发展保税物流、保税加工、保税展示。以顺丰为龙头,带动吸引知名物流企业设立区域性分拨中心、转运中心和次区域中心,探索开展多式联运模式。加强跨境生鲜、生物医药冷链物流项目谋划,打造集分拨中心、监管查验、物流贸易为一体的空港国际冷链产业聚集区。引进培育航空物流平台和大型航空物流企业,重点发展检验检疫、航空维修、航油航材、客户支援等航空服务产业。吸引龙头企业的研发、营销、结算等功能性区域中心入驻,建设临空总部经济基地,培育发展跨境电商、临空会展业。引进第三方运营商建设商贸交易中心、重要战略物资储备中心、生命急救医疗中心。同时围绕产业平台,根据空港经济区产业功能,打造服务型、生产型、研发型三类产业社区,并明确不同产业社区功能配比、布局模式、配套设施。

四是高效互联,建设三位一体的交通网络。加速完善城市快速交通体系,与高铁站、机场、码头等对外交通枢纽进行有效衔接;引导货运交通沿外围布局,构建客货分离交通组织体系。倡导以公共交通为主的出行方式,沿主要生活干道,公交站点500米覆盖率达到90%以上,提高公共交通分担率,减少客运车流。

五是以人为本,打造山水宜居精致城市。在"精"上下功夫,保护山水视线廊道,有序实施沿山滨江控宽度、住宅控高度、开发控强度、路网控密度、城市控色彩的城建"五控"要求,营造疏密有致、高低错落、富有韵律的天际线景观,塑造看得见山、望得见江的城市总体风貌,建设尺度宜人、密度舒适的精致城区。完善区内配套服务设施,基于主要的城市生态结构、城市水廊,建设互相连通城市生态绿道和绿色游憩空间。

才六年时间,与机场相配套的各个功能区逐步完成交付使用,路网建设更是四通八达,人居环境得到全面改善,文化、教育、卫生、养老设施齐全,一个更加美丽辉煌的新花湖已展现在世人面前。作为临空经济区所在的乡镇村塆,记忆里的故乡,如同一坛老酒,越陈越香,岁月悠长,乡愁永驻。故乡花湖的乡愁,将伴随在我们身边,印入人们的脑海。

关注故乡的古村落古遗迹，加强对故乡传统物质文化和非物质文化的保护与传承，让我们有了一份向世人展示花湖历史、让村民记住乡愁的愿望。我们历时两年编撰的这部《乡愁花湖》，洋洋40余万字，精选珍贵历史图片130余幅，对环花湖地区人文历史进行了深入研究和探索，总结和归纳了花湖历史文脉，是临空经济区建区以来一部较为完整的区域文史资料。

《乡愁花湖》专辑共分为6大章，28小节。

第一章"历史文脉"分别编有燕子矶传说、杨叶之洲、新庙之歌、沙窝探源4个小节，系统介绍了环花湖地区4个乡镇部分村塆历史文脉和重要村塆人文、历史、地理、人口、交通、经济发展状况。

第二章"美丽乡村"，分别编有地名考据、美丽村庄、绿水青山、历史遗迹的历史资料，系统地记录了区域重点村塆人文历史介绍和故事传说，山川、河流、洲、岛、古桥、古村、古井、古树、湖、塘、坝、堰等历史遗迹，将该地区的"乡愁记忆"用文字、图片的形式记录下来，让后人永远铭记故土乡情。

第三章"红色土地"分别编有鄂大抗日根据地、鄂大县政府组织机构、加强党的领导 发展党的组织、红色麻羊、桥头堡之歌、诛寇故事、杨叶之洲7个小节，全面地追忆了鄂南抗日根据地军民在中国共产党领导下，为争取民族独立解放，抗击日本侵略者，进行了不屈不挠的斗争；为开辟鄂南根据地，有力地支援大别山地区新四军兵源和给养，被誉为"鄂南抗日战争桥头堡"；鄂南人民为民族的解放事业作出的重大贡献，涌现出的一大批可歌可泣的英雄人物与英勇事迹。

第四章"乡愁文化"分别编有民间故事、乡贤人事、宗教文化、祠堂文化、纪念碑塔，主要介绍了区域人文历史的民间故事、趣闻和乡贤人物事迹，花湖地区的历史文化，儒、释、道和民俗信仰，以及中华文明5000年特有的宗祠文化。纪念碑塔彰显了环花湖地区人民对民俗文化的缅怀与追思，也是激励后人不忘先贤丰功伟绩，砥砺前行的精神寄托。

第五章"古朴民俗"分别编有民俗信仰、传统艺术、民间工艺、传统习俗。系统介绍了鄂州鄂东地区民间民俗信仰中的各类物质文化和非遗文化，其中既有世界级非遗文化雕花剪纸、元宵节百节龙习俗，又有花湖地区独特的非遗文化传统技艺踩高跷、排子锣、木雕、石雕、铜钉工艺、民歌民谣等。

第六章"地方特色"分别编有传统食品、特色物产、传统技艺、明星企业，充分展现了花湖人民的聪明才智和创造精神。明星企业主要是临空经济区各乡镇具有独特形态的特色企业，他们的产品行销世界各地，为花湖地区社会振兴和经济发展作出了重要贡献。

正像花湖机场一样，我们真诚希望临空经济区的每个居民，心中都装有这么一方古朴而又崭新、既承接历史又展现时尚的热土。

本书编者

目 录

第一章

历史文脉

第一节　燕子矶传说

　　燕矶镇位于鄂城区东北部，镇政府驻燕矶街128号。集镇居民房屋依街呈条状或块状分布，占地面积56公顷，建筑面积18.63万平方米，距区人民政府驻地约9千米。东接杨叶镇，南连沙窝乡，西傍新庙镇，北与浠水县巴河镇隔江相望。辖区面积76.20平方千米，有户籍人口4.9万，辖19个村、社区，251个自然村（小区），因燕子矶而得名。燕矶是燕子矶的简称。1950年属鄂城县燕矶区，1958年属鄂城县幸福人民公社，1961年属燕矶区燕矶人民公社，1984年设置燕矶镇至今。境域属滨江临湖丘陵地貌，地势南高北低，最高点土陡山海拔110米，最低处少雾滩海拔16米。农业种植以棉花、油菜、蔬菜为主，养殖有鱼类。特产有"紫燕红菜薹"、三元杂交猪。农业总产值3.6亿元。工业形成金刚石刀具、船舶制造、建筑材料三大支柱产业，规模以上企业35家。工业总产值34.5亿元。商贸网点357个，年商品零售总额1.6亿元。金刚石企业创汇2000万美元，有"全国金刚刀具第一镇"称号。有文化团体12家，专业文化户10个，活动中心1个，图书室19个。有小学17所，初中4所。一级甲等医院1所，卫生室18个。体育活动场地26处，团体8个。有三国烽火台遗址、车武子墓。有古建筑3处。长江过境18千米。武黄城际铁路、鄂黄公路东西贯通过境。2009年9月嵩山百节龙被公布为湖北省非物质文化遗产名录。2010年，茨塘雕花剪纸入选联合国教科文组织非物质文化遗产名录。2021年5月元宵节——百节龙习俗被国务院授予全国第五批国家级非物质文化遗产代表性名录。

一、坝角村

位于燕矶镇东南部，村委会驻张家大塆66号，距镇政府驻地约4千米。东接杨叶镇古塘村，南临花马湖，西隔花马湖与沙窝乡草陂村、渔坝村相望，北邻杜塆村。有居民1031户，4120人。辖区面积5.85平方千米，下辖17个居民点，以居民点和群众自治组织综合命名。1950年属花园乡，1956年属群星六社，1958年属幸福人民公社，1984年属燕矶镇至今。有水田面积106.67公顷，旱地面积71.07公顷，山林面积98.2公顷，湖面塘水面积125.47公顷。以农业种植、养殖，经济林种植为主，以工副业为辅。主要种植水稻、油菜、小麦。境内有坝角村小学、坝用村卫生室等单位。通鄂燕黄公路。

坝角村

风火屋 位于村委会西南部，相距村委会1千米。有居民43户，180人。有耕地面积6.13公顷，林地面积2亩，水面积12亩。明万历十四年，张姓始迁祖天瑞公第八世重孙西仁公从老屋迁出，依一处烧制砖瓦的地方建庄。并用青砖兴建新房数间，故名风火屋，本指青砖瓦房，后指居民点。1950年属花园乡，1956年属群星六社，1958年属坝角大队，1984年属坝角村至今。居民房屋呈块状分布，占地面积1.5公顷。以农业种植、养殖为主，以工副业为辅。主要种植水稻、油菜、小麦。通村级公路。

加桨径 位于坝角村西南部，距村委会驻地 1.5 千米，有居民 36 户，130 人。有耕地面积 6.13 公顷，林地面积 2 亩，水面积 12 亩。清雍正五年，李姓始迁祖闻新公经过花马湖，见过往人绕道到对岸，十分不便，就从沙窝新垱迁到此地建庄居住，以摆渡为业，因河水落差大，须得加桨添劲渡船才能前行，故名。加桨径，此指居民点。1950 年属花园乡，1956 年属群星六社，1958 年属坝角大队，1984 年属坝角村至今。居民住房呈块状分布，占地面积 1.3 公顷。以农业种植、养殖为主，以工副业为辅。主要种植油菜、小麦，养殖鱼虾。通镇村公路。

楠竹林 位于坝角村西北部，距村委会驻地 900 米，有居民 98 户，370 人。有耕地面积 19 公顷，林地面积 6 亩，水面积 16.4 公顷。清嘉庆十三年，严姓始迁祖富三公从燕矶嵩山村严家畈迁来此地建庄。房屋周围种下大片楠竹，故名。楠竹林，本指生长在一片土地上的许多竹子，此指居民点。1950 年属花园乡，1956 年属群星六社，1958 年属坝角大队，1984 年属坝角村至今。居民房屋呈块状分布，占地面积 3.3 公顷。以农业种植、养殖为主，以工副业为辅。主要种植水稻、油菜、小麦，养殖鱼虾。通镇村公路。

沙劲头 位于坝角村南部，距村委会驻地 1.5 千米，有居民 133 户，530 人。有耕地面积 11.2 公顷，林地面积 3 亩，水面积 2.2 公顷。以漂浮物和地理位置综合得名。明宣宗宣德元年，张姓始迁祖天顺公随兄从江南松江府华亭县永福村迁此建庄，因天空常飘落灰沙，故垸名沙劲头。劲头是"尽头"的谐音，指沙源来于山的顶端，此指居民点。1950 年属花园乡，1956 年属群星六社，1958 年属坝角大队，1984 年属坝角村至今。居民房屋呈块状分布，占地面积 4 公顷。以农业种植、养殖业为主，以工副业、商业为辅。主要种植水稻、油菜、小麦，养殖鱼虾。通镇村公路。

二、百洪村

位于燕矶镇西南部，村委会驻黄龙—鄂沙路尾段，距镇政府驻地约 8 千米。

东邻沙窝乡沙窝村，南傍沙窝乡赵寨村，西连沙塘村，北依马园村、茨塘村。有居民 1026 户，4030 人。辖区面积 3.7 平方千米，下辖 29 个居民点。以地域名称和群众自治组织综合命名。1950 年属鸭畈乡，1958 年属幸福人民公社，1975 年属鸭畈公社，1964 年属燕矶镇至今。有耕地面积 172.13 公顷，林地面积 163 公顷，鱼塘 9.47 公顷。以农业种植、经济林种植为主，以工副业、养殖业、商业为辅。主要种植水稻、小麦、蔬菜。境内有百洪小学、卫生室、小商店、3 家企业和市垃圾处理场。有黄龙西干渠过境。有土陡寺、柯逢年烈士墓等。通环卫公路。

百洪村

胡宾堑 位于百洪村西北部，距村委会驻地 500 米，有居民共 69 户，270 人。有耕地面积 8.8 公顷，林地面积 10 亩，鱼塘面积 5 亩。清康熙年间，始迁祖从草陂畈迁来庆明塘对面岗下建庄落户，为了安全挖了一条深沟，故名胡家堑。胡家堑：此指居民点。1950 年属大田乡，1956 年属沙塘乡，1958 年属百洪生产大队，1984 年属百洪村至今。居民房屋呈半圆状分布，占地面积 1.3 公顷。以农业种植为主，以工副业、养殖业为辅。主要种植水稻、油菜、小麦。通环卫公路。

马家楼 位于百洪村东南部，距村委会驻地 1.5 千米，有居民 60 户，220 人。

有耕地面积 7.13 公顷，林地面积 34.67 公顷，鱼塘面积 10 亩。清乾隆年间，有一马姓姑娘嫁给汪姓男子。婚后不久，丈夫外出耕作，邻垮刁民乘机调戏，马氏不从，被残忍掐死，乡邻敬其贞洁修庙建牌坊（牌楼）。乾隆下江南途经此地，闻此事赋诗一首："未曾失节被伤亡，非比寻常女烈行。白发尚难全晚节，红颜岂肯弃春光。魂飞天外精神爽，骨葬人间草木香。朕泪等闲客不出，唯儿千古振纲常。"族人备受感动，易垮名为马家楼。1950 年属大田乡，1956 年属沙塘乡，1958 年属百洪生产大队，1984 年属百洪村至今。居民房屋呈块状分布，占地面积 1.3 公顷。以农业种植、经济林种植为主，以工副业、商业、养殖业为辅。主要种植水稻、油菜、小麦。通村级公路。

庆明塘 位于白洪村西北部，距村委会驻地 500 米，有居民 36 户，170 人。有耕地面积 4 公顷，林地面积 5 亩，鱼塘面积 7 亩。以历史故事和建筑物命名。汪祖向在清光绪七年考中举人。一次骑马回乡，马跑到一塘中饮水，游水不起。时值塘水映明月，庄人予以庆贺。日后汪姓相继迁居塘边居住，故名。1950 年属大田乡，1956 年属沙塘乡，1958 年属百洪生产大队，1984 年属百洪村至今。居民房屋呈块状分布，占地面积 9000 平方米。以农业种植为主，以工副业、养殖业为辅。主要种植水稻、油菜、小麦。通村级公路。

汪家垮 位于百洪村北部，距村委会驻地 500 米，有居民 60 户，260 人。有耕地面积 8.47 公顷，林地面积 3 亩，鱼塘面积 9 亩。明嘉靖年间，汪姓始迁祖（七甲）兴·公躲避战乱，从黄冈县举家逃荒至此处建庄，故名。1950 年属大田乡，1956 年属沙塘乡，1958 年属百洪生产大队，1984 年属百洪村至今。居民房屋呈块状分布，占地面积 14 公顷。以农业种植为主，以工副业、养殖业为辅。主要种植水稻、油菜、小麦。通环卫公路。

闻家垮 位于百洪村中东部，距村委会驻地 500 米，有居民 34 户，130 人。有耕地面积 4.73 公顷，林地面积 5 公顷，鱼塘面积 3 亩。以姓氏命名。南宋灭亡后，文天祥的后人为躲避朝廷追杀，隐姓埋名，改"文"为"闻"，隐居各地，其中一支族人从黄冈县迁此地建庄，故名。1950 年属大田乡，1956 年属沙塘乡，1958 年属百洪生产大队，1984 年属百洪村至今。居民房屋呈块状分布，占地面积 9000 平方米。以农业种植、经济林种植为主，以工副业、商业、养殖业为辅。主要种植水稻、油菜、小麦。通环卫公路。

三、车湖村

位于燕矶镇东部，沿江一线，村委会设朱家车湖，距镇政府驻地约 3000 米。南接杨叶镇古塘村，西邻杜塆村，北连路牌村，东临万里长江之一小段。

车湖村

该村有居民 878 户，3670 人。耕地面积 192.8 公顷，林地面积 444.8 公顷，水面积 22.27 公顷。下辖 13 个居民点。有学校、卫生室等事业单位，养鸡场等企业单位。其命名有其历史由来。相传晋代车武子（名车胤）为避乱流落至此地教书，死后葬于湖畔，故此湖得名车湖（他的弟子们为了缅怀他而命名）。1949 年后为车湖乡，现在叫车湖村。

车湖属滨江冲击而成的小平原，土地肥沃，物产丰富，地种棉，田栽稻，冬播小麦，夏种芝麻，湖植藕，塘养鱼，外有黄金水道长江通航神州东西，内有公路直达祖国南北。常年商贾云集，生意兴隆。且为军事战略之要地，有几处史实可证：

车湖村

1. 新四军长江武工队在观音港设税所。

2. 有古坟墩的古坟。传说是黄巢起义时被戮杀人物数以千计，人们收尸放入一小塘中掩埋。此后坟年年有增长迹象，1949 年后，已成一座小山丘，故称为古坟墩。笔者在坟上面放过牛、砍过柴，坟旁种过地。此坟地系 20 世纪舟桥部队建军用码头时修建平整。

3. 20 世纪 80 年代，中国人民解放军舟桥部队在邵家大湾至石板滩之间建设营房，驻军三个营、一个教导队，江边建有军用码头，驻军近 10 年之余。（笔者与驻军常往来）

4. 1949 年 5 月，中国人民解放军一支部队系从观音港一带自北岸直渡南岸。

5. 有苏东坡与好友王齐愈、王齐万兄弟"相过殆百数"之车湖故居遗址。

6. 有车湖观音港汉代"刘郎洑"古渡口遗址。

车湖村

　　以上史实，足以说明车湖这块小地方有利于士、农、工、商、学同时发展。如今，虽因修飞机场基本拆迁了，但也修建了车湖特大公路桥，全长约 10 公里，给车湖添了一处景观。故此，车湖人完全可以利用富余的山山水水打造一片美好的旅游区域，让车湖在士、农、工、商、学的基础上加一个快乐的"游"字。

车湖古宅

车湖村

邵家大塆 位于村委会北部，为村属1、2组，距村委会约1千米，有居民121户，520人。有耕地13.6公顷，山林面积12亩，水面积8亩，村庄东连长江，西毗鄂黄公路，内通村级公路，出入平安方便，商、旅随机应变。

元至正十二年，明二公从江西饶州府余干县邵庄返迁鄂城选此地定居，人丁兴旺。到了第三世后因人多，则分居异地，如楠竹林、石板滩、邵墩子、细塆、观音港等地。然而留居本庄人口仍较多，故得名邵家大塆，邻庄因人少叫细塆，此乃塆名的由来。

朱家车湖 位于燕矶镇东部，距镇政府驻地5千米。南望花马湖，北临长江。海拔16.5米，面积0.13平方千米。92户，320人。居民有朱、邵、曹、高、杨等姓氏，以朱姓居多。

《武昌县志》载，朱家车湖西北狮子山脚有晋朝名人墓——车胤墓，墓前有一湖泊，晋恭帝感其忠烈将该湖封为"车湖"。明代，朱末期中举后供职武昌，入迁此地。遂以其湖名与姓氏得名朱家车湖。

清代至民国时期，属鄂城县（武昌）洪道乡；1950年，属燕矶区车湖乡；1958年属幸福（燕矶）人民公社；1961年，属燕矶公社车湖大队第6生产队；1979年属燕矶镇车湖村6组。朱家车湖有土地14公顷，山林7公顷，水面积6

公顷，主要种植水稻、棉花、小麦和油菜。居民房屋呈块状分布。分别建在三个山坡之上，朱姓人口占80%。该墩绿化率极高，村民房屋分别建在树林之中或竹林之间，楠竹种植是朱家车湖聚落的一大特色。家家户户都是绿树成荫，竹林通幽。

据民间传说，清朝时期朱家车湖高姓先祖高风在车湖"刘郎洑古渡口"摆渡蕲水兰溪镇，传说高风身材高大，武艺高强，力大如牛，别人用木杆或竹竿撑船，他则是用铁镐摆渡，俗称"铁镐高风"的历史故事就发源于此地。

著名历史名人有车胤（333—420年），字武子。成语"囊萤夜读"故事中的主人公便是车胤。《晋书·卷八十三·车胤传》载，车胤幼小时随父到荆州住读，"恭勤不倦，博学多通，家贫不常得油，夏月则练囊盛数十萤火以照书，以夜继日焉"。南宋著名学者、教育家、政治家王应麟撰著的《三字经》写有"如囊萤，如映雪，家虽贫，学不辍"，就是宣传车胤小时候勤奋读书的故事。

朱家车湖朱姓子孙牢记祖训，入迁车湖500多年来，精心守护车武子墓的动人事迹在燕矶地区有口皆碑。2021年，为了保护传承车湖悠久的历史文化，临空区管委会投资1000多万元，对车武子墓园、苏东坡"相过殆百数"之车湖（苏东坡被贬黄州四年零四个月，到朱家车湖拜访四川同乡王齐愈、王齐万兄弟达100多次，东坡诗中称为"相过殆百数"之车湖）、车湖"刘郎洑古渡口"进行了建亭、立碑保护。

由于受到车武"囊萤"学风的熏陶，朱家车湖墩子孙养成了读书习文的良好风气，自恢复高考以来，就走出了30多位大学生、硕士研究生和博士生导师。

曹家宕尔墩 位于车湖村北部，距村委会驻地1千米，有居民223户，740人。有耕地面积46公顷，山林面积13.33公顷，水面积5.67公顷。1751年，始迁祖曹自洪从沙塘曹家墩迁来此地建庄。因居住在四周高、中间低的小盆地里，故名。1950年属燕矶乡，1956年属群星七社，1958年属车湖大队，1984年属车湖村至今。居民房屋呈块状分布，占地面积5公顷。以农业种植为主，以工副业、商业、养殖业为辅。主要种植水稻、油菜。通村级公路。

翟家湾 位于村委会南部偏西。相距1千米。有居民85户，370人。有耕地面积 29.33 公顷，山林面积 13.33 公顷，水面积 1.2 公顷。1686 年，翟姓时传公率兄弟四人，从浠水县翟港村迁此定居。依姓氏得湾名。翟家湾独具一格，勤勉好学，文人辈出，堪称临空区域之学子成才模范庄。仅恢复高考制度至今，该庄育出大学生近百人。该庄先人一向重于培养人才，自民国之前，先人就提取公田（众田）公地之收入为专供学馆用费，其本族子弟免费入学。

四、池湖村

池湖村坐落于燕矶镇西北部，新庙镇东北部，村委会驻池湖社区 108 号，距新庙政府约 2 千米。东与嵩山村比邻，南与马山村、杨岭村接壤，西与武钢球团矿厂、茅草村相连，北与黄冈市一江相隔。有居民 2500 人，辖区面积约 4 平方千米，下辖 7 个居民点。

池湖村地名的由来有二种说法。一是据《武昌县》志记载，辖区境内河港两岸曾盛产慈姑，慈姑又名剪刀草、燕尾草，属泽泻科，是一种草本植物，村由此得名，而后日久口口相传渐渐将"慈姑"演变成"池湖"，是以植物名称和群众自治组织综合命名而来。二是因长江南岸慈湖港而得名。

1950 年属燕矶区池湖乡管辖，1956 年属杨岭乡管辖，1958 年属幸福人民公社管辖，1984 年属燕矶镇管辖，2020 年花湖机场建设拆迁变更为城东新区新庙镇，后变更属鄂州市临空经济开发区新庙镇管辖至今。

池湖村有耕地面积 27.87 公顷，以农业种植、金刚石刀头制作为主，以工副业为辅。种植蔬菜油菜。境内有湖北池湖农庄有限公司、建华管桩有限公司、湖北金鄂工具有限公司、湖北团结有限公司、湖北鄂信钻石科技股份有限公司、湖北长江精工制造技术有限公司、池湖卫生室、综合服务社、池湖码头、池湖小学、武汉铁路职业技术学院鄂州校区、鄂州奥星非纺有限公司、鄂州市新都生态农业有限公司等十几个企事业单位。通鄂黄省级公路。

慈湖港 位于慈湖村北部，距离村委会驻地 500 米，有居民 130 户，490 人。有耕地面积 8.54 公顷。以植物名称和水道得名。明清时期，董、秦、喻、谈等姓始迁祖分别从不同的地方相继迁来依盛产慈姑的小港建庄，后因"慈姑"演变成"慈湖"，故名。1930 年属池湖乡，1956 年属神阳农业生产合作 4 社，1958 年属池湖生产大队，1984 年属池湖村至今。居民房屋呈条状分布，占地面积约 2 公顷。以农业种植为主，以工副业、经商为辅。主要种植蔬菜。通鄂燕黄公路。

潘家塆 位于池湖村东部，距村委会驻地 700 米，有居民 58 户，260 人。有耕地面积 4.68 公顷。清乾隆年间，潘姓始迁祖由冶邑柏林迁至武邑（鄂城）此地建庄，故名。1950 年属池湖乡，1956 年属神阳农业生产合作 4 社，1958 年属池湖生产大队，1984 年属池湖村至今。居民房屋呈条状分布，占地面积约 1.32 公顷。以农业种植为主，工副业、经商为辅。主要种植蔬菜。通村级公路。

秦家湾 位于池湖村西部，距村委会驻地 800 米，有居民 94 户，350 人。1950 年属池湖乡，1956 年属农业生产合作社 4 社，1958 年属池湖生产大队，1984 年属池湖村至今。有耕地面积 1.41 公顷，以农业种植为主，以工副业，经商为辅，通村级公路。

严家塆 位于慈湖村中东部，距村委会驻地 500 米，有居民 46 户，230 人。有耕地面积 3.38 公顷。始迁祖正绳、正纯公于清雍正年间由川邑周陂垌塚下严家新塆迁至武昌县东慈湖港琵琶湖落籍建庄，故名。1950 年属池湖乡，1956 年属神阳农业生产合作 4 社，1958 年属池湖生产大队，1984 年属池湖村至今。居民房屋呈条状分布，占地面积约 8000 平方米。以农业种植为主，以工副业、经商为辅。主要种植蔬菜。通村级公路。

五、茨塘村

位于新庙镇东部约 3 千米处，辖区面积 1.34 平方千米。有居民 585 户，2330 人。这里既是一个城中村，又是个村中城。吴楚大道通村向东延伸，启航路、领航路贯穿全境，燕花路、远航路一马平村、畅连南北，东一路、体育北路横跨东西，临空区管委会坐落茨塘境地。9 年一贯制的享有盛名的外国语学院雄居其间，童话般的"太空之境"也鳌占当年的兔儿山。本村东南西北分别与映山、沙窝、马园、杨岭等地接壤。

茨塘村下辖 9 个居民小组，分布 11 个居民点，共 17 个姓氏，2015 年统计有 585 户人家，2327 人。

茨塘，因水塘岸一大棵狗刺树而得名。茨塘塆王姓祖先依一大水塘建庄，水塘岸边生长一棵狗刺树，耀眼醒目，水塘因此叫"刺塘"，日益繁衍旺盛的王姓塆也随之成为刺塘湾。年代更替，"刺"易为"茨"，今为"茨塘"。1958 年设行政机构茨塘大队部，设在茨塘塆不远处。后为茨塘村。

明清至 20 世纪初，属武昌县洪道乡洪二里；1942 年属鄂城县雅言乡洪二里；1949 年至 1956 年属燕矶区映山乡 1 指导组，继而为映山乡晨阳 1 社；1958 年属幸福公社（燕矶）茨塘大队；1961 年春属燕矶区鸭畈公社茨塘大队；1975 年撤区并社为燕矶公社茨塘大队；1984 年体制变更为茨塘村；1986 年茨塘大队部由茨塘塆迁至鄂燕公路盛家道路段；2011 年再迁现址——映山老街；2021 年 10 月 30 日行政机构又一次变更为临空经济开发区新庙镇茨塘村。

这里的人们勤劳踏实、风清气正。山水相依之地，各个时期都有超群绝伦的人物，昔有严瑞兰、熊景华，现有以李建军为首的清华大学等名校学子 7 人，县级干部 8 人，科级干部 21 人。改革开放时期有不惜投资、一心为家乡人致富的李培根先生。茨塘村传统民俗文化繁荣。现有历史悠久的三角六塆龙灯会，还有自清光绪始至今的桂家畈与肖家道正月十五的赛灯会，给远邻近舍的村民带来了热闹与祥和。

胡破坝 位于茨塘村东部，距村委会驻地约 300 米，有居民 79 户，360 人。有耕地面积 9.6 公顷。清康熙年间，胡姓始迁祖献璜公自大冶县木兰庄搬迁至此建庄。清末，族人在庄东洼地筑坝蓄水，因地质原因，堤坝渗水严重，故名"胡破坝"。1950 年属映山乡，1956 年属神阳农业生产合作 1 社，1958 年属茨塘大队，1984 年属茨塘村至今。居民房屋呈块状分布，占地面积约 1.2 公顷。以农业种植为主，以工副业为辅。主要种植水稻、油菜。通鄂黄老公路、燕沙公路。

石头咀 位于茨塘村以东，距村委会驻地约 200 米，有居民 83 户，290 人。有耕地面积 11 公顷。清乾隆年间，始迁祖汤街公迁来此地，以插标定界建庄。民国年间，此地遇汛则泛。庄东有块石头作渡口码头基石用，故名石头基，后演变为石头咀。石头咀此指居民点。1950年属映山乡，1956年属神阳农业生产合作1社，1958年属茨塘大队，1984年属茨塘村至今。居民房屋呈块状分布，占地面积约1.3公顷。以农业种植为主，以工副业、商业为辅。主要种植水稻、油菜。通鄂黄老公路。

桂家畈塆 位于茨塘村西部距村委会约1.2公里处。东邻胡家宅，南连肖家道，西近马园，北毗太空之境儿童乐园。此地原居住桂姓名季睦的家族。家有塆前一大片田地，叫桂家畈，塆村因此而得名，沿用至今。

桂姓于西晋永嘉年间举族回迁湖南，李氏始迁祖友文公于清乾隆年间自葛山迁入此地。1949年前属洪道乡洪二里，1950年属映山乡，1956年属神阳1社，1958年属茨塘大队第一生产队，1984年体制改革为茨塘村第一村民小组。占地面积约50亩，2015年统计居民75户302人。如今的桂家畈，面目为之一新，后靠人文中心临空经济开发区管委会，前达吴都大道，左达汉棠丰裕天城，右通临空产业园及文化商务中心。

地灵之域，人必杰出。该塆有县级领导3人，军队正团级1人，科级5人，清华大学研究生3人，本科生13人。

肖家道塆 位于茨塘村委会西南部距离约1.5千米处。东邻石碌岭，南望百洪徐家塆，西近晒划基，北毗干家塆。塆内面积约50亩，现居周、黄、涂三姓氏人，2015年统计80户306人。得名于此地原居住肖姓正四品的道台官。肖家道台随官职迁走，人们习惯称"肖家道"至今。

约清康熙晚期，周氏文义公始迁此地建庄，后有黄、涂二姓始祖迁入。1949年前此地属洪道乡洪二里，1950年后属映山乡，1956年属神阳1社，1958年属茨塘大队第二生产队。1984年体制改革为茨塘村第二村民小组至今。如今的肖家道塆前的启航路，下通花湖机场，上达吴楚大道，又与孙权大道、吴都大道及各道交错相通。此塆可谓"彬济"之称。清有鼎鼎大名的黄鸿儒秀才。现有985大学生5人、本科生8人。

六、杜塆村

位于燕矶镇东部，村委会驻杜家塆，距镇政府驻地约 4 千米。东连坝角村，南临盆塘湖，西与青山村为邻，北接车湖村。有居民 670 户，2990 人。辖区面积 3.55 平方千米，下辖 16 个居民点。以辖区居民点命名。1950 年属花园乡，1956 年属燕矶区群星农业合作社，1958 年属幸福人民公社，1984 年属燕矶镇至今。有耕地面积 192 公顷，鱼池面积 36.67 公顷。以农业种植为主，以养殖业、工副业、经商为辅。主要种植水稻、油菜、小麦、棉花。通鄂黄公路。

杜塆村

杜塆村

杜家垮 位于杜垮村中部，为村委会驻地，有居民 40 户，170 人。有耕地面积 10.2 公顷，水面积 11 亩。明洪武元年，杜姓始迁祖子林公由黄州迁到此地建庄，故名。1950 年属花园乡，1956 年属群星农业生产合作 5 社，1958 年属花园大队，1980 年属杜垮大队，1984 属杜垮村至今。居民房屋呈块状分布，占地面积 6500 平方米。以农业种植、养殖为主，以工副业、经商为辅。主要种植水稻、棉花、油菜。通鄂黄公路。

严家染铺垮 位于杜垮村北部，距村委会驻地 1 千米，有居民 51 户，230 人。有耕地面积 10.63 公顷，水塘面积 1.6 公顷。清顺治元年，为了躲避战乱，始迁祖应桢公夫妇携三个儿子从胡桥村严家细垮迁到此地建庄，日后其孙子严祖公以开印染作坊为生，故名。1950 年属花园乡，1956 年属群星农业生产合作 5 社，1958 年属花园大队，1980 年属杜垮大队，1984 年属杜垮村至今。居民房屋呈块状分布，占地面积 1 公顷。以农业种植、养殖业为主，以工副业、商业为辅。主要种植水稻、油菜、棉花。通鄂黄公路。

曹铺垮 位于杜垮村东部，距村委会驻地 500 米，有居民 98 户，540 人。有耕地面积 17.73 公顷，水塘面积 2 公顷。明洪武二年千十三公自江西瑞安迁到此地建庄，后人相继开办油坊、染坊、当铺、花铺等，故名。1950 年属花园乡，1956 年属群星农业生产合作 5 社，1958 年属花园大队，1980 年属杜垮大队，1984 年属杜垮村至今。居民房屋呈条状分布，占地面积 1.8 公顷。以农业种植、养殖为主，以工副业、经商为辅。主要种植水稻、油菜、棉花。通鄂黄公路。

汪家垮 位于杜垮村南部，距村委会驻地 900 米，有居民 69 户，270 人。有耕地面积 18.13 公顷，水塘面积 12 亩。清康熙五十三年，始迁祖正尧公由大冶县举家迁来此地建庄，故名。1950 年属花园乡，1956 年属群星农业生产合作 5 社，1958 年属花园大队，1980 年属杜垮大队，1984 年属杜垮村至今。居民房屋呈条状分布，占地面积 1 公顷。以农业种植为主，以工副业、经商、养殖业为辅。主要种植水稻、棉花、油菜。通鄂黄公路。

张家咀 位于杜垮村西部，距村委会驻地 1.5 千米，有居民 68 户，310 人。

有耕地面积 17.47 公顷。据记载，此塆原名沈坝村。清顺治五年，张姓始迁祖子颜公从蕲水迁到此地，故名。1950 年属花园乡，1956 年属群星农业生产合作 5 社，1958 年属花园大队，1980 年属壮塆大队，1984 年属杜塆村至今。居民房屋呈条状分布，占地面积约 1.1 公顷。以农业种植为主，以工副业、商业为辅，主要种植水稻、小麦、油菜、蔬菜、莲藕。通村级公路。

七、龙山村

位于燕矶镇中南部，村委会驻严家细塆，距镇政府驻地 1.5 千米。东接青山村，南连草陂村，西傍嵩山村，北依燕矶村。有居民 528 户，2160 人。辖区面积 2.6 平方千米，下辖 11 个居民点。以山峰和群众自治组织综合命名。1950 年属嵩山乡，1956 年属燕矶区，1958 年属幸福人民公社，1984 年属燕矶镇至今。有耕地面积 154.93 公顷，林地面积 5.33 公顷，鱼塘面积 4 公顷。以农业种植为主，以办厂、经商、外出打工和养殖为辅。主要种植水稻、小麦、油菜，养殖鱼类。境内有龙山小学、卫生室、金刚石刀具厂等企事业单位。有三闾灯府、缪氏宗祠、陈氏宗祠等民间信仰场所。通龙山路。

龙山村

缪家塆 位于龙山村西部，距村委会驻地 300 米，有居民 48 户，180 人。有耕地面积 14.47 公顷，鱼池面积 10 公顷。元至元十三年，始迁祖志信公从江西抚州崇仁县迁来武昌洪三里嵩山寺居住。1285 年从嵩山寺迁出，在社坛咀建庄定居，故名缪家塆。1950 年属嵩山乡，1958 年属幸福人民公社龙山大队，1984 年属龙山村至今。居民房屋呈块状分布，占地面积 9000 平方米。以农业种植、养殖为主，以工副业、经商为辅。主要种植水稻、棉花、油菜，养殖鱼类。建有祠堂。通龙山路。

严家细塆 位于龙山村中部，为村委会驻地，有居民 71 户，270 人。有耕地面积 16.33 公顷，鱼池面积 14 公顷。清康熙十六年，严姓七十九世祖世通公（字恒五）从大冶县花湖乡朱玛塆迁到古滩湖（今彭塘湖）粟林咀建庄，与粟姓同住一地，得塆名严家粟，后粟姓外迁更名为严家细塆。1950 年属嵩山乡，1956 年属燕矶乡群星农业生产合作社，1958 年属幸福人民公社龙山大队，1984 年属龙山村至今。居民房屋呈块状分布，占地面积 1.2 公顷。以农业种植、养殖为主，以工副业、经商为辅。主要种植水稻、棉花、油菜，养殖鱼类。通龙山路。

陈家塆 位于龙山村东北部，距村委会驻地 500 米，有居民 46 户，180 人。有耕地面积 12.27 公顷，鱼池面积 8.67 公顷。清康熙三十八年，始迁祖嘉谦、嘉训两兄弟由武昌县城内迁至此地建庄，故名。1950 年属嵩山乡，1956 年属燕矶乡，1958 年属龙山生产大队，1984 年属龙山村至今。居民房屋呈块状分布，占地面积 6000 平方米。以农业种植、养殖为主，以工副业、经商为辅。主要种植水稻、棉花、油菜，养殖鱼类。通龙山路。

陈家榨铺 位于龙山村中南部，距村委会驻地 1.3 千米，有居民 63 户，240 人。有耕地面积 11.07 公顷，鱼池面积 8 公顷。清朝末年，先祖嘉谦、嘉训公的后裔从老屋陈家塆迁出建庄，以开办榨铺为业，故名。榨铺原指加工油脂的作坊，此指居民点。1950 年属嵩山乡，1956 年属燕矶乡，1958 年属龙山生产大队，1984 年属龙山村至今。居民房屋呈块状分布，占地面积 1 公顷。以农业种植、养殖为主，以工副业、经商为辅。主要种植水稻、棉花、油菜，养殖鱼类。通龙山路、

苏家垸子 位于龙山村西北部，距村委会 500 米，有居民 63 户，260 人。有耕地面积 18.47 公顷，鱼池面积 7 公顷。明崇祯十六年，始迁祖琦分秀甫公、珍分祥耀公从嵩山村苏家大湾迁来此地建庄，故名。1950 年属嵩山乡，1956 年属燕矶乡，1958 年属龙山大队，1984 年属龙山村至今。居民房屋呈块状分布，占地面积 1.1 公顷。以农业种植、养殖为主，以工副业、经商为辅。主要种植水稻、棉花、油菜，养殖鱼类。通龙山路。

八、路牌村

位于燕矶镇东北部，村委会驻程家垸，距镇政府驻地 2 千米。东接车湖村，南连青山村，西傍燕矶村，北依长江干堤。有居民 575 户，2570 人。辖区面积 1.5 平方千米，下辖 12 个居民点。以路边石碑牌和群众自治组织综合命名。1950 年属燕矶乡，1956 年属燕矶区，1958 年属幸福人民公社，1984 年属燕矶镇至今。有耕地面积 53.07 公顷。以农业种植为主，以养猪、养鱼、外出打工、经商、家庭副业为辅。主要种植高档石头番茄等农作物。境内有鄂东船厂、弘升磨具厂、卫生室、车湖小学路牌教学点等企事业单位。通青山路、鄂黄公路。

傅家垸 位于路牌村西北部，距离村委会驻地 800 米，有居民 125 户，居住张姓、何姓、刘姓、周姓、宋姓，合计 486 人，有耕地面积 17.2 公顷，鱼塘面积 8 亩。原名傅柯垸，明天启六年，傅姓始祖受傅家道台案件牵连，被迫迁离住地，数年后柯姓外迁，张、何等姓为纪念傅家道台的功德，更名为傅家垸。1950 年属燕矶乡，1956 年属群星农业生产合作社，1958 年属路牌生产大队，1984 年属路牌村委会至今。居民房屋呈环状分布，占地面积 1.5 公顷，以农业种植、水产养殖为主，以外出打工、经商为辅。主要种植水稻、棉花、蔬菜。通鄂黄公路。著名的红军战士、抗日英雄张家松烈士出生在此地。

刘家大垅 位于路牌村西北部，距村委会驻地 300 米，有居民 126 户，520 人。有耕地面积 24.87 公顷，鱼塘面积 4.67 公顷，山林面积 1.33 公顷。清嘉庆二十四年，刘姓始迁祖方荣公兄弟 6 人从浠水县刘家咀迁到此地依大片农田建庄，时名刘家塆，近代更名为刘家大垅。1950 年属燕矶乡，1956 年属群星农业生产合作 3 社，1958 年属路牌生产大队，1984 年属路牌村至今。居民房屋呈块状分布，占地面积 5.4 公顷。以农业种植、水产养殖为主，以外出打工、经商为辅。主要种植水稻、棉花、蔬菜。通鄂黄公路。

董家咀 位于路牌村西部，距村委会驻地 600 米，有居民 22 户，120 人。有耕地面积 4 公顷，鱼池面积 5 亩，山林面积 5 亩。清乾隆十六年，周姓始迁祖之仁公从燕矶镇沙塘村周家上塆迁到此处建庄，因塆前山咀上有一座董姓的祖坟，故名。1950 年属燕矶乡，1956 年属群星农业生产合作 3 社，1958 年属路牌生产大队，1974 年属路牌村至今。居民房屋呈块状分布，占地面积 4000 平方米。以农业种植为主，辅以工副业、经商。主要种植水稻、棉花、蔬菜。通鄂黄公路。

石板滩 位于路牌村东部，距村委会驻地 600 米，有居民 27 户，130 人。有耕地面积 6 公顷，鱼塘面积 7 亩，山林面积 1.33 公顷。清同治十年，邵姓始迁祖延常公从燕矶镇杜塆村上圈子塆迁到此地建庄，以捕鱼为业，因地面是青石板块，行船无法抛锚得名。石板滩此指居民点。1950 年属燕矶乡，1956 年属群星农业生产合作 3 社，1958 年属路牌生产大队，1984 年属路牌村至今。居民房屋呈块状分布，占地面积 5000 平方米。以农业种植为主，以外出打工、经商、水产养殖为辅。主要种植水稻、棉花、蔬菜。通鄂黄公路。

九、马山村

位于燕矶镇西北部，村委会驻沙家塆旁，距镇政府驻地 4 千米。东邻磨山村，南傍茨塘村，西连杨岭村，北依池湖村、嵩山村。有居民 552 户，2460 人。辖区面积 1.8 平方千米，下辖 7 个居民点。以境内山峰像一匹骏马和群众自治组织综合命名。1950 年属小石山乡，1956 年属燕矶区马山农业生产合作社，1958 年属幸福人民公社，1984 年属燕矶镇至今。有耕地面积 103.25 公顷，林地面积 42 公顷，湖塘面积 33.8 公顷。以农业种植为主，以工副业、经商、养殖业为辅。主要种植水稻、小麦、蔬菜。境内有马山小学、卫生室、金刚石刀具等企事业单位。

还有马山古刹。鄂燕公路过境，通燕沙公路。

军田咀 位于马山村中西部，距村委会驻地 500 米，有居民 134 户，560 人。有耕地面积 31.13 公顷，鱼池面积 6.67 公顷。清嘉庆年间，顾姓一先祖以军籍在此处拥有大量田地，故名。军田咀此指居民点。1950 年属映山乡，1956 年属马山农业生产合作社，1958 年属马山大队，1984 年属马山村至今。居民房屋呈块状形分布，占地面积 2.6 公顷。以农业种植、养殖鱼类为主，以工副业、经商为辅。主要种植水稻、油菜。通鄂燕公路、燕沙公路。

余家咀 位于马山村西北部，距村委会驻地 300 米，有居民 108 户，500 人。有耕地面积 7.33 公顷，鱼池面积 3.33 公顷。明崇祯六年，始迁祖因分支从杨岭水浸堤迁于此建庄，故名。1950 年属映山乡，1956 年属马山农业生产合作社，1958 年属马山大队，1984 年属马山村至今。居民房屋呈块状分布，占地面积 2 公顷。以农业种植、养殖鱼类为主，以工副业、经商为辅。主要种植水稻、油菜。通鄂黄公路。

江家畈 位于马山村南部，距村委会驻地 1 千米，有居民 65 户，320 人。有耕地面积 12 公顷，鱼池面积 8.53 公顷。老地名，清康熙六十一年，陈姓始迁祖心义公从江西瓦屑坝迁至武昌江家畈建庄，沿用原名至今。1950 年属小石山乡，1956 年属马山农业生产合作社，1958 年属马山大队，1984 年属马山村至今。居民房屋呈块状分布，占地面积 1.1 公顷。以农业种植、养殖鱼类为主，以工副业、经商为辅。主要种植水稻、油菜。通鄂燕老公路。

庙脚 位于马山村东部，距村委会驻地 500 米，有居民 88 户，400 人。有耕地面积 17.6 公顷，鱼池面积 5.47 公顷，林地面积 1.33 公顷。以建筑物和方位综合命名。清康熙六十一年，汤姓始迁祖因躲避战乱从江西瓦屑坝迁来依寺庙山脚下建庄，故名。1950 年属小石山乡，1956 年属马山农业生产合作社，1958 年属马山大队，1984 年属马山村至今。居民房屋呈块状形分布，占地面积 15 公顷。以农业种植、养殖鱼类为主，以工副业、经商为辅。主要种植水稻、油菜。通鄂燕公路。

十、马园村

位于新庙镇东南部约 2 千米处，现是一座新型小城市，吴楚大道穿村抵东，孙权大道沿村而过。吴都大道自南达北，还有领航路，孙权一路、二路，体育西路，球团东路等，交错相通。临空产业园、会展中心、五星级酒店、汉棠丰裕天城……星罗棋布，挺立于马园境地。东南西北分别与茨塘、百洪、沙塘、杨岭接壤。

此村面积约 2.3 平方千米，下辖 9 个居民小组，16 个居民点计有 13 个姓氏。2015 年统计，有 728 户，2650 人。

马元古宅

马园得名于晋代唐家咀人唐友仲。此人官至朝廷奉议大夫，卒后御赐回老家左手后山墓葬。其墓园建有华表。其中石马高大，独为醒目，故为马园山。1958 年大队部设立马园山坳，故为马园大队，后称马园村。

马园，明清至 20 世纪初属武昌县洪道乡洪二里，1942 年属雅言乡洪二里。1949 年至 1956 年属燕矶区映山乡 5 指导组，继而为映山乡晨阳 5 社。1958 年属幸福公社马元大队，1961 年春属燕矶区鸭畈公社马园大队，1975 年撤区并社再属燕矶公社马园大队，1984 年体制改为马园村。2021 年 10 月 30 日行政机构变更为临空经济区新庙镇马元村。

马园村

这里的人勤奋、淳朴，民俗纯真，风清弊绝，代有贤才，十步芳草。古有唐友仲，民国年间有总统府侍卫官汪金魁、保定生王文安、师部军需主任王超廷，中华人民共和国成立后有将军王春芳，今有省部级、市局级、县级领导16名，科级干部28人，清华大学等名校博士研究生5人。现有156名人民教师，足以誉之为"教师村"。始建于20世纪50年代初的马园楚剧团与马元宣传队，曾非常活跃，声名远播，造就了一大批优秀人才。马园山有六朝古墓遗址，有奉议大夫唐友仲墓，大田铺山有明正德年间进士孟廷柯古墓。

城隍林塆 位于马园村委会北部约一公里处。东望周铺桥，南接马塘角，西连冷竹塆，北邻沿湖岭。辖地面积346亩，2015年统计有居民81户，328人，有江、周、钟、赵四个姓氏。因一座城隍庙周围森林荫庇而得名。江氏始迁祖约于清顺治年间迁入，周氏也约在康熙中叶年间迁来，其余姓氏陆续迁入。如今的城隍林塆，面目焕然一新，临空国际会展中心坐落塆右，星级酒店矗立塆前，昔日荒芜的挡儿湖则是今天的中核城市之光天府，体育西路通塆后至南北，孙权二路贯塆右而行，体育西一路横跨塆之东西，各道依托着吴楚大道，交错相通，顺风畅达。此塆人称"月亮塆"，地灵人杰。清道光有知府经历周益山，1949年之前有稚言乡明事乡长周之桥。1949年后至今，先有公社主要领导、县级干部5名，现有省部级、市局级、县级领导，并军师级、团级领导共11名，清华大学研究生与其他本科生数十名。此塆地利人和，四个姓氏人自古迄今，邻里相处，近亲相安，共襄大事，同济小家。一家有难，全垮解囊相助。城隍林塆"人心齐，办事力"，小有名气。

大田铺 位于马园村南部，距村委会驻地 1 千米，有居民 86 户，300 人。有耕地面积 14.33 公顷，林地面积 9 亩，水塘面积 13 亩。清康熙年间，汪姓始迁祖从异地迁来依一片水田建庄。乾隆年间，王姓始迁祖太伯公、余姓始迁祖之祥公相继迁入落籍。其后王姓开了一家线子铺，故名。1956 年属马园乡，1956 年属晨阳农业生产合作社，1958 年属马园大队，1984 年属马园村至今。村民房屋呈块状形分布，占地面积 1.5 公顷。以农业种植为主，以养殖业、工副业、经商为辅。主要种植水稻、蔬菜。通吴楚大道，武黄城际铁路过境。

大马园 位于马园村中部，距村委会驻地 600 米，有居民 53 户，160 人。有耕地面积 13.33 公顷，林地面积 13 亩，水塘面积 1.07 公顷。明成化十五年，此处墓地规模很大，赐有石人、石马、石象，名大马园。1984 年列入鄂州市首批历史遗址保护单位。王姓先祖有柏公之后裔、周姓先祖后裔依马园东侧建庄落籍，故名。1950 年属马园乡，1956 年属晨阳农业生产合作，1958 年属马园大队，1984 年属马园村至今。居民房屋呈块状分布，占地面积 1 公顷。以农业种植、养殖业为主，以工副业、经商为辅。主要种植水稻、蔬菜。通吴楚大道、鄂黄公路。

上下白鹤咀 一座小山把两个自然村分开，但又紧紧相连在一起，这就是上白鹤咀、下白鹤咀、叶家畈塆。它位于马元村村委会的南部约 850 米处，占地面积约为 0.7 平方千米，共计 129 户，总人数 452 人。有任、王、江、汤等六个姓氏。古时的二联湾前一片沼泽，若干年后变成水陆相间之地，形似白鹤，故名"白鹤咀"；近后山有村名"盛家庄"。盛姓迁出后，任、王（下王）始迁祖于康熙年间相继迁入，其他几姓皆为乾隆年间先后迁入。如今的二联湾有"村中城"之誉。负有盛名的汉棠丰裕天城坐落二联湾，领航大道穿湾东西；体育北路横贯湾中南北，吴都大道一马平湾；省级吴楚大道与四道交错相通。村民和谐相处，凡事相通，遇事互帮。唱大戏、玩狮子、打三毛桩（拳术）都来参与或捧场，除日本鬼子同仇敌忾；义葬新四军，戮力同心。待见红白喜事，力尽乡邻之情。自古至今，还从没听说过四个姓氏人闹过大矛盾。上、下白鹤咀联湾，东边与茨塘相近，西边与大田铺交界。南边与桂家畈毗邻，北边与大细马园相依。

十一、磨山村

位于燕矶镇中部，村委会驻磨山旁，距镇政府驻地约 2 千米。东邻草陂村，南傍映山村，西连马山村，北依龙山村。有居民 563 户，2360 人。辖区面积 1.9 平方千米。下辖 10 个居民点。以辖区内山峰和群众自治组织综合命名。磨山指山峰名。1950 年属小石山乡，1956 年属燕矶区石山乡，1958 年属幸福人民公社，1984 年属燕矶镇至今。境域属滨湖垅岗地貌。有耕地面积 116 公顷，山地面积 25.6 公顷，鱼塘面积 30.73 公顷。以农业种植为主，以养殖业、工副业、经商为辅。主要种植水稻、小麦、油菜。境内有磨山小学、磨山卫生室等事业单位。通鄂燕公路。

方家塆 位于磨山村西部，距村委会驻地 500 米，有居民 106 户，420 人。有耕地面积 26.07 公顷，鱼塘面积 7.33 公顷，山地面积 2 公顷。明嘉靖三十七年，因躲避战乱，始迁祖由福建兴化府蒲田迁到此地建庄落籍，故名。后有其他姓氏迁入仍沿用原名。1950 年属映山乡，1956 年属打石乡，1958 年属磨山生产大队，1984 年属磨山村至今。居民房屋呈块状分布，占地面积 3.2 公顷。以农业种植为主，以养殖业、工副业、经商为辅。主要种植水稻、油菜、棉花、小麦。通鄂燕老公路。

何家塆 又名侧船地，位于磨山村东南部，距村委会住地 600 米，有居民 105 户，430 人。有耕地面积 20.67 公顷，鱼塘面积 4 公顷。清雍正九年，何姓始迁祖从江西迁至黄冈上巴河居住，后迁来武邑洪三里建庄落籍，故名。后有毛姓迁入。1950 年属映山乡，1956 年属打石乡，1958 年属磨山生产大队，1984 年属磨山村至今。居民房屋呈块状分布，占地面积 2 公顷。以农业种植为主，以养殖业、工副业、经商为辅。主要种植水稻、油菜、棉花、小麦。通鄂燕老公路。

曹家咀 位于磨山村西部，距村委会驻地 500 米，有居民 63 户，250 人。有耕地面积 14.53 公顷，鱼塘面积 2 公顷。明正德年间，京官曹姓阁老告老还乡后，曾居于此地得名。清乾隆年间，王、邵、江等姓始迁祖相继迁入建庄落籍，仍沿用原名。1950 年属小石山乡，1958 年属磨山生产大队，1984 年属磨山村至今。居民房屋呈块状分布，占地面积 6.5 公顷。以农业种植为主，以养殖业、工副业、经商为辅。主要种植水稻、油菜、小麦。通鄂兆公路。

许家咀 位于磨山村东部，距村委会驻地 500 米，有居民 79 户，350 人。有耕地面积 14.87 公顷，鱼塘面积 6 公顷。清乾隆元年，许姓始迁祖由浙江省绍兴府新昌县迁到此地建庄落籍，故名。后有其他姓氏迁入。1950 年属映山乡，1956 年属小石山乡，1958 年属磨山生产大队，1984 年属燕矶镇磨山村至今。居民房屋呈块状分布，占地面积 1.3 公顷。以农业种植、养殖业为主，以工副业、经商为辅。主要种植水稻、油菜、小麦、棉花，养殖鱼类。通村级公路。

十二、青山村

位于燕矶镇东部，村委会驻汪家塆，距镇政府驻地 2 千米。东接杜塆村，南与坝角村相连，西与龙山村毗邻，北与路牌村接壤。有居民 362 户，1530 人。辖区面积 2.13 平方千米。下辖 7 个居民点。以山峰和群众自治组织综合命名。1950 年属燕矶乡，1956 年属青山乡，1958 年属幸福人民公社，1984 年属燕矶镇至今。境域属滨江临湖平原垄岗地貌。有耕地面积 60.67 公顷，林地面积 32.07 公顷，水面积 66.07 公顷。以农业种植、养殖为主，以工副业、经商为辅。主要种植水稻、油菜、蔬菜，养殖鱼类。境内有青山村卫生室、青山教育点等事业单位。通青山路、鄂黄公路。

半边街 位于青山村东部，距村委会驻地 300 米，有居民 45 户，180 人。有耕地面积 11.4 公顷，鱼池面积 11.33 公顷，山林面积 4.4 公顷。宋嘉祐七年，陈姓始迁祖上教公从武昌洪三里燕矶迁来此地建庄，以捕鱼为业，得名小鱼巷。随后其他姓相继迁来，同样以捕鱼为业。每逢赶集，售鱼人占据半边街，故名。半边街此指居民点。1950 年属青山乡，1956 年属青山农业生产合作社，1958 年属青山生产大队，1984 年属青山村至今。居民房屋呈块状分布，占地面积 9700 平方米。以农业种植、养殖为主，以工副业、经商为辅。主要种植水稻、油菜，养殖鱼类。通青山路。

熊家塆 位于青山村西北部，距村委会驻地 800 米。有居民 65 户，280 人。有耕地面积 9.2 公顷，鱼池面积 5.9 公顷，山林面积 5.3 公顷。明洪武年间，熊姓始迁祖志聪公从江西南昌迁来此地依青山头狗儿刺建庄落籍，故名熊家塆。1950 年属青山乡，1956 年属青山农业生产合作社，1958 年属青山生产大队，1984 年属青山村至今。居民房屋呈块状分布，占地面积 1.3 公顷。以农业种植、养殖业为主，以工副业、经商为辅。主要种植水稻、油菜，养殖鱼类。通青山公路。

汪家湾 位于青山村东部，为村委会驻地，有居民 78 户，340 人。有耕地面积 9 公顷，鱼池面积 8.67 公顷，山林面积 1.87 公顷。明洪武年间，汪姓始迁祖宗一公自蕲水县汪家大桥迁来此地建庄落籍，故名。后有其他姓相继迁入。1950 年属青山乡，1956 年属青山农业生产合作社，1958 年属青山生产大队，1984 年属青山村至今。居民房屋呈块状分布，占地面积 1.3 公顷。以农业种植、养殖业为主，以二副业、经商为辅。主要种植水稻、油菜，养殖鱼类。通青山公路。

十三、沙塘村

位于新庙镇东部约一千米处，辖区面积约 2.22 平方千米。有居民 652 户，2560 人。此村享有"村中城"之誉。武黄城际铁路贯穿东西，孙权大道纵通南北，吴都大道畅达上下。鄂州变电站坐落此地。楚江馨城安置天水之境，榆荫山居青龙山脚，鄂州文化中心、沙塘小学如春笋拔地而起，城际铁路鄂州东站接纳八方来客，沙塘小集市新商机、大市场……还是那样热闹。

东西南北，分别与马元、水月、将军、鸭畈接壤。境内面积约为 2.22 平方千米，下辖 13 个村民小组，15 个农村居民点。2015 年统计 652 户，2560 人。

沙塘村

沙塘得名于鄂燕大道沙塘集市旁的一口带沙较多的大水塘。1958 年在离沙塘不远处设行政机构大队部，故名为沙塘大队，后为沙塘村。

沙塘村，明清至民国初属武昌县洪道二里，1932 年至 1943 年属鄂城县雅言乡。1950 年属燕矶区沙塘乡，1956 年属沙塘乡联盟农业生产合作社 1 社。1958 年属幸福人民公社（燕矶）沙塘大队。1961 年又属燕矶区鸭畈公社沙塘大队。1975 年撤区并社又为燕矶公社沙塘大队，1984 年体制变更为沙塘村。2021 年 10 月 30 日行政机构又一次变更后为临空经济开发区新庙镇沙塘村。沙塘村委会原址在鄂燕大道沙塘中学对面，2022 年 10 月迁至吴都大道新庙段。

这里人勤奋善良，敦风厉俗，沙塘集市曾是新四军的安全大后方。各个时期出类拔萃者甚多，尤其是近些年来，孕育了更多的优秀者：顶级高等院校校长余心根先生、大华合伙人周俊祥、麦沙尔首席医学专家周小燕……还有县级干部 15 人，科级干部 25 人。

周官塘北侧七窑山遗址和距此 100 米处的艾家塆遗址皆为省级文物保护单位。

鸡公叫 位于沙塘村东南部，距村委会 1.1 千米，有居民 21 户，90 人。有耕地面积 2.47 公顷，水塘面积 10 亩。以公鸡鸣叫命名。明朝时期，汪姓始迁祖大德公从百洪村汪家塆迁出，背靠盘龙山建庄，相传盘龙山晨雾像龙似凤，又如公鸡抬头鸣叫，故名。1950 年属沙塘乡，1956 年属联盟农业生产合作社，1958 年属沙塘大队，1984 年属沙塘村至今。居民房屋呈块状分布，占地面积 4000 平方米。以农业种植为主，以工副业、经商、养殖为辅。主要种植水稻、蔬菜。通村级公路。

沙塘塆 此塆位于村委会处，房屋占有面积 30 亩，2015 年统计居民 45 户，171 人。自 20 世纪初至现在，是商行店铺街。原居有李、周、王、江、曹、汪、刘、彭、冯、万等 10 个姓氏。1949 年前属洪道乡洪二里三联保，1950 年后属燕矶沙塘乡，1956 年属联盟 1 社第 3 生产队，1958 属沙塘大队第 3 生产队，1984 年体制改革为沙塘村第 3 村民小组至现在。此塆民国时期就是洪道乡洪二里贸易廛肆，各行各业，铺店多家，热闹非常，1949 年后直至现在仍然经营大市场。沙塘人得天独厚，大多数人勤劳奔波在商场之中。战争年代的沙塘塆，是中国共产党的大后方，现为红色教育基地。这块宝地，十步芳草，人才多多，现有 985 大学生 5 人，本科生 10 人，科级干部 6 人。

上周塆 位于沙塘村委会南部 1.2 千米处。东与鸡公叫邻近，南与田铺相连，西与王家塆接壤，北与余家塆毗邻。此塆原名桂花园塆。由于周姓人口发展快，且住地居高，称"上周"，故近代形成习惯叫"上周塆"，便取代了原来的塆名。

清康熙年间，周姓始祖从麻城迁入，后又有余姓迁入。2015 年统计有居民 69 户，人口 264 人。1949 年以前属洪二里三联保，1950 年属沙塘乡，1956 年属联盟 1 社第 4 生产队，1958 年属沙塘大队第 4 生产队。1984 年体制改革为沙塘村第 4 村民小组至今。

一条周道如砥的柏油公路把人带到塆前，放眼一望，仿佛进入了仙境，此塆四面群山环绕，峰峦叠嶂，苍翠欲滴，荫翳蔽日；塆前的水塘犹如一面天然明镜，映照出村庄的静谧美、风物美；近看，"村民遵守公约"标牌、公共卫生设施以及屋舍俨然，更使人感受到此塆生活的节奏美、人们的心灵美。

灵秀之地，人才杰出，久负盛名。有留苏高级工程师周才富、湖北省南水北调总指挥长周进朋，还有鄂州名人周俊祥。清华、武大、同济等名校的博士生计有 8 人，仅近些年的本科生就有 13 人。

曹家垮 位于沙塘村北部，距村委会驻地约 800 米，有居民 83 户，280 人。有耕地面积 5.33 公顷，水塘面积 1.13 公顷。元朝末年，始迁祖曹翰公避战乱从江西冷水库迁来此地建庄，故名。1950 年属沙塘乡，1956 年属联盟农业生产合作，1958 年属沙塘大队，1984 年属沙塘村至今。居民房屋呈块状分布，占地面积约 1.5 公顷。以农业种植为主，以工副业、经商、养殖为辅。主要种植水稻、蔬菜。通吴楚大道。

江家墩子 位于沙塘村东北部，距村委会驻地约 400 米，有居民 95 户，370 人。有耕地面积 8.53 公顷，水面积 1.87 公顷。明朝时期，江姓始迁祖学通公从武昌县洪二里板凳地迁出，背靠老虎山的脚下建庄，后在庄门前雕石狮一对，取名狮子垮，近代更名为江家墩子。1950 年属沙塘乡，1956 年属联盟农业生产合作，1958 年属沙塘大队，1984 年属沙塘村至今。居民房屋呈块状分布，占地面积约 1.5 公顷。以农业种植为主，以工副业、经商、养殖为辅。主要种植水稻、蔬菜。通吴楚大道、孙权路。

徐家垮 位于沙塘村西部，距村委会驻地约 800 米，有居民 100 户，410 人。有耕地面积 8.8 公顷，水塘面积 10 亩。是原有地名。元末时期，江姓始迁祖学海公和周姓始迁祖相继从异地迁来，在徐姓庄户落籍，仍沿用垮名至今。1950 年属沙塘乡，1956 年属联盟农业生产合作，1958 年属沙塘大队，1984 年属沙塘村至今。居民房屋呈块状分布，占地面积 1.6 公顷。以农业种植为主。以工副业、经商、养殖为辅。主要种植水稻、蔬菜。通吴楚大道、鄂黄公路。

十四、嵩山村

位于燕矶镇正北部，村委会驻严家畈，距镇政府驻地约 1 千米。东接燕矶村，南邻龙山村、磨山村，西连池湖村、马山村，北濒长江。有居民 866 户，3770 人。辖区面积 3.78 平方千米。下辖 14 个居民点。以辖内山峰和群众自治组织综合命名。嵩山村以山峰命名。1950 年属嵩山乡，1956 年属燕矶区，1958 年属幸福人民公社，1984 年属燕矶镇至今。有耕地面积 145.33 公顷，山林面积 12 公顷。以农业种植为主，以工副业、经商、养殖为辅。主要种植水稻、油菜。境内有嵩山小学、卫生室和鄂州市红兴超硬材料厂等20个企事业单位。有古建筑嵩山寺、严氏宗祠，有嵩山百节龙博物馆和临空经济区民俗文化博物馆，有入选国家级非物质文化遗产名录的百节龙。通鄂燕公路、荷花路、鄂东大道。

嵩山汉代石窟

嵩山村唐代石窟遗址

龙家塆 位于嵩山村西部，距村委会驻地1.5千米，有居民76户，290人。有耕地面积13.67公顷，鱼池面积3公顷。明万历年间，龙姓始迁祖应爵公身为国医，县令请其从黄冈县龙家渡迁来老鹳垯居住。十年后，应爵公携家族共35

人从老鹳垅迁至龙眼泉水塘旁建庄落籍，故名。1950年属小石山乡，1956年属嵩山农业生产合作社，1958年属嵩山生产大队，1984年属嵩山村至今。居民房屋呈条状分布，占地面积1.4公顷。以农业种植为主，以工副业、经商、养殖为辅。主要种植水稻、油菜。通鄂东大道。

卢知塆 位于嵩山村西北部，距村委会驻地1千米，有居民41户，190人。有耕地面积2.13公顷，鱼池面积3亩。清顺治五年，卢姓先祖卢齐公任高唐县知府，族人以其为荣，更塆名为卢知塆。随后张、龙两姓始迁祖迁入，卢姓外迁，仍沿用原名。1950年属嵩山乡，1956年属嵩山农业生产合作社，1958年属嵩山生产大队，1984年属嵩山村至今。居民房屋呈半圆形分布，占地面积8000平方米。以农业种植为主，以工副业、经商、养殖为辅。主要种植水稻、油菜。通鄂东大道。

苏家外塆 位于嵩山村东北部，距村委会驻地1千米，有居民121户，490人。有耕地面积14.67公顷，鱼池面积8亩。明弘治十一年，始迁祖从异地迁入，在滨江的围垸外面建庄落籍，故名。1950年属嵩山乡，1956年属嵩山农业生产合作社，1958年属嵩山生产大队，1984年属嵩山村至今。居民房屋呈半圆状分布，占地面积2.1公顷。以农业种植为主，以工副业、经商、养殖为辅。主要种植水稻、油菜。通荷花路。

傅家道 位于嵩山村西部，距村委会驻地1千米，有居民47户，120人。有耕地面积8公顷，鱼池面积2亩，林地面积3亩。清顺治年间，有一傅姓道台在此居住，故名。现塆前不远处还保留有道台府遗址和练兵场马斗坵遗址。1950年属嵩山乡，1956年属嵩山农业生产合作社，1958年属嵩山生产大队，1984年属嵩山村至今。居民房屋呈条状分布，占地面积8500平方米。以农业种植为主，以工副业、经商、养殖为辅。主要种植水稻、油菜。通鄂东大道。

易家塆 位于嵩山村中西部，距村委会驻地2千米，有居民106户，580人。有耕地面积8.67公顷，鱼池面积1.53公顷。明正统三年，傅姓始迁祖自楚北寿昌（今鄂州城区）新庙傅家畈迁来此地建庄落籍，故名。1950年属嵩山乡，1956年属嵩山农业生产合作社，1958年属嵩山生产大队，1984年属嵩山村至今。居民房屋呈条状分布，占地面积2公顷。以农业种植为主，以工副业、经商、养殖为辅。主要种植水稻、油菜。通鄂东大道。

十五、鸭畈村

位于燕矶镇西部，村委会驻地冷竹塆，距燕矶政府约 5 千米，距新庙镇政府约 2 千米，东抵马园村，南与沙塘村接壤，西与将军村交界，北与杨岭村相连。有居民 487 户，2060 人，下辖 8 个农村居民点。

古时在冷竹湾山脚下都是水域湖泊，在湖泊中一块突起的山包上有一位农户在此养鸭为生。由于时代的风雨变化，山上的泥土沙石冲下填满了湖泊，附近居民纷纷开垦种田，形成良田一畈。这个突起山包仍有人搭鸭棚放鸭为生，四面八方的乡邻都习惯叫此地为鸭子畈，有人在山包上开个店铺，人们都叫鸭畈铺，酿酒的叫鸭畈酒坊，扎纸马的叫鸭畈纸马店等。故此，鸭畈这个地名就约定俗成了。

1950 年属燕矶区沙塘乡管辖，1956 年属晨阳合作社管辖，1958 年属幸福人民公社管辖，1984 年属燕矶镇管辖，2020 年属城东新区新庙镇，后又变更为临空经济开发区新庙镇管辖至今。

鸭畈村属丘陵平原地区，有耕地面积 9.22 公顷，山林面积 20.47 公顷。以农业种植为主，主要种植水稻，以工副业、经商为辅。境内有晨鑫石材厂、鸭畈小学、鸭畈卫生室等企事业单位，村级公路贯穿各个居民点，武钢球团厂铁路专线南北过境。鸭畈艾家塆、冷竹塆等地大部分已拆迁，迁居沙塘楚江馨城小区，村委会也搬进了沙塘楚江馨城小区。

冷竹塆 位于鸭畈村南部，为村委会驻地，有居民 223 户，920 人。有耕地 20 公顷，山林面积 2.72 公顷。元朝末年，始迁祖周良公从本地沙塘上周湾迁来此地建庄落籍，后在庄旁种了一片竹林。竹影摇风，人憩其间，备感清凉，夏日过往行人在竹林休息，感到此竹林好像有灵故施冷气给行人降温纳凉。四里八乡的人们将此地约定俗成叫冷竹塆，一直延续至今。

冷竹塆还有一个传说：周姓人从上周塆迁来之后，周姓人逐渐增多，为改善居住条件，周姓人就请了一位风水先生来选址做屋，他们来到庙铺南雷山垴下，这里有一片竹园，北有白虎山，南有青龙山，雷山自然形成了靠背椅，空气新鲜，风景优美，既无杂声又十分清静，风水先生一看，这是一块财丁兴旺的风水宝地。这时造屋主人给风水先生送来了包子和稀粥，风水先生吃完包子之后，连忙喝粥，由于粥变冷了，风水先生喝了几口，就喝不下去了，将剩下的冷粥就泼向了竹林，突然引来锦鸡一群，风水先生连忙呼道："好地，好地！"此地就叫冷粥塆吧，因方言"粥"与"竹"同音，后来人们又习惯地把冷粥塆叫冷竹塆。

1950 年属沙塘乡，1956 年属晨阳农业生产合作社，1958 年属鸭畈大队，1984 年属鸭畈村至今。居民房屋呈块状分布，占地面积约 4.5 公顷，以种植水稻、蔬菜为主，以工副、经商为辅。通鄂燕老路。冷竹塆现已拆迁至沙塘小区。

王家堤 位于鸭畈村西北部，距村委会驻地约 500 米，有居民 68 户，290 人。有耕地面积 11.17 公顷，山林面积 1.33 公顷。元末明初时期，王姓先祖中进士后，在山西太原任知府，解甲归田后，携全家从寿昌东乡洪二里王家洞迁来靠江堤建庄，因而得名王家堤。

王家堤在 1958 年前属沿湖岭，又叫洋湖岭，后变更为杨岭。多少年来，王家堤和沿湖岭人和睦相处，亲如一家。王家堤自王姓迁来之后，有曹姓、谈姓、艾姓、刘姓等姓居住，内部很团结，每逢玩灯、唱戏、修庙等文化活动，全塆顾全大局，维护集体活动。后来王家堤又为何划分到鸭畈呢？这里有一个小故事：1958 年，王家堤堤外有琵灞湖、外灞湖，还有杨灞湖，抗旱水源充足，王家堤堤里是一眼望不到边的水稻农田。每年把堤外的湖水用水车车起来通过王家堤涵洞可灌溉杨岭整个水田面积，还可以灌溉鸭畈大部分水田面积，鸭畈大队如果要车水灌溉，必须经过杨岭王家堤水田过水，如果鸭畈人得罪了王家堤的人，不许鸭畈人过水，他们也没有办法。为了解决这个后顾之忧，后来公社领导想出了一个好主意，于是找到杨岭大队书记谈仕本和鸭畈大队书记周才茂协商，把杨岭大队王家堤划到鸭畈大队管辖，虽说当时杨岭大队书记谈仕本舍不得割爱，但还是顾全大局，成全了鸭畈大队，消除了过水矛盾。从此杨岭王家堤就属鸭畈了。1950 年属杨岭乡，1956 年属晨阳农业合作社，1958 年属鸭畈生产大队，1984 年属鸭畈村至今。居民房屋呈块状分布，占地面积约 1.2 公顷，以种植水稻、蔬菜为主，以工副业、经商为辅。通鄂黄公路。

王家堤现已拆迁，迁至沙塘楚江馨城小区。

艾家湾 位于鸭畈西部，距村委会驻地约700米，有居民129户610人。有耕地面积2.21公顷，山林面积4.33公顷。源于艾姓始迁祖世星公迁此地依山建庄，故名。1950年属沙塘乡，1956年属晨阳农业生产合作社，1958年属鸭畈生产大队，1984年属鸭畈村至今。居民房屋呈块状分布，占地面积2.5公顷，以种植水稻、蔬菜为主，以工副业，经商为辅。通村级公路。

十六、燕矶村

位于燕矶镇中北部，村委会驻鄂黄大道世纪华府对面，距镇政府驻地约200米。东接路牌村，南邻龙山村、青山村，西连嵩山村，北临长江。有居民536户，2110人。辖区面积1.9平方千米，下辖12个居民点。以自然实体名称和群众自治组织综合命名。燕矶指燕子矶，即村北临江而立的石矶。1950年属燕矶乡，1956年属燕矶区，1958年属幸福人民公社，1984年属燕矶镇至今。境域属滨江平原地貌。有耕地面积60.2公顷，山林面积11亩。以农业种植为主，以工副业、经商、建筑、航运等为辅。主要种植水稻、油菜、蔬菜。境内有燕矶镇人民政府，燕矶中、小学校，金刚石刀具制造厂等企事业单位。有三国烽火台遗址、古渡码头。通鄂东大道，长江过境。

董家岗 位于燕矶村西南部，距村委会驻地500米，有居民45户，170人。有耕地面积9公顷，鱼池面积5亩。宋代末，董姓始迁祖凝宣公从江西饶州府余干县迁至此地，靠又长又高的山冈建庄，故名。1950年属嵩山乡，1956年属群星农业生产合作社，1958年属燕矶大队，1984年属燕矶村至今。居民房屋呈块状分布，占地面积8500平方米。以农业种植为主，以工副业、经商、制造为辅。主要种植蔬菜、水稻、油菜、棉花等。通鄂东大道。

何家垮 位于燕矶村北部，距村委会驻地200米，有居民69户，320人。有耕地面积3.33公顷，鱼池面积6亩。清同治九年，何姓始迁祖从燕矶镇映山村何家垮迁到此处建庄，故名。1950年属燕矶乡，1956年属群星农业生产合作社，1958年属燕矶大队，1984年属燕矶村至今。居民房屋呈块状分布。占地面积 1.2 公顷。以农业种植为主，以工副业、经商为辅。主要种植蔬菜、水稻、油菜、棉花。通洪山路。

林家塆 位于燕矶村西南部，距村委会驻地 400 米，有居民 29 户、120 人。有耕地面积 5.67 公顷，鱼池面积 4 亩。原名董家岗，清光绪二十九年，后林姓迁入落籍。2000 年更名为林家塆。1950 年属嵩山乡，1956 年属群星农业生产合作社，1958 年属燕矶大队，1984 年属燕矶村至今。居民房屋呈块状分布，占地面积 5500 平方米。以农业种植为主，以工副业、经商、办企业为辅。主要种植蔬菜、水稻、油菜、棉花。通鄂东大道。

徐家塘塆 位于燕矶村东北部，距村委会驻地 500 米，有居民 79 户，300 人。有耕地面积 1 公顷，鱼池面积 8 亩。清朝中期，徐姓始迁祖从黄冈蕲水县巴河镇迁到此处傍口水塘建庄落籍，故名。1950 年属燕矶乡，1956 年属群星农业生产合作社，1958 年属燕矶大队，1984 年属燕矶村至今。居民房屋呈块状分布，占地面积 1.5 公顷。以农业种植为主，以工副业、经商为辅。主要种植蔬菜。通鄂黄公路。

十七、杨岭村

古时此地沿琵琶湖通凼儿湖有一条长形土岭，人们称之为沿湖岭，后又因岭边杨柳树茂密，四里八乡的人又称之为杨湖岭，后来政府和民众共同命名为杨岭。

杨岭 位于燕矶镇西部，杨岭过去分上岭、中岭、下岭。村委会驻地中岭钟家塆 99 号，距燕矶政府驻地约 4 千米，距新庙镇政府驻地约 2 千米。东与马山村相邻，南与茨塘村、马元村、鸭畈村接壤，西与茅草村相望，北与池湖村相连。有居民 709 户，2900 人，辖区面积 2.97 平方公里，下辖五个居民点，以地片和群众组织综合命名。

1950 年属杨岭乡管辖，1956 年属燕矶区管辖，1958 年属幸福（燕矶）人民公社管辖，1984 属燕矶镇管辖，2020 年花湖机场建设动迁变更为城东新区新庙镇，又改名属鄂州临空经济开发区新庙镇管辖至今。

　　杨岭有耕地面积 90.13 公顷，以农业种植为主，以工副业为次，主要种植水稻、蔬菜。境内有 14 家企事业单位，通燕沙公路、孙权大道、杨岭路。目前杨岭水浸堤、刘家咀、上岭一部分、汪家咀大部分已拆迁，定居沙塘楚江馨城小区，小部分定居将军小区。

　　水浸堤 位于杨岭村东南部，距村委会驻地约 500 米，有居民 168 户，590 人。有耕地面积 15.99 公顷。以建筑物命名。清朝年间，汪姓始迁祖宗器公携次子迁来此地江堤边建庄，见水清澈透明，得庄名水晶堤，又是茅草湖、慈湖水流入彭塘湖、花马湖必经之地，俗称水浸堤，因此而得庄名，一直沿用至今。1950 年属杨岭乡，1956 年属晨阳农业生产合作社，1958 年属杨岭生产大队，1984 年属杨岭村至今。居民房屋呈条形分布，占地面积 3.6 公顷。以农业种植为主，以工副业、经商为辅。通杨岭路。

　　钟家坮 位于杨岭村正南部，为村委会驻地，有居民 150 户，690 人。有耕地面积 17.59 公顷。清顺治年间，钟姓始迁祖鸣达公因落难迁至沿湖岭坳儿山建庄落籍，故名。1950 年属杨岭乡，1956 年属晨阳农业生产合作社，1958 年属杨岭生产大队，1984 年属杨岭村至今。居民房屋呈条状分布，占地面积 3 公顷。以农业种植为主，以工副业、经商为辅。主要种植水稻、棉花、油菜。通燕沙公路、杨岭路。

　　谈家垱 位于杨岭村北部，距村委会驻地约 300 米，有居民 86 户，380 人。有耕地面积 11.84 公顷。清朝年间，谈姓始迁祖迁来此地临一湖垱建庄，故名。1950 年后属杨岭乡，1956 年属晨阳农业生产合作社，1958 年属杨岭生产大队，1984 年属杨岭村至今。居民房屋呈块状分布，占地面积 1.5 公顷。以农业种植为主，以工副业、经商为辅。主要种植水稻、蔬菜。通鄂燕大道、杨岭路。

　　上岭湾 位于杨岭村中西部，距村委会驻地约 400 米，有居民 130 户，470 人。有耕地面积 11.47 公顷。清朝乾隆年间，艾姓始迁祖迁来此地依一土岗岭上建庄，故名。上岭指居民点。1950 年属杨岭乡，1956 年属晨阳农业生产合作社，1958 年属杨岭生产大队，1984 年属杨岭村至今居民房屋呈块状分布，占地面积 2.6 公顷。以农业种植为主，以工副业、经商为辅。主要种植水稻、蔬菜。通杨岭路。

十八、映山村

位于燕矶镇南部,村委会驻原映山小学内,距政府驻地 3.5 千米。东邻草陂村,西连连塘村,南傍沙窝村,北依磨山村。有居民 714 户,2730 人。辖区面积 3.1 平方千米,下辖 20 个居民点。以辖内山峰和群众自治组织综合命名。映山指山峰名。1950 年属映山乡,1956 年属燕矶区,1958 年属幸福人民公社,1984 年属燕矶镇至今。有耕地面积 103.53 公顷,林地面积 60 公顷,鱼塘面积 60 公顷。以农业种植为主,以养猪、养鱼、工副业、经商为辅。主要种植水稻、小麦、油菜。境内有映山小学、映山卫生室等单位。通村级公路、鄂黄老公路。

百树园 位于映山村南部,距村委会驻地 700 米,有居民共 23 户,90 人。有耕地面积 2.4 公顷,林地面积 2.67 公顷。明永乐五年,李姓始迁祖携家眷迁此地建庄,在庄后种植各种树木,故名。百树园此指居民点。1950 年属打石乡,1956 年属晨阳农业生产合作社,1958 年属映山生产大队,1984 年属映山村至今。居民房屋呈半圆状分布,占地面积 4200 平方米。以农业种植为主,以工副业、经商为辅。主要种植水稻、油菜、小麦。通村级公路。

藤子树 位于映山村东南部,距村委会驻地 1.5 千米,有居民 28 户,80 人。有耕地面积 4.63 公顷,林地面积 2.21 公顷。清康熙元年,周姓始迁祖松生公从江西豫章(南昌)迁来此地建庄,因周边的植物藤子长得像树木一样粗,长满附近九个山峰,故名。藤子树,此指居民点。1950 年属打石乡,1956 年属晨阳农业生产合作社,1958 年属映山大队,1984 年属映山村至今。居民房屋呈半圆状分布,占地面积 5500 平方米。以农业种植为主,以工副业、经商为辅。主要种植水稻、油菜、小麦。通村级公路。

何家大坝 位于映山村西北部,距村委会驻地 900 米,有居民 92 户,380 人。有耕地面积 13.93 公顷,林地面积 3 公顷,鱼塘面积 4 公顷。1947 年何姓始迁祖从本地大垮撒迁至此邻一大坝建庄,故名。1950 年属打石乡,1956 属晨阳农业生产合作社,1958 年属映山生产大队,1984 年属映山村至今。居民房屋呈半圆状分布,占地面积 2 公顷。以农业种植为主,以工副业、经商为辅。主要种植水稻、油菜、小麦，养殖鱼类。通村级公路。

何家窑 位于映山村北部，距村委会驻地 800 米，有居民 54 户，220 人。有耕地面积 6.4 公顷，林地面积 1.33 公顷。1912 年，何姓始迁祖偕贷公过来此地建庄后，建窑烧瓷器，故名。1950 年属打石乡，1956 年属晨阳农业生产合作社，1958 年属映山大队，1984 年属映山村至今。居民房屋呈半圆状分布，占地面积 1 公顷。以农业种植为主，以工副业、经商为辅。主要种植水稻、油菜、小麦。通村级公路。

第二节　杨叶之洲

杨叶镇位于鄂城区东南部。镇政府驻刘卜震。东与浠水县隔江相望，南邻黄石市区，西接花湖镇、沙窝乡，北接燕矶镇。辖区面积 39 平方千米，户籍人口 2.6 万。辖 6 个村，87 个自然村。因地名杨叶洲而得名。1950 年属鄂城县燕矶区杨叶乡，1958 年属鄂城县幸福人民公社，1984 年置杨叶乡，1998 年改置杨叶镇至今。境域属滨江临湖冲积平原，条状地形呈南北走向，地势北高南低，夹在长江与花马湖之间，最高点猫儿山海拔 40.7 米，最低处大湖墩 16.5 米。农业种植蔬菜、芝麻、油菜、水稻。兼水产养殖，年产值 5.4 亿元。特产有"白沙蔬菜""白玉春"萝卜。工业以特钢模具、钢结构制造为主，规模以上企业 36 家。年总产值 22 亿元，商贸网点年零售总额 9000 万元。有文化团体 4 个，专业户 3 个，活动中心 7 个，获"鄂州市书法之乡"称号。有小学 5 所，初中 1 所。有各级卫生机构 12 个，体育活动所场 8 处，境内古建筑有 3 处。长江依东北部过境。鄂黄新公路、鄂燕黄老公路、杨叶大道贯通全镇。

一、杨叶村

位于杨叶镇中部，村委会驻刘卜震，与杨叶镇政府办公大楼南北并列。东临长江，南接白沙村，西濒花马湖，北与团山村毗邻。有居民1280户，5560人。辖区面积5平方千米，下辖14个居民点。以所处地域和群众自治组织综合命名。杨叶指杨叶洲。1950年属杨叶乡，1956年属燕矶区，1958年属幸福（燕矶）人民公社，1984年属杨叶乡，1998年属杨叶镇至今。辖区属长江冲积平原，地势平坦，以近江边的沙质洲地为主，近湖边的黏性湖地为次。两种土质各有特性，适宜同一气候条件下不同作物的生长。有耕地面积232公顷，山林面积33.33公顷，湖泊面积40公顷。以农业种植业、工副业为主，以养殖业、林果业为辅。种植蔬菜、油菜、棉花、芝麻等。境内有杨叶镇政府、杨叶中学、杨叶小学、川冶科技等行政、企事业单位。有古建筑三九禅寺。鄂燕黄公路、杨叶大道交会贯通。

刘卜震 位于杨叶村中南部，杨叶镇人民政府驻地，村委会驻地。有居民154户，730人。有耕地面积46.67公顷。清乾隆年间，因迫于生计，刘氏始迁祖卜震公带其弟卜坎公，从大冶县东申乡迁此建庄落籍。其后裔为纪念始迁祖，故名。居民房屋呈条状分布。占地面积3公顷。境内有杨叶镇政府及机关办公大楼，有杨叶中学、杨叶村小学、杨叶镇卫生院。有古建筑三九禅寺。鄂燕黄公路、杨叶大道东西过境。

铁李塘 位于杨叶村西北部，距村委会驻地约1千米。有居民88户，360人。有耕地面积26.53公顷。因人物和传说故事而得名。清咸丰年间，李氏始迁祖守仁公从花湖八庙肖家嘴迁入此地建庄定居。其后有一先祖叫李汉英，因能写善辩，包揽词讼而远近闻名，人称"李棍棍""铁杆光棍""铁李"。因他住的湾子旁有一口水塘，故名铁李塘，又名李汉英。另据传，八仙之一的铁拐李路过此地，口干难忍，随手将拐杖往地上一捅，陷下去一个大土坑，顿时水如泉涌，水坑后来变成池塘，故名铁李塘。铁李原指先祖李汉英或八仙之一的铁拐李，此指居民点。1950年属杨叶乡，1956年属阳光1社，1958年属杨叶生产大队，1984年属杨叶村至今。居民房屋呈块状分布，占地面积1.6公顷。以农业种植业为主，以工副业为辅。种植水稻、油菜、大蒜、豌豆等。通沙杨公路。

胡家塆 位于杨叶村南部，距村委会驻地约500米，有居民112户，480人。

有耕地面积 16.67 公顷。清乾隆年间，胡氏始迁祖明亮公从江西瓦屑坝迁入杨叶洲建庄落籍，故名。1950 年属杨叶乡，1956 年属阳光 6 社，1958 年属杨叶生产大队，1984 年属杨叶村至今。居民房屋呈条状分布，占地面积 2.2 公顷。以农业种植业为主，以工副业、养殖业为辅。种植生菜、茄子、水稻等，养殖鱼类。通鄂黄燕公路。

老屋塆 位于杨叶村中部，距村委会驻地约 300 米，有居民 165 户，670 人。有耕地面积 3248 公顷。因历史久远而得名。明末清初，李氏始迁祖钻堂公从江西吉安瓦屑坝李家堡迁入杨叶洲建庄落籍，繁衍成望族。后来一些迁出的支派都称原籍为老屋，故名。1950 年属杨叶乡，1956 年属阳光 1 社，1958 年属杨叶生产大队，1984 年属杨叶村至今。居民房屋呈块状分布，占地面积 3 公顷。以农业种植业为主，以工副业、养殖业为辅。种植竹叶菜、辣椒、稻谷等。通鄂燕黄公路。

二、白沙村

位于杨叶镇西南部，村委会驻刘李塆，2021 年迁入李家铺，距镇政府驻地约 1 千米。东邻三峡村，南接黄石市区，西濒花马湖，北毗杨叶村。有居民 859 户，3450 人。辖区面积 3.26 平方千米。以地片和职能机构综合命名。古代，此地被长江水流冲击淹没，待江水退去经日光暴晒，呈现出一片白色的沙滩，故有白沙之称。后以白沙作为当地的域名。白沙本指白色的沙子，此指居民点。1950 年置属白沙乡，1956 年属燕矶区，1958 年属幸福（燕矶）人民公社，1984 年属杨叶乡，1998 年属杨叶镇至今。以农业种植业、养殖业为主，以工副业为辅。主要种植蔬菜，养殖鱼类、牲畜。"白沙牌"无公害品牌蔬菜为白沙村特色产品。辖区内有利鑫机械配件厂等 8 家企业。有杨叶水陆派出所、白沙小学等 4 家行政事业单位。通鄂黄公路和杨叶大道。

杨叶白沙村

烽火屋 位于白沙村北部，距村委会驻地约 500 米，有居民 123 户，410 人。有耕地面积 17.67 公顷。因古代建筑物而得名。清朝初年，李氏始迁祖少江公从大冶县迁入杨叶洲建庄落籍，因旁边袁氏建有一进三重高大的马头墙青砖屋，故名。封火屋后化传为烽火屋，原指高大的马头墙青砖房屋，此指居民点。1950 年属白沙乡，1956 年属阳光 7 社，1958 年属白沙生产大队，1984 年属白沙村至今。居民房屋呈块状分布，占地面积约 2.3 公顷。以农业种植业、养殖业为主，以工副业为辅。种植水稻、蔬菜，养殖牲畜。通鄂黄公路。

刘李垮 位于白沙村中部，为白沙村委会驻地，2021 年迁出。有居民 115 户，420 人。有耕地面积 19.88 公顷。以两姓联合而得名。明末清初，刘氏始迁祖子华公从浠水县散花洲迁来此地居住，同期李氏少江公从大冶县迁入合居建庄，故名。1950 年属白沙乡，1955 年属阳光 7 社，1958 年属白沙生产大队，1984 年属白沙村至今。居民房屋呈块状分布，占地面积 1.9 公顷。以蔬菜种植业、工副业为主，以农业种植为辅。通鄂黄公路。

南家垮 位于白沙村北部，距村委会驻地约 600 米，有居民 70 户，340 人。有耕地面积 10.44 公顷。因姓氏避讳而得名。明朝初年，孟氏始迁祖传万公从浠水县迁入此地建庄落籍，因孟姓忌讳"梦"字音，以"南柯一梦"的"南"字作为垮名。南家意指好梦一场，实指孟姓人家，此指居民点。1950 年属白沙乡，1956 年属阳光 7 社，1958 年属白沙生产大队，1984 年属白沙村至今。居民房屋呈块状布局，占地面积 1.7 公顷。以工副业为主，以农业种植为辅。种植蔬菜，饲养生猪。通鄂黄公路。

十八家 位于白沙村中南部，距村委会驻地约 500 米。有居民 140 户，570 人。有耕地面积 24.41 公顷。因居民户数而得名。清朝初年，李氏始迁祖少江公从大冶县迁入杨叶洲时，先后有 18 户人家在一起建庄，故名。十八家指最初 18 姓氏人家，此指居民点。1950 年属白沙乡，1956 年属阳光 8 社，1958 年属白沙生产大队，1984 年属白沙村至今。居民房屋呈块状布局，占地面积 2.8 公顷。以蔬菜种植为主，以工副业为辅。通鄂黄公路。

三、古塘村

位于杨叶镇北部，村委会驻陈家塆东 50 米处，距镇政府驻地约 4 千米。东临长江，南接平石村，西与燕矶镇坝角村隔湖相望，北与燕矶镇车湖村相邻。有居民 1238 户，4550 人。辖区面积 6.8 平方千米，下辖有 19 个居民点。以小山丘和群众自治组织综合命名。古塘原指曹姓家族一位先祖的名字，此指古塘岭。1950 年属古塘乡，1956 年属燕矶镇，1958 年属幸福（燕矶）人民公社，1984 年属杨叶乡，1998 年属杨叶镇至今。有耕地面积 148.06 公顷，山林面积 2.61 公顷。以农业种植业为主，以工副业、林果业为辅。主要种植水稻、棉花、蔬菜。境内主要有鄂州长江容器厂、古塘小学，有宗教纪念地古塘寺。通鄂黄公路。

平石村

曹中塆 位于古塘村中北部，距村委会驻地约 700 米，有居民 117 户，440 人。有耕地面积 17.11 公顷。明朝中叶，曹氏始迁祖添万公从燕矶车湖迁入此地建庄定居，后家族分支，四周另建新庄，故名，又名老屋塆。1950 年属古塘乡，1956 年属群星 3 社，1958 年属古塘生产大队，1984 年属古塘村至今。居民房屋呈块状分布，占地面积 1.42 公顷。以农业种植业为主，以养殖业、工副业为辅。种植水稻、棉花等。境内有一个 850 平方米的文化广场。通村镇公路。

潘家桥 位于古塘村东北部，距村委会驻地约 1.2 千米，有居民 109 户，420 人。有耕地面积 12.49 公顷。因姓氏和建筑物综合得名。清康熙年间，潘氏始迁祖重栋公从燕矶观音港迁入此地建房定居，因在通往现江堤方向的一条港上修建了一座石桥，故名。潘家桥指潘姓居民架设在水道上的桥梁，此指居民点。1950 年属古塘乡，1956 年属群星 3 社，1958 年属古塘生产大队，1984 年属古塘村至今。居民房屋呈块状分布，占地面积 1.5 公顷。以农业种植业为主，以工副业、养殖业为辅。种植水稻、棉花，养殖鱼类。通村级公路。

曹竹林 位于古塘村东部，距村委会驻地约 1.1 千米，有居民 64 户，250 人。因姓氏和植物综合得名。清道光年间，曹氏始迁先祖永立公从曹中塆迁入此地建庄定居，因在自家菜园坝上种下一株竹，后长成一片竹林，故名。曹竹林本指曹家的竹林，此指居民点。1950 年属古塘乡，1956 年属群星 3 社，1958 年属古塘生产大队，1984 年属古塘村至今。居民房屋呈块状分布，占地面积 1.2 公顷，以农业种植业为主，以养殖业、工副业为辅。种植水稻、棉花、蔬菜。通村级公路。

万家嘴 位于古塘村西南部，距村委会驻地约 1.5 千米。有居民 71 户，270 人。有耕地面积 12.52 公顷。清雍正年间，万氏始迁祖浠选公从新洲阳陂庙综合乡迁入此地，在一湖嘴上建庄落籍，故名。1950 年属古塘乡，1956 年属群星 5 社，1958 年属古塘生产大队，1984 年属古塘村至今。居民房屋呈块状分布，占地面积 1.37 公顷。以农业种植业为主，以养殖业为辅，种植水稻、棉花，养殖生猪。通村级公路。境临花马湖。

四、平石村

位于杨叶镇中北部，村委会驻竹林塆，距镇政府驻地约 3 千米。东临长江，南连团山村，西临花马湖，北毗古塘村。有居民 1210 户，4580 人。辖区面积 6.67 平方千米，下辖 15 个居民点。因辖区内平石矶而得名。平石原指表面较平的岩石山体，此指群众自治区域。1950 年属平石乡，1956 年属燕矶区，1958 年属幸福人民公社，1984 年属杨叶镇至今。有耕地面积 106.70 公顷，有水面积 40 公顷，以农业种植业为主，以工副业为辅。主要种植蔬菜、油菜、棉花、芝麻。辖区内有平石小学、育苗幼儿园、平石村门诊部、卫生室等教育、卫生机构。有窝儿塘、寡妇矶等著名景点。有佛教寺庙东江寺。通村镇公路、杨叶大道。

邵家里头塆 位于平石村南部，距村委会驻地约 300 米，有居民 190 户，810 人。有耕地面积 19 公顷。以居民姓氏和地理方位综合得名。邵氏始迁祖文信公于明初从江西都昌瓦屑坝迁入此地建庄定居，因靠山建房，为有别于邵家开头塆，故名。里头塆指位于山丘腹地的居民点。1956 年属平石乡，1956 年属群星 2 社，1958 年属平石生产大队，1984 年属平石村至今。居民房屋呈块状分布，占地面积 4 公顷。以农业种植业、特色蔬菜为主，以养殖业、工副业为辅。种植水稻、棉花、油菜、大蒜、韭菜等。通鄂黄公路。

竹林塆 位于平石村中部，为村委会驻地。有居民 118 户，524 人。有耕地面积 13.31 公顷，因植物而得名。明朝中期，邵氏始迁祖应元、应亨二公从里头塆迁入此处建庄居住，并在住房旁边栽种竹子，故名。1950 年属平石乡，1956 年属群星 2 社，1958 年属平石生产大队，1984 年属平石村至今。居民房屋呈块状分布，占地面积 3.60 公顷。以农业种植业、蔬菜种植业为主，以工副业、养殖业为辅。种植水稻、棉花、油菜、大蒜、韭菜。通鄂黄公路。

傅家塆 位于平石材北部，距村委会驻地约 400 米，有居民 80 户，380 人。有耕地面积 9.33 公顷。元朝末年，傅氏始迁祖万尧公从浠水县兰溪迁入此地建庄定居，故名。1950 年属平石乡，1956 年属群星 2 社，1958 年属平石生产大队，1984 年属平石村至今。居民房屋呈块状分布，占地面积 1.5 公顷。以农业种植业为主，以工副业为辅。种植水稻、棉花、油菜、大蒜、菜豆。通鄂黄公路。

胡缪嘴 位于平石村西部，距村委会驻地约 800 米。有居民 90 户，430 人。有耕地面积 78.9 公顷。因姓氏联合得名。明朝末年，胡氏始迁祖生前公从浠水县马珑迁入此地在湖嘴上建庄定居。清道光五年，缪氏志信公随改嫁母亲从燕矶龙山来此定居。后以胡、缪二姓共命庄名胡缪嘴。胡缪指胡缪两姓家族，此指居民点。1950 年属平石乡，1956 年属群星 2 社，1958 年属平石生产大队，1984 年属平石村至今。居民房屋呈块状分布，占地面积 3 公顷。以农业种植业、养殖业为主，以工副业为辅。种植水稻、棉花、油菜，饲养鱼类。通鄂黄公路。

左家垮 位于平石村北部，距村委会驻地约 1 千米，有居民 75 户，330 人，有耕地面积 10.60 公顷。清嘉庆年间，左氏始迁祖宗建公及其兄长从黄冈三店迁入此地建庄定居，故名。1950 年属平石乡，1956 年属群星 2 社，1958 年属平石生产大队，1984 年属平石村至今。居民房屋呈块状分布，占地面积 1.5 公顷。以农业种植业、蔬菜种植业为主，以工副业、养殖业为辅。种植水稻、棉花、油菜、菜豆、大蒜。通村镇公路。

五、三峡村

位于杨叶镇东南部，村委会驻中心村，距镇政府驻地约 2.5 千米。东濒长江，南与黄石市区接壤，西临花马湖，北邻杨叶村。有居民 1052 户，4020 人。辖区面积 3.7 平方千米，下辖有 15 个居民点。以所处地域和职能机构综合命名。因长江水流到此地分为三股，夹着新淤洲、毕家洲，故称"三夹"，因为"夹"和"峡"语音相同，后人们习惯称之为"三峡"。2006 年又更名为"三峡"至今。1950 年属白沙乡，1956 年属燕矶区，1958 年属幸福（燕矶）人民公社，1984 年属杨叶乡，1998 年属杨叶镇至今。有耕地面积 166.67 公顷，水塘面积 3.13 公顷。以蔬菜种植业为主，以工副业为辅。辖区内有汉武塑化编织有限公司等 9 家企业单位。有昌大河道堤防管理局等 5 家事业单位。有三峡村卫生室等 3 家文教卫单位。鄂燕黄公路贯穿南北。

黄州卫 位于三峡村中部，距村委会驻地约 700 米，有居民 28 户，90 人。

有耕地面积 5.33 公顷。以明代黄州府驻籍军垦民地点得名。黄州卫指明代驻籍军垦民地点，此指居民点。1950 年属白沙乡，1956 年属阳光 2 社，1958 年属三峡生产大队，1984 年属三峡村，2006 年属三峡村至今。居民房屋呈线状分布，占地面积 4200 平方米。以蔬菜种植业为主，以工副业为辅。种植豇豆、茄子等。通村级公路。

刘畈村

蕲州卫　位于三峡村中东部，距村委会驻地约 800 米，有居民 56 户，240 人。有耕地面积 5.33 公顷。因明代蕲州府驻籍军垦民地点得名。明洪武年间，黎山李氏太伍祖尧臣公及子孙来到武邑（今鄂州市）荒湖杨叶洲。以圻州卫军籍，驻此防卫并垦荒，后形成居民点，故名。圻州指今蕲春县。卫指驻军地点，此指居民点。1950 年属白沙乡，1956 年属阳光 2 社，1958 年属三峡生产大队，1984 年属三峡村，2006 年属三峡村至今。居民房屋呈条状分布，占地面积 8400 平方米。以蔬菜种植业为主，以工副业为辅。种植丝瓜、豇豆等。境临长江。通鄂燕黄公路。

溃口塆　位于三丙村中北部，距村委会驻地约 1.2 千米，有居民 45 户，140 人。有耕地面积 9 公顷。因洪灾事件而得名。1954 年，长江出现百年未有的大洪水。7 月 31 日，位于杨叶乡三峡村的昌大堤被洪水冲开约 100 米长的溃口。

洪水退后人们回原处重建家园，此称居民点为纪念溃口成灾事件，故名溃口塆。溃口指大堤被洪水冲开处，此指居民点。1950年属白沙乡，1956年属阳光2社，1958年属三浃生产大队，1984年属三浃村，2006年属三峡村至今。居民房屋呈条状分布，占地面积8200平方米。以蔬菜种植业为主，以工副业为辅。种植豇豆、丝瓜等。境临长江。通鄂燕黄公路。

李家大户 位于三峡村南部，距村委会驻地约1千米，有居民131户，430人。有耕地面积6公顷。清乾隆年间，李氏始迁祖向公从浠水县散花洲李家大塆迁入此地建庄定居。后宗族蕃盛，人丁兴旺，自称李家大户为庄名。大户指宗族繁衍兴旺之意，此指居民点。1950年属白沙乡，1956年属阳光2社，1958年属三浃生产大队，1984年属三峡村，2006年属三峡村至今。居民房屋呈条状分布，占地面积2公顷。以蔬菜种植为主，以工副业为辅。通鄂燕黄公路。

严李塆 位于三峡村南部，距村委会驻地约400米，有居民86户，300人。有耕地面积673公顷。清乾隆年间，严氏始迁祖世铁公从沙窝凤山下道士塆月湖庄迁至杨叶洲一土岗上建庄定居。随后李氏从花湖迁来入居，初名严李墩，后更名为严李塆。严李指严、李两姓居民。1950年属白沙乡，1956年属阳光2社，19558年属三峡生产大队，1984年属三峡村，2006年属三峡村至今。居民房屋呈条状分布，占地面积约1.3公顷。以蔬菜种植业为主，以工副业为辅。种植菠菜、白菜等。通鄂燕黄公路。

六、团山村

位于杨叶镇中部，村委会驻金家塆，现迁入项家塆。距镇政府驻地约2千米。东临长江，南接杨叶街，西傍花马湖，北接平石村。有居民861户，3880人。辖区面积2.4平方千米，下辖有16个居民点。以境内一居民点命名。团山指团山塆，此指居民点。

团山村居住有邵、陈、辜、朱、乐、金、马、袁、项、喻、刘、徐、李、许等姓氏，其中，以刘姓居民点团山塆而得名。

团山村1950年属平石乡，1956年属燕矶区，1958年属幸福（燕矶）人民公社，

1984年属杨叶乡，1998年属杨叶镇至今。有耕地面积155.13公顷，山林面积11亩，鱼塘面积3.33公顷。以种植稻谷、油菜、芝麻、蔬菜为主，以工副业为辅。辖区内有团山小学、时力模具材料有限公司等13家企事业单位。通鄂黄公路、杨叶大道、203省道、113省道、235省道。

团山村驻地山峰美丽，湖水清秀，和风习习，阳光灿烂。坐西朝东，西有团山耸立，保本固源，东有浩瀚长江，汹涌澎湃，奔流不息，民房林立，环境优美，风光秀丽，此地人丁兴旺，财源滚滚。

发展中的团山村，立足新发展理念，构建新发展格局，稳中求进，以人民幸福为首抓，拓展脱贫攻坚成果同乡村振兴政策相衔接，聚焦重任，强化担当，推进全村经济社会高质量发展。在果蔬种植上，发挥家庭单元化、规模化、精细化的生产方式，团山村人民种植的蔬菜，价格实惠，新鲜可口，品质优良，菜贩上门收购、转运、销售，菜农足不出户，菜款即可收入囊中，分享种菜带来的喜悦和快乐！

上张湾村

金家塆 位于团山村中部，为团山村委会驻地，有居民113户，470人。有耕地面积26公顷。明末清初，金氏始迁祖韶公从浠水县百果园迁入此地建庄定居，故名。因附近原有一庙堂，居民点又别称圣母殿。1950年属平石乡，1956年属阳光4社，1958年属团山生产大队，1984年属团山村至今。居民房屋呈块状分布，占地面积 2 公顷。以农业种植业为主，以工副业为辅。种植油菜、水稻、芝麻、蔬菜等。境内有团山小学、团山卫生室、团山村委会。通鄂燕黄公路、杨叶大道。

金马墩 位于团山村中部，距村委会驻地约 100 米，有居民 47 户，210 人。有耕地面积 1.88 公顷。以姓氏和地貌综合得名。明朝时，马氏始迁祖济堂公从阳新县白沙镇迁入此地一片突出的红石山包上建庄，时名马家墩。明末清初，金氏先祖韶公从浠水县白果园迁入此地合居，故改名金马墩。1950 年属平石乡，1956 年属阳光 4 社，1958 年属团山生产大队，1984 年属团山村至今。居民房屋呈块状分布，占地面积 1 公顷。以农业种植业为主，以工副业为辅。种植油菜、芝麻、蔬菜等。通鄂燕黄公路。

乐家墙塆 位于团山村中东部，距村委驻地约 400 米，有居民 97 户，460 人。有耕地面积 13.26 公顷。明末清初之际，乐氏始迁祖义公从浠水县乐家圈迁入此地建庄定居，时名菖蒲基，意为枝繁叶茂，根基发达。后更名乐家塆。1950 年属平石乡，1956 年属阳光 3 社，1958 年属团山生产大队，1984 年属团山村至今。居民房屋呈块状分布，占地面积 2 公顷。以农业种植业为主，以工副业为辅。种植油菜、芝麻、蔬菜等。通鄂燕黄公路。

项家塆 位于团山村南部，距村委会驻地约 100 米。有居民 78 户，390 人。有耕地面积为 7.65 公顷。清朝末年，项氏始迁祖廷珍公从湖广冶邑（今大冶市）黄武乡水井塆迁入杨叶洲建庄定居，故名。1950 年属平石乡，1956 年属阳光 4 社，1958 年属团山生产大队，1984 年属团山村至今。居民房屋呈条状分布，占地面积 1.6 公顷。以工副业为主，以农业种植业、养殖业为辅。种植芝麻、油菜、瓜类等。通杨叶大道。

朱家渡口 位于团山村东部，距村委会驻地约 200 米，有居民 53 户，250 人。有耕地面积 5.85 公顷。清乾隆年间，朱氏始迁祖成如公从蕲水县上巴河麻雀楼迁入此地江岸边建庄定居，以摆渡为职，故名。渡口本指有船摆渡的码头，此指居住点。1950 年属平石乡，1956 年属阳光 3 社，1958 年属团山生产大队，1984 年属团山村至今。居民房屋呈块状分布，占地面积 1.2 公顷。以工副业为主，以农业种植业为辅，种植蔬菜为主。通鄂燕黄公路。

第三节　新庙之歌

新庙镇位于鄂城区东部。镇政府驻洪巷子口（桥洞）怡亭路9号。居民房屋呈块状分布，占地面积4800平方米。距区人民政府驻地5千米。东邻燕矶镇，南接沙窝乡，西连泽林镇、凤凰街道、西山街道，北濒长江。辖区面积28.60平方千米。有户籍人口2.2万。辖7个村，115个自然村。因境内古建筑新庙得名。新庙位于英山村，原为宗族家庙，清代佛教信众改建成宗教庙宇，故名。1950年属怀德区，1958年属华光人民公社，1961年为新庙公社，1984年置新庙乡，1997年改置新庙镇至今。境域属滨江临湖丘陵平原地貌，地势南高北低。南部为低矮山地，中部为丘陵岗地，北部为冲积小平原。农业种植水稻、油菜为主，辅以蔬果、茶，养殖鱼类、畜禽，年总产值1.6亿元。特产有九龙山绿茶、红菜薹、菌灵芝、板栗等。工业以冶炼制造业和加工业为主。有工业企业51家，其中规模以上企业13家，总产值10亿元。商贸网点270个，专业批发市场2个，大型酒店3家，年商品零售总额3.2亿元。有文化团体2个，文化室和场所90个，农家书屋15个。有小学7所，初中1所。中共鄂州市委党校、老年大学驻境内。有医院1家，门诊部（所）医疗机构9家。有体育场地23处，古建筑4处，旅游景区4处。106国道、怡亭大道、滨湖东路纵贯南北，汉鄂高速公路、武黄城际铁路、新老鄂黄公路、滨湖南路横穿东西，武钢鄂州球团厂专用铁路南北贯通全境。五丈港万吨级码头雄踞长江之滨。

一、将军村

位于新庙镇北部，村委会驻桥洞街，为新庙镇政府驻地。东接燕机镇鸭畈村，南与英山村毗邻，西与凤凰街道司徒村相连，北依茅草村。有居民868户，3520人。辖区面积约2.5平方千米，下辖15个农村居民点，以辖区将军庙而得名。

1950年先后属映山区、怀德区将军乡，1956年属凤凰乡，1958年属华光人民公社，1961年属新庙人民公社，1984年属新庙乡，1997年属新庙镇至今。有耕地面积70公顷。以外出打工或就地经商为主，以养殖业、种植业为辅。主要种植水稻、蔬菜。境内有鄂城新区、新庙镇办公大楼及直属机关，有银龙管业公司、新庙镇吴强物资公司、福强砖厂、周宝乐饮料厂、新庙农商银行、将军小学、新庙卫生院等30多个企、事业单位。有宗教纪念地龙泉古寺（将军庙）。鄂燕公路、港桥公路交会境内，通两路公交车和鄂黄长途客车。

洪巷子口 位于将军村西南部，为村委会驻地。有居民32户，80人。有耕地面积43公顷。清初，洪姓迁入此地建庄，由于两边地势高、中间低，像条巷道，故名。20世纪90年代初，镇政府机关由文塘陆续迁到垮子西边的桥洞旁，且渐渐形成集市后被桥洞之名所取代。居民房屋呈块状分布，占地面积4800平方米。四周有镇政府及机关办公大楼、将军村委员会、新庙镇卫生院、鄂州市造纸厂、弹簧钢板厂等企事业单位。鄂燕公路、港桥公路相交境内。

刘显村

吴立桥 位于将军村东北部，距村委会驻地约1.2千米。有居民54户，160人。有耕地面积4公顷。以传说故事得名。相传清代有周姓家族在此建庄，并建有一座石桥，逢人声称"此桥是吾周姓兴修的"。数年后，喻氏家族搬来此地建房居住，就被呼为"吾立桥"。不知何时，人们将"吾"写成同音字"吴"，于是"吾立桥"便成"吴立桥"。1950年属茅草乡，1956年属凤凰乡胜利三社，1958年属茅草生产大队，1961年改属将军大队，1984年属将军村至今。居民房屋呈长条状分布，占地面积8100平方米。以外出务工、经商为主，种植业为辅。武钢鄂州球团矿厂专用铁路紧邻垮西经过，通鄂东大道和村级公路。

茅草吴立桥

罗家咀 位于将军村东南部，距村委会驻地约1千米。有居民118户，520人。有耕地面积18公顷。以姓氏而得名。清初，罗氏家庭居住此地，人丁不旺，后来王氏家族从浠水迁来此地建庄，原名一直被沿用。1950年属将军乡，1958年9月属将军生产大队，1984年属将军村至今。居民房屋呈块状分布，占地面积1.8公顷。以外出打工、经商为主，种植业为辅。通鄂燕老路。

孟家岭 位于将军村东北部，距村委会驻地约1.1千米。有居民74户，320人。有耕地面积7.3公顷。明洪武十八年，孟氏祖先见此地有山有水，认作宝地，举家迁此依山建庄而居，取名孟家岭。1950年属茅草乡，1956年属凤凰乡胜利二社，1958年属茅草生产大队，1961年改属将军大队，1984年属将军村至今。村民房屋呈椭圆形分布，占地面积1.1公顷。以外出务工、经商为主，以种植业为辅。武钢鄂州球团矿厂专用铁路自北向南从垮中穿过，通鄂东大道、村级公路。

二、洪港村

位于新庙镇西南部，村委会驻市迎宾大道北段东侧，距镇政府驻地约 5 千米。东与月陂村毗邻，南与泽林镇银山村接壤，西与鄂州市西山街办小桥村相连，北与鄂州市区相望。有居民 802 户，2870 余人。辖区面积 3.04 平方千米，下辖 11 个农村居民点，以辖区居民点命名。1950 年属怀德区莲花乡，1956 年属银山乡群益 3 社，1958 年属华光人民公社新庙管理区，1961 年属新庙人民公社，1984 年属新庙乡，1997 年属新庙镇至今。有耕地面积 92.7 公顷。以种植业、工副业为主，养殖业为辅。种植棉花、水稻、油菜、蔬菜。境内有天龙国际、鄂州海宁皮草城、广晟高速集团、鄂州市精神卫生中心、鄂州市车辆所、鄂州市车辆检测中心、鄂州南收费站、鄂州市金安守押、洪港小学等 10 多个企事业单位。境内有葛山风景区。鄂州迎宾大道自南向北穿村而过，吴都大道、葛山大道、汉鄂高速公路、武黄城际铁路横穿过境。

大王仁禄 位于洪港村西南部，距村委会驻地约 1.5 千米。有居民 98 户，360 人。有耕地面积 2.7 公顷，山林面积 9.3 公顷，水面积 10 亩。以姓氏得名。元朝末年，先祖仁禄公出仕任团练副史，族人以此为荣，因其为兄长，故名。大，这里指排行老大。1950 年属莲花乡，1956 年属群益三社，1958 年属洪港生产大队，1984 年属洪港村至今。居民房屋呈长条形分布，占地面积约 2 公顷。以种植业为主，以工副业、养殖业为辅。种植棉花、花生、油菜、瓜果、蔬菜。葛山大道从村前穿过。

杨家岭 位于洪港村东南部，距村委会驻地约 1.2 千米。有居民 111 户，350 人。有耕地面积 1.7 公顷，山林面积 45.3 公顷，水面积 1.8 公顷。据《洪氏家谱》记载，此地原名杨家岭。清朝末年，杨姓外迁后，洪氏稀孔公由大洪港居民点分支迁入定居，沿用原名。1950 年属莲花乡，1956 年属群益三社，1958 年属洪港生产大队，1984 年属洪港村至今。居民房屋呈长条形分布，占地面积 23 公顷。以种植业、工副业为主，养殖业为辅。种植棉花、花生、油菜。通葛山大道、迎宾大道。

大洪港 位于洪港村北部，距村委会驻地约 1 千米。有居民 72 户，240 人。有耕地面积 31.1 公顷，水面积 12.2 亩。以水利设施得名。元朝末年，洪姓始迁祖朝宗公从江西鄱阳县迁武邑，见洋澜湖南岸有一条流水港，于是建庄两岸落籍，将水道取名"洪港"，后成为庄名。明朝中叶，因住地拥挤，兄留原住地称"大洪港"，弟外迁原住地以西约百米处另建庄称"细洪港"。"大"指排行兄长。1950 年属莲花乡，1956 年属群益三社，1958 年属洪港生产大队，1984 年属洪港村至今。居民房屋呈团状分布，占地面积 1.6 公顷。以工副业为主，以养殖业为辅。居民主要是外出打工、经商、办厂，兼营养殖业。种植蔬菜、瓜果。鄂州迎宾大道从庄前经过。

徐家驳（拔）岸 位于洪港村南端，距村委会驻地约 1.5 千米。有居民 48 户，150 人。有耕地面积 5.3 公顷，山林面积 12 公顷，水面积 9 亩。清初，此地原为一片水洼地。始迁祖徐公率子孙用石块砌成高耸堤岸，故名。驳岸指用石头砌成的堤岸，此指居民点。1950 年属莲花乡，1960 年属群益 3 社。1958 年属洪港生产大队，1984 年属洪港村至今。居民房屋呈方块形分布，占地面积约 1 公顷。以种植业、工副业为主，养殖业为辅。种植棉花、花生、油菜、蔬菜等。汉鄂高速公路从南过境，东通迎宾大道。

三、茅草村

位于新庙镇北部，村委会驻汪家境南侧鄂东大道 51 号。距新庙镇政府驻地约 1 千米。东邻池湖村，南接将军村，西连司徒村和菜园头村，北临长江。有居民 1037 户，3490 人。辖区面积 2.58 平方千米（不含长江水域）。下辖 7 个农村居民点，4 个居民小区。因境内中心腹地茅草湖而得名。茅草湖，因湖岸生长一种多年生草本植物，故名。1949 年起先后属燕矶区、映山区、怀德区，1956 年属怀德区凤凰乡，1958 年属华光人民公社、石山人民公社，1961 年属新庙人民公社，1984 年属新庙乡，1997 年属新庙镇至今。境内地势南部稍高，为丘陵垄岗；北部低平，为滨江平原；西依五丈港；东傍慈湖港。有耕地面积 21.8 公顷。以种植业、工副业为主，养殖业为辅。种植蔬菜。境内有交警鄂黄大桥大队、武钢矿业公司鄂州球团厂、鄂州市银龙实业公司、鄂州市华禹船业公司、鄂州市污水处理厂、茅草小学等20余家行政事业单位和大中型企业。有市级文物保护单位明兵部左侍郎熊桴墓、武钢鄂州球团厂古墓区和佛教寺庙新兴寺。茅草干堤，五丈港码头临江而立。省级公路阳枫线和球团厂专用铁路、怡亭路分别相交境内。

茅草村

谈五房 位于茅草村东北部，距村委会驻地约3千米。有村民90户，360人。有耕地面积约8.7公顷。以姓氏排行命名。谈氏始迁祖道荣公于清乾隆年间，携眷自江西瓦屑坝迁至武邑（今鄂州市）洪一里长江之滨建庄定居。因其在兄弟中排行第五，故名。1949年属茅草乡，1956年属凤凰乡胜利二社，1958年属茅草生产大队，1984年属茅草村至今。居民房屋依江堤的东西走向呈条状分布、占地面积1.4公顷。以种植业为主，工副业为辅。种植蔬菜。通村级公路、沿江大道、鄂东大道。

余家河 位于茅草村南部，紧邻村委会驻地。有居民154户，650人。有耕地面积13公顷。余氏始迁祖文臣（化鲤）公于清康熙年间，举家从沙塘余家塆往北迁至润马塘。数年后，又迁往王家河北岸一岗峦上立庄定居，故名。1950年属茅草乡，1956年属胜利二社，1980年属茅草生产大队，1984年属茅草村至今。有居民楼房156栋，占地面积2公顷。以农业种植为主，打工或经商为辅。

境内有湖北银龙实业有限公司、培根加油站、荣华驾校等企业。南临鄂东大道、怡亭路，通多路公交车和长途客车。

李家岗　位于茅草村西北部，距村委会驻地约1千米。有居民60户，260人。有耕地面积21公顷。清乾隆年间，李氏20世祖国兴公携子永耀公由东门城外迁至武邑五丈港港口东岸长江之滨，建庄定居。其后永耀公长子太和公一房迁至茅海塆北岸岗峦之上另建新庄，故名。1950年属茅草乡，1956年属凤凰乡胜利二社，1958年属茅草生产大队，1984年属茅草村至今。居民房屋呈长方形分布，占地面积约1.9公顷。以种植业、工副业为主，养殖业为辅。北临长江干堤和五丈港码头，东邻武钢鄂州球团厂，西通港桥路。

台塆　位于茅草村中南部，距村委会驻地300米。有居民53户，160人。有耕地面积2.9公顷。以搭建乡村戏台得名。清末民初，民间每年在新兴寺前唱社戏。该居民点临近寺庙，当时人口较少，就约定只出人力不出资，专门搭建戏台，故名。1950年属茅草乡，1956年属胜利二社，1958年属茅草生产队，1984年属茅草村至今。居民房屋块状分布，占地面积约6200平方米。以种植业为主，工副业为辅。种植蔬菜。通港桥路和鄂东大道。

四、水月村

位于新唐镇南部，村委会驻畈中间，距新庙镇政府驻地4.5千米。东与燕矶镇百洪村和沙窝乡赵寨村毗邻，南与武钢程潮铁矿接壤，西与月陂村和泽林镇银山村相连，北与文塘村相望。有居民832户，3220人。辖区面积7.4平方千米。下辖24个居民点。以辖区内水月庵命名。1950年分属燕矶区沙塘乡和大冶县凤阳乡，1956年分属沙塘乡和广阳乡，1958年属华光公社新庙管理区，1961年属新庙公社，1984年属新庙乡，1997年属新庙镇至今。有耕地面积65.8公顷，山林面积282.9公顷。以农业种植为主，外出务工、经商为辅。种植水稻、油菜、蔬菜。境内有九龙山茶场，夫子岭水库、张家山水库、石家塆水库和二里冲水库。汉鄂高速公路横穿村境，县级公路连接城区。

夫子岭　位于水月村正南部，距村委会驻地约3千米。有居民23户，80人。

有耕地面积 1.5 公顷，山林面积 42 公顷。以山峰而得名。明代，汪姓始迁祖从汪家大湾迁到夫子岭建庄，故名。夫子岭本指顶上有路可通行的山，此指居民点。1950 年属大冶县凤阳乡第 7 村，1956 年属鄂城县碧石区广明乡，1958 年属汪文生产大队，1964 年属水月生产大队，1967 年属林场生产大队，1984 年属林场村，2002 年属水月村至今。居民房屋呈条状分布，占地面积约 2500 平方米。以经济林种植、农业种植为主，工副业为辅。主要种植水稻、油菜。境内有夫子庙古建筑、九龙山茶场。通村级公路。

汪文新屋 位于水月村西北部，距村委会驻地约 100 米。有居民 64 户，260 人。有耕地面积 4.4 公顷，山林面积 13.3 公顷。以祖先姓名和房屋新迁得名。1958 年修夫子岭水库，汪文大屋搬迁一部分居民到新屋桥定居。2010 年武钢程潮铁矿征地，又从新屋桥迁到潘家嘴附近重新建庄，更名为"汪文新屋"。汪文，指祖先姓名。新屋，这里指从原居住老屋迁居新建的居民点。1950 年属大冶县凤阳乡，1956 年属碧石区胜利乡，1958 年属汪文生产大队，1984 年属水月村至今。居民房屋呈块状分布，占地面积约 8000 平方米。以培植经济林为主，农业种植、工副业为辅。农业主要种植水稻、油菜。北临文水路，南临汉鄂高速公路，通 2 路公交车。

葛麻垴 位于水月村中部，距村委会驻地约 1.5 千米。有居民 27 户，110 人。有耕地面积 3.5 公顷。以植物名称而得名。明朝中叶，汪姓始迁祖从汪家大湾迁到遍山长满葛麻的小山处建庄，故名。1950 年属燕矶区沙塘乡，1956 年属联盟三社，1958 年属水月生产大队，1984 年属水月村至今。居民房屋呈块状分布，占地面积约 4500 平方米。以农业种植为主，工副业为辅。主要种植水稻、油菜和经济竹木。北临汉鄂高速公路，通村级公路。

田铺垴 位于水月村东北部，距村委会驻地约 700 米。有居民 92 户，400 人。有耕地面积 8.5 公顷，山林面积 36.9 公顷。以畈中店铺命名。明洪武年间，汪姓学澄公从文塘村板凳地迁出，傍田垴中的马家店铺建庄，故名。田铺这里指田畈中开的店铺。1950 年属沙塘乡，1956 年属联盟三社，1958 年属水月生产大队，1984 年属水月村至今。居民房屋依水月庵山而建，呈不规则形状分布，占地面积约 1.9 公顷。以种植经济林为主，工副业和种植业为辅。主要种植水稻、油菜。通村级公路。

五、文塘村

位于新庙镇中东部，村委会驻文塘社区，距镇政府驻地约 2 千米。东与燕矶镇沙塘村毗邻，南与水月村接壤，西与月陂村、凤凰街道莲花村相连，北邻英山村。有居民 1028 户，4140 人。辖区面积 4.6 平方千米。下辖 18 个自然塆村和文塘社区居民点。以境内一池塘得名。很久以前，村西有一闻姓人家开挖一口大塘，当时叫闻家塘，简称闻塘。后由"闻塘"演绎成"文塘"。1950 年属燕矶区，1956 年属怀德区文塘乡，1958 年属华光人民公社新庙管理区，1961 年属新庙人民公社，1984 年属新庙乡，1997 年属新庙镇至今。有耕地面积 136.7 公顷。村民以打工、经商为主，种植业、养殖业为辅。境内主要有鄂州市福利院、鄂州市优抚医院城东分院、日月潭休闲度假区、武警鄂州支队训练场、文塘小学、新星幼儿园、希望幼儿园等单位。桥文路、文水路、106 国道、武钢鄂州球团厂专用铁路纵贯南北，武黄城际铁路、吴楚大道横贯东西。

傅家畈 位于文塘村东北部，距村委会驻地约 1 千米。有居民 210 户，850 人。有耕地面积 287 公顷，山林面积 2.9 公顷。以姓氏和地块综合命名。相传，明代居塆有一位傅家员外，因家庭富有而在马山与嵩山村临长江滨湖的地方建起了一座炼铁厂，晚间开炉炼铁火光一片，被江北黄冈长圻寮人告到黄州府，说燕矶有人设铁厂，私自铸造兵器谋反，触犯朝廷获罪（1992 年修建鄂燕大道时百洪村民工还挖出了铁厂遗址，并出土了明代生铁 3 吨左右）。当时唯独二女儿因怀孕回娘家嵩山村付家道躲过一劫，后与李姓小伙（长工）成亲，并在原地繁衍生息，故而塆名沿用至今。1950 年属沙塘乡，1956 年属联盟五社，1958 年属文塘生产大队，1984 年属文塘村至今。居民房屋呈块状分布，占地面积约 2.5 公顷。以农业种植业为主，工副业为辅。主要种植水稻、油菜，养殖鱼类。有占地面积 380 平方米的两座文化活动中心在塆子东西两端。东望鄂燕公路和武钢鄂州球团厂专用铁路，南临武黄城际铁路，西通桥文公路，北接吴楚大道。

汪家旗杆 位于文塘村中东部,距村委会驻地约400米。有居民122户,520人。有耕地面积8.8公顷,山林面积4.5公顷。以姓氏和地物名称综合命名。相传在清代,汪氏宗启、宗友兄弟二人从汪文大屋迁来此地建庄,并排各植一棵香椿树。数年后,香椿树挺拔参天,形似两根旗杆,故名。1950年属沙塘乡,1956年属联盟二社,1958年属旗杆生产大队,1969年属文塘生产大队,1984年属文塘村至今。居民房屋依地呈圆形状分布,占地面积约1.5公顷。以种植水稻、油菜和养鱼为主,工副业为辅。北临武黄城际铁路,武钢鄂州球团厂专用铁路自村东侧经过,通文水公路。

神堂岭 位于文塘村东南部,距村委会驻地约800米。有居民38户,180人。有耕地面积14公顷,山林面积8.7公顷。以山得名。清朝初期,江姓始迁祖择地依神堂岭西坡建庄,故名。岭本指一座小山峰,此指居民点。1950年属沙塘乡,1956年属联盟二社,1958年属文塘生产大队,1984年属文塘村至今。居民房屋依山冈呈不规则状分布,占地面积约8000平方米。以农业种植为主,北临武钢鄂州球团厂专用铁路,通村级公路。

王家畈 位于文塘村中部,距村委会驻地约300米,有居民110户,420人。有耕地面积18.6公顷。清初,王氏始迁祖志亮公从江西迁来建庄定居,故名。1950年属沙塘乡,1956年属前进行四社,1958年属文塘生产大队,1984年属文塘村至今。居民房屋呈多边形状分布,占地面积约1.4公顷。以种植业为主,工副业和养殖业为辅。主要种植蔬菜和油料作物。塆中有村民文化娱乐活动室。武黄城际铁路从塆子北部而过,西邻桥文路。

六、英山村

位于新庙镇中北部,村民委员会驻汪家垱,距镇政府驻地约1千米。东与沙塘村毗邻,南与文塘村、月陂村接壤,西与莲花村相连,北与司徒村、将军村相望。有居民942户,3860人。辖区面积3.827平方千米。下辖13个居民点。因境内腹地一座山而得名。1950年属英山乡,1956年属胜利二社,1958年属华光人民公社新庙管理区,1961年属新庙人民公社,1984年属新庙乡,1997年属新庙镇至今。有耕地面积28.8公顷。以农业种植业为主,养殖业、工副业为辅。种植蔬菜、瓜果,养殖牲畜和鱼类。境内有英山小学、新庙中学、鄂州市行政管理学院、东方世纪城、新庙镇英山卫生室、曼晶国际大酒店、友德工贸、福云冶金炉料厂、鄂州市职校(中专)、鄂州市看守所、鄂州市质监局、鄂州市绿化管理处城东管养站、鄂州市公汽公司城东停车场、中国人民银行鄂州市分行、鄂州市烟草局、鄂燕黄加油站、鄂州市老年大学、英山村集贸大市场等18家行政企事业单位。有学府路、银海路、葛山大道(鄂黄长江大桥接线)、吴楚大道、桥文路(望楚路)、学苑路、滨湖东路、滨湖南路、兴业路、文华路、英山路、寿昌大道、将军路纵横交错于境内。有多路公交车站点。

柏家边 位于英山村正东部,距村委会驻地约500米。有居民107户,400人。有耕地面积5.7公顷。以姓氏和方位综合命名。清朝年间,汪氏始迁祖从水月村迁出,在柏姓家族居民点附近建庄,故名。数年后柏姓家族外迁,汪姓仍沿用原名至今。1950年属沙塘乡,1956年属建新二社,1958年属柏边生产大队,1966年属英山生产大队,1984年属英山村至今。居民房屋呈块状分布,占地面积约2.1公顷。以农业种植为主,工副业为辅。主要种植蔬菜。南临吴楚大道,西通桥文公路。

汪家楼 位于英山村东部,距村委会驻地约600米。有居民76户,310人。有耕地面积4公顷。以故事传说命名。相传元朝时期,汪氏先祖延椿公建庄定居后成了大富人,修建了宏大的宅院,骑马可以在宅内长廊里行走,时名为"走马楼",近代改为"汪家楼"。1950年属将军乡,1956年属建新二社,1958年属柏边生产大队,1966年属英山生产大队,1984年属英山村至今。居民房屋呈块状分布,占地面积约1.6公顷。以农业种植为主,工副业、养殖业为辅。主要种植蔬菜。吴楚大道从塆南过境,东临鄂燕公路。

润马塘塆 位于英山村东北部,距村委会驻地约700米。有村民116户,490人。因城镇建设东扩,仅剩耕地面积约10亩。因塆前水塘而得名。据传,元代汪家楼先祖为养马而在塆子北面开挖了一口大塘,人们称为"饮马塘",后演变成"润马塘"。清朝初年,邵姓定居于塘的北岸,形成村落,故名。1950年属英山乡,

1956 年属建新二社，1958 年属英山生产大队，1984 年属英山村至今。居民房屋呈三角形状分布，占地面积约 2.3 公顷。以工副业为主，养殖业为辅，政府给予失地补贴。望楚路横穿过境，西临桥文路。

汪家垱 位于英山村南部，为英山村委会驻地。有村民 76 户，210 人。有耕地面积约 1.7 公顷。汪姓始迁祖之阳、之熊公，于元代从水月庵西麓的檀树塆迁来此地建庄，故名。1950 年属英山乡，1956 年属建新 2 社，1958 年属英山生产大队，1984 年属英山村至今。居民房屋呈不规则形状分布，占地面积约 1.6 公顷。以工副业为主，种植业为辅。主要种植蔬菜。紧邻英山村民委员会、英山小学、新庙中学。有祠堂庙遗址。106 国道、吴楚大道、望楚路、学苑路绕庄而过，通多路公交车。

七、月陂村

位于新庙镇中西部，村委会驻叶家大塆旁，距镇政府驻地约 3 千米。东与文塘村、水月村接壤，南与泽林镇银山村毗邻，西与洪港村相连，北与凤凰街道莲花村、洋滴村共界。有居民 620 户，2270 人。辖区面积 2.79 平方千米，下辖 11 个居民点。以境内古祠命名。月陂指古月陂祠。1950 年分属怀德区月陂乡、银山乡，1956 年属怀德区洪港乡，1958 年属华光人民公社，1961 年属新庙人民公社，1984 年属新庙乡，1997 年属新庙镇至今。有耕地面积 64.8 公顷，山林面积 69.8 公顷。以种植和养殖为主，以务工、经商为辅。主要是种植瓜果、蔬菜和培育经济林。境域内有鄂州市城市福利中心、鄂州市武警支队训练基地、鄂州市供电公司月陂 220 千伏变电站、佳和贸易、东正山庄、湖北鑫财智机械设备有限公司、东风鸿泰鄂州汽车销售服务有限公司、鄂州市鸿升机电设备有限公司、金信炉料厂、鄂州市驾照考试中心、月陂小学、月陂卫生室、广源米业、鄂州市交通运输局、鄂州市邮政局、鄂州市地税局、鄂州市规划局、鄂州市住建委等 17 个行政企事业单位。葛山大道、吴都大道、汉鄂高速公路、武钢鄂州球团厂铁路专线、武黄城际铁路纵横交错于境内。

胡伞塆 位于月陂村东南部，距村委会驻地约 500 米。有居民 43 户，190 人。

有耕地面积 2 公顷，山林面积约 33.3 公顷。以姓氏和祖先从事的职业综合命名。明成化年间，先祖伯安公曾立志功名却屡屡落榜，便携家眷由通城县迁居武昌县洪一里月陂堡建庄定居，以开伞铺营生，故名"胡伞塆"。1950 年属月陂乡，1956 年属建新 3 社，1958 年属月陂生产大队，1984 年属月陂村至今。居民房屋呈直角三角形状分布，占地面积约 9000 平方米。以经济林培植为主业，以农业种植、工副业为辅。汉鄂高速公路自西向东从塆中而过，乡道银新公路从北向南穿过塆中。

金鸡岭 位于月陂村正东部，距村委会驻地约 600 米。有居民 84 户，380 人。有耕地面积 2.7 公顷，山林面积 6.7 公顷。以民间传说而得名。相传明朝时期，有一位老者拄拐杖翻越此山岭时，见一鸡觅食，便挥拐杖将鸡打死。鸡死后立刻变成金鸡，老人遂将金鸡带回家卖掉。数日后老人脚痛难忍，四处医治，直至将金鸡变卖的钱花光，脚才好。1976 年此地修筑水利设施渡槽，刻字作为纪念，经时任小队队委会成员商定，正式命名为"金鸡岭"。1950 年属月陂乡，1956 年属建新三社，1958 年属月陂生产大队，1984 年属月陂村至今。居民房屋呈"V"状分布，占地面积约 1.7 公顷。以培植经济林为主，工副业为辅。剩余耕地主要种植蔬菜。武钢鄂州球团厂专用铁路从塆子南部穿过，北通文港路。

叶家大塆 位于月陂村中部。村委会驻居民点旁。有居民 168 户，530 人。有耕地面积 2 公顷，山林面积 23.3 公顷。清顺治年间，叶姓因人口众多，外迁一支族人另行建庄，故称本庄为大塆。1950 年属月陂乡，1956 年属建新三社，1958 年属月陂生产大队，1984 年属月陂村至今。居民房屋依山近水呈多边形状分布，占地面积约 3.5 公顷。以经济林种植、农业种植为主，工副业为辅。南临 106 国道。

赵家老屋 位于月陂村西北部，距村委会驻地约 1 千米。有居民 36 户，150 人。有耕地面积 1.7 公顷，山林面积 2.7 公顷。明朝成化元年，始迁祖伯机公中进士后，由苏州迁到此建庄落籍。后分一支族人外迁新地建庄，故原庄名"赵家老屋"。1950 年属银山乡，1956 年属建新二社，1958 年属月陂生产大队，1984 年属月陂村至今。居民房屋呈块状分布，建筑面积约 7000 平方米。以经济林种植、农业种植为主，工副业为辅。北临吴都大道，通村级公路。

第四节　沙窝探源

沙窝乡位于鄂城区东部。镇政府驻前沙窝万家垴神塘街 66 号。聚落有居民 33 户，140 人。有耕地面积 3.7 公顷。距区人民政府驻地 10 千米。东与杨叶镇毗邻，南接花湖镇，西与泽林镇、新庙镇相连，北依燕矶镇。辖区面积 58.47 平方千米。居住人口 3.4 万。辖 11 个村民委员会，189 个自然村。因居民点沙窝而得名。沙窝指沙质土重而低洼处的居民点。1950 年属鄂城县燕矶区，1958 年属鄂城县幸福人民公社，1961 年属燕矶区，1975 年为沙窝公社，1984 年置沙窝乡至今。境域属丘陵滨湖垄岗地貌，地势西南高东北低，中部与湖区较平坦。最高点大洪山海拔 223 米，最低处螺蛳径海拔 15.5 米。农业种植水稻、棉花、油菜、蔬果，养殖鱼、虾、蟹。年总产值 3.2 亿元，特产有板栗、油茶、黑杏、胡桥豆丝、瘦肉型猪。钾长石储藏量达 3000 万吨。工业以煤矿机械生产和建筑业为主，年总产值 1.5 亿元。专门从事建筑业的有 8000 余人。商贸网点 156 个，年商品零售 2600 万元。有文化站 1 个，活动中心 11 个，专业户 3 家。有省、市级文物保护单位 20 个。有小学 8 所，初中 2 所，各级卫生医疗机构 12 个。有体育活动场地 4 处。（武）汉鄂（州）高速公路和武黄城际铁路自西向东跨境而过，燕沙公路纵贯南北，沙（塘）杨（叶）公路横贯东西，村级公路通村达垸。

一、沙窝村

位于沙窝乡北部，距乡政府驻地 100 米。东接草陂村，南连胡桥村，西邻赵寨村，北临城际铁路和燕矶镇映山村。沙窝村国土面积为 6.8 平方千米，下辖 21 个村民小组，有 25 个居民点：周家径、后沙窝、燕窝、龚家塆、朱家塆、风火屋、范家边、翼尔塆、桂轩塆、金塘塆、何家道、伯塆、汪家垅、福武塆、枣树塆、晏家塆、凤山、严道士塆、吕家垴、前沙窝、芦家滩、朝家塅、水港、茅屋塆、东方瑞城。村民房屋分布：有的呈块状，有的呈条形状态。有 25 个姓氏，以周姓居多，依次为严、汪、张、吴、吕、范、李、程、何、熊、苏、江、刘、邵、陈、冯、杨、赵、王、缪、沈、任、邹、孟。

沙窝村

沙窝此指居民点名，详见"前沙窝""后沙窝"条目。以所处居民点与职能机构综合而命名。村民委员会指农村群众自治组织。

明清时期及 20 世纪初属武昌县洪道乡洪二里。1942 年属鄂城县葛洪区雅言乡，1950 年属于沙窝乡，1956 年属于沙窝高级农业生产合作社，1958 年属幸福人民公社，为沙窝管理区沙窝生产大队，1984 年体制变更，属沙窝乡，为沙窝村至今。

全村现有可耕地面积 2480 亩，其中水田面积 1880 亩，旱地面积 600 亩。山林面积 3500 亩，水面积 400 亩。村民主要种植水稻、油菜、花生、芝麻、红苕、玉米、瓜菜等。村民经济来源主要是务农和从事建筑业或打工，少数从事养殖业。境内除设有沙窝乡人民政府及其各部门外，还有黄龙服务区、沙窝乡沙窝小学、沙窝乡沙窝小学沙窝教学点、沙窝乡中心幼儿园、鄂州炜业机械配件厂等企事业单位。燕沙路、沙杨路连接在辖区中，武黄城际铁路和汉鄂高速通过境内，构成便捷的交通网。

名人：严红兵，男，生于1954年，曾任随州市检察院检察长（副厅级），现已退休。

凤山 位于沙窝村东南部，西北距村委会驻地约1千米。有居民73户，240人。有耕地面积12公顷，山林面积13.3公顷。相传古时候其山上常有凤凰出入，故称凤山，以山峰而得名。王氏始迁祖九麟公由江西迁入湖北浠水县，再于1516年从浠水县迁至武昌县洪道乡洪三里凤山东向山脚下建庄，故名。凤山原指山名，此指居民点。1950年属沙窝乡，1956年属沙窝高级社，1958年属沙窝生产大队，1984年属沙窝村至今。居民房屋呈条状分布，占地面积约1.4公顷。以种植业、林果业为主，工副业为辅。种植水稻、油菜。通沙杨公路。

严道士塆 位于沙窝村东南部。西距村委会驻地约2千米。有居民38户，180人。有耕地面积5.3公顷，山林面积10公顷。以姓氏和职业而得名。明弘治年间，始迁祖型塘公从本县境南部的严家塘迁至此处建庄，以道士为职业，故名。道士指道教中的神职人员，此指居民点。1950年属沙窝乡，1956年属沙窝高级社，1958年属沙窝生产大队，1984年属沙窝村至今。居民房屋呈条状分布，占地面积约7000平方米。以农业种植业为主，工副业为辅。种植水稻、油菜。严氏型塘公祖祠前有200年以上的古皂角树一棵。北通沙杨公路。

周家径 位于沙窝村东部，西距村委会驻地约1千米。有居民106户，330人。有耕地面积16.7公顷，山林面积6.7公顷。周姓始迁祖于清康熙五十五年从沙窝迁此一小路边建庄，故名。1950年属沙窝乡，1956年属沙窝高级社，1958年属沙窝生产大队，1984年属沙窝村至今。居民房屋呈条状分布，占地面积约2公顷。以种植业、林果业为主，工副业为辅。种植水稻、油菜。通村级公路。

桂轩塆 位于沙窝村西部，东距村委会驻地约300米。有居民23户，90人。有耕地面积27公顷，山林面积10公顷，以树木和建筑物得名。相传，很早此处居一户富裕人家，建有豪华的庄园，里面雕梁画栋、亭台楼阁，植有桂花树，遂命庄名为桂轩塆。后富户迁出。明永乐年间，严氏恒玉公从花湖镇阮湾村朱马塆迁入定居，仍沿用原庄名。1950 年属沙窝乡，1956 年属沙窝高级社，1954 年属沙窝生产大队，1984 年属沙窝村至今。居民房屋呈块状分布，占地面积约 4000 平方米。以种植业、林果业为主，工副业为辅，种植水稻、油菜。通沙杨公路。

金塘塆 位于沙窝村西部，东距村委会驻地约 1 千米。有居民 24 户，110 人。有耕地面积 4.7 公顷，山林面积 6.7 公顷。以附近地物而得名。据《刘氏家谱》记载，明正德十一年，居民点始迁祖刘氏思宗公从大冶县迁入武昌县洪道乡洪三里定居，并在居民点前开挖了一口水塘，供生活饮用和生产灌溉，故名。1950 年属沙窝乡，1956 年属沙窝高级社，1958 年属沙窝生产大队，1980 年属沙窝村至今。居民房屋呈条状分布，房屋占地面积约 5000 平方米。以农业为主，外出务工、经商为辅，主要种植水稻、油菜。通村级公路和沙扬公路。

二、保团村

位于沙窝乡南部，村委会驻地距沙窝乡政府驻地 2.5 千米，东临胡桥村，南傍麻羊垴林场，西接赵寨村，北依沙窝村。全村国土面积 5.4 平方千米，可耕面积 1319 亩，山林面积 3000 亩，水塘面积 185 亩（含小型水库），下辖 13 个村民小组，有 18 个居民点：李家嘴、金塘塆、王上塆、汪新屋、郭家大塆、汤染铺、保团山、陈中塆、康家塆、戴家塆、陈上塆、陈家塆、徐家塆、李家塆、郭家塆、上宋塆、下宋塆、鲍家塆。村民房屋的分布：有的呈块状，有的呈条状。2015 年有居民 629 户，2750 人。村民有 19 个姓氏，以人口数量多到少依次是：李、陈、汤、汪、余、郭、戴、鲍、徐、刘、彭、周、邵、肖、何、严、胡、高、龚。大多居住史在 200 年至 500 年以上，均为汉族。村内主要有麻羊垴国有林场、千秀谷庄园、长源葛根基地、保团教学点、卫生室等企事业单位。村民主要种植水稻、油菜、瓜菜。村民经济来源主要是靠种责任田兼外出打工或经商。

保团村

以境内宝团山而得名。原名为宝团，1965 年为纪念在抗战期间麻羊垴保卫战在保团地区获得大捷，遂改"宝团"为"保团"。保团指宝团山，详见"宝团山"条目。村民委员会指农村群众自治组织。

明清及 20 世纪初属武昌县（鄂城县）洪道乡洪二里。1942 年属鄂城县雅言乡，1950 年属瓦窑（雅言）乡，1956 年属东方红初级合作社，1958 年属幸福人民公社，为宝团生产大队，1975 年撤乡并社属沙窝人民公社，为保团生产大队。1984 年属沙窝乡，为保团村至今。

宝团山 位于保团村中部。西距村委会驻地约 50 米。有居民 44 户，170 人。有耕地面积 7.1 公顷。以山峰而得名。宝团山意指储藏矿产资源丰富的山脉，此指居民点。清道光年间，邵氏始迁祖希候公从杨叶邵家墩迁至宝团山麓建庄，故名。1950 年属瓦窑乡，1956 年属东方红合作社，1958 年属保团生产大队，1984 年属保团村至今。居民房屋呈块状分布，占地面积约 1 公顷。以农业种植为主，以工副业、林业为辅。种植水稻、油菜。通凤天公路。

金堂塆 位于保团村北部，南距村委会驻地约 700 米。有居民 48 户，250 人。有耕地面积 4.9 公顷。以经堂而得名。相传明永乐年间，何解元在何家畈上面小山旁修了一座念经堂。清初何解元失势，余姓先祖余四公从王下塆迁此建庄，时名经堂塆。后人将经堂改为金堂。金堂原意指用金子做的正厅，此指的是经堂，是诵经做佛事的地方。1950年属瓦窑乡，1956年属东方红合作社，1958年属保团生产大队，1984年属保团村至今。居民房屋呈块状分布，占地面积约1公顷。以工副业为主，农业种植业为辅。种植水稻、油菜。汉鄂高速公路过境，通村级公路。

戴家塆 位于保团村南部，北距村委会驻地约1.3千米。有居民42户，190人。有耕地面积93公顷。此地原是戴姓人居住，故名。明末清初时，戴姓人口自然减少而搬走。陈、徐等看山人就业入居安家，仍沿用原庄名至今。1950年属瓦窑乡，1956年属东方红农业合作社，1958年属保团生产大队，1984年属保团村至今。居民房屋呈块状分布，占地面积约8000平方米。以农业种植业为主，工副业、林果业为辅。种植水稻、油菜。通凤天路。

康家塆 位于保团村西南部，东距村委会驻地约800米。有居民90户，350人。有耕地面积10.8公顷，山林面积20公顷。相传，此地原为康姓居住，故名康家塆。明末，康姓人认为此地不发人而迁走。后陈氏与熊氏两老表从大冶县率家人迁入，仍沿用康家塆名。1950年属瓦窑乡，1956华属东方红合作社，1958年属保团生产大队，1984年属保团村至今。居民房屋呈块状分布，占地面积约1.8公顷。以工副业、林果业为主，农业种植业为辅。种植水稻、油菜。通凤天公路。

上宋塆 位于保团村东南部，西距村委会驻地约1.3千米。有居民84户，380人。有耕地面积11.4公顷，山林面积14公顷。以姓氏及地理方位而得名。相传，上宋塆在明代就是老居民点，明末清初，宋姓因人口减少迁到外地。清康熙年间，李氏始迁祖由本境迁到此处落户，仍沿用原地名至今。上宋与下宋域相对应。意为住在下宋塆上面的宋姓居民点。1950年属瓦窑乡，1956年属东方红合作社，1958年属保团生产大队，1984年属保团村至今。居民房屋呈块状分布，占地面积约1.7公顷。以农业种植业、林果业为主，工副业为辅。种植水稻、油菜。东临汉鄂高速公路，通村级公路。

三、草陂村

位于沙窝乡东北部，村委会驻草陂畈中心，位于鄂州市区东北方 15 公里处，地处东经 114°58′，北纬 30°17′。距沙窝乡政府驻地 3 千米，西接麻羊山脉与牌楼村张家垅、沙窝村吕家老屋、周家径一脉相连，东濒花马湖与燕矶镇坝角村隔湖相望，东南与渔坝村毗邻，北与燕矶镇映山村共汇鄂城东渚水，东北与燕矶镇磨山村、嵩山村、龙山村湖水相连。辖区面积 8.6 平方千米，辖有 14 个村民小组，15 个居民点：王家塆、苏家塆、朱家咀、钓鱼台、李家墩、水陆塆、彭家塆、肖家破屋、新田铺、吕家上塆、吕家竹林、曾家道、丁阁老、张家道、胡家塆。有 25 个姓氏，按人口数量多到少依次为：李、王、苏、朱、吕、彭、肖、汪、卫、龚、刘、周、赵、陈、胡、吴、汤、万、江、张、严、毛、曹、左、覃姓，土家族有 20 人，其余均为汉族。现有人口 4865 人，1068 户。

草陂古宅

草陂村国土面积 7.6 平方公里，旧时境内有一片未经开垦、较为平坦、绿草如茵的地面（一直延伸到渔坝境内），人称草陂畈，草陂因而得名。

明代、清代属武昌县（鄂城县）洪道乡洪三里；1901 年至 1922 年沿袭清制未变，属洪三里为草陂保；1944 年至 1948 年属建功乡为草陂保；1949 年属燕矶区为七里乡；1954 年属七区（燕矶区）为草陂乡；1957 年属杨叶指导组草陂乡，为先锋农业生产合作一社；1958 年属幸福（燕矶）人民公社草陂管理区为草陂生产大队；1964 年属燕矶区黄山公社草陂生产大队；1975 年属鄂城县沙窝公社草陂生产大队；1984 年属鄂城区沙窝乡草陂村；2019 年属临空经济区沙窝乡草陂村至今。

村民房屋分布有的呈块状，有的呈条状。境内地势西高东低，西部为山地，中部为丘陵岗地，东部为湖滩。武黄轻轨穿过本村境内。全村山林面积 2800 亩，水田面积 1800 亩，旱地面积 1020 亩，水面 950 亩。境内自然环境的多样性使种植业呈现分布面积广、种植种类多的特点，山区宜种植小麦、红苕、黄豆、玉米、芝麻等，垅田、大畈宜种植水稻、棉花、油菜等，湖区低田种植莲藕，为传统种植模式。水产养殖以鱼类为主，近年出现养鳝鱼、龙虾等特色品种。村民主要经济来源：从事建筑业、在外经商、务工、种养殖业。2022 年人均收入 5750 元。境内有草陂村卫生室，草陂教学点合并至渔坝小学。

李家墩　位于草陂村北部，南距草陂村委会约 800 米。有居民 142 户，620人。有耕地面积 35.5 公顷。彭塘湖湖心有一红石山形如红鲤，人称金盆育鲤。李姓始迁祖宗馨公于 1630 年从蕲水六神巷迁此，建庄石墩，故名。1949 年属七里乡，1954 年属小石山，1957 年属先锋一社，1958 年属草陂生产大队，1984 年属草陂村至今。居民房屋呈块状分布，占地面积 2.8 公顷。以养殖业、建筑业为主，农业种植业为辅。种植水稻、油菜、花生、棉花、豆类。通乡级公路。

王家垮　位于草陂村东部，西距村委会驻地约 500 米。有居民 131 户，570人。有耕地面积 28 公顷。清康熙年间，王姓始迁祖国彬、国城两公迁居此地建庄，后以姓氏命名。1949 年属七里乡，1957 年属先锋一社，1958 年属草陂生产大队，1984 年属草陂村至今。居民房屋呈块状分布，占地面积 2.5 公顷。以种植业为主，工副业为辅。种植油菜、水稻、小麦、花生、大豆、芝麻。通村级公路。

钓鱼台 位于草陂村北部，南距村委会驻地约 400 米。有居民 78 户，390 人。有耕地面积 19.7 公顷。以所在地物命名。旧时长江无大堤，江湖连为一体，湾北 200 米处的红石山延伸至彭塘湖和荷叶湖之间的水中央，形成半岛。是人们垂钓之地，时名钓鱼台。李氏始迁祖成峰、成贵、成富、成荣、成华五公于清嘉庆五年从汀祖李秀七庄迁入此地建庄，故名钓鱼台。1949 年属七里乡，1954 年属草陂乡，1957 年属先锋一社，1958 年属草陂生产大队，1984 年属草陂村至今。居民房屋呈块状分布，占地面积约 1.5 公顷，以农业种植业、养殖业为主，工副业为辅。种植水稻、油菜、花生、棉花。通村级公路。

吕家上塆 位于草酸村西南部，东北距村委会驻地约 1.5 千米。有居民 92 户，360 人。有耕地面积 4.6 公顷，山林面积 26 公顷。吕姓元爵公于明嘉靖九年从沙窝吕家老屋迁入此地，建庄于七里冲最上端，故名。1949 年属七里乡，1954 年属草陂乡，1957 年属先锋一社，1958 年属草陂生产大队，1984 年属草陂村至今。居民房屋呈条状分布，占地面积约 2 公顷。以工副业为主，农业种植业、林果业为辅。种植水稻、油菜、小麦、花生、豆类。武黄城际铁路穿境而过，通村级公路。

彭家塆 位于草陂村西部，东距村委会驻地 1 千米。有居民 73 户，360 人。有耕地面积 11.3 公顷。彭姓十六世祖欲标、欲棠、欲柬三公于清乾隆四年，从鄂城大东门迁入此地建庄，故名。1949 年属七里乡，1954 年属草陂乡，1957 年属先锋一社，1958 年属草陂生产大队，1984 年属草陂村至今。居民房屋呈梯形布局，占地面积 1.5 公顷。以工副业为主，农业种植业、林果业为辅。种植稻谷、油菜、小麦、花生、豆类、芝麻。通村级公路。

水绕塆 位于草陂村西部，东距村委会驻地 500 米。有居民 34 户，140 人。有耕地面积 83 公顷，山林面积 9.6 公顷，湖塘堰 5.3 公顷。明初，许姓居住此地，姓氏中有人官拜阁老，时名许阁塆。后来举族进京迁走。刘、龚、严、汪、周五姓先后迁入，时名水流塆，现为水绕塆。1949 年属七里乡，1957 年属先锋一社，1958 年属草陂生产大队，1984 年属草陂村至今。居民房屋呈块状分布，占地面积约 7000 平方米。以工副业为主，种植业、养殖业、林果业为辅。种植稻谷、小麦、油菜、花生、大豆、芝麻。通村级公路。

四、胡桥村

胡桥位于沙窝乡南部，村委会驻于胡桥 4 组与 7 组交界处，2017 年新址迁至汪家岗，距沙窝乡政府机关驻地约 3 千米，东邻牌楼村，南接花湖镇永华村，西连保团村，北毗沙窝村。境内地势南部为山地丘陵，北部为低丘垄岗。南北之间有一东西走向的狭长大畈，一条大港将大畈一分为二（南宽北窄），向东直通花马湖。以胡氏为主的村民在大港上筑了个桥墩，用四条长 5 米、宽 0.5 米的巨型红条石拼砌而成一座红石桥，"胡桥"因此得名。辖区面积 2.5 平方千米，下辖 9 个村民小组，有 9 个居民点，分别是庙家塆、划家塆、王渡壳、胡桥塆、余细塆、严细塆、邢家径、王下塆、汪家岗。村民房屋呈块状或条状分布，大多依山而建，错落有致。村民有 13 个姓氏，按人口数量多到少，依次为汪、余、王、李、陈、周、戴、赵、邵、刘、张、何、邢姓，均为汉族。大多有 200 年以上居住史。

胡桥村村民打糍粑

明清时期及 20 世纪初属武昌县（鄂城县）洪道乡，1942 年属鄂城县雅言乡，1950 年后属保团乡，1956 年属胡桥高级农业生产合作社，1958 年属幸福

（燕矶）人民公社胡桥生产大队；1975年撤区属沙窝人民公社胡桥生产大队，1984年体制变更，属鄂城区沙窝乡胡桥村，2019年属临空经济区沙窝乡胡桥村至今。

村内有村卫生室、广晟高速集团汉鄂高速鄂州东收费站，出站口通往杨叶镇、花湖开发区、花湖机场。村里建有扶贫项目60KW光伏发电站。本土房地产商在村委会驻地以西开发了具有欧式风格的大型山水生态别墅群——"普罗旺斯小镇"高端楼盘。

2022年末，共有居民406户，1585人。有水田567亩，旱地260亩，山林2100亩。村民主要种植水稻、棉花、芝麻、油菜、花生。经济来源主要为务工、农产品加工、经商、建筑。年人均收入约5000元。特色农产品有畅销省内外的胡桥豆丝，为村民的支柱产业。

庙家塆 位于胡桥村东部，西距村委会驻地约800米。有居民47户，190人。有耕地面积4.5公顷，山林面积16.7公顷。以附近建筑物而命名。清代时，汪姓先祖大三公从江西婺源歙县首迁至湖北大冶县，复迁武昌县洪道乡洪一里。八十九世祖安国、安华二公于1787年，从新庙汪家老屋迁至本地建庄，因建在一座庙附近，故名。庙家指与寺庙相邻而居的居民点。1950年属保团乡，1956年属东方红5社，1958年属胡桥生产大队，1984年属胡桥村至今。居民房屋呈块状分布，占地面积约1.8公顷。以种植业、林果业为主，工副业为辅。种植水稻、油菜。通村级公路。

严细塆 位于胡桥村东北部，距村委会驻地约1千米，东接牌楼村曹庄，南连余细塆，西邻王下塆，北临严道士塆。该地位于石龙庵、睡虎山脚下。居民房屋呈睡虎形状分布，房屋占地面积约7000平方米，居民点有严、李、汪、毛4个姓氏，严姓居多，均为汉族。2022年末，有居民35户，127人。以姓氏及居民点规模大小而得名。据《严氏宗谱》记载，清朝初期，战火频发，社会动乱，民不聊生，严姓始迁祖楚玉、恭玉二公，于康熙二十六年由冶邑流水里永丰乡七花堡朱马塆迁徙至此定居，遂名。

明清时期及20世纪初属武昌县洪道乡，1942年属雅言乡，1950年属凤山乡东方红 5 农业生产合作社，1956 年属东方红 7 农业生产合作社，1958 年属幸福（燕矶）人民公社胡桥生产大队第 6 生产队，1975 年属鄂城县沙窝公社胡桥生产大队第 6 生产队，1984 年属鄂城区沙窝乡胡桥村第 6 村民小组，2019 年属临空经济区沙窝乡胡桥村第 6 村民小组至今。

耕地面积 74.1 亩，其中旱地 33.96 亩。鱼池 10 亩，山林 20 亩。主要种植水稻、油菜、花生、芝麻、豆类等农作物。居民主要经济来源：种植、务工、加工、经商、建筑。

近年来，村民住房条件大为改善，楼房林立，别墅成群，鱼池、庭院、花园、果园相映成趣，环境宜居。

胡桥 位于胡桥村中部，为村委会驻地。有居民 69 户，270 人。有耕地面积 2.2 公顷。以姓氏和桥而综合得名。胡氏始迁祖延谦公于清乾隆二年由蕲水县搬迁至此建庄。修建一座红石桥，故名，原指胡姓人修建的桥，此指居民点。1950 年属保团乡，1956 年属东方红 4 社，1958 年属胡桥生产大队，1984 年属胡桥村至今。居民房屋呈条形分布，占地面积约 1.6 公顷。以工副业为主，农业种植业为辅。种植水稻、油菜。境内有胡桥小学、胡桥卫生室。北通沙场公路，南通汉鄂高速公路。

王渡壳 位于胡桥村中部，西距村委会驻地约 300 米。有居民 47 户，190 人。有耕地面积 4.7 公顷。以姓氏和地形及历史遗存而综合得名。据考证，清朝初年，王氏从山西太原迁居此地落籍建庄。清乾隆年间，高峰、李云在巫江渡设立水军寨时，在居民点边做渡口，渡口旁有小山包像斗笠壳形状，故名。渡壳原指居住地如斗笠壳形状，此指居民点。1950 年属保团乡，1956 年属东方红 5 社，1958 年属胡桥生产大队，1984 年属胡桥村至今。居民房屋呈条状分布，占地面积约 1.2 公顷。以工副业为主，种植业为辅。种植水稻、花生。南临鄂高速公路，通村级公路。

五、黄山村

黄山村位于沙窝乡东南部，花马湖畔。村委会驻地距沙窝乡政府驻地约 7

千米。东接走马村，南与花湖镇华山村隔湖相望，西连花湖镇八庙村，北与新埛村接壤。辖区面积6平方千米，下辖18个村民小组，有21个居民点：胭脂垴、蔡沙塆、熊家塆、吕家铺、吕家大塆、何家塆、猴儿洞、童家坝、童家径、港边李家、上姚塆、魏家塆、严家墩、叶锁山、绿豆塆、冯家塆、王家西、吕家咀、黄土塆、谈家老屋。村民房屋呈块状或条状分布，疏密相间。有28个姓氏，依次有吕、何、袁、严、熊、江、魏、蔡、谈、姚、冯、万、曹、李、温、方、吴等姓。大多有200年以上居住史，除2人为土家族外，其余均为汉族。2022年末，全村共有1098户，4553人。因境内黄山而得名。

黄山古宅

黄山村

　　明清时期及 20 世纪初属武昌县洪道乡洪二里黄山头庄，1942 年属鄂城县雅言乡，1950 年属黄山乡，1956 年属黄山高级农业生产合作社，1958 年属幸福（燕矶）人民公社，为黄山生产大队，1975 年撤区并社，属黄山公社为黄山生产大队，1984 年属鄂城区沙窝乡黄山村，2020 年属临空经济区沙窝乡黄山村至今。

　　地势南低北高，为丘陵垄岗平原综合地貌。沿湖公路与永新路贯穿全村，村内有新垸小学黄山教学点、村卫生室、沙窝下林场，企业有湖北江南煤矿机械制造有限公司。全村现有耕地面积 3310 亩，其中水田 2600 亩，旱地 710 亩。有山林 5536 亩，水面 800 余亩。2022 年人均纯收入 5460 元。村民主要种植水稻、油菜、小麦、芝麻。经济来源为外出务工、经商、种植、养殖业。

黄山村

黄山村

名人：吕黄珍，中国农业机械化科学研究院副院长，研究员。吕国伟，博士后，现为北京大学副教授。蔡细忠，中国人民解放军某师师长。

童家坝 居民点位于黄山村东部，距村委会驻地大约1千米。东邻王家西，隔垅相望；南靠黄山峰尖垴；西接童家径；北连新湾村蒋家垮。居民房屋呈长方形块状分布，占地面积约4万平方米，垮内建有袁氏祖堂，垮前有体育文化广场，占地面积约5000平方米。居民点有4个姓氏：袁、涂、李、温姓，袁姓居多，均属汉族。2022年末，共有居民168户，人口617人。其中袁姓148户，538人；涂姓9户，48人；李姓5户25人；温姓1户6人。据《袁氏宗谱》载，该居民点原是童姓人居住，并在湖汊筑有拦水坝，故名童家坝，后为居民点。清乾隆四十五年，袁氏始迁祖克三公从现华山村彭家咀迁徙此地建基立业。其后人居住至今。

黄山童家坝

明清时期及20世纪初属武昌县洪道乡，1942年属雅言乡，1950年属黄山乡，1958年属幸福（燕矶）人民公社，1975年分为2队，分别属黄山人民公社黄山生产大队第10生产队和第16生产队，1984年属鄂城区沙窝乡黄山村分别为第10村民小组和第16村民小组，2019年属临空经济区沙窝乡黄山村，分别为第

10 村民小组和第 16 村民小组至今。

有耕地面积 650 亩，其中旱地 105 亩。塘坝约 258 亩，山林 1030 亩。居民主要种植水稻、油菜、花生、芝麻、豆类等作物。经济来源主要为种植、养殖、外出务工、经商、建筑业。

居民点名人：涂仁山，黄山乡著名中医师，黄石市第七人民医院中医主任医师。袁战龙，1943 年加入中国共产党，1945 年任新四军乡长，中原军区礼山县财政股长。

严家墩 位于黄山村南部，北距黄山村委会驻地约 1.5 千米。有居民 128 户，390 人。有耕地面积 17.9 公顷，山林面积 6.7 公顷。据家谱记载，严姓始迁祖保德公与吴太婆携子朝献，于 1640 年前后由冶邑伍家洪迁徙此处建庄居住，故名。1950 年属黄山乡，1956 年属黄山高级社，1958 年属黄山生产大队，1984 年属黄山村至今。居民房屋呈长方形分布，占地面积约 1.7 公顷。以种植业、养殖业为主，工副业为辅。种植水稻、油菜，养殖鱼类。通沿湖公路。

何家塆 位于黄山村的东南部，西距村委会驻地约 1.5 千米。有居民 160 户，680 人。有耕地面积 27.4 公顷，山林面积 35.3 公顷。1773 年，何氏始迁祖先浚公带着三儿一女从牌楼村钟鼓楼迁居黄山脚下"狮子地"建庄立业，故名。1950 年属黄山乡，1956 年属黄山高级社，1958 年属黄山生产大队，1984 年属黄山村至今。居民房屋呈片状分布，占地面积约 4 公顷。以种植业、养殖业、林果业为主，工副业为辅。种植水稻、油菜。塆中有文化广场、何氏祖堂。通沿湖公路。

吕家大塆 位于黄山村的东南部。西距村委会驻地大约 1.1 千米。有居民 88 户，400 人，有耕地面积 14 公顷，山林面积 16.9 公顷。1240 年，吕氏始迁祖凌云公长子隆八公从东庙咀迁黄山峰尖脚下建庄，故名。1950 年属黄山乡，1956 年属黄山高级社，1958 年属黄山生产大队，1984 年属黄山村至今。居民房屋呈曲尺状分布，占地面积约 1 公顷。以种植业、养殖业为主，工副业为辅。种植水稻、油菜。塆中有文化广场。通沿湖公路。

太子庙 熊家位于黄山村南部，北距村委会驻地约 600 米。有居民 90 户，390 人。有耕地面积 24 公顷。明洪武年间，熊氏始迁祖世昌公由城关菜园头迁居此地安居。建庄在太子庙旁，故名。1950 年属黄山乡，1956 年属黄山高级社，1958 年属黄山生产大队，1984 年属黄山村至今。居民房屋呈块状分布，占地面积约 2 公顷。以种植业、养殖业为主，工副业为辅。种植水稻、油菜、小麦。村中有文化广场、熊氏宗祠。通沿湖公路。

胭脂垴 位于黄山村西部，东距黄山村委会驻地约 300 米。有居民 48 户，230 人。有耕地面积 10.7 公顷，山林面积 26.7 公顷。以一种色彩涂料及地貌而命名。此地原先在土丘上立一高杆上挂灯，用以传递信息。天长日久，人们便叫烟墩垴，后来，烟墩不复存在，本庄长者提议改名胭脂墙。明天启年间，江姓始迁祖成龙公从沙塘迁住此地，仍沿用原名至今。胭脂原指一种红色的化妆品，此指居民点。1950 年属黄山乡，1956 年属黄山高级社，1958 年属黄山生产大队，1984 年属黄山村至今。居民房屋呈"口"状分布，占地面积 8000 平方米。以工副业为主，种植业、养殖业、果业为辅。种植水稻、油菜、花生、棉花。永新路由西向东从庄中通过，武黄城际铁路由北向南经过本庄。

六、加桨村

加桨村位于沙窝乡东部，村委会驻沙杨路和加新村级路相会处，距沙窝乡政府机关驻地约 4 千米，东与燕矶镇坝角村隔湖相望，南与走马村、新塆村、牌楼村相连，西与牌楼村、渔坝村接壤，北与渔坝村相邻。辖区面积为 2.8 平方千米，辖有 9 个村民小组，8 个居民点：王家嘴、何家中岗、龚家嘴、龚家竹林塆、刘家嘴、胡家嘴、余家岗、袁家垅。村民房屋的分布有的是条状，有的呈块状。村民有 11 个姓氏，人口数量由多到少依次为龚、王、何、刘、胡、余、冯、李、江、张、汤姓，均为汉族。目前村内主要有"四星服装厂"、加桨村卫生室等企事业单位。2015 年末，共有 435 户，村民 1836 人。

因境内加桨径与职能机构综合而得名。

加桨指旧时花马湖中一段水域名，详见"加桨径"条目。村民委员会指农村群众自治组织。

加浆村鱼塘

明清时期属武昌县洪道乡洪一里，1932 年至 1934 年属鄂城县怀德乡，1950 年属燕矶区草陂乡，1956 年属燕矶区草陂乡先锋农业生产合作 3 社，1958 年属幸福人民公社草陂管理区加浆生产大队，1975 年属黄山公社为加浆生产大队，1984 年体制变更属程潮（派出）区沙窝乡，为加浆村，1987 年属鄂城区沙窝乡加浆村至今。

有水田面积 818 亩，旱地 93 亩，山林 400 多亩。人平均纯收入 5700 多元。村民主要种植水稻、棉花、花生、豆类。村民经济来源有外出务工，经商，土石方工程小承包，养殖业，豆丝加工。

名人：龚德宏，男，1952 年 6 月出生，空军少将军衔，曾任北京空降兵某部队政委。

龚家竹林垮 位于加浆村西部，距村委会驻地约 500 米。有居民 70 户，300 人。有耕地面积 6.7 公顷，鱼池面积 4.7 公顷。以姓氏和附近植物而得名。龚氏九世支祖理辉、理文二公于清乾隆年间，由渔坝龚家大湾迁至此地，辉公居庄左侧，文公居庄右侧，并种有大片竹园，故名。1950 年属草陂乡，1956 年属先锋合作社，1958 年属加浆生产大队，1984 年属加浆村至今。居民房屋呈条状分布，占地面积约 7700 平方米。以种植业、养殖业为主，工副业为辅。种植水稻、棉花、油菜、花生、豆类，养殖鱼类。加新路自东向西从庄前经过。

王家嘴 位于加桨村东部，距村委会驻地约 500 米。有居民 120 户，480 人。有耕地面积 15.8 公顷。该居民点很早以前叫白鹤嘴。后王氏始迁祖文灿、文焕二公于明崇祯年间由浠水县竹瓦清泉迁入武昌县洪三里彭塘王家西畈，再迁入宝团村王家上塆，后裔于清康熙年间再次迁于此建庄，故名。1950 年属草陂乡，1956 年属先锋合作社，1958 年属加桨生产大队，1984 年属加桨村至今。居民房屋呈条状分布，占地面积约 1.4 公顷。以种植业、养殖业为主，工副业为辅。种植水稻、油菜、花生、养殖鱼类。通加新公路。

何家中岗 位于加桨村东北部，距村委会驻地约 400 米。有居民 60 户，280 人。有耕地面积 7.9 公顷。何氏九世祖明珍公携四子于 1706 年从彭塘中庄迁此建庄，故名。1950 年属草陂乡，1956 年属先锋合作社，1958 年属加桨生产大队，1984 年属加桨村至今。居民房屋呈条状分布，占地面积 7200 平方米。以种植业、养殖业为主，工副业为辅。种植水稻、棉花、油菜、芝麻，养殖鱼类、莲藕。村级公路自东向西从庄前经过。

刘家嘴 位于加桨村西部，距村委会驻地约 900 米。有居民 75 户，310 人。有耕地面积 12.2 公顷，山林面积 26.7 公顷。始迁祖刘承基公，于清康熙三十四年由泽林塔桥村迁入建庄，故名。1950 年属草陂乡，1956 年属先锋合作社，1958 年属加桨生产大队，1984 年属加桨村至今。居民房屋呈"口"状分布，占地面积约 8800 平方米。以种植业、养殖业、林果业为主，工副业为辅。种植水稻、棉花、油菜、花生，养殖鱼类、莲藕。通加新公路。

七、牌楼村

位于沙窝乡东南部，村委会驻汉鄂高速连接线以南 0.2 千米，离沙窝乡政府机关驻地约 3 公里，东接加桨村、新塆村，南连黄山村，西邻胡桥村、沙窝村，北靠草陂村、渔坝村。因村内何家牌楼"贞烈牌坊"而得村名。

明清时期及 20 世纪初属武昌县（鄂城县）洪道乡，1942 年属鄂城县雅言乡，1950 年属牌楼乡，1954 年属草陂乡，1956 年属牌楼高级农业生产合作社，1958 年属幸福（燕矶）人民公社牌楼生产大队，1964 年并入黄山公社牌楼生产大队,1975年撤区并社属沙窝公社牌楼生产大队,1984年属鄂城区沙窝乡牌楼村,2019年属临空经济区沙窝乡牌楼村至今。

辖区面积4.3平方千米。下辖13个村民小组,有17个居民点,分别是李家祠堂、彭塘庙前塆、彭塘庙、彭塘庙塆、张家垅、彭塘庙中塆、叶塆、曹家庄、钟彭楼、钟彭楼塆、何家细塆、何家大塆、毛家滩、王家西畈、吕家滩、细渔咀、枫树塆。村民房屋的分布,有的呈块形状态,有的呈条形状态,疏密有间。村民有19个姓氏,按人口数量由多到少依次为何、王、龚、冯、刘、吕、李、卢、周、朱、严、张、胡、陈、范、汪、占、肖、田,土家族3人,其余均为汉族。村内有1所小学、1个卫生室、1座加油站,有鄂州市禾山生态农业发展有限公司、生猪养殖基地、鄂州市陈林寨农副产品产销合作社等企业,2022年沙窝卫生院迁至境内。至2022年末,共有居民625户,2679人。有水田1540亩,旱地420亩,山林3089亩。村民主要种植水稻、油菜、芝麻、红苕、林果。经济来源主要为种植、粮食加工、外出务工、建筑、经商。2022年人平均纯收入4860元。近年,沙窝乡建成了380亩牌楼村古法生态水稻种植基地,为居民和市场提供原生态无公害优质大米。

主要特产有豆丝、糍粑、米粉。

通过新农村建设,实现了村级硬化公路与塆塆通;池塘砌石岸,围栏杆,风景别致,水质达标。

境内有古村落陈林寨,古遗迹何家牌楼等。

何家大塆 位于牌楼村东部,西距村委会驻地400米。有居民98户,430人。有耕地面积21.9公顷,山林面积18.7公顷。明崇祯末年,何姓始迁祖由武昌县大东门凤凰台何家庄迁此地建庄定居,后有支系迁出建新庄,故对原居地称何家大塆。1950年属牌楼乡,1956年属牌楼高级社,1958年属牌楼生产大队,1984年属牌楼村至今。居民房屋呈块状布局,占地面积1公顷。以种植业、林果业为主,工副业为辅。种植水稻、油菜、林果等。通沙杨公路,武黄城际铁路临境通过。

李家祠堂 位于牌楼村东北部,南距村委会驻地800米。有居民61户,280

人。有耕地面积 11.6 公顷，山林面积 14.7 公顷。清乾隆十一年，李氏始迁祖在此建庄定居。后建有李氏宗祠，故名。1950 年属牌楼乡，1956 年属牌楼高级社，1958 年属牌楼生产大队，1984 年属牌楼村至今。居民房屋呈块状布局，占地面积约 1 公顷。以种植业、林果业为主，工副业为辅。种植水稻、油菜、林果等。武黄城际铁路经庄旁而过。通沙杨公路。

曹家庄 位于牌楼村西部，东距村委会驻地 500 米。有居民 36 户，160 人。有耕地面积 7.9 公顷，山林面积 15.3 公顷。明末清初，有曹姓在此居住，故名。由于战乱，曹姓人氏迁走。后细鱼咀何姓人迁入，当时也叫何家庄，但人们习惯叫曹家庄，所以一直沿用至今。1950 年属牌楼乡，1956 年属牌楼高级社，1958 年属牌楼生产大队，1984 年属牌楼村至今。居民房屋呈块状布局，占地面积约 7000 平方米。以种植业、林果业为主，工副业为辅。种植水稻、油菜、林果等。境内有牌楼小学。通沙杨公路。

钟鼓楼 位于牌楼村南部，北距村委会驻地 400 米。有居民 45 户，200 人。有耕地面积 10.3 公顷，山林面积 14.7 公顷。以附近古代报时的建筑物而得名。相传村子南边有一座山，山上有座庙，庙内建有一座报时的钟鼓，由于年久失修而倒塌，滚到山脚下，后来人们把这块地方叫钟鼓楼。清乾隆二年，何氏始迁祖由何家大湾迁此地建庄，故名。1950 年属牌楼乡，1956 年属牌楼高级社，1958 年属牌楼生产大队，1984 年属牌楼村至今。居民房屋呈块状布局，占地面积约 9000 平方米。以种植业、林果业为主，工副业、养殖业为辅。种植水稻、油菜、林果等。通沙杨公路。

八、新垮村

位于鄂州市东部、沙窝乡政府驻地东南部，距乡政府所在地 5 千米，濒临花马湖畔与天平山之间。东与走马村毗邻，南与黄山村接壤，西与牌楼村相连，北与加桨村相望。辖区总面积 6.2 平方千米，地理环境属丘陵地形。

沙窝新垮村

以所在地的居民点与职能机构综合得名。

新垮指居民点，详见"新垮"条目。这里指村民委员会的所在地；村民委员会指农村群众自治组织。

明清时期及 20 世纪初属武昌县（鄂城县）洪道乡。1942 年属鄂城县雅言乡。1950 年属走马乡。1956 年属新垮高级农业生产合作社。1958 年属幸福（燕矶）人民公社黄山管理区，为新垮生产大队。1975 年撤区并社，属沙窝公社，为新垮生产大队。1984 年体制变更，属沙窝乡，为新垮村至今。

新垮村

下辖 15 个村民小组，15 个居民点，分别是杨家塆、何家独屋、张后塆、新塆、旧塆、严家咀、下边塆、蒋家塆、英家塆、爱塘塆、王家咀、杨家径、竹林、谈家岗、下姚。另有一历史地名麦林塆。村民房屋的分布：有的呈块状，有的呈"口"状。村民有 17 个姓氏，以人口数量由多到少依次为李、杨、张、严、范、熊、何、周、谈、高、方、冯、赵、陈、曹、王、戴。土家族 4 人，其余均为汉族。村内主要有黄山中学、沙窝供销社、沙窝中心幼儿园、新塆小学、新塆村卫生室 4 个企事业单位。境内有两条公路，分别为沙杨路、永新路，有一条港名为知青港，与加桨村相连。2015 年末，共有居民 931 户，3552 人。有水田 1350 亩，旱地 291 亩，山林 3500 亩。村民主要种植水稻、油菜，棉花、杂粮，经济来源主要是种植、建筑务工、外出经商。

严家嘴 位于新塆村东北部，西距村委会驻地约 600 米。有居民 68 户，270 人。有耕地面积 11 公顷，鱼池 9 公顷，山林面积 13.3 公顷。严姓始迁祖永祥公，于清乾隆四年从花湖朱马塆迁至此地依山建庄，故名。1950 年属走马乡，1956 年属群力高级社，后转先锋社，1958 年属新塆生产大队，1984 年属新塆村至今。居民房屋呈块状分布，占地面积约 1.3 公顷。以种植业、养殖业、林果业为主，工副业为辅。种植水稻和油菜，养殖鱼类。通沙杨公路。

杨家塆 位于新湾村西北部，东距村委会驻地约 300 米。有居民 198 户，730 人。有耕地面积 43.6 公顷，鱼池面积 10 公顷，山林面积 23.3 公顷。明成祖永乐十一年，始迁祖仲通公由程潮杨佑迁居此地建庄，故名。1950 年属牌楼乡，1957 年属草陂先锋 8 社，1958 年属新塆生产大队，1984 年属新塆村至今。居民房屋呈凸字形分布，占地面积 3 公顷。以种植业、养殖业为主，林果业、工副业为辅。种植水稻和油菜，养殖鱼类。通沙杨公路、永新公路。

旧塆 位于新塆村中部，距村委会驻地约 200 米。有居民 77 户，280 人。有耕地面积 12 公顷。因建庄较早而得名。李氏始迁祖道清公于明景泰元年，从大冶县迁至武昌县金阳堡建庄定居。后有同宗支系外迁建新庄，故对原庄称为旧塆。1950 年属走马乡，1956 年属新塆牌楼高级社，958 年属新塆生产大队，1984 年属新塆村至今。居民住房呈块状分布，占地面积约 1.5 公顷。以种植业、养殖业为主，工副业为辅。种植水稻和油菜,养殖鱼类。境内有新湾小学。通水新公路、沙杨公路。

新塆 位于新塆村中北部,为新塆村委会驻地。有居民 131 户,460 人。有耕地面积 18.7 公顷。鱼池 2 公顷。以从旧湾迁移到新址而得名。清乾隆年间,李氏始迁祖见元、见建二公由老屋旧湾迁出在现址建庄,故名。1950 年属走马乡,1956 年属新塆高级社,1958 年属新塆生产大队,1984 年属新塆村至今。居民住房呈块状分布,占地面积约 2.5 公顷。以工副业为主,种植业、养殖业为辅。种植水稻和油菜,养殖鱼类。通永新公路、沙杨公路。

杨家径 位于新塆村东部,西距村委会驻地 1 千米。有居民 94 户,390 人。有耕地面积 7 公顷。相传原有一个姓杨的迁居此地,在小路边建庄,故名。清嘉庆年间,李氏始迁祖见密公由旧塆老屋迁入,仍沿用旧塆名。1950 年属走马乡,1956 年属红光高级社,1958 年属新塆生产大队,1984 年属沙窝乡新塆村至今。居民房屋呈瓢状分布,占地面积约 1.8 公顷。以种植业为主,工副业、养殖业为辅。种植水稻和养鱼。通沙杨公路。

九、渔坝村

位于沙窝乡东部,村委会驻地严家道(仓屋)的西部位置。距沙窝乡政府机关驻地约 5 千米。东隔花马湖与燕矶镇坝角村相望,南与加桨村接壤,西与牌楼村、草陂村相连,北与草陂村及燕矶镇龙山村、青山村相望。

渔坝村渡口

因境内居民点名与组织职能机构综合得名。

渔坝指渔家坝居民点，详见"渔家坝"条目。村民委员会指农村群众自治组织。

清代及 20 世纪初属鄂城县洪道乡洪三里草陂堡，1949 年前后属草陂畈严家道，后更名为渔坝。1950 年属燕矶区草陂畈乡，1956 年属草陂畈农业生产合作 7 社 2 联社，1958 年属幸福人民公社渔坝生产大队，1961 年后并入黄山公社为渔坝生产大队，1975 年撤区并社属沙窝人民公社，为渔坝生产大队，1984 年体制变更，属沙窝乡为渔坝村至今。

渔坝村严家祠堂

辖区面积 5.2 平方千米，下辖 14 个村民小组，有杨家咀（中、前塆）、龚家新坳、严家塆、李家大塆、渡口、严家铺尔垴、李家新屋、严家咀、李家细塆、渔家坝、江家塆、李待高、卫家垅、龚家大塆、龚家细塆、严家道、杨家咀（后湾）等 17 个居民点。居民房屋的分布有的呈块状，有的呈条状。村民有 10 个姓氏，人口数量由多到少依次是李、龚、严、杨、苏、汪、周、江、赵、邵姓，居住史大多在 200 至 500 年，有土家族妇女 22 人，其余均为汉族。2015 年末全村共有居民 1013 户，4316 人。境内地势：西部紧靠关山垴稍高，为丘陵垄岗；北部低洼，为水网地带；南部为滨湖丘岗平原，土地肥沃。境内主要交通线是沙杨公路，并建有彭塘湖大桥、方家坝桥。生态旅游景点有渔坝村青岭生态农业合作社、鄂州市聚成生态农业合作社、鄂州市观美生态农业合作社。有渔坝小学、渔坝村卫生室两个事业单位。古建筑有广慧寺、云林观、云灵寺。大型排灌工程有关山水库和方家坝电排站等。全村现有可耕地面积 1957 亩，其中水田 1323 亩，旱地 634 亩。有山林 1135 亩，水面 1554.5 亩。主要种植水稻、棉花、油菜、板栗、杂粮，还进行水面养殖。村民主要经济来源：老人、妇女种责任田，专业户搞养殖，剩余劳力外出务工、经商，创办建筑安装、房地产开发公司等。

李家大塆 位于渔坝村中部，南距村委会驻地约 800 米。有居民 186 户，760 人。有耕地面积 40.7 公顷，山林面积 33.3 公顷。清康熙年间，李氏始迁祖从戴家垅和芝麻塆迁居草陂畈建庄，时名竹林堡。1949 年后更名为"李家大塆"。1950 年属草陂乡，1956 年属草陂农业生产合作社，1958 年属渔坝生产大队，1984 年属渔坝村至今。居民房屋呈条形状分布，占地面积 2.6 公顷。以种植业、林果业为主，养殖业、工副业为辅。种植水稻、棉花、油菜，养殖鱼类。庄内有文化活动中心。通村级公路。

严家塆 位于渔坝村中北部，南距村委会驻地约 800 米。有居民 156 户，750 人。有耕地面积 26.7 公顷，水面积 10 公顷，山林面积 4.7 公顷。明嘉靖年间，严家塆始迁祖春和、协和二公从严家道迁此建庄，故名。1950 年属草陂乡，1956 年属先锋合作社，1958 年属渔坝生产大队，1984 年属渔坝村至今。居民房屋呈散状分布，占地面积 2.8 公顷。以种植业、养殖业为主，工副业为辅。种植水稻、棉花、油菜，养殖鱼类。庄内有严氏宗祠，建有篮球场。通村级公路。

渡口湾 位于渔坝村中东部，西距村委会驻地约 700 米。有居民 65 户，270 人。有耕地面积 17.3 公顷。以附近地物得名。李氏在民国初迁到花湖边一渡口处建庄，以摆渡为生，故名。渡口原指摆渡码头，此指居民点。1950 年属草陂乡，1956 年属草陂高级社，1958 年属渔坝生产大队，184 年属渔坝村至今。居民房屋呈"U"字形分布，占地面积 1.36 公顷。以农业种植为主，工副业为辅。种植水稻、棉花、油菜等。境内有文化娱乐广场，有排灌泵站。通村级公路。

龚家大塆 位于渔坝村西南部，东距村委会约 600 米。有居民 83 户，300 人。有耕地面积 30.4 公顷，山林面积 48.7 公顷。龚氏始迁祖从上龚家湾携带三子迁此地建庄，因毗邻建有一个小庄，故名"龚家大塆"。1950 年属草陂乡，1956 年属草陂高级社，1958 年属渔坝生产大队，1984 年属渔坝村至今。居民房屋呈块状分布，占地面积 1.9 公顷。以旅游服务业、种植业为主，工副业为辅。种植水稻、油菜、杂粮、板栗和养殖鱼类。境内有"关美生态园"旅游区。有 20 余处名胜景点，通村级公路。

龚家新坳 位于渔坝村东北部，南距村委会驻地约 800 米。有居民 65 户，260 人。有耕地面积 14 公顷，鱼塘面积 9.3 公顷。龚氏始祖二人，于清末从龚家大湾迁到一山坳处建新庄，故名。1950 年属草陂乡，1956 年属草陂高级社，1958 年属渔坝生产大队，1984 年属渔坝村至今。居民房屋呈块状分布，占地面积 12 公顷。以种植业、养殖业为主，工副业为辅。种植水稻、小麦、油菜，养殖鱼类。庄境建有文化活动中心。通村级公路。

严家铺尔墙 位于渔坝村东部，距村委会驻地约 1 千米。有居民 50 户，260 人。有耕地面积 11.6 公顷。以姓氏、职业和地理位置综合得名。该湾严姓始迁祖协和公，于明代中叶由渔坝严家湾迁此地建庄，开设一杂货店铺为业，故名。1950 年属草陂乡，1956 年属先锋合作社，1958 年属渔坝生产大队，1984 年属渔坝村至今。居民住房呈扇面形状分布，占地面积约 1 公顷。以种植业、养殖业为主，工副业为辅。种植水稻、油菜、花生，养殖鱼类。庄内有篮球场、停车场。通村级公路。

渔家坝 位于渔坝村东南部，距村委会驻地约 1 千米。有居民 140 户，750 人。有耕地面积 8 公顷，鱼池面积 3.3 公顷，水网面积 26.7 公顷。以居民职业而得名。明末清初，苏、李、汪三姓渔民为方便在花马湖捕鱼，从大冶迁此建庄定居在一道湖坝上，故名。渔家坝原指水网养鱼的湖坝。此指居民点。1950 年属加浆乡，1956 年属草陂高级社，1958 年属渔坝生产大队，1984 年属渔坝村至今。居民点呈长条形状分布，占地面积 2.5 公顷。以种植业、养殖业为主，工副业为辅。种植水稻、棉花、油菜，养殖鱼类。通村级公路。

十、赵寨村

赵寨村位于沙窝乡政府驻地西部,村委会驻地在郎中塆,距乡政府约4.6千米,东与本乡沙窝村毗邻,南与本乡保团村接壤,西与泽林镇涂桥村、新庙镇水月村相连,北与燕矶镇百洪村相接。一条4.6千米的乡村公路从村部直通鄂城。

以居民点与职能机构综合命名。

赵寨指居民点,详见"赵寨"条目。村民委员会是指农村群众自治组织。

明清时期及20世纪初属武昌县(鄂城县)洪道乡洪二里。1942年属雅言乡。1950年属燕矶区庙山乡。1956年属东方红农业生产合作6社。1958年属幸福人民公社五生产大队。1961年属沙窝人民公社黄龙生产大队。1969年属沙窝人民公社,为赵寨生产大队(8个小队,现在的5、6、7、8、9、10、11、14组)。1983年黄龙生产大队解体,部分并入赵寨生产大队(即现在的1、2、3、4、12、13组)。1984年至今属沙窝乡,为赵寨村至今。

赵寨村

全村面积5.27平方千米,下辖14个村民小组,21个居民点,分别是冯家径、李家竹林、大塘角、程家垅、卫家塆、严家塆、庙头边、余塘塆、卫寿塆、郎中塆、新屋、枣园、塘角、翟家塆、赵对门、赵中塆、寨上、马塆、后塆、赵家独屋、车头塆、黄家塆、李家垴、梁家塆、赵家老屋。2015 年末，有居民住户 502 户，1769 人。居民姓氏共有 11 个姓，人口数量由多到少依次为赵、舒、李、程、万、卫、严、朱、郭、黄、周。赵姓人口与其他姓氏持平。其中有土家族 4 人，其余均为汉族。村民房屋的分布有的呈条状，有的呈块状。境内有可耕面积 773 亩，其中水田 439 亩，旱地 334 亩。有山林面积 4600 亩，水塘面积 190 亩（含一座小型水库）。2015 年村民人均纯收入 4900 元。村民主要种植水稻、油菜、油茶、林果。经济来源主要是种植、养殖业、外出务工经商。村内主要有马塆油茶种植养殖专业合作社、赵寨村教学点、赵寨村卫生室等企事业单位。

名人：卫银洲，男，2008 年全国优秀农民工；郭跃文，男，现任广东省老干局局长；赵家安，男，现任鄂州市文联副主席、市美协主席。

郎中塆 位于赵寨村中部，为村委会驻地。有居民 58 户，250 人。有耕地面积 6.7 公顷，山林面积 7.9 公顷。以职业名称命名。明永乐十八年，赵氏始迁祖赵成三由赵家老屋分迁至此建庄，原名"赵家细屋"。清光绪年间出了几位名中医，人们便将其称为郎中塆。郎中是对中医医师的俗称。此指居民点。1950 年属赵寨乡，1956 年属赵寨高级社，1958 年属赵寨生产大队，1984 年属赵寨村至今。居民房屋呈块状分布，占地面积约 1 公顷。以种植业、林果业为主，以工副业为辅。种植水稻、油菜、花生、林果。通沙赵公路。

枣园 位于赵寨村西北部，东距村委会驻地约 600 米。有居民 15 户，80 人。有耕地面积 3.5 公顷，山林面积 11.3 公顷。以附近植物园命名。赵氏始迁祖赵道水、赵道华兄弟二人于 1920 年从中塆分迁至此地建庄，因在住宅四周种植了大片的枣树林，故名。枣园指大片的枣树林，此指居民点。1950 年属赵寨乡，1956 年属赵寨高级农业社，1958 年属赵寨生产大队，1984 年属赵寨村至今。居民房屋呈条块状分布，占地面积 3000 平方米。以种植业、养殖业为主，工副业为辅。种植水稻、油菜、花生。通村级公路。

车头塆 位于赵寨村南部，北距村委会驻地约 600 米。有居民 45 户，150 人。有耕地面积 4.9 公顷，山林面积 22.7 公顷。以吉祥意愿和地理方位而得名。郭氏先祖郭宗泰于明代由黄州府蕲水县迁此一转弯处建庄，故名。车头是当地土话俗语，意为"调头"。祈盼"车头"之后，头头得胜，人丁兴旺百业兴。此指居民点。1950年属赵寨乡，1956年属赵寨高级社，1958年属赵寨生产大队，1984年属赵寨村至今。居民房屋呈条状分布，占地面积约8000平方米。以种植业为主，工副业为辅。

黄家湾 位于赵寨村东部，西距村委会驻地约1.2千米。有居民35户，170人。有耕地面积5.5公顷，山林面积23.5公坝。黄氏始迁祖黄有礼，于1640年从大冶县永丰乡流水里上畈分支迁至此建庄，故名。1950年属瓦窑乡，1956年属新庙5社，1958年属黄龙生产大队，1969年属赵寨大队，1984年属赵寨村至今。居民房屋呈条状分布，占地面积6000平方米。以种植业、林茶业为主，工副业为辅。种植水稻、油菜、油茶。通村级公路。

余塘湾 位于赵寨村东北部，北距村委会驻地约400米。有居民45户，150人，有耕地面积3.1公顷，山林面积41公顷，水面积1.1公顷。以姓氏及地形综合得名。原余姓庄名。余姓在自家门前开有一口塘，故名。后余姓居民迁出，赵、万两姓居民迁入，仍沿用原湾名。1950年属瓦窑乡，1956年属黄龙合作社，1958年属黄龙生产大队，1969年属赵寨大队，1984年属赵寨村至今。居民房屋呈块状分布，占地面积约8000平方米。以种植业、林果业为主，养殖业、工副业为辅。种植水稻，油菜、花生、林果。通沙赵公路。

十一、走马村

走马村位于沙窝乡东部，距乡政府驻地5千米。村委会驻沙杨公路旁，东邻杨叶镇团山村，南与花马湖接壤，西接加桨村，北与黄山村毗邻。辖区面积约5.4平方千米。共有13个村民小组，有13个居民点：周家湾、张家湾、海子地、方家湾、龚家湾、曹铺湾、王家湾、曹家咀、云家湾、胡家湾、李鱼垴、张湾、细方家湾。全村有15个姓氏：李、曹、张、王、云、方、胡、周、杨、龚、陈、朱、金、万、潘。居住史达300年以上，均为汉族。2022年末，全村共有685户，2870人，为人口较多的村。

因境内有一座走马石桥而得名。

走马村

清末至20世纪初属于武昌县（鄂城县）洪道乡洪三里，1934年属鄂城县第3区，1942年属雅言乡，1950年属金盆乡，1954年属黄山乡，1956年属燕矶区为走马乡高级农业生产合作社，1958年属幸福人民公社黄山管理区走马生产大队，1975年撤区并社属黄山公社走马生产大队，1984年体制变更，属鄂城区沙窝乡为走马村，2019年属临空经济区沙窝乡走马村至今。

境内地势较为平坦，多为平原、丘陵垅岗，北部稍高，东北花马湖畔低平，土地肥沃。

村内有新垴小学走马教学点、村卫生室、胡家垴草莓园、洋晨特钢有限公司、农场养殖基地等多家企事业单位。全村现有耕地面积1500亩，其中水田700亩、旱地600亩、山林200亩，有鱼塘水面200亩。主要种植稻谷、油菜、芝麻。20世纪90年代初，部分居民利用土沃地平的自然优势，开挖大片鱼池，养鱼植藕，从事种养业，增加居民收入。村民主要经济来源是外出务工、经商、财政收入、种植业、养殖业等。2022年人平均收入6500元。名胜古迹有慈云宫。

全村位于飞机场核心区，目前，居民已整体搬迁至燕矶和杨叶安置房区。

名人：曹军骥，男，出生于走马村曹家咀，现任中科院研究员，博士生导师、教授，在地球环保方面的研究成果具有国际影响。

走马桥

走马公路桥

海子地 位于走马村西北部，南距村委会驻地约 1 千米。有居民 79 户，280 人，耕地面积约 13.3 公顷，鱼塘水面面积约 7.3 公顷，荒山林地约 2.7 公顷。以地形命名。相传该处有块红石，形似一只螃蟹。李氏宗祖李旭公于清康熙四十九年从燕矶百洪李上塆迁入落户，居民点建在螃蟹石附近，故名。1950 年属走马乡，1956 年属黄山先锋高级社，1958 年属走马生产大队，1984 年属走马村至今。居民房屋呈块状分布，占地面积约 1.4 公顷。以种植业、养殖业为主，建筑业为辅，主要农作物有水稻、油菜，养殖鱼虾。通村级公路。

云家塆 位于走马村最东部，距离村委会驻地约 1.5 千米。有居民约 90 户，

350 人。清康熙九年，云氏九世祖诣极公一人从江西南昌府迁入武昌县洪三里金阳堡建庄落籍，故名。1950 年属走马乡，1956 年属黄山先锋高级社，1958 年属走马生产大队，1984 年属走马村至今。居民房屋呈块状分布，占地面积 1.5 公顷。有耕地面积 15.3 公顷，鱼塘水面积 6 公顷，山林面积 4 公顷。以种植业、养殖业为主，工副业为辅。种植水稻、油菜，养殖鱼虾。通沙杨公路。

曹家咀 位于走马村部东北部，西距离村委会驻地约 800 米。有居民 59 户，220 人。有耕地面积 10.7 公顷，鱼塘水面积 2 公顷，林地面积 3.3 公顷。原名黎家咀。黎姓迁走后，曹姓职元公于清乾隆三十八年由沙塘曹细塆迁入，改现名。1950 年属走马乡，1956 年属黄山先锋高级社，1958 年属走马生产大队，1984 年属走马村至今。居民房屋呈块状分布，占地面积 1.1 公顷。以种植业、养殖业为主，工副业为辅。种植水稻、油菜，养殖鱼虾。通村级公路。

龚家塆 位于走马村北部，距村委会驻地 300 米。有居民 55 户，220 人。有耕地面积 9.3 公顷，鱼塘面积 4 公顷。清康熙年间，龚氏兄弟二人从渔坝龚家大湾迁居此地建庄，故名。1950 年属走马乡，1956 年属黄山先锋高级社，1958 年属走马生产大队，1984 年属走马村至今。居民房屋呈块状分布，占地面积约 1 公顷。以种植业、养殖业为主，以工副业为辅。通村级公路。

胡家湾 位于走马村委会东南部，距离村委会驻地约 1.3 千米。有居民 59 户，240 人。有耕地面积 11.3 公顷，鱼塘水面 3.7 公顷，山林面积 8 公顷。胡姓十世祖胡十公，于清乾隆十八年从大冶县还地乔迁此建庄，故名。1950 年属走马乡，1956 年属黄山先锋高级社，1958 年属走马生产大队，1984 年属走马村至今，居民房屋呈块状分布，占地面积约 1.1 公顷。以种植业、养殖业、林果业为主，工副业为辅。种植水稻、油菜，养殖鱼虾。通沙杨公路。

第二章

美丽乡村

第一节　地名考据

一、万里长江·燕子矶

"龙王烟墩双侍卫，万里长江绕燕矶。"说的是"惊涛拍岸，卷起千堆雪"的长江水，本想从西山脚下直奔黄石道十洑，却被龙王矶、烟墩山拱卫的燕子矶挡住去路，不得不低着头，环绕着燕矶再东流而去。

燕子矶是耸立在长江中游南岸江边的一块巨大礁石，俗称为"矶"。这块矶名为燕子矶，不仅是因其西南和东南面有木鱼山连着风火山脚，叶岗依着大水咀山脚，"两角"同时伸向石矶，远看像燕子的剪刀尾，还因为在这里还流传着一个凄美的爱情故事：东周以来，这里便是重要的水运码头，是有名的商品集聚地，交通便利，港口繁荣，集市兴旺。但是每逢汛期，大水咀与上矶河常被水淹断，形成十几米长的口子隔断东西交通，行人过往很不方便。有个叫姚宗的青年带领村民堵口筑堤，以便通行。由于水深浪急，堵了垮，筑了冲，口子怎么也不能合拢。有个叫燕子的姑娘，以卖红石为生，看出了个中端倪，提出建议："只有土石混合筑堤，石挡浪，土挡水，才能不怕水冲，使筑堤成功。"姚宗采纳了燕子的建议，口子果然堵住了，集市又恢复了往日的繁华。在筑堤过程中，姚宗和燕子相互倾慕，产生了爱情。但姑娘的父母棒打鸳鸯，坚决不同意这门亲事，燕子姑娘无奈，从礁石矶上投江自尽了。人们为了表达对燕子姑娘的崇敬，将燕子姑娘投江的礁石取名为燕子矶。

　　燕矶街是依傍在燕子矶东南面的一条古老的小街，俗名矶湖街。古时的燕矶街，东西长约 100 米，南北宽不足 60 米，两边多是木架小平房。商号多以前店面后作坊的名称为主。东下街有高升花行、粮行、海庭药铺、酒作坊，永泰恒卖杂鱼货，怡和店做糕饼糖，隆昌经营规模大，销售烟酒杂货。西上街有余子明、刘恒夫经营的木材站，苏、严二姓在街上建有青砖青瓦总祠堂，进街道口苏裕丰，经营品种胜隆昌。上矶河边摆着几条吴、夏二姓人家用以渡江的小舟板，下矶河渔划子常晒着徐家塘人的渔网，是一个典型的江南小镇。

　　燕矶北依长江，西连鄂城，东接黄石，交通便利，尤其是水上交通便捷，历史上是兵家必争之地。《三国志·吴主传》中就有记载："吴王重兵之地，烽火以炬孤山顶，旨缘江相望，五十或百里贯至则举火相告，一夕可行万里。"就是说，燕矶在三国吴王孙权时期是一个重兵驻守之地，那时在燕矶街东北角的小山上，建有烽火台，老百姓称之为烟墩，建烟墩的小山也就叫烟墩山。直到现在还沿用这个称呼。此烟墩与东面的车湖和西面的龙王矶的两个烟墩互为犄角，遥相呼应，一有敌情，狼烟烽火即刻就可以传到武昌（今鄂州）。

　　燕矶也是文人墨客流连之地。宋代大文豪苏轼贬谪黄州，曾多次从黄州过江到燕矶与客居刘郎洑（现车湖）的四川人王齐万、王齐愈兄弟相聚。明代诗人万虞恺《宿燕矶》诗曰："蟠龙回泽国，飞燕落江乡。阁道沉沉夜，岩花细细香。经声传碧殿，渔火照沧浪。良夜宁忘寝，高歌一酒觞。"

　　燕矶还是革命根据地。抗日战争时期，燕矶街成了敌我双方争夺的要地，当年的燕矶街是刘少卿、张体学、罗通、何亚东、鲁明健、陈大发、柯逢年、董密等新四军领导的落脚地，高庙是秘密联络点和交通站，燕矶渡口是新四军、长江武工队的水上飞桥，在这里留下了许多可歌可泣的英雄故事。

　　1942 年 10 月，新四军抗日鄂大政府成立，王表兼任主席，办公室就设在高庙的藏经阁。1943 年 3 月，鄂大成立抗日长江武工大队，活动在鄂城至黄石一带，使日本鬼子闻风丧胆。王表等领导同志常常到高庙联系工作，召开秘密会议。由于叛徒出卖，1943 年 5 月的一天，日本兵开舰艇从巴河过江，妄想捕捉高庙共产党地下工作人员。凑巧，这天联络点的同志都因抗日事宜外出，日军扑空。

同年 8 月的一天，敌军开两艘舰艇，兵分两路，一路从石板滩（现路牌村）上岸，一路从龙王矶（现嵩山村）登陆，两路夹击，企图将鄂大县委、县政府领导一网打尽。当时累了一夜的邓同志正在庙内午休，他养的一只八哥使劲地啄他的耳朵，醒来的他警觉地起身外出察看，发现日军已近燕子矶。情况危急，他快速与其他两名同志换上僧衣戴上僧帽，扛着锄头下山，朝古坟林隐去。日寇到庙内一无所获，丧心病狂地放火烧起高庙。恰巧天降大雨，将大火熄灭，高庙的后殿得以保存。

燕矶历来重视教育，人才辈出。现在的燕矶中学就在燕矶老街，这所学校培养出了不少国之栋梁。如现任空军装备部政委龚德宏少将，原上海警备区政委李光金少将，原南京市政协主席缪合林，哲学博士、高级心理咨询师、武汉大学论辩专家、武汉大学哲学学院副院长张掌元，还有一些在科技、商海、警界的尖端人才，都是从这所学校中走出来的。

燕矶凭借人杰地灵把一个个人才输送给社会，又凭借物华天宝把巨大财富招纳进来。从 20 世纪 80 年代起，燕矶的金刚石刀具企业就风生水起，金刚石刀具成了燕矶的支柱产业，是中国金刚石刀具第一镇。在燕矶集镇兴办的金刚石刀具厂家，据不完全统计，高峰时达到 200 多家。目前，燕矶集镇已建成金刚石工业园，园区面积 2500 亩，总投资 5.37 亿元，入驻企业 59 家，主要打造金刚石刀具研发生产、加工制造、销售服务等全产业链。2016 年金刚石产业总产值近 30 亿元，外汇 1000 万美元，实现税收近 1000 万元，初步形成金刚石刀具产业集群。

随着湖北国际物流核心枢纽项目落户燕矶，作为国际航空大都市的核心区的燕矶将焕发出新的活力。燕矶将围绕临空经济核心区、科教研发培训聚集区、产业转型升级示范区、航空都市区城市副中心"三区一中心"，以航空产业为引领，打造一座产城融合、功能多元、生态优美、宜居宜业的航空特色城。

二、丝弦名高·庆门塘

庆门塘塆现为燕矶镇百洪村十六组。据《汪氏宗谱》记载，明朝嘉靖年间，汪氏兴一公为躲避战乱，自黄冈举家逃荒迁居此处，耕田经商，命名此地为汪家塆，后又改名为饮马塘，不久又定名为庆门塘。是什么原因频繁更改塆名和始创了丝弦锣鼓呢？说起来还有一段故事呢。

清光绪七年，原属汪家塆的鸡公叫（现属沙塘村十三组）有一汪姓举人汪祖向在朝廷参加殿试，其文墨翰香，颇受恩宠，皇上龙颜大悦。问其住地时，答曰鸡公叫。皇上听后，不高兴了，认为鸡公叫不成气候，可叹汪举人被屈点为亚元。虽是亚元，汪祖向还是骑马跨镫，衣锦还乡，在村口受到了父老乡亲的热烈欢迎。汪祖向离鞍下马，被乡邻们簇拥回家，所骑坐骑也自由地在塆边池塘里饮水、游泳，一直不肯上岸。大伙很是惊讶，恳请汪亚元给池塘赐名，饮马塘也就由此得名。

光绪年间，饮马塘边的汪姓居民日子过得倒也自在。胡琴艺人汪炽然提出，在婚丧嫁娶时用民间乐器奏出一套悦耳动听的乐曲与人助兴，于是他亲自创作曲子，选用16种乐器，琴笛相咏，锣鼓相交，人们从乐曲的旋律中能分辨出喜丧事来，一时成为鄂城东门城外独一无二的乐队。由于丝弦锣鼓声誉很高，塆里建起了一座门楼，门上刻着"庆门塘"三个字，塆名也就成为庆门塘了。

后来，由于种种原因，丝弦锣鼓濒临失传。1983年，时任鄂城区文化馆馆长的邵国春先生在《武昌县志》里发现了丝弦锣鼓的记载，几经走访搜集，发现乐音尚存，于是重新组建了丝弦锣鼓队，并赠送全套丝弦锣鼓所需乐器，现保存在盲艺人汪德松家中。

三、天下殷商·陈林寨

陈姓是当今中国第五大姓，族多枝繁，人口众多。据史书记载，陈氏出自上古妫姓，舜帝后裔。

陈姓名人辈出，大家所推崇的最早陈姓名人，一是春秋时孔子的弟子之一陈元，二是中国历史上第一个农民起义领袖，建立"张楚"政权，被推为王的陈胜。而早于陈元、陈胜者是否还有其他陈氏的名人呢？

《史记·吴起列传》记载商朝疆域："左孟门，右太行，常山在其北，大河经其南。"即北到辽宁，南到湖北，西到陕西，东到海滨。商朝是中国历史上的第二个奴隶制王朝，也是中国第一个在同时期用文字记载的王朝，这时的汉字结构在甲骨文中已经基本形成。

商代世系无定说，前后相传 17 世 31 王，延续 600 年左右。在此期间，相传有一个叫陈林的人带领一批奴隶在现今湖北省鄂州市沙窝乡牌楼村地面上建立了一座水寨和山寨，实行半渔半耕和即兵即民的原始共产生活，名之"陈林寨"，这也许是中华民族最早的寨名。

在远古时代，长江与花马湖之间并无江堤，那时江湖之水拍打陈林寨山，陈林在此啸集山林，临水建寨，在寨之西隔一垅一港之处有"王渡壳"的地名。在这一带田畈之下有数米厚的河沙层，20 年前附近村民曾毁田卖沙。陈林当时是否称王，无历史记载，如果他当时称王，那将会改写中国历史。

陈林寨遗址，位于沙窝乡牌楼村 6 组叶塆居民点所属之山，东依钟鼓楼，南邻庙塆，北临牌楼大港，西连王家西畈，山体海拔高度 80 米左右，面积 0.03 平方千米。遗址独居山顶，由鹅卵石组成，文化层分布在山头周围梯地上，厚约 50 厘米。出土有陶鼎、鬲等文物，在"文革"期间，当地群众在距山顶 200 米的半山腰挖出一件很精致的商代典型青铜爵，壁外把内铸有"父巳"两个铭文和族徽，据专家考证，此地为殷商遗址。在鄂州发〔1984〕67 号文《关于公布文物保护单位的通知》中，陈林寨遗址位列其中，并建保护标记。以上所举文物，均在鄂州市博物馆内收藏。

四、耕读并举·茅镰嘴

当你在鄂黄公路上驱车经过杨叶镇古塘村境，抬眼向公路南侧望去时，一个有二百余户的村塆便呈现在眼前。只见一幢幢造型别致、风格各异、色彩斑斓的别墅式楼房呈条状布局，香樟、桂花等常青树木掩映于房前屋后。塆前建有两个占地面积各近千平方米的文体广场，全部铺设混凝土地面，配备有全套体育健身器材。这个村塆因坐落于形似镰刀的岗峦之上，故名茅镰嘴。

据《曹氏宗谱》记载，明世宗嘉靖年间，茅镰嘴始迁祖大弟公与兄嫂原居住于长江边上的曹下塆（今曹家塆）。大弟公排行老三，自幼健康机灵，活泼好动。

一次因玩耍不慎，摔伤右腿，留下残疾。父母去世后，由哥嫂抚养。转眼间大弟公长大成人，为了不再连累哥嫂，生性倔强的大弟公暗下决心：离开故土，独立自强。

明嘉靖二十三年，大弟公带上简单衣物，告别兄嫂，来到花马湖畔一处长满茅草的丘岗之上，就地取材，搭建起一个简易的茅草棚。在附近一熊姓人家的资助下，大弟公吃上了平生以来自己动手做的第一顿饭，虽然半生不熟，但他吃得有滋有味，感觉十分香甜，增添了好好生活下去的信心。自此以后，大弟公在茅屋周边垦荒种地，下湖捞鱼摸虾，忙时去帮人干些力所能及的活儿。再用省吃俭用留下的钱做些小买卖。经过几年的辛苦打拼，终于有了一些积蓄。还是在那家熊姓好心人的帮助下，大弟公立业成家，娶妻生子。子子孙孙，及今已历18世470余年，成为一个近千人的庞大家族。

早在儿孙绕膝之时，大弟公就深深懂得读书识字的重要性，于是他立下了耕读并举的家规，告诫后世，庄稼人再穷再苦，也要让儿孙读书识字。几百年来，曹氏家族铭记这一祖训，代代有贤能。在清代，出了进士曹衍聪、举人曹林茂、秀才曹郅茂。当今盛世，更是名人辈出。有铁路部门的工程师、大型国有企业的负责人等20多位各界精英。特别值得点赞的是本土民营企业家曹祥胜。他自20世纪90年代初创办长江容器厂以来，坚持以"质量卓越，服务高效，持续改进，顾客满意"为宗旨，恪守商业信誉，把维护客户利益和企业声誉放在首位，科学管理，爱护人才，不断创新，连年创造佳绩，至今已拥有资产近亿元，为家乡提供几百个就业岗位，带动一方百姓致富。

富裕起来的茅镰嘴人，感恩党的富民政策，感念欣逢太平盛世。为了航空都市区的建设，他们识大体，顾大局，响应党和政府号召，已顺利进行了垮村整体迁徙，于江洲新城重建新的家园，步入崭新的生活。

五、讲和修睦·丁家桥

丁家桥居民点位于杨叶镇三峡村南部的鄂燕黄公路两侧。

清朝末年，这里住着李、刘、丁三姓人家。由于杨叶洲地势低矮，易受水淹，三姓居民在建房前都要填高屋基。他们在屋基墩东侧就近挖土，用箢箕一担一担地往屋基上挑。年长日久，老湾子东侧便有了一条长长的港沟。沟里蓄水洗衣、灌溉，方便了大家的生活、生产，但也隔断了通往地畈和刘家渡渡口的道路，人们出行甚为不便。

李姓族长与刘姓族长商议在港沟上砌一座石桥，刘姓族长拍手赞成，又征求丁姓族长的意见，丁姓族长也极力拥护。三人商定按人口筹集资金、招募劳力。

三姓居民采购并运回红石、石灰等建筑材料，又用木制水车将沟中的水排干。挖干港底淤泥，把半圆形的木拱模型放入港中，在拱模的弧弓背上砌上石块。再在弧形桥两边砌成平面石墙，墙内用土填实，铺成平坦通道。然后拆去拱模，一座美观而承载力强的石拱桥建成了。

一天，李、刘、丁三姓族长共同商议要给石桥取个名字。李姓族长说按人口多应取名为李家桥，刘姓族长说按出资多应定名为刘家桥，丁姓族长自知人少钱少默不作声。李、刘二姓有人争吵起来，越闹越凶。丁姓族长劝阻不住，急忙派人请来乡官里正。里正首先要求三姓居民共同竖一块功德碑于桥头，刻上每户捐资出工数目。又令三姓都拿出宗谱，里正翻了一会儿宗谱，就对李、刘、丁三姓族长说："李、刘二姓先祖于清朝中期来此定居，丁姓先祖来此定居早于你们，后来的应当礼让吧。"说到这里，里正停下来看了看他们三个，又见李、刘二姓众人没有反对的意思，丁姓人也默不作声，便接着说道："先取'李'字起笔一横再取'刘'字收笔一竖钩，合成的也是一个'丁'字，我看这是天意，就叫'丁家桥'吧。"三人见里正说得在理，都相视而笑，尽释前嫌，和好如初。

后来，人们不忘修桥功德，将他们三姓的居住地也叫作丁家桥，而原名套岸墩渐渐被人淡忘。三姓居民和睦相处，共同往返石桥劳动生活，逐年提高生活水平，发展至今已成为近 70 户人家的村庄。

如今虽然见不到矗立在桥头的功德碑，红石单拱桥也已被现代的青石连拱桥所代替，但港和路依然为人们的生活提供着方便，丁家桥的故事依然在民间传说着，丁家桥人修桥补路、克己奉公的品德一直为后人所称道。2017 年，丁家桥 69 户人家，218 人，以航空都市区的建设为重，部分人家拆迁离别世代居住的家园，为现代化建设做出了更大的贡献。

六、忠孝传承·袁家大户

出杨叶村委会东行不到半里路，可见三九庙东北侧有一个庞大村落。房屋呈块状分布，居东处密集依堤，向西稀疏扩展，抵达中沟东岸的杨叶镇中心学校。眼前送水渠东西贯通耕地，水泥路穿插环串房屋，清水塘如明镜倒映楼房树林。在安装有各种体育健身器材的文化广场上，每天都有老人和小孩在此健身、玩耍，这便是远近闻名的袁家大户。

据《百家姓大典》载，春秋时任陈国上卿的涛涂以祖父陈（封侯所在地）侯伯爰的"爰"字为姓，后"爰"宗一姓有"袁、辕、榱、湲、援"五族之异。又据《袁氏宗谱》载，宋代有才公所传后裔遍布河南、湖北等地。明朝后期，有信公从浠水县（古称蕲州）袁家畈迁来杨叶洲定居，为杨叶洲垦荒始祖之一。明末有信公第四子海公落籍杨叶洲中段（今袁家大户居民点），为建塆始祖。后发脉分支，宗族繁盛，形成居民点。支派分别迁往安徽合肥、湖北襄阳、陕西等地。留下的支派与徐、邵、王、李四姓形成延续至今的袁家大户。

袁家大户人主要以耕种洲地谋生，勤俭度日，代代相传。他们周而复始地抚育培养后代，养育出许多报效国家的杰出人才。

1942年参加革命工作的徐治贵，抗战时期任鄂大（含今鄂城区大部分乡镇）税务局总务长，为新四军筹集、提供抗日经费，历尽了千辛万苦。1944年7月7日因汉奸告密，袁家大户被日军包围，村民生命财产遭到严重威胁。藏身于村民之中的徐治贵挺身而出，有意暴露自己，以解村民之危，自己却不幸中弹受伤，落入敌手。徐治贵在狱中宁死不屈，于黄石大冶钢厂惨遭日军砍头抛尸，献出年仅21岁的宝贵生命。在其墓前，杨叶人民凭吊烈士忠魂70余年。

塆中后辈都把赡养老人作为自己应尽的义务，即使兄弟姐妹较多的家庭，也采用不同的方式赡养老人，或轮流赡养，或出赡养费，或请保姆照料，从未有赡养纠纷。

袁家大户的庄稼地里很少有65岁以上的老人劳作。他们除了干些家庭辅助劳动外，大部分时间或谈天说地，或玩牌下棋，或看书读报，有时也报名组团外出旅游。

自明末海公建塆 300 余年以来，袁家大户人始终与时代同行，不断刷新塆村面貌，不断提高思想道德素质。目前 6 姓和睦相处，118 户人家相邻相亲，480 个村民团结互助。这里不仅依然显现着望族庞塆的规模，而且愈益彰显出忠孝大家之风范。

七、狗儿茨·竹林村

竹林村东、南、西三面环水，北面与嵩山乡的青安村（周家坟头，苏家细湾，吴家墩，燕矶村三组、四组）接壤，并有一条主干道从狗儿茨内湖水码头通往矶湖街（现老燕矶街）长江水码头。村西边、南边与嵩山乡的桂花村（王家老屋、何家榨铺、苏家垸子、缪家湾、陈家湾）隔湖相望。陈家湾东厴的兔儿石尾湖中筑有一道长堤与吴家竹林相连接。这是陈家湾、草陂到矶湖街的一条陆路通道。东南边与青牛山的牛尾巴，有一道狗儿茨长堤和一孔三石桥与竹林村旁的松树山连通，也是当年二柏山（现青山村）人到矶湖街的唯一通道。

1951 年土改时，"竹林村"正式定名，隶属嵩山乡。村范围包括林家湾、董家岗、吴家竹林、夏家湾、阮家咀（即现燕矶村 1、2、5 组）。狗儿茨渡口是老燕矶街通往草陂、黄山、走马、杨叶大码头的必经之地，也是黄石港、石灰窑的客、货运码头。直到中华人民共和国成立后，很长一段时间，燕矶十里八乡的百姓都是从狗儿茨坐陈驼子的木渡船去黄石港、石灰窑等地做工、办事。黄山、草坡、沙窝、杨叶的一部分农耕产品，用小木船经花马湖运到狗儿茨渡口，再由燕矶街搬运站工人用手推车运到长江边码头，装木帆船运往外地。

竹林村是一个依山傍水的小村庄。耕地面积不大，但山水资源较丰富。山上有松子、松菇，野鸡、野兔；水里有菱角、鸡头苞（芡实），有鱼、虾，有莲蓬和藕。

湖水清清绕竹材，长堤狗刺接松林。

青牛石兔同邀月，垂柳蓬杨共拥津。

渡口梢公吆客早，桥边浣女杵衣声。

鹧鸪梦醒穿荷走，浅底鱼翔戏绿萍。

这首诗是竹林村、狗儿茨渡口当年水秀山清的真实写照。

竹林村是一个小穷村。旧名称三九社，吴家竹林湾东边还建有一个三九社土地庙。土改时村内五个塆子，总人口不到二百人，只有二三户人家定为中农成分，其余都是贫雇农。多数家庭不同程度的分得了田地，新四军、志愿军老战士林幼田家不但分了田地，还分了一匹战马。

1949 年前，竹林村人多半外出谋生，有的到新阳畈打长工，当月工，有的到黄石石灰窑、汉冶萍挑石挖矿做苦力，在家的根据各自所长选择生计。竹林湾吴荒尔、吴连喜弟兄就选择贩鱼，天刚亮就挑着鱼担子，走家串户吆喝着"卖鱼啊"，赚钱度日。

林家湾大部分人靠做木工维持生计。木工项目复杂，农业上的犁、耙、水车、风扇、耖子、磙；建筑上的亭台、楼阁、古陂、列架；家具上的床、匣、桌椅、板凳，这些作为木工手艺人都得会做。林氏木工手艺相传两百年之久，全凭技艺、诚信得到雇主的信任和好评，四里八乡，包括老矶湖街各商家的木工活计，都请林家木工操作。当年木工技艺的领军人物林时全、林时财、林幼成不但包揽了燕矶本地的木工活计，而且黄石、下陆、铁山、大冶也经常有人来请林幼成去做亭台、楼阁、古陂、列架、家什、农具等工活。后来的林幼金、林幼根、林幼龙、林幼坤、林幼启等人也是木工工艺的行家里手。林幼金、林幼根、林幼龙三兄弟从 1948 年至 1951 年，先后去黄石汉冶萍大冶钢厂做木工。直到退休，林幼龙一直在大冶钢厂，厂部请他一个人办了一个木工工艺作坊。当年八级工制的时候，由于没有文化，厂部给予他七级工资，老人现九十多岁还健在。

夏家湾的道士和铜匠：道士侯仲卿，当时的人叫他侯细道士，长年在乡里为亡人做超度功德，为病人驱鬼送神赚钱养家。铜匠齐元淼挑着铜匠担走乡串户为少女少妇打制铜耳环、铜手镯、铜簪子等首饰，或修补铜盆、铜茶壶等家用器具，取点薄利贴补家用。

董家岗的油榨坊：董良友家开了一油榨铺，每年夏、秋二季给人家加工菜籽油、芝麻油、棉籽油。土改时，他家被划为富裕中农。1955 年入了农业合作社。董良友由于有一套榨油技术，被聘为食油加工作坊的师傅头。这个用牛碾籽、大烧锅蒸粉末、人工打榨的老式作坊，直到 20 世纪 70 年代，还为燕矶粮管所加工各类食油。

阮家咀人周科柏租了别人一间大草房，开了一个轧花铺子。每年七月中旬至九月中旬，给人家轧棉花。有牛的人家就用牛拉动大木车转盘，用加速的办法带动轧花机轧花；无牛的就用脚踩动轧花机下面的踏板，驱动齿轮，转动轧花机轧花，这样比牛拉转盘轧花的功效要差些。收取加工费的办法是：有钱的就付点钱；无钱的，就用棉花绒折价抵款。他再把棉绒拿回家，自己纺成棉线去换钱。

竹林村虽小且穷，但山清水秀，人杰地灵。1949 年前走出了一个林幼田，15 岁就参加新四军抗日、打蒋。1950 年又参加志愿军，抗美援朝，保家卫国。在朝鲜战场上，奋勇杀敌，多次立功授奖，并获得志愿军总部授予"人民功臣"的荣誉证书。1954 年转业回家支援家乡建设。1955 年我国开始实行义务兵役制。每个适龄青年有义务参军，保家卫国。当时老百姓都是从多灾多难中走过来，普遍存在恐战心里。在这关键时刻，林幼田在青年当中现身说法，并做家庭工作，说只有国家强大了，才不会受外敌欺负，人民才能安居乐业，用他的亲身战斗经历教育青年。在他的鼓励下，村内有好几个适龄青年报名参军。其中吴家竹林的吴大华、董家岗的董良明、夏家湾的齐利全三人政审、体检双合格，成为人民解放军。他们三人同时又成为第二代志愿军，到朝鲜驻防，替换老志愿军回国。在朝鲜的几年时间里，他们在各自的岗位上做出了骄人的业绩。

1956 年随着合作社的进程，竹林村整体加入嵩山乡的第十初级农业合作社。竹林村村名自行退出历史舞台。

八、加桨加劲·加桨径

在燕矶镇坝角村西南部的花马湖畔，有一个叫加桨径的自然村落。

这个名字的由来，首先是源于一个古老的传说。相传当年秦始皇一统天下后，先在北方修起了万里长城，接着又手握王母娘娘所赐神鞭到南方来赶山填海，想开通一条去南海的道路，寻求长生不老之药。赶山队伍一路所向披靡，势不可挡。不久他们发现长江与花马湖之间有一座山挡住了去路。秦始皇发现是座不起眼的小山，只将手中的神鞭轻轻一甩，谁知那山纹丝不动，于是又狠狠连抽两鞭，可是那山依然稳稳地立在那儿。这就是流传千年的"三鞭子赶不动的胄山"，甚是恼火的皇帝下旨掉头逆水而上。适逢汛期，船行此处，水流湍急，大船被急流冲的左右摇晃，气得秦始皇大喊大叫：加桨、加桨！使劲、使劲！慌得船工又是添桨，又是加劲，船终于顺利通过了，随后"加桨劲"的名字也在当地流传下来了。天长日久，加桨劲慢慢演变成"加桨径"。

其实，加桨径是长江的遗迹河道，其上接慈湖港，下连花马湖，随着时间的推移，现已成为花马湖的一条径流港。由于此处地势坡度较大，水流较急，船行至此确须加桨添劲方能顺利通过。

据《李氏宗谱》记载，清雍正丁未年，李氏始迁祖闻新公路过此地，见此处可以摆渡为生，就从沙窝新塆迁来定居。此后数代人以船接送过往行人为业。20世纪50年代初，加桨径及周边村民为了解决往来交通不便乘船过渡的危险，就在港面架设起一座木质小桥，但安全隐患依然存在。1954年，他们又在加桨径两岸用红石垒砌堤岸，并建起一座4米宽的加桨径闸，但因闸小，每逢夏季，遇到连日大雨，往往排水不畅，严重影响上游群众的生产生活。1970年，当时的燕矶区革委会组织人力物力在加桨径旁另辟一条放水港，因受财力限制，只在港面上架设一座小木桥，仅供行人往来。2014年，坝角村党支部在鄂城区政府的大力支持下，多方筹措资金，建起了一座长25米、宽6米、高5米的四孔钢筋混凝土桥——加桨径桥。该桥建成后，除行人过路外，还可承受20吨以下车辆安全通过。如今的加桨径桥，桥上常常车水马龙，桥下终年流水潺潺，业已成为连接燕矶和沙窝两个乡镇的交通要道。

还有一件事值得一提。1968年，在全国农业学大寨的热潮中，加桨径村民响应上级号召向湖泊进军，将湖坝改田种稻。他们在加桨径旁开挖截流港时，在大约3米深的地方发现了一批青铜兵器：铜箭头、铜叉、铜斧，还有铜灯台柱等，共计重达 49 斤。文物全部出土后，由燕矶区财政所负责移交给鄂城县博物馆，该塆获得了一面锦旗和一面铜锣，这在当时是很高的荣誉。经文物鉴定专家鉴定，这批文物确认为战国时期魏国所铸造。当时的魏国位于今天的河北、河南及山西三省一带，其兵器等流落到楚国的腹地，是战争所为？或商船倾覆？还是其他什么原因？目前尚无据可考。这批文物现珍藏于鄂州市博物馆。

现在的加桨径塆东接董家咀，南临花马湖，西望王家咀，北依团山塆，居民房屋呈块状分布，大多为两层以上楼房，掩映于房前屋后的绿荫丛中。居民均为李姓，常住人口 30 多户，130 余人。他们秉承祖宗遗训，又逐步树立社会主义新风尚，家庭团结，邻里和睦，共同生活在友善和谐的环境之中。

九、重信守诺·投巾石

在燕矶镇与沙窝乡交界处的花马湖东岸，有一条呈南北走向的低矮山冈。在山岗西侧的峭壁之下，有一个叫"投巾石"的村庄。有周、陈二姓，80 余户，300 多人。塆子东接袁家塆，南傍团山塆，西临花马湖，北依南竹林，村民房屋呈组团状，均为两层以上，房屋依冈就势，高低错落有致，屋外墙经过装饰，屋顶盖上各色瓷瓦，远远望去，整个村庄掩映在翠绿丛中，给人以宁静、祥和的感觉。就是这个"投巾石"，竟然与春秋时期的伍子胥有关。

两千多年以前，花马湖还是长江南侧的河道，江水自上游五丈港至慈湖港一线分流，经彭塘湖、加桨湖、走马湖，至花马湖电排站一线后与长江主航道合流。周景王二十三年，楚平王听信佞臣谗言，怀疑太子"外交诸侯，将入为乱"，于是迁怒于太子的老师，将太子太傅伍奢及其长子骗至郢都（今荆州城北郊）杀害，次子伍子胥则机智出逃。传说伍子胥在投奔吴国途中，路经此地渡江东去，被一个在石崖下洗衣的妇人认出。子胥嘱咐不可泄其去向，妇人一口允诺。不久，后面追兵赶来，妇人见状，明白大难将至，迟疑片刻，纵身投入江中。水面上只漂浮着一条纱巾，不久也渐渐沉没。渐行渐远的伍子胥隐隐约约看到这一幕，心中充满着感激和悲伤，暗暗发誓，有朝一日定来此地凭吊这位心地善良、信守承诺的良家女子。数年后，伍子胥率领吴国大军，一举攻破楚国都城，报了父兄之仇。班师回国途中,在当年妇人投江处,他命人将自己亲笔题写的"投巾石"三字镌刻于石壁之上,字迹至今仍依稀可辨。这个故事是否真实已无可考,但有关伍子胥的遗迹倒有不少。就在投巾石东向的浠水县戴家洲,历史上就曾叫伍洲,据传就是伍子胥渡江东去登岸的地方。

据《周氏宗谱》,清乾隆二十八年,周氏始迁祖廷富公一次访友途经此地,发现这儿山色苍翠,湖水澄碧,便认定这依山临水之处是兴家立业的宜居之地,便举家从洪二里翼尔塆迁来此处定居。后又有陈氏迁入,两姓人家和睦相处,遂以"投巾石"这个传奇名字作为塆名。

两百多年来,周氏子孙遵从"敦孝悌,重人伦"的祖训,传承"重诚信,守诺言"和勤奋互助的家风,世代虽无显赫人物耀祖光宗,却有一批又一批平凡人干出不平凡的业绩。杨叶乡原乡长周文质,长期扎根农村基层工作,数十年如一日勤勤恳恳,任劳任怨,从不向组织讲条件、提要求。无论是防洪抢险的第一线,还是抗旱保苗的重灾区,他总会出现在群众最需要的地方。退休之后,他依然听从组织的召唤,发挥着余热。为民排忧解难,勤奋工作二十余年的原村委党支部书记周克加,退休后也不忘给村两委班子出谋划策、当参谋,被中共鄂州市委授予优秀共产党员称号。改革开放以来,塆子里还涌现出一批致富不忘根本的人士。如个体工商户、优秀共产党员周克珍,民营企业老总周汉华等,他们多次慷慨解囊,资助塆村的公益事业建设。这个塆子的人们有理由相信,在传奇妇人精神的感召下,奉献社会、服务乡梓的义举定会层出不穷。

十、金刚石刀具故里·石头桥

说到鄂州市金刚石刀具行业,不能不提起燕矶镇马山村石头桥塆,因为鄂州燕矶金刚石刀具产业群起源于此,金刚石牛人张忠明就是石头桥人,也是石头桥人成就了燕矶"全国金刚石刀具第一镇"的美名。

石头桥塆毗邻鄂黄公路,交通十分便利。现有居民 85 户,374 人,近四分之三的村民从事金刚石刀具产业,年产值过亿元。

相传元末明初,战乱不断,民不聊生。张氏先祖从江西省瓦屑坝逃乱至此,发现此地青山绿水，气候宜人，非常适合居住，就在此定居下来。当时湾背靠马山，遥望磨盘山，湾前有一条小河，流向花马湖。张氏族人在此繁衍生息，人丁兴旺，其乐融融。但湾前小河河面宽近十米，人们出行办事只能依靠渡船。遇到刮风下雨，出行很不方便。明崇祯十三年，张氏圣清三兄弟出资，从马山、磨山两座石山采伐石头，共同修建一座石拱桥。历时近一年，石桥兴建成功，人们出行办事相当方便。为了缅怀张氏圣清三兄弟，人们将湾名取为石头桥。光阴如梭，当时的石拱桥已不复存在，仅存的桥墩还在上裕石材有限公司厂房边。1972年，当时鸭畈公社为了发展农业，兴修水利，在石头桥湾内修建一座石头砌成的渡槽，形似石拱桥，旁人以为石头桥湾因此而得名，以讹传讹，事实上石拱桥另有所指。

20世纪80年代初，改革开放的东风吹遍了祖国大地，也吹醒了石头桥湾人。1983年不甘寂寞的张中民辞去了鄂钢的铁饭碗，办起了大理石拼花厂。大理石拼花需要将各种石材切割。刚开始，张中明用碳化硅切割石材，这种切割工具不仅速度慢、噪音大，而且污染严重，切割的石材也不尽如人意。有人告诉张中明，在上海可以买到一种金刚石刀具，用它来切割石材效果非常好。张忠明就到上海购买金刚石刀具，因为当时鄂州没有到上海的火车，他先在鄂州乘坐轮船到南京，再从南京搭乘到上海的火车。也就在这列火车上，张忠明奇迹般地结识了上海的一位研究合成金刚石技术的教授。

当时火车从南京火车站开出不久，坐在他前排的一位年近六旬的老人大呼自己装有财物的公文包不见了。曾经当过兵的张忠明上前询问情况后，将偷包的青年抓住并找到了老人被偷的包。随后，张忠明和老人聊得非常投机。这时，他才知道老人姓王，是研究合成金刚石技术的教授。到上海后，王教授邀请张忠明到家中做客。听说张忠明专程到上海购买金刚石刀具，临别时，王教授将一本金刚石合成及运用的资料送给了他。回到鄂州的张忠明开始着手购买生产金刚石刀具的设备。1983年5月，第一批金刚石刀具生产出来了。随后他就一发而不可收，不断研发新产品。1987年，他生产的金刚石刀具获得了国家优秀新产品奖，赚了97万元。1988年，他赚了218万元。1989年则赚了300多万元。随后，从他厂子里走出的一批工人在掌握金刚石刀具的生产技术和用料配方后，开始自己开办金刚石刀具厂。石头桥、马山、嵩山，整个燕矶镇大大小小的刀具厂如雨后春笋。各种型号的锯片也从燕矶源源不断地销往大江南北、长城内外。

十一、引以为戒·童家坝

童家坝位于沙窝乡黄山村东部，东邻王家西，南靠黄山峰尖垴，西接童家径，北连新塆村蒋家塆。据《袁氏宗谱》记载，该地在宋代原为童氏家族居住，并在塆前湖汊筑有拦水坝，故名童家坝。童氏一富户后因私造铜钱遭官府抄家斩首，族众逃亡。袁氏始迁祖克三公于清乾隆四十四年从大冶流水里（今花湖镇华山村）彭家咀迁居该地，仍以"童家坝"为塆名，意在铭记历史惨痛教训，警示后人要恪守社会道德底线、法律底线，做事先做人，立行先立品。其后世子孙恪守祖训，引以为戒。

童家坝现有居民170余户，600多人。居民有袁、涂、李、温4姓，袁姓居多。房屋呈长方形分布，占地面积约60亩，背山面水，周遭拥翠。塆中建有袁氏祖堂，祖堂门楼气派庄重，一进二重飞檐流丹，雕梁画栋，占地面积400平方米，建筑面积300平方米，既是恭思祖德流芳之地，也是平日文化学习活动场所。祖堂前占地1000余平方米的文体活动广场有篮球场、乒乓球台和其他健身活动器材。入夜时分，这里的广场舞跳得热闹非常，神曲《小苹果》男女老少皆会唱能跳。塆子靠山临湖，湖边围有120亩的堰塘，堰塘里浅水处广植荷莲，荷莲中鱼鲜虾美。

十二、心诚向善·海（蟹）子地

渡口湾位于渔坝村东部，依山傍水，居民房屋呈"U"字形状分布。位于渡口湾东南向的一个居民点，因湾旁有一形似螃蟹的红石，故名蟹子地，俗称海子地。两湾相距约1500米且隔湖相望。巧合的是，两湾居民均为李氏后裔，人口各约300人，与传说中的济公或许有某种前世因缘。

相传南宋高宗绍兴年间，活佛济公云游到武昌（今鄂州）界地。某日，他来到花马湖北部一个叫"投巾石"（今渔坝村渡口湾附近）的渡口，没打招呼便登上一只渡船。驾船的艄公是一个急性子的中年汉子，右眼前些年不知何故突然失明了。艄公正要发火，仔细一看是个衣衫褴褛、手摇破扇、疯疯癫癫的和尚，顿觉好生奇怪，便问他要去哪里。济公说："贫僧居无定所，行无定踪，你送到哪里，贫僧就到哪里。"这时艄公突然想起，不久前听人说临安府灵隐寺出了一位叫道济的高僧，这和尚云游天下，据说最近来到了武昌一带。眼前这位莫非就是他？于是耐着性子依他将船向南划去。那时花马湖湖汊众多，走马村那时是一个湖中半岛。当船行至离最近的东岸还有百米之遥时，济公突然向湖中吐了一口痰，随之有一滴唾沫飞入艄公右眼中，艄公顿时觉得一股奇香润入眼中，瞎眼当即复明。艄公见痰一入湖，立马变成约 2 亩大小的团石墩立于湖中。和尚一声："贫僧下船去也！"说罢纵身一跃，脚踏团石之上，手同湖中一指，一只螃蟹从湖中浮出，和尚脚踏大蟹，手摇蒲扇向艄公挥手示意后向东岸而去，并留诗一首："出岸桃花红锦英，夹堤杨柳绿丝轻。遥看白鹭窥鱼处，冲破平湖一点青。"大蟹靠岸后变成一方蟹形红石即现在的海（蟹）子地。

　　眼睛复明后的艄公，认定眼前的和尚就是济公活佛，并且是在点化他做人要心诚向善，从此就在自家门前摆起义渡。久而久之，周边人们便叫该湾为渡口湾。如今，这里已成为建设中的湖北航空都市区的机场核心区，当地居民儿时在团石墩上放飞的梦想与希望即将变成现实。几年后，这里将起飞各种型号的飞机，飞向祖国的四面八方，飞向全球的海角天涯。

十三、祭奠忠魂·钱家岭

　　在新庙镇将军村中部的一处冈峦之上，有一个叫钱家岭的村落，整体布局呈块状，村民房屋坐北朝南，大多为二至三层楼房，湾中有水塘一口，湾前并列三口池塘，常绿树木环拥四周，鄂燕公路穿村而过。可是这个近 300 人的湾村，居民姓熊却不姓钱，这其中有何因由？

　　明朝中叶，有两户钱姓人家到岭上居住，遂名钱家岭。后因人丁不旺迁往他乡，到明朝末期已成为一片荒岭。据传，1645 年春夏之交，入主中原的清朝军队与南明政权的军队在武昌城东郊相遇，南明的王、鲁二位将军奉命率部在钱家岭一线阻击，以掩护主力部队南撤。面对数倍的敌人，王、鲁将军身先士卒，突入敌阵，全体将士同仇敌忾，奋勇搏杀，经过一天一夜的战斗，因寡不敌众，全军覆没，两位将军以身殉国。

到了康熙年间，天下太平，有熊姓人家迁到岭上定居，当年在此地发生过一场惨烈的战斗，当地仍习惯称为钱家岭。数十年后，钱家岭熊氏人丁繁盛，家业兴旺，他们认为是得到将军忠魂的庇佑，并被当年明军将士为国尽忠的英雄气概所感动。他们自发筹集款物，在将军当年殉难的地方立庙祭祀，并命名为"将军庙"。庙宇建成后，四乡百姓纷纷前往祭祀，祈求将军英灵保佑一方平安，香火自此四时不绝。在其后数百年间，因战火和洪水泛滥，将军庙几经毁损，当地百姓总会及时予以维护修缮。

20世纪20至40年代，将军庙一度成为农民运动的据点和共产党人从事地下斗争的秘密据点。据《鄂州市志》载，1927年初，国民革命军第九军第一师师长贺龙奉命率部进驻鄂城，推动了鄂城地区的工农革命运动。当地曾在庙里设立农民协会，组织农民打土豪除恶霸，配合北伐战争。1938年10月，中共鄂南县委在将军庙设立联络分站，任命熊世福为站长，以卖香纸、爆竹掩护真实身份，从事抗日活动。解放战争期间，有多名中共地下党员，在此以卖蓑衣、斗笠做掩护，从事革命宣传活动。

将军庙坐落于钱家岭塆前东南方向的垅畈之中，相传此地即当年王、鲁二位将军舍身成仁之处。现在的庙宇重修于1993年，占地面积达4000平方米，建有王、鲁将军塑像、大雄宝殿、祖师殿、斋堂、招待所等。庙旁有一眼泉水，水质清澈甘洌，四季不竭，故又名龙泉寺。庙的四周林荫掩护，莲池环绕，远远望去，景色十分宜人。在将军庙周边的不远处，还留存有与将军有关的遗迹，如当年百姓兴祭将士的天远桥，还有饮马塘、拴马桩、牧马山、跑马场等。

2000年，由市宗教团体认定，市政府宗教部门备案，有佛教高僧任庙（寺）主持，引导广大信徒从事与构建和谐社会相适应的佛教活动，教人向善，慈俭济人，睦邻和亲，奉献社会。如今，被誉为鄂州城东第一庙的将军庙，香火日盛，已成为人们祭祀、礼佛、观光、休闲的理想场所。

十四、历尽艰辛·李家岗

李家岗又名李家庄，位于五丈港口东岸一处岗峦之上。东观龙王矶头，南眺九龙群峰，西望巍巍西山，北临浩浩长江。呈长方形布局，民居为清一色楼房，普遍二至三层，外墙大多用瓷砖整体或正面装修，屋顶用红色或蓝色瓷瓦覆盖。东部门向坐北朝南，西部与缪家墩融为一体，大多为东西走向。房前屋后栽有常青树或果木树，一年四季掩映于绿荫之中。硬化道路进塆联户，路灯、公厕等公共设施相继设立，公共卫生有专人管理。塆子紧邻五丈港码头仓储、货场、沥青厂和球团厂。

五丈港南纳南湖浩渺烟波，北控万里长江巨澜。其口岸历史上曾为商品集散之地，接纳过四方无数商贾，上达川渝，至江淮，北抵襄汉，南极湘赣。

清乾隆中期，李氏二十世祖国兴公携眷自清水畈（今鄂东大道南侧新兴寺附近）迁至五丈港口东岸临江处定居。其时该处"地卑土薄，水流沙走，似不可以安居"。国兴公则"人弃我取"，"惟日率子孙辈耕耘地亩，或披星而出，或戴月而归，未尝一日而稍憩（休息）"。终于使"瘠土俱变成沃土，数十年家给足"，成为李氏宗族安身立足之地。二十一世祖永耀公承其父业，并发扬光大之。公有五子一女，人丁蕃盛，自此家道昌隆。

李家岗李氏系明尚书李长庚后裔。李长庚字孟白，号酉卿，楚北麻城人。公系明万历乙未年进士，授户部主事，历江西左右布政使，顺天（今北京）府尹话（相当于市长），副都御使，刑部、户部、工部、吏部尚书。崇祯六年，公因疏陈时弊，遭权臣温体仁等诋毁而削籍归家。于崇祯十四年去世。

明朝末年，农民起义风起云涌。清人铁骑进犯中原。身为朝廷命官的后裔，为避兵灾战乱以及改朝换代的灾难，长庚公诸子相继携眷悄悄离开故土。其次子即李家庄本祖春时公隐居于黄州城东门外乡下，终生以教书为业，当地士子多得其真传。清康熙年间，春时公孙棫芝、庵芝二公渡江南来，始居于县市乡鸡鸣阙（今鄂黄大桥桥头江堤处），后又迁至洪道乡洪一里清水畈（今茅草村新兴寺附近）落籍。

自春时祖携眷南迁，至国兴公定居于五丈港李家庄，共历六世，计百余年。列祖列宗一路颠沛流离，历尽艰辛。其艰苦创业、辛勤耕耘、律己正身、睦邻兴家的德行实绩，实为后世之楷模。

十五、中医世家·邵家里头塆

明朝初年，江西都昌县瓦屑坝人氏文信公任官湖北黄州。卸任后，乘船途经杨叶洲，停船上岸，见杨叶洲北端山丘处地形宜人可居，便落籍于此。后来繁衍分支一部迁往团山江岸。人称水边的居地为邵家开头塆，原山边的居地就相应成为邵家里头塆。

邵家里头塆人除耕田种地外，自古以来世代尚武崇医。上溯清朝时期，烈祖永泰公为当地知名武师，擅长接骨疗伤。永泰公成为邵家里头塆中医始祖。

邵传环受其父永泰公熏陶，从小练武学医。于清光绪七年创建"邵记中药店"，后改为"福寿康药局"。并在周边浠水县城、兰溪、巴河、燕矶、杨叶开设医药连锁店。根据祖传秘方研制"神火观音针"和"风湿拔毒膏"，以传承后世。邵传环作为里头塆中医第二代传人，已把邵氏中医发扬光大。

传环长子有德，弱冠之年受理燕矶"福寿康药店"。1938 年 8 月 15 日遭日寇飞机轰炸，英年早逝。其子子云继承医业。

次子有年继承拳、棒武术，擅长正骨伤科和外科。1935 年受理浠水县巴河"福寿康药店"，把脉坐诊，医药兼营。

三子有高，年轻时受理浠水县兰溪"福寿康药店"，擅长骨科、外科和妇科不孕症的诊治。孙辈邵必华现为安徽外贸中药进出口公司主管。孙媳方晴，现任安徽省省立医院中医科副主任医师。邵有行以治疗脓疮疱疖最为拿手。有德、有年、有高以及有行皆为第三代中医传人。

邵有年长子邵伯先（邵灵薰）1949 年前在黄石市下窑"大生堂"药店坐堂行医。1949 年后被聘请为源华煤矿职工医院中医师。1958 年任黄石市第三医院中医师。1964 年任黄石市精神病院中医师。

次子仲先，1955 年与其弟在黄山村开设"光荣诊所"（仲先又号光荣）。

无论白天黑夜、路途远近、严寒酷暑,凡有求出诊者,必及时赶到。针对疑难病例,探求病因,明确诊断方案,对症治疗。并能主动复诊,一俟病愈方休。仲先中医内、外、妇、儿诸科皆有涉及。运用针灸治疗各类风湿疾病。一般性跌打骨伤,常能手到病除。1980年于杨叶卫生院退休。1984年边开诊所边授业后辈,其子邵介民2018年曾在杨叶镇平石村继办诊所。

第四子邵元新,16岁随父在福寿康药店做学徒。1955年随二哥仲先在黄山村开"光荣诊所"。1956年在沙窝乡加入医联会。1958年调入黄石电厂保健站任伤科医生。1961年下放回乡,在平石卫生所、杨叶卫生院从事医业。素以祖传"神火观音针"治疗风湿病、痈疽肿毒为特长。2003年,邵元新临终前对后人遗言:"祖传医业要承守。"伯先、仲先、元新、明光(有行之子)皆为第四代中医传人。

邵元新晚辈邵月明是中医第五代传人。他不忘父训,2018年以前一直在平石村开办杨叶卫生院平石分院。他一边采用望、闻、问、切方式为病人诊断病情,继承祖传观音针为病人治疗风湿骨痛,一边给儿子传授中医医术。

中医第五代传人邵介民、邵恩明均在杨叶镇卫生院从医,皆让患者信服。邵必锋、邵华在其父邵明光传教下,现都从医。必锋在杨叶卫生院开拓放射科;邵华在杨叶卫生院内科坐诊,并在杨叶街开设"盛世民康大药房",以经营中成药为主,方便一方百姓。

邵月明之子已是中医第六代传人。邵先祥毕业于石家庄地区医士学校,深造于黄石市理工学院,攻读临床医学。他随父从医后,一边管理中西药房,一边采用静脉注射与口服中成药相结合疗法,为病人治病医伤。

近山者仁。曾依山而居的邵家里头垴人自邵仲泰烈祖以下已有六代传承中医。医德医风不断发扬光大,深得杨叶洲及周边一带人民的好评。

近水者智。邵家里头垴人不仅思想与时俱进,而且中医后辈不断学习进取,医术与科技发展同步。采用中西医结合疗法为病人治病,效果显著,患者信服。

如今邵家里头垴有190户,810人,为建设花湖机场而拆屋让地,全垴整体移迁江州新城安居乐业。作为平石村不可分割的一部分,平石卫生分院也随迁还建房,继续为人民健康保驾护航。

十六、柳暗花明·赵家洲

清乾隆初年，大冶县黄石港处邵老头有一女与武昌县洪三里花马湖东岸孟家洲孟毓安之子订婚，孟、邵成亲家，交往甚密，邵氏遂迁来定居。两年后，邵氏女嫁前不幸早夭。邵老头征得亲家公同意，借土安葬亡女于孟家洲。碑上刻"邵家坟山一段，坐北朝南"。

有一年大水淹洲，孟家洲成为水中小岛。邵老头欲往高处移迁女儿坟茔，孟氏家族不允，致使孟、邵反目成仇。

邵老头请人拟好状词，首先将毓安父子告上武昌（今鄂州）县衙。以碑刻"邵家坟山一段"为据，告孟氏霸占邵家坟山。武昌县衙派差查访，也曾有人证实孟氏先到，插草为标，生活繁衍历经数代，葬有多处祖坟。武昌县拖延未决，搁置此案。

邵氏继续力告，并在县官到来之前，暗地移换了孟氏远祖字迹模糊的红石墓碑。县官来后，孟、邵各执一词，都声称是该洲主人。县官要孟、邵当事人到坟山辨认祖坟。孟、邵当事人都进行了实地指认。县官开棺检验尸体头发，以断定性别。结果孟氏答案大部分为错，而邵氏答案大部分为对。邵氏胜诉。

孟氏不服，向黄州府上诉。在府官到来之前，邵老头每天到黄岭嘴放牛坪给远近来此放牛的娃子们分发锅烙烧饼，并对他们作了反复的吩咐。

后来，府官乘船从花马湖南下，到孟家洲黄岭嘴上岸。孟家父子以白布铺路迎官。府官上岸后，放牛娃都说："到邵家洲看打官司啰……""到邵家洲看打官司啰……"府官以童言为证，维持武昌县原判。孟氏再次败诉，家族离窠弃巢，迁往附近金家嘴、鄂城孟家大垅、山东等地落籍。孟家洲遂改名为邵家洲。

过了若干年，邵氏后裔又从邵家洲迁至大冶县铁山落籍。后因"邵"与"赵"读音相近，人们遂说成"赵家洲"。后人慨叹：反目成仇为一坟，离窠篡巢因一名。因坟茔和埯名对簿公堂而两败俱伤，这是腐朽的封建制度造成的悲剧，实质上并没有赢家。

再后来，有陈、江、熊、万等九个姓氏陆续迁入赵家洲定居。在腐朽的封建制度下，且无力避免天灾人祸，赵家洲人生活困苦不堪。有首民谣一直流传到 20 世纪五六十年代：过去赵家洲，十种九不收；天晴摇水车（木制取水农具），下雨捞水狗（被水淹没后的半成熟稻禾，用草绳捆成把，像沉重的落水狗）；有女宁愿丢，莫嫁赵家洲。

"山重水复疑无路，柳暗花明又一村。"1949 年，中华人民共和国成立后，国家在花马湖建起电排站，后更有三峡大坝控制水位，花马湖的水位得到了有效控制。老百姓又编唱出一首新民谣：如今赵家洲，年年打干洲；稻棉鱼藕菜，季季都丰收；养女争缘分，喜嫁赵家洲。

在当今深得人心的土地制度和科学的户籍管理下，杨叶村西约 600 米处的赵家洲发展到 9 个姓氏，113 户人家，472 人。大家和睦相处，互相帮助，共同富裕，相敬如宾。赵家洲的名称依然如故，而面貌全新。楼房群立，电网遍布，水泥路穿塆接户通车辆，送水渠过村绕畈灌田地。塆村风景优美，规模壮观。

不忘乡愁，人们更加珍惜呵护和谐、幸福的安居氛围，更加团结一心，携手向前，奋发图强，互利共赢。

十七、兄弟同心·汪家旗杆

在新庙镇文塘村，有一个叫汪家旗杆的村塆。说起这个塆名，人们不免感到好奇。其实它的来历真的带有些传奇色彩。

清康熙年间，汪文大屋（含属水月村）有叫汪宗启、汪宗友的同胞兄弟。一天，兄弟俩进城办事，返回路过文塘集镇时已近正午，二人便进入路旁的一个小酒家，刚一坐定，便听到不远处围坐一起的几个人正谈论风水地脉的事。大家说的是镇东不远处的罗家墩，那么好的地方，当初罗家一个大家族，渐渐人丁不旺，剩下的几家马上就要迁往他处。这时一个长者模样的说："大家有所不知，那是一个鲇鱼地，鱼喜吃螺蛳，故对罗姓来说是大不吉利之地。""那有没有其他姓氏的可以去住呢？"坐在长者对面的中年人问道。"有。"长者顿了顿，接着说道，"大家知道，鱼是离不开水的，凡是带水的，都适合。但最好的应当是汪姓，汪者，水中之王也。如有汪姓到此定居，定可人丁兴旺。"这真是言者无心，听者有意，一心想着外迁正无处落籍安身的汪氏兄弟匆匆吃完饭便赶回家中，将听到的信息告诉家人。随后再托人查访罗家墩的情况，证实确有此事。

罗家墩在汪文大屋的正北方向，两者相距约3千米。不多久，兄弟俩选了一个吉日，携眷迁到罗家墩，重新开基创业，一切都非常顺畅。次年春，兄在屋前，弟在屋后，并排各植了一棵香椿树。说来也奇，兴许真是块风水宝地，抑或是连年风调雨顺，两棵椿树一直疯长，垂直而上，不到五年，树高近五丈，树身红润无痕，树枝对称伸出，远远望去，如同两根高高的旗杆耸立在垮子上空。看到这蒸蒸日上的景象，兄弟俩笑在眉梢，喜在心头。

真是无巧不成书。就在这期间，大冶及江北的浠水、蕲春一带，一些农户的水缸里隐约出现两根旗杆的影子，一时间村头巷尾议论纷纷，奇闻迅速传遍鄂东地区。后来，浠水一个到武昌（今鄂州）东门城外做生意的人，大老远地看见汪家的两棵椿树，就像他们家水缸里的旗杆影子，于是又一传十，十传百，说浠水等地水缸里的旗杆影子，就是汪家的两棵椿树，从此以后，汪家旗杆便叫成了垮名。

汪家旗杆位于文塘村中部平畈之上。400年来，汪氏家族秉持兄弟同心的传统，团结共处，家族兴旺，代有才人。人丁由当初的兄弟两家发展到如今的1200余口。中华人民共和国成立以来，先后涌现出一批杰出人才，如中科院武汉分院的汪百昌，北大教授注东金，鄂州教育界的汪浩然，国家机关的汪厚椿、汪厚良，实业成功人士汪艳华等。村垮重教明理、读书报国形成风气，近40年来，以汪宝元为代表的莘莘学子，累计有50余人进入高等院校，学成后在各行各业报效国家。

汪家旗杆垮中的两棵椿树早已不复存在，但汪家旗杆垮人心中依然有两根旗杆，那上面悬挂的是中国共产党党旗和中华人民共和国国旗。他们期盼在鲜艳红旗的鼓舞下，与共和国一道，更加兴旺、富裕、发达。

本部分文章或章节引用了《鄂州地名志》《鄂州区地名志》相关章节。

第二节　美丽村庄

一、花马湖畔·严家湾

渔坝严家湾数临空区沙窝乡最大的一个严姓自然村，全湾有一百多户人家，750 多人。位于渔坝村中北部，南距村委会驻地约 800 米，水系与花马湖相通，通村级公路。有耕地面积 26.7 公顷，水面积 10 公顷，山林面积 4.7 公顷。明嘉靖年间，严家湾始迁祖春和、协和二公从严家道迁此建庄，故名。1950 年属四季乡，1956 年属先锋合作社，1958 年属渔坝生产大队，1984 年属渔坝村至今。居民房屋呈散状分布，占地面积 2.8 公顷。以种植业、养殖业为主，工副业为辅。种植水稻、棉花、油菜，养殖鱼。湾内有严氏宗祠，另外建有篮球场。

全湾有大专生 38 人，博士 1 人，教授、副教授各 1 人，研究生 10 人，教师 5 人，高级工程师 2 人，工程师 8 人。各类手艺人 160 多人。中共党员 12 人。

旧时，这里属洪道乡洪三里草陂畈。坐落在风光秀丽的花马湖畔，北及长江，纳江海万物之灵；东往黄石，水陆皆通。当你乘船而下，逾下湖面逾宽广，可领略江南水乡风情。南处幕阜之丘，由远及近，重峦叠嶂，有衔远山之美；西连吴楚，有地接龙脉之气。这里水源丰富，土地肥沃，盛产鱼米，四季宜人居住。

严家湾祖祖辈辈，勤劳淳朴，智慧充盈，数代人曾以捕鱼撒网为业辅助营生，严家湾祖上传承下来的捕鱼撒网绝活儿是名震一方。百年米粉更是严家湾一绝，严家湾的米粉红极数代，远近闻名。只要谈起草陂畈严家湾的米粉，周边七里八乡定会赞不绝口！为了传承严家湾百年米粉的金字招牌，大伙儿计议，将重操旧业，重振"严氏米粉百年老字号"。

严家湾祖上素有舞狮、习武、喜乐传统之好，曾有过辉煌。严家湾先辈们武艺高强、武德高尚，个个胆识过人，身怀绝技，武艺超群，以武扬其族威。为传承武术，外出教场授武，名传乡里，有口皆碑。时至今日，年长者与小伙子们谈起那舞狮的热闹场景，个个精神焕发，鼓励后生们要重振舞狮雄风！

承祖业，继宏愿，秉习俗，传家风，颂先贤，谱新篇。先贤明达、文官、武将、忠烈、英才，文韬武略，层出不穷，代代出奇人奇才，为湾里增光添彩，严家湾之精神、之风范，源远流长。

明县令、文林郎严杰，秉公为民，翰墨谱春秋，武昌县志多处记有功名。正气存千古，丹青照后人。明候选知州严希皋，秉承父辈教诲，才华溢众，受百姓拥戴，受朝廷赏识，提任候选知州，功成名就。太平军武将严大位，机智过人，为推翻清朝统治，能攻善战，屡立战功，有统兵之天赋，授予太平军千总，英勇流芳。清道光忠烈武将严景渊，任管带先锋，钦赐花翎，湖广督标，连提重用，围攻陕甘土匪英勇阵亡，朝廷准入怀忠祠，一代忠烈。同治候补官，忠烈武将景渊之子严开智，秉承父业，勤政为民，有口皆碑，钦赐蓝翎，拔补外委，奏议世袭，任候补官，功德名扬。

清道光贤才族党严景秀，上庠生，胸怀六艺，史考经穷，阅课精详，地理精通，身居族党，续序谱牒，乡里名扬。弘教讲学先贤严开恭为人师表，两度值修，督修谱牒，胸怀远大，创办草陂畈第一所教馆，传承教育，甘付桑梓，后事之师。一代武术大师严开忠，为人忠义、豪侠，胆识过人，气功绝活名传乡里，无人及之，不畏强势，勇战邪恶，弘扬正气。严开美，为人师表，行善积德、高风亮节，精通八卦易经，通民间医术，有求必应，淡泊名利。行武行医传承之师严福庆，行医授武，弘扬医德，济世乡民，德优双馨，乡邻有口皆碑。弘法大师严福银，法号贞法，从军行武，弘扬佛法，修寺、建庙，普度众生，功德无量。木匠"博士"严开智，智慧超众，擅打造各种农具、水车，手艺惊人，名传乡里。细木名师严福洪，擅制各类家用细木，手工精细，样式精美，用过赞之不绝。知名铁匠严福堂，擅制各类铁器、劳动生活用具、鸟枪鸟铳、武术器械，样式精美，经久耐用，技艺超群，名传方圆数十里。开明艰苦创业楷模严泽民，思路开阔，广纳贤才，勤劳节俭，带领乡民脱贫致富，甘付桑梓，德行乡里。历代先贤明达，文人学者，能工巧匠，全湾比比皆是，数不胜数。

全湾齐心协力，协拍鄂州三国孙权武昌建都故事的电影，严泽宏任《武昌情殇》电影制片人，是鄂州拍电影第一人，填补鄂州拍电影的空白，2012 年和 2013 年分别举行上万人的隆重开机仪式和首映式，获国家广电总局颁发国内、国际发行的许可证，为地方文化建设作出了贡献，得到市领导和广大市民的高度赞扬。

严家湾人精诚团结，不忘初心，牢记祖训，树立良好的家风。随着时代的变迁，与时俱进，实现小康，走在社会发展的前列，为乡村振兴，再谱新篇章。

田园风情被现代气息所替代，不论怎样，再回想起那岁月，情怀依旧。然而环境和生态的变化，令人感慨万千。只有经历过那个时代的人，才能真正领略到往事如烟的情趣，才能真正感受到大自然与人的和谐之美。

追逐时光，流连忘返，不由得总是陶醉在流逝的岁月，严家湾昔日的田园风光，绝非梦中看花，那水天一色、四季如歌的美丽画卷，给我们留下了许多不同的遐想。

汀祖村

二、鱼米之乡·古塘村

古塘村位于杨叶镇北部，东临长江，南接平石村，西与燕矶镇坝角村隔湖相望，北与燕矶镇车湖村相邻。有耕地面积 148.6 公顷，辖 19 个居民点，共计1238 户人家，居民 4550 人。以种植业为主，出产水稻、棉花、油菜、蔬菜等。

相传很久以前，在丘陵山冈下有一口小水塘，塘边住着一位曹姓老人。老人九十尚健，人们尊称他为古塘。古塘驾鹤西归后，人们把他屋后的山冈叫作古塘岭。后来，古塘岭周围的地方也被称为古塘。

中华人民共和国成立以来，就有了古塘乡、古塘大队直至现在的古塘村。20 世纪 60 至 70 年代，古塘人民手挖肩挑开通了西流港。西流港源起潘家桥放鹅池，港水南流方家湖，湖南岸建有排涝泵站。洪流或排涝经邓家嘴、周熊塆、李家嘴西流万家嘴，汇入花马湖。万家嘴建有抽水泵站，天旱时，抽水回灌方家湖。方家湖北岸建有二级泵站，可抽水回流西流港东北段，回流放鹅池。西流港连通方家湖，由东北向西南贯穿古塘村全境，全境大部分面积旱涝保收。

古塘村自古以来鱼好米足。古塘村多重岗地间不仅有大量垄田，茅镰嘴西部花马湖子湖还有人称福秧林的大片湖田。方家湖、放鹅池，还有众多塘堰盛产淡水鱼类、莲藕。

古塘大队于 1975 年从燕矶人民公社划属杨叶人民公社。改革开放后，古塘村涌现出许多厂企创业者。最著名的有茅镰嘴人曹祥胜 1988 年创办的长江容器厂。1996 年取得 D2 级压力容器制造资格；2002 年又通过了 S0900 质量管理体系认证。主要产品有储罐、大型钢结构件、桥梁管件、成套粮油设备等。2018 至 2020 年间，为了建设花湖机场，长江容器厂整体拆迁至花湖镇重建。

古塘人民脚踏鱼米之乡，手抓企业经济，生活越来越甜蜜，农村面貌日新月异。2018 年为建设鄂州花湖机场，古塘村人民积极签约拆迁，目睹美好家园被一一拆平，毅然挥泪离开了这片深情的故土。

如今，当人们目睹一架架满载客货的飞机从家乡腾空而起时，会自然想起那些带头拆迁的党员干部和那些积极响应让地动员的古塘村村民。而今已安居还建房的古塘村民也永远忘不了在拆迁期间安然离世的老弱病残。一年一度的清明节期间，人们驱车到公墓，向易地安息的祖先烧高香下跪，久久难忘他们为后代谋福利，为祖国图强盛的奉献精神。

三、江南水乡·诗意上熊

在鄂州市第一高峰四峰山脚下有一个美丽的小村落——大水塘新湾，又名上熊湾。

这是一个新建的小村落。中华人民共和国成立初，人口有 70 人。现有居民 34 户，165 人，为熊氏后裔。村民原来居住在四峰山山坳深处。据熊姓族谱记载，元末明初，其氏祖秉三为躲避战乱，从江西南昌铁板桥迁至大冶流水里栗山山脉丛家垴山下，起名熊家垱（现地名华伍陈家湾），尔后又迁至熊家山下居住，村名为熊马庄，又称笔峰庄。

康熙年间，其九世孙由熊马庄搬迁至四峰山山腰择地居住，后人分别起名为上熊庄和下熊庄。据当地村民讲，当年他们先祖搬到山上居住时，每逢大雨，出门抬头可见山涧有瀑布飞流而下，流至村口，积水成塘，故又名为大水塘湾。

这里民风淳朴，尤其遵从孝道。其祖祠"雨钱堂"至今仍流传着一个感人的故事。

相传，熊姓始祖熊衮，字锡尔，号江洲，生性孝顺。不但精通韬略，而且勇武过人，远近闻名。569 年，南北朝陈宣帝太建元年，熊衮被举荐授御史大夫。上任时，他依照父亲的意愿偕父亲与家眷一同进京城任职。他奉公守法，廉政爱民。经常以家资接济民众，以致父亲亡故时无钱安葬。熊衮悲痛万分，每日茶饭不思，昼夜守在父亲灵堂前不停地哭泣。民众知道后，便趁一个雨夜，纷纷将银两扔到熊衮院中。熊衮葬父后将剩下的银两上交，隐居乡间。唐武德初年，高祖闻其忠厚贤良，旌封其为"忠孝雨钱公"。后来，熊氏后裔以"忠孝雨钱"为荣，世代相传。在熊氏宗族中，无论建祠或修谱，都在醒目位置冠名"雨钱第"或"雨钱堂"。

多年来，上熊湾村民在山上居住，主要靠卖柴度日。2007 年春天，政府考虑到山里交通不便，群众生产生活和小孩上学都十分困难，特为他们重新规划选址，并出资动员帮助村民全部从山上搬迁到四峰山脚下安家，将原来的湾名改为大水塘新湾。

转眼十几年过去了，这个曾经贫困落后无人问津的小村庄，已脱胎换骨变成了四峰山脚下景色最迷人的村落。

春天，这里万物苏醒，五彩缤纷。近处，粉红的桃花、雪白的梨花、火红的海棠花，一树树、一簇簇、一朵朵，竞相开放。远处，田野里金黄的油菜花，耀眼夺目。整个村庄，像一片花海，到处都弥漫着沁人心脾的幽香。

夏天，这里林木森森，郁郁葱葱。池塘里，荷叶田田，莲花亭亭玉立，鱼儿在水中追逐嬉戏。果园里，藤蔓铺天盖地，瓜果飘香，让人垂涎三尺。菜园里，各种有机蔬菜，品种繁多，伸手可摘。

秋天，这里秋高气爽，白云悠悠。山上层林尽染，五彩斑斓。田间稻穗弯弯，灿若织锦。家家门口橘黄橙红，柿子挂满枝头。

冬天，这里白雪皑皑，银装素裹。村庄宁静祥和，炊烟袅袅。户户腊鱼腊肉满梁，日子红红火火。

白天，文化礼堂和老年人互助照料中心非常热闹，村民可在图书室、娱乐室、群众议事厅自由活动。他们或看书，或听曲，或下棋，或话邻里，或商议事项，有什么需要可以随时找新时代文明实践点的志愿者们帮助解决。

夜晚，共享广场，灯火通明，热闹非凡，笑声不断。劳作一天的人们，有的在这里开着音乐跳广场舞，有的在这里打篮球，有的在这里的休闲亭子中天南地北地聊天，有的在这里的林荫道上散步。天真的孩童们最可爱，他们有的在这里三五成群追逐游戏，有的在秋千架下荡秋千，还有的随着音乐跟在大人后面，摇头晃脑扭起了小胳膊腿儿，逗得大家哈哈大笑。

原来，这些年在政府的正确引导下，上熊湾依托四峰山大力发展旅游产业，开发"平台经济"，为农户"搭台"，鼓励群众共同参与乡村治理和生产经营，在土地流转大面积精细化种植的同时，开辟有农家乐、民俗体验、休闲小吃、特产售卖、游乐小摊、农家民宿、农耕体验、水乡钓虾等多种旅游项目。

如今，群众在家门口就能找到工作，增加收入，实现经济自由。不仅如此，为促进美丽乡村建设，有的村民自愿将闲置的空房腾出来，建"红色村史馆"、游客驿站，有的村民拿出家中闲置的磨盘、瓦罐等老物件，装饰在景观塘周围。在一塘碧水和仿古栏杆的映衬下，村庄变得更加古色古香。

今天的上熊古村，既像一幅油墨润染的江南山水画，又像一首空灵飘逸的美丽小诗。

不信，你瞧瞧：在蓝天白云下，在青山绿水间，一幢幢高楼，连墙接栋，层台楼榭。一座座庭院，绿树成荫，鸟语花香，姹紫嫣红。一弯弯清泉，叮叮咚咚，从山上奔流而下，汇聚进村口的池塘。一条条通向外面画着斑马线的柏油路，像一根根七色的彩带，将这个寂静美丽的村庄与幸福连接。

四、德泽古今·刘家渡

刘家渡位于杨叶镇东南部，距镇政府驻地 3 千米。居户 120 家，居民 420 人。耕地面积 14.7 公顷。境临长江，路通鄂黄公路。

长江流经杨叶洲下段地域时，分三股夹着新淤洲、毕家坝，该地段被称为"三峡"。三峡上游口与下游口相距约 500 米。明朝末年，刘氏始迁祖国贞公从浠水散花洲钱家铺迁入杨叶落籍，定居于三峡下游口的地方，以摆渡为生。数年后，渡口贸易繁荣。刘家渡因此而得名。

刘氏始迁祖迁入杨叶至今相传 13 代，历时约 350 年。清代至 20 世纪初，刘家渡是长江南岸的重要码头港口，上接武汉，下连九江。为了经营好渡口，刘家渡先祖们不断对码头加以开发。在码头上开辟专业性、节令性等不同类型的集贸市场，把杨叶当时盛产的农副产品，如甘蔗、靛等，运往外地所需要的地方，又把有关生活必需品从外地运回来，以满足人们生活之需要。还利用当时垸中直达江边的"当门路"摆摊设店，如粮行、花行、树行、窑货行、靛行、杂货行、酒坊、茶坊、旅馆等。早市夜市，通宵达旦。临空经济区民俗文化博物馆还珍藏有清代"三浃茶社"匾牌，收藏家严基树先生也藏有刘家渡民国 18 年粮行、牙帖执照和民国 27 年杂货牙帖执照。经开发，"当门路"渡口处，人来船往，络绎不绝。民谣"船到三峡口，顺风三天不想走"，可以看出当时刘家渡口何等繁荣。

为了兴家立业，建设美好家园，刘家渡的祖先们在码头渡口的经营运作中把握机遇、顺势而为、自强不息、艰苦奋斗的精神品质，对刘家渡良好塆风的形成、后世优秀人格的培养起到了十分重要的作用。

刘家渡地势平坦，土壤肥沃，适合小麦、油菜、棉花等农作物的种植。在人民公社集体生产的年代，刘家渡人秉承先祖遗德，把个人利益与集体利益、家庭兴旺与集体发展联系在一起，做好集体的主人。每天认真自觉、保质保量地完成生产队安排的农事；常年没有休息，农忙季节义务加班一至两小时而任劳任怨。正确的思想观念、积极肯干的劳动态度和热情顺应了那个时代的潮流，成了集体生产的典范。多年来都是县、区、公社三级各届主要领导长期蹲点的示范生产队；每年上交优质皮棉 20000 余斤，油脂 3000 余斤；年终工分分配，每个劳动日的报酬均列杨叶公社之首，1971 年达 1.28 元，创造鄂城县工分分配最高纪录；生产小队每年提留周转资金不少于 10000 元；营养钵化的棉花科学种植经常受到全县表扬。

改革开放后，刘家渡的耕地全部改为蔬菜种植，"一亩园十亩田"。土地到户后，刘家渡的青壮年劳力几乎都在家种植蔬菜。年过六旬的刘善贵说："国家把土地下放到各家各户，就是叫农民利用土地致富，我们不能辜负党和政府的希望。"种菜辛苦。种完一茬又一茬，春夏秋冬四季轮回不得空闲。种菜又卖菜，白天弄菜、择菜，五更天进入菜市场批发出售，日夜不眠。几十年来刘家渡人就这样年复一年，日复一日，不畏严寒，不避酷暑，努力追求土地最高经济价值，获得了较为丰厚的回报。20 世纪 90 年代，家家都建起小洋楼，户户都有存款。

刘家渡的学子读书认真刻苦。恢复高考以来，获本科以上学历的有 28 人。

如今刘家渡生机旺盛。几百亩菜地四季披绿，一幢幢小洋楼风格各异、色彩斑斓，呈条形分布，塆中大大小小的竹林掩映于房前屋后。塆南宽阔的文体广场、文化活动中心，塆中生态新式公共厕所、小型商店及口袋公园等设施为村民们生产、生活、娱乐休闲提供了便利。

中华人民共和国成立后，刘家渡的隶属曾几经更替，但植根于刘家渡的祖先美德却世代相传，亘古不变。

五、人才辈出·严家畈

严家畈坐落在燕矶镇北部，长江南岸边的龙王矶与燕子矶之间，北临长江黄金水道，南达花马湖畔一马平川田园，东有龟山耸峙，西有蛇山逶迤，故有"居依天鹅地，门纳花马湖"之说。自明、清以来，附近形成集市，商贾云集，市面繁荣热闹，将青山秀水渲染得更加钟灵毓秀，物阜人杰。

据《严氏之光》记载，严姓原姓庄，东汉名贤庄光，字子陵，与东汉光武帝是同窗学友，为避帝讳故改严姓，世居浙江余姚。二十五世祖均翰公官至渔阳牧，后升廷尉，就任江西定居分宜县繁衍生息。元代初，严氏六十六世祖壬五公兄弟七人为避水灾，由江西袁州府分宜县南乡迁至湖广武昌县（鄂州）洪道乡小石堡卜居。明天顺年间，七十一世祖荣三公复迁此地落籍定居，故称严家畈。繁衍生息已有 560 余年，其后裔有 3000 余人。

严家畈人历来遵从祖训"黜异端以崇正学，讲法律以敬愚顽"，所以民风淳朴、敬祖重孝、和睦仁善，勤于耕读，戒律严明形成家风，有口皆碑。谱载："凡男丁到了读书年龄，如果不进学堂者，不允进祖堂参祭祀吃祖饭。"因此，严姓家族数百年来以书香传承为己任，也走出了不少文人学士。明弘治年间的严秉端，字荣三，大明进士，御封文林郎。《武昌县志》载录，公学识渊博，智慧过人，高风亮节，拒入仕途，回家以耕种孝父、传道授业为乐。明大学士严嵩十分感佩，铭文赞曰："士不屑意兮，耻溷于流；佚穷自晦兮，惟志之求，孝亲悌友兮，终以好修；谭石沦涟兮，我所钓游；约取寡得兮，人谁我尤。"中华人民共和国成立后，从严家畈严姓家族走出的读书人才更多。据 2013 年统计，大学本科以上学子 140 多人，其中，硕士 23 人、博士 10 人、教授 11 人、副教授级 24 人、博导 2 人；副县、正县级干部 19 人，副厅级 1 人，军级文职少将 1 人。严培利，硕士生，现任湖北省文化厅副厅长。博士生导师严基松在中国军事科学院上海分院任党委书记，文职少将军衔，在军事科学研究上颇有建树。严家畈被当地人美誉为"博士村""教授湾"。

文化教育积淀了严姓家族深厚的传统文化底蕴。村塆边始建于北魏年间的嵩山寺，明万历年间毁于战火。明天启元年，由族中学士七十七世祖均安公率其在巡抚院当官的长子严子玉带头捐资重建。在严氏高大古朴的三幢宗祠里，盘放着一条101节的龙灯。据传严氏均笼公梦见一条龙潜入湾前的黄湖，认为是天降吉祥，遂在湾边修龙王庙，并于明天启二年首创"嵩山百节龙"，形成绵延400余年舞龙灯的习俗。

昔日严家畈那古朴的徽式建筑房屋，已淹没在快速发展的历史长河，耸立起的是一排排鳞次栉比的漂亮居民楼，掩映在绿树环绕、波光明净的池塘之间，一条柏油马路依湾而过，将古老的严家畈连通到繁华的大都市。

六、异姓同宗·胡缪嘴

清朝时期，胡姓祖先从浠水县马垅迁入平石矶暂居，胡祖夫妇生有一子。由于生活贫困，胡某生病无钱医治而去世，留下孤儿寡母艰难生活。清道光五年，燕矶龙山缪家塆志信公因穷困潦倒，逃荒到平石矶附近，与胡氏母子组合成家。后迁移到花马湖边人烟稀少的突出地安家生活，又喜添缪氏男丁两口。男怕五口，女怕五生，生活负担更重。胡氏子八九岁时，因患天花病，无钱医治，不幸夭折。母亲长年忧思悲叹。志信公与妻商量，将缪姓长子立为胡姓，以续香火；幼子仍为缪姓，两全其美。缪妻才从阴影中走出，夫妻二人齐心种田持家，将二子抚养成人，建家立业。从此，胡、缪二姓繁衍分支，人丁渐旺。人称住地为胡缪嘴。

2018年前，胡缪嘴位于平石村西部，西濒花马湖，北临乌鱼塘，南望黑山，东面远接刘家塆，距村委会约2000米。胡、缪与后来诸姓发展至今，已有90户，430人。其中胡、缪人丁发展平衡，数量不相上下。共同种植7.89公顷田地，主产稻谷，兼种棉、麻等。塆内遍布红石山体，故有一些开山石匠，出产红石。

中华人民共和国成立后，胡缪嘴人在缪安会、胡发明、胡良元、钟鹏程等党员干部的带领下，稳步走过集体道路，迎来 80 年代的改革开放。胡缪嘴人八仙过海，各显神通，从挫折走向成功，由成功再飞跃。

缪毛先凭借精良的机电技术，在杨叶街经营机电修理店，吸引着众多用户。后又在垮中开辟养鸡场，从业一直红火。不几年，又响应清洁美化乡村的号召，停止养鸡，外出广东任某企业机电技术员。胡泽华曾开大货车，遭车祸挫折。现改行在武汉做服装批发，在武汉购置房产。胡少平从事建筑行业，在鄂州设有建筑公司，建筑业务持久兴盛。缪中益在武汉经营水产批发，同样有车有房。缪贻新在杨叶街开办"小缪家电"店。他夫妻二人诚信经商，搞好售后服务。太阳能、冰箱、空调、灶具的安装与修理随叫随到，有求必应，及时排除故障。用户满意放心，生意红火。

胡缪嘴人耕读并举，全面展开，也有很多苦学成才的年轻人。如缪细杨曾就读于南京航空航天大学并取得硕士学位，现就业于中国（南京）航空航天研究所。

胡缪嘴房屋分散成长龙阵势，东西远约一里有余。雨雪天道路泥泞难走。自古以来，胡缪嘴人买菜购物，出行甚为不便。2012 年，组长钟鹏程带领全体组民修筑通垮水泥公路。全组人均集资 200 元，贤达人士胡少平带头捐资 5000 元，紧接着有 30 多人踊跃捐款，几千几百数目不等，同时也得到了国家的拨款扶助。在开辟路基时，缪胜卿、缪中水等许多组民主动拆除门口的出场石岸，挖掉风景树木，让出菜园耕地等。经过一个多月的努力，一条全长 1750 米的水泥新路，从湖边通达鄂黄二级公路，为胡缪嘴创造了便捷安全的交通条件。

时隔 4 年之后，胡缪嘴人迎来了花湖机场征地拆迁的消息。2016 年，老党员胡发明因患肺癌，而做了切除手术。他不顾病情恶化，一边化疗，一边走家入户做拆迁动员工作。在生命垂危时，他咬牙让女儿去请征迁队拆自家的房子。拆屋后，胡发明因病危不便租房居住，因而蜗居在一间柴火房内。半个月后，胡发明不幸离世。他用实际行动践行了他在党旗下的庄严宣誓。在胡发明等党员干部的带动下，胡缪嘴人纷纷让出了这片经过辛苦奋斗而建成的美好家园，整体拆迁，租房暂居。2022 年全部住进江州新城还建房，开始了胡、缪等姓氏的新生活。

一百多年来，胡、缪两姓同叙家谱，同耕田地，同谋发展，同心奋斗，同献家园，同迁异地，延续着两个互不联姻却亲胜一家的兄弟大家族。

七、负重前行·吴家嘴

清康熙年间，吴氏始迁祖方宗公迫于生计，从浠水县马踏石迁至武昌邑洪道乡三里的方家湖东南角岸上，建房定居。人称住地为吴家嘴。

吴家嘴 2018 年前为杨叶镇古塘村四组，距村委会驻地 600 米。51 户居民共230 人。耕地面积 10.58 公顷。以农业为主，种植水稻、棉花、蔬菜等；兼营副业，养殖鸡、猪、鱼虾等。

吴家嘴耕地平坦，港流通湖，水源充足，排灌方便，粮棉保收，不缺衣食。村级公路南北穿塆而过，南通鄂燕黄公路，交通便捷。20 世纪 80 年代改革开放后，组民种田之余发展副业，各显神通。养蜂，卖豆腐，修鞋配匙，开店经商，外出务工等等，组民生活蒸蒸日上。2007 年，妇女李少珍接任组长。她带领组民支援前方，开拓经济前途；搞好组内日常工作，打好农副业生活基础。她把塆里管理得井井有条，家家关系和睦，人人密切相处。塆中男女无不拍手称赞，说她是古塘村的女能人。然而人们万万没有料到，这样的好带头人却在 2014 年患上了肺癌绝症。2016 年建设机场的消息传来，吴家嘴正在拆迁区内。李少珍很兴奋，她告诉丈夫邵新民，自己能出点力，做成拆迁这件大事，这辈子死也无憾了。紧接着，入户宣传、房屋评估、鼓励签约，事情越来越多。在外打工的丈夫邵新民迅即回乡，一边照顾老伴，一边协助老伴进行工作。于是在征迁工作专班中，增加了这对老夫妻的身影。

看着夫妻俩一砖一瓦建起的三栋房屋，当邵新民表示舍不得拆除时，少珍说："我们自己不带头，怎么好意思做别人的工作？"当邵新民带头签约后，准备外出租房时，老伴李少珍溘然长逝，年龄定格在 58 岁。匆匆一生，十年组长。生逢"大跃进"，死为大腾飞。此生无憾事，九泉也心甘。

料理完老伴的后事，古塘村的拆迁工作还在进行中。邵新民一边交出房屋钥匙，一边说："少珍答应的事，我不能反悔。"当老伴和房子的事处理好后，塆里乡亲共同请邵新民接任组长。邵新民触景伤情，表示拒绝。长辈们说："拆迁是少珍最在意的事，你真不想替她完成？"一语触动了邵新民的心，他红着眼圈，沿着老伴走过的足迹继续工作。

精诚所至，金石为开。吴家嘴（四组）签约、拆房、迁坟的进度都排名古塘村第一。2018年2月24日，鄂城区召开三级干部大会，表彰了100户模范基层党员群众。在热烈的掌声中，邵新民上台接过奖状和奖金，神情却无比怅然：登台领奖的应该是老伴李少珍啊！他却只能说出一句话："感谢吴家嘴50多户齐心协力的父老乡亲！"

倒下去的是一片片房屋建筑，升华的是一户户村民的情感精神。李少珍来不及住进出租屋，更没住进安居还建房。2022年，当邵新民带着子孙住进还建房时，当千家万户住进江洲新城高档装修的还建房时，怎么能忘记那些负重前行的工作者和逝去者！他们无愧于先祖，利泽给后代，功献于祖国。

八、难忘的乡村囧事

乡里巴巴！乡村人智慧充盈，玩得愚雅，乐在其中，回味无穷。

在经济文化落后的20世纪六七十年代，乡下人确实是寂寞难耐，想方设法地寻找精神寄托。"发展体育运动，增强人民体质。"领袖的感召力强大，人人响应。集思广益，大伙儿都在想法子自娱自乐。大集体的土地是寸土寸金，要在农村发展一项体育运动，是非常难的事。别说是水泥球场，一点空地都难寻，湾里的确没有好场子。记得小时候，小队把湾中的一口大塘给填了，一下雨仍然还是一口塘。别无选择，由小队组织大家齐上阵，完全靠人力，从山里一担一担地挑回碎砂石，铺在塘基上，就这样建起了一个简易的篮球场，一头架起一个木头结构的球架子，青壮年个个生龙活虎，从此篮球风靡全湾三十多年。

说起这篮球架倒还有很多怪事。不知咋的，好端端、四平八稳的球架子，好几次总是深更半夜被人挖出来放倒，先总觉得莫名其妙。大人们为这事总是窃窃私议，说是占了方道，对哪个不利，这是起因，说也巧，做了就没事了，过些时日大伙儿又把球架安上。

那个年代一个工日只有几毛钱，不仅玩了没有吃的，拖家带口的，吃了就没有玩的，还得等到年终小队决算才能分配。为了买篮球，十多个年轻人不辞辛苦，一同到几十公里外的长农去抓野鱼，把鱼卖了再去买篮球，可见是多么痴迷！那时买一件背心，印个号非常醒目，真是很令人羡慕。

说起来湾里篮球真打得还不错，还经常走出去搞邀请赛，在全大队比赛大多能排在前三名，得了奖回来还要买个鞭炮庆贺，球打得好也是一种荣誉。我们小时候就跟着凑热闹，读中学时就和伙伴们一起买篮球，上课总是把球放在座位下，一下课就抱着球往球场上冲，想起来也是常挨老师的训。

逢农闲时，除了玩篮球外，特别是在大雨天不出工，玩的机会就来了。劳动力和青年小伙子们聚在一起用扁担抵劲，你一轮、我一轮，总要比个高低，赢的一方有时能得到一支大公鸡烟的奖励。

摔跤也是很吸引人的。唯有那星叔，他人高个子大，在部队练就一身功夫，三两个后生怎么也不能拢身，未反应过来，上身即倒，那是试一回倒一回，这身手不是一日之功。还有那福双叔、泽彩哥，两人像两头水牛样对垒，几十人围观看热闹，男女老少呼声一片，两人扭在一起，左摔来右摔去，你腿扫来，我腿绊去，上上下下，左左右右，彼此几十个来回，不分胜负，双方平手一笑了之。

有趣的要算用屁股拱石磙，这不是只有蛮劲的壮汉就能玩的东西，石磙好几百斤重，也不会随便听人使唤，玩石磙要得法，有劲者以屁股为支点，屈膝用力，双手叉腰，大吼一声，石磙稳稳地被拱起。有劲不得法者，即使脸涨得通红，那石磙也是纹丝不动。

再看个挑土砖比力气的硬活儿，常常也是几十人围观。那一匹大土砖足足有十几斤重，从八匹大砖、三百多斤起，一轮一轮的加到十八匹、八百多斤才罢休，那是一轮一轮的淘汰，这会儿真要比实力，一般人是望尘莫及的。此时此刻，要显英雄本色。唯有那大力士泽佑哥和培阶能挑起这个重担，他们不慌不忙地撑起担子，只听那两头的麻绳吱吱作响。原本两头稍起的大抬尺，这会儿也低下了头。村民个个为他们鼓掌，大伙儿连忙称赞：好有劲、好有劲，真大力。真大力！那不是吹的，他们的确称得上是一代大力士。

那时没有什么好逗乐的，在田间地里劳作的人们，常常寻开心的事以解劳顿。总有几个"醒头宝"爱逗老媳妇儿们玩，要么往她们脸上抹把泥，再不是向她们身上浇把水，他们完全是自找苦吃，找当上。这帮老媳妇儿们哪是好惹的，个个麻利得很，谁都不是善角儿，都是几个孩子的妈，还害什么羞。夏日里天热，大老爷们用牛常常是半身泥巴、半身湿，穿个大短裤衩好干活，这倒给那些大婆姨们提供了报复的机会。只要你对她们动了手脚，那总是有好戏看的。当你单人从一群婆姨们面前经过时，是很危险的，只要她们盯上你，那是绝对跑不脱的，几个人常常围在一起私语，那好戏就开始了。

当落单的壮汉毫无防备之时，婆姨们突然一拥而上，群而攻之，三把两下就把你按倒在地，这时壮汉只有招架之功，无还手之力，更没有半点还手之机。婆姨们把你扮成一个泥人倒也不说，这些大妇联婆子，哪还顾得半点羞涩，从田里捞起泥巴不停地往你裤裆里塞，直至塞满了为止，过足了瘾一欢而散。

壮汉子无奈把泥巴一把一把地往外掏，只是嘴里说：下回捉到你莫怪。妇联婆子自觉报了一回仇，个个笑得前翻后仰。老少爷们见到这一幕更是笑弯了腰，唯有那刚进门的新媳妇好似腼腆，粉红的脸蛋带有几分羞涩，笑眯眯地低头转开。闹剧结束，吃了亏的壮汉无奈跳进湖里洗上一番。如今这种开心时刻，已永远不会再有。

那时候一到晚上没有什么好消遣的，全湾唯独叔叔家有个半导体收音机，也算是稀罕物件。白天大家忙得不亦乐乎，到晚上都在一块儿聊天、听样板戏、相声，以解除白日的劳顿。即使是盛夏，蚊虫叮咬，抑或是夜已深，但大人们非要把戏听完不可，直至收音机没了播出的声音，才各自哼着小曲回家。

那个年代在农村放一场电影更是件很新鲜的事儿。起先看那革命样板戏，是逢场必赶。后来的《红色娘子军》《洪湖赤卫队》是场场不离，特别是《洪湖赤卫队》，每晚上是几个大队连放。是放一场，看一场，赶一场，那时看电影就像是追逐时光的梦。

虽说是计划经济时代，但湾里每年总会留有一些积蓄，湾里放电影还是舍得花钱的，不忙时队里时不时地把电影队接来放上一场。那时乡下没有电，要是县电影队下来，就带个汽油发电机，人倒是舒服多了，可老远就听到发电机隆隆的声音。我们都围着那玩意儿看稀奇，闻到那少有的汽油味，个个是鼻子直耸直耸的。如果是乡电影队，那还要派几个后生踩发电机，那发电机就像自行车样，两人一组要配合好，踩得越快电就越足，踩累了换人时，那喇叭就发出吱吱喳喳难听的声音，银幕上出现一闪一闪的波浪和许多不规则的图像。

放电影既活跃了文化，又鼓舞了社员们的生产干劲，还增强了凝聚力，更是开阔了群众的思想境界，真是几全齐美。如今影视业发达了，电影银幕又在乡村挂起，但看不到从前人们那种渴望的激情了！

听评书也是那时最流行的文化生活之一。不太忙时，队里不时请个说书先生，说上个几晚上，为大伙鼓鼓劲。回想起来，每当先生说到经典之处，他就要停下快板，喝杯茶、抽支烟，吊吊大家的口味再说。而说到精彩之处，四下总是鸦雀无声，特别是听到入神的时候，已是夜深人静，先生一拍惊堂木便说："欲知后事如何，且听明日分解！"这时大伙儿正听得入迷，未过足瘾，谁也不愿离去，就哀求先生再说上一段，再过把瘾。说书先生无奈清了清嗓门，于是快板又一阵响起，唱词余音绕梁。

品味生活是丰富多彩，时至今日，茶余饭后，谈起那时说书听书的场景，人们仍然津津乐道。且留下这经典的乐章，乡愁难忘！

第三节　绿水青山

一、山川

关山垴 位于新庙镇南部。以山体形状得名。关指山体形状酷似一扇门。寓意能关住财富不让流失。海拔约 152 米，南北走向，南北长 3 千米，东西宽 2.5 千米。森林覆盖率 90% 以上。主要种植树、茶树。动物有刺猬、蜈蚣、田鼠、白头翁、麻雀等。九龙山茶场盛产九龙山茶，品质优良，誉满全省。

天龙山 位于新庙镇月陂村中部。以历史故事和山体形状综合命名。相传，三国时期，吴王孙权来此歇息，北望长江，江水与洋澜湖相连，江面上千帆竞发；南望群山起伏连绵，郁郁葱葱；俯视东西面，粮田千顷，村庄错落有致，因而有感而发。宋代时期苏东坡来到此地，听了人们的传说，便给此山取名为"天龙山"。海拔 105 米，南北走向。南北长 2 千米，东西宽 1.8 千米。山体面积约 16 公顷。2015 年鄂州市已规划，建成"天龙公园"。

仙堂山 位于新庙镇水月村境内。因"山有仙人修炼堂"而得名。据《武昌县志》载："山巅一平石，高丈余，阔八丈许，镌醒酒石三字，世传仙人醉卧于此石上，衣褶宛然。"又因"山顶有庵名水月"，故民间遂将庵名指代为山名。仙堂指神仙修炼的地方。海拔 147 米，南北走向。南北长 2.5 千米，东西宽 1.5 千米。仙堂山势陡峻。东面半山腰有一眼泉水，终年不涸名叫白鹿泉。山顶建有水月庵、观音堂。寺的旁边有一块巨石，刻有"醒酒石"三字，相传人们喝醉酒后，躺下即醒，屡试屡验。醒酒石东面有一块鼓儿石，用石块敲击可发出咚咚响声。北面建有仙堂（祠）寺（寺毁基存）。植被覆盖率 100%。树木葱郁，野生动物逐年增多。

猫儿山 位于杨叶镇杨叶村。因形状似猫，故名。海拔 40.1 米，山体呈南北走向，面积约 1.5 公顷。长条形的山体周围伸展出许多小山丘，状似猫头、猫脚、猫尾等。山上植有毛桃、板栗、山杉、马尾松等树木。山腰上建有观音堂。

龙山 位于燕矶镇龙山村北部。以传说命名。据说，1642年8月的某日下午，一王姓渔翁和伙伴在盆塘湖捕鱼时，天气突变，风起云涌，只看到一条青龙在山上方腾空云游，其龙角闪闪发光。自此，本地人称此山为龙山。龙，传说中的神物。海拔高60米，山体长1.5千米，宽1.2千米，属土石山，石多为红石，黄土覆盖。山上有稀疏的灌木和花草。

青山 位于燕矶镇青山村中部。因其形状酷似一对公母分明的大象，古代称作象山。青指青石。海拔86米，呈东西走向，长2.5千米，宽1.1千米，山体主要是青石。坡地被黄土覆盖。有较多的树木生长，其中松树较多。有小型动物和鸟类活动。

土陡山 位于燕矶镇百洪村西部。因突兀高耸，山势陡峭，故名。海拔320米。山呈西北、东南走向。山长1.5千米，宽120米。山势陡峭高耸，由土石构成。山上长满松树和灌木，绿化率达95%，野生动物逐年增多。有建始于东汉的土陡山寺。山东坡建有"鄂南桥头堡革命教育基地"三处景点：一是鄂南桥头堡纪念碑，二是柯逢年烈士墓，三是"鄂南土陡山鄂大县政府旧址"纪念馆。

华山 位于花湖镇华山村境内湖中。以古代传说而命名。相传，因山峰上有一块奇特的白石在阳光强烈的时候，远望如同一朵盛开的白花，民间故称花山，后讹成华山。海拔107.6米。

华山村

胄山　位于花湖镇胄山村。以传说而命名。相传秦始皇统一天下后，赶山填海，行至此地，挥舞神鞭将此山连抽三鞭，丝毫不动，后来当地民间流传有三鞭赶不动胄山之说，故名。海拔88.4米，南北走向，山体长约600米，最宽处约310米。山中松杉挺拔、苍翠欲滴，鸟儿穿梭、野兔奔跳。山上古建筑有胄山寺。

胄山村

峰尖山　位于沙窝乡黄山村的东南部。以形体而得名。是黄山山脉的最高峰。远看像圆锥，故名。海拔164米。地势陡峭。

凤山　位于沙窝乡沙窝村西南部。因传说和地形而得名。此山传说有一只凤凰在山顶落脚，取名为凤山墙。海拔142.6米。植有杉树，现已成林。面积约13公顷。

黄山　位于沙窝乡黄山村境内。以土质、山貌而得名。古时，因没有长江大堤，一片汪泽。山体伸向水泊中间，雄姿巍峨，昂首屹立，又因土质呈黄色，故名。海拔161米。所属支原有金钟地、牛头山、虎山、猴儿山、七星望月、狮子山、绣球地、凤凰山、磨山、青龙山等。

磨山　位于沙窝乡黄山村南部。以石材的用处得名。传说明朝时期吕姓石匠以此山石材做石磨为业，故名。海拔110米。山上种植松树、楂树。

麻羊垴　位于沙窝乡保团村、赵寨村与花湖镇八庙村之间。以夸张的说法而命名。原名"麻羊垴"，山峰如羊头，冬季草枯呈麻黄色，故名"麻羊坨"。

海拔 208 米，呈东西走向，方圆 20 余千米，面积 500 公顷，山形如腾起的龙状。属土石山，自然资源丰富，植有松、杉、柏、银杏、油茶、楠竹、紫竹、桂竹等木竹，有党参、丹参、半夏等一百多种药材。动物有野猪、豹猫、穿山甲、蛇、豺狗、野鸡、百灵、夜莺、朱鹭、白鹭等百余种飞禽走兽。有自然十景：岚山九龙盘顶、双龙戏金龟、仙人脚印、青龙井、飞虎铁壁、观音石、罗汉肚、埋马沟、烈马回头、金钟玉鼓。内有千年古刹云盖寺，还有抗日战争时期鄂南地区党政军办公指挥纪念碑和纪念馆。

二、湖泊

走马湖 位于鄂城区东部，自北向南由加浆湖（古称西窒湖）、走马湖、（又名黄山湖）、梅家细湖、杨家湖、花（华）家湖组成花马湖，湖名是取花家湖"花"字和走马湖"马"字组合而成。走马湖呈上弦月形安卧于长江之滨和天平山、华山山麓，为河道遗迹湖，跨汀祖、花湖、沙窝、杨叶、燕矶等乡镇和黄石港区一部分，承水面积达 290 多平方千米。当湖水水位在 18.5 米时，水域面积为 15.56 平方千米，湖容 3378 万立方米。走马湖历史上东与长江相通，西与诸湖相连，是鄂东南先民与外界交往的重要水上交通要道。据有关史料记载，早在春秋战国时期，大冶铜绿山、龙角山等地的铜铁矿和鄂东南山地的物产，大多经保安湖、三山湖、碧石湖、花马湖进入长江运往其他地方。今位于花湖镇阮湾村的刘家集，历史上因其水陆交通便捷，曾成为商贾云集的集市和水运码头。此外还有汀祖的龙转头、花湖的棚家嘴、沙窝的走马等地，都曾是花马湖畔重要的水陆集散码头。其时，湖上舟楫终年频繁往返，那片片移动的风帆，阵阵掠过的飞鸟，成为花马湖常见的富有诗情画意的景观。如今，花马湖不再具有航运功能，但是排涝灌溉的功效却愈显突出。

陈家泥湖 位于燕矶镇慈湖村东部。以居民点的姓氏命名。泥湖指含有大量黄土泥沙的湖泊。湖面呈五齿轮形。蓄水面约 80 公顷，平均水深 5 米，蓄水量达 40 万立方米，可灌溉农田 6.67 公顷。水生动物主要是淡水鱼类，虾、贝类。

陈塘湖 位于杨叶镇杨叶村西北部。以姓氏命名。相传，附近有一陈姓居民在湖边居住，人多势众，长期管理湖面，这片水域便成了他们家里的私人湖泊，故名陈塘湖。湖面水域呈不规则圆形。面积80公顷。主要放养鱼类，养殖牲畜。

方家湖　位于杨叶镇古塘村中部。因姓氏而得名。水域南北长、东西窄，湖面呈三角形。面积约100公顷。两岸有山有林有梯田。湖水洁净无污染，清澈见底。养殖淡水鱼类，栖息多种飞鸟。

花家湖　位于汀祖、花湖、沙窝、杨叶、燕矶和黄石市黄石港区境内。取其南北两个主湖湖名中头一字综合命名。花原指华家湖，古汉语中"华"同"花"，故又称花家湖，简称花湖。马指走马湖。自北向南由加桨湖（古称西室湖）、走马湖、石头湖（一名黄山湖）、梅家细湖、杨家湖、华（花）家湖等湖串联而成，呈倒"八"字形。其特点呈狭长形，湖岸平直。承雨面积达290多平方千米。湖底平缓，最低高程14.5米，一般水深2米~3米，最大水深4.5米。该湖水位18.5米时，水域面积1556公顷，湖容3778万立方米。水生动物有各类淡水鱼、龟、虾、鳖、贝类，各种水鸟。水生植物有莲藕、芡实、浮萍、芦苇、菖蒲、水藻等。

黄田湖　位于沙窝乡加桨村。以"黄""田"姓得名。相传西晋末年北方发生战乱，朝廷有一武官黄某与夫人田氏南迁至今日黄山一带定居。田家富旺之族，出资购得此湖，故名。黄田指黄氏与田氏。呈"目"字形，分成上、中、下三个湖段。面积100公顷。种植湘莲、菜藕；养殖鱼苗、成鱼。春夏荷绿花红，秋冬藕肥鱼欢，是游客生态游的好去处。

流塘湖　位于杨叶镇杨叶村西部。因水流经过而得名。流塘湖东接金家塘以下水流，北通沙塘口接大湖墩水流，再流向花马湖，故名流塘湖，又名沙塘口。流塘指水流通过的湖海，东西宽500米，南北长1千米，平均水深2米。湖面水域呈长条形湖湾，水面约57公顷。主要种植莲藕，养殖鱼类。

螺蛳径湖　位于沙窝乡黄山村、走马村、新湾村境内。因湖体形状而得名。湖中有一土墩如田螺，故名螺蛳，水生动物有海螺、田螺等。湖面呈田螺形状，面积80公顷，种植有湘莲、菜藕。养殖有鱼、虾、蟹。

三、水库

戴家塆水库 位于沙窝乡保团村戴家塆境内。以居民点和建筑物综合命名。戴家塆指居民点。于 1968 年由保团生产大队修建，2010 年进行加固。承水面积 0.019 平方千米，库容量 19 万立方米。水质良好，可灌溉面积 60 公顷。土石坝体，建有泵站、泄洪闸、泄洪水道等设施。养殖淡水鱼类。有多种候鸟栖息。

黄龙水库 位于鄂城区沙窝乡宝团村，属花马湖水系。1958 年 9 月动工兴建，1960 年 3 月投入运行，承雨面积 8.5 平方公里，总库容 823.5 万立方米，有效库容 652 万立方米，设计灌溉面积 1.52 万亩。大坝为均质土坝，坝顶高程 54.9 米，最大坝高 22.30 米，坝顶长 151.00 米，坝顶宽 6.5 米。坝坡坡比：迎水面下部坡比 1∶3.0，上部坡比 1∶2.5，背水面下部坡比 1∶2.5，上部坡比 1∶2.0。输水管为直径 0.85 米的圬工马蹄形管，输水流量 2.88 立方米每秒。溢洪道位于副坝左侧山凹处，属开敞式实用堰，浆砌块石侧墙，砼护底，底净宽 46.00 米，侧高 2.4 米，最大泄流量为 99.1 立方米每秒。该水库除险加固工程于 2001 年 3 月开工，2003 年 1 月完工。工程主要建设内容为：主坝过渠砼渠、启闭机、闸门维修、溢洪道挑流鼻坎水毁修复、主坝输水闸室维修、溢洪道渡槽水毁修复、管理处房屋整修。

黄山水库 位于沙窝乡黄山村的北部，坐落在四面环山的深深峡谷之中。东边和北边接新塆村，南邻黄山村绿豆塆，西连沙窝乡林场。因所属区域而得名。原名黄田寺水库，因原黄田寺脚下有一小水库，后因当时修建时属黄山公社修建并管辖，便改名为"黄山水库"。水库的大坝建在南面，坝面长 142 米，宽 10 米；小坝建在东面，全长 40 余米，设计标准 30 年一遇，汛期水位 71 米，坝顶 73.6 米，正常蓄水 71 米。坝面宽大约 15 米，最大蓄水量约 116.08 万立方米。平均水深 9 米，可灌溉黄山、新塆、走马、牌楼、加桨等 5 个村的田地。总面积约 3000 余亩。水库的办公室、管理处建在小坝的横侧，约 150 平方米。水库承雨面积 1.2 平方千米，溢洪道位于大坝左端 27 米山凹处，属开敞式宽顶堰，底宽 8 米，最大泄洪量为 16.85 立方米每秒。水库于 1972 年动工，1974 年秋竣工。

当时是由黄山公社修建和管辖。1975年撤区并社，属沙窝乡管辖至今，定名为"黄山水库"。2010年进行维修，翻筑并硬化坝面至今。水库加固工程2000年2月开工，当年6月底完工，其主要建设内容为：溢洪道拓宽，后闭机闸门维修，反滤坝引流墙新建。

山塘水库 位于沙窝乡沙窝村东南部。以原有池塘名称和水利设维综合命名。山塘指山间中的原池塘。2003年开始施工建设，2004年建成。承水面积0.35平方千米。库容量2200万立方米，有效库容量1600万立方米。水质良好，可灌溉农田面积40公顷。土石坝体，大坝东南侧建有溢洪水道。养殖淡水鱼类。栖息多种鸟类。

天宫井水库 位于沙窝乡胡桥村境内。以附近古建筑和水利设施综合命名。天宫井指名为天宫古水井。于1976年建成。承水面积0.01平方千米，水库容量6.12万立方米。水质优良，可灌溉农田面积10公顷。土石坝体，建有灌溉闸、泄洪水道。养殖淡水鱼类。栖息多种鸟类。

张家垅水库 位于沙窝乡牌楼村张家垅北部，以居民点和建筑物综合命名。张家垅指居民点。1961年建成。承水面积0.017平方千米，库容量2.5万立方米。水质良好，可灌溉农田面积约10公顷。土石坝体，坝西建有溢洪水道、灌溉闸。养殖淡水鱼类。栖息多种鸟类。

赵寨水库 位于沙窝乡赵寨村赵寨老屋塆。以上级单位和水利设施综合命名。赵寨指赵寨村。1969年由沙窝人民公社组织兴建，1972年建成蓄水，2012年大、小坝体用钢筋混凝土整险加固，属赵寨村至今。承水面积0.033平方千米，库容量为28万立方米，有效库容23.4万立方米。水质优良，可灌溉农田面积66.7公顷。土石坝体，建有溢洪水道、灌溉闸。养殖淡水鱼类。栖息多种鸟类。

关明塘水库 位于沙窝乡新塆村杨家增月尔山旁。以原池塘和水利设施综合命名。关明塘指原池塘名称。1958年扩建关明塘，1960年竣工。承水面积0.5平方千米，日常库容量20.3万立方米。水质良好，可灌溉农田面积20公顷。土石坝体，南端建有溢洪闸、灌溉闸、泄洪水道等设施。养殖淡水鱼类。有多种候鸟栖息。

关山水库 位于沙窝乡渔坝村龚家大塆。以山名和水利设施综合命名。关山指山峰名称。1958年动工兴建，1972年扩建，2012年城际铁路从库中跨过，2014年国家拨款进行加固。承水面积0.5平方千米，库容量38.3万立方米，有效库容量28.5万立方。水质良好，可灌溉农田。土石坝体，建有溢洪闸、泄洪水道。养殖淡水鱼类。栖息多种候鸟。

夫子岭水库 位于新庙镇水月村境内。以山峰名和水利设施综合命名。夫子岭是山名。1958年10月动工兴建，1960年3月建成，1973年加高加固，2002年3月至5月再次加固。承水面积1.85平方千米，库容量190万立方米，日常库容140万立方米。设计水位63.37米，洪水位63.57米。水质良好，可灌溉面积233.3公顷。土石坝体，建有启闭机闸、泄洪水道。养殖淡水鱼类。栖息候鸟。

石家塆水库 位于新庙镇水月村石家塆境内。以居民点和水利设施综合命名。石家塆指居民点名称。1975年8月开工兴建，1977年10月建成，2013年9月至12月进行加固。长方形状，承水面积0.3平方千米，库容量21.4万立方米，日常库容11万立方米。水质良好，可灌溉农田面积40公顷。土石坝体，建有启闭机闸、泄洪水道。养殖淡水鱼类。栖息候鸟。

张家山水库 位于新庙镇水月村张家山境内。以居民点和水利设施综合命名。张家山是居民点名称。1959年10月兴建，1962年12月建成，2014年进行加固。承水面积0.52方千米，库容量27.7万立方米，日常库容18万立方米。水质良好，可灌溉农田面积40公顷。土石坝体，建有启闭机闸、泄洪水道。养殖淡水鱼类。栖息候鸟。

四、塘堰

曹官塘 位于新庙镇沙塘村北面。因由曹姓官员组织修建，百姓为纪念曹姓官员，故名。始建于清朝初期，1958年由沙塘大队组织人员拓挖，1976年清淤，加宽加高堤坝。以山溪和雨水为水源。长280米，宽131米，承水面积0.037平方千米，平均深约2米，蓄水量7.4万立方米。可灌溉农田面积26公顷，水质优良。养殖有淡水鱼。

茨塘 位于燕矶镇茨塘村茨塘湾。因塘边的植物而得名。始建于清代，1958年加宽加高坝埂，2013年村民集资修建，加固坝埂。主要以雨水为水源。长190米，宽100米，平均水深2.7米。承水面积0.021平方千米，蓄水量约3万立方米，可灌溉农田面积26.6公顷，水质优良。养殖有淡水鱼。

董母塘 位于新庙镇月陂村正东部的金鸡岭。相传明朝末年，董姓妇人出资，组织众人开掘成塘，故名。1958年拓宽掘深，2011年周围垒砌片石驳岸，清淤，周围浇筑宽4米、厚0.15米的水泥环道，供车辆、人员通行至今。以雨水为水源。平均水深约2米，承水面积0.012平方千米，蓄水量2万立方米，可灌溉农田面积12.4公顷，水质优良。养殖有淡水鱼。塘埂周围栽有各种树木，绿化成荫，为散步、观赏、垂钓提供良好环境。

放鹅池塘 位于杨叶镇古塘村东北部。因古时住在池边一名叫王百万的员外常在池中放养鹅，遂得名。放鹅池历史悠久，以山溪和雨水为水源。长50米，宽20米，平均水深约1.5米，承水面积约0.001平方千米，蓄水量0.2万立方米，水质良好。养殖有淡水鱼。

龚家塆塘 位于沙窝村东北部，原名周家塘，始建于民国年间。当代因位于龚家塆门口，故改现名，近代四周建有红石驳岸。以雨水为主要水源。长60米，宽30米，平均水深2.5米，承水面积约0.002平方千米，蓄水量约0.5万立方米，可灌溉农田，水质良好。养殖有淡水鱼。

关塘 位于燕矶镇茨塘村东南部的桂家畈与胡家宅交界处。民国末期，由桂家畈和胡家宅两塆村民共同兴建，2014年抽淤泥。以山溪和雨水为水源。长180米，宽120米，平均水深2.2米。承水面积0.022平方千米，蓄水量约3万立方米，可灌溉农田20公顷，水质优良。养殖有淡水鱼。

何家道塘 位于沙窝村西南部。何家道塘历史上属何姓家族修建，故名。以雨水为主要水源。长50米，宽40米，平均水深2.5米，承水面积约0.002平方千米，蓄水量0.5万立方米，可灌溉农田，水质良好。养殖有淡水鱼。

荷叶塘 位于燕矶镇映山村西部。因池塘内植有莲藕，故名。始建于1815年，系先祖黄国辉组织所挖。以山溪和雨水为水源。长130米，宽40米，平均水深2米。

承水面积 0.0052 平方千米，蓄水量约 1 万立方米，水质优良。养殖有淡水鱼。

壳子塘 位于新庙镇月陂村胡伞塝地域内。因其自然生长许多乌龟和鳖，故名。1957 年以前为自然形成，1958 年拓宽加高塘埂，1960 年再次拓宽，加高塘埂，1977 年被租用至今。以山溪和雨水为水源。平均水深 5 米，承水面积 0.013 平方千米，蓄水量约 6 万立方米，可灌溉农田 13.3 公顷，水质优良，养殖有淡水鱼。岸边绿树成荫，是垂钓、休闲的场所。

秦家湾塘 位于燕矶镇池湖村西部秦家湾。因位于秦家湾居民点，故名。2012 年修成。以雨水为主要水源。长 200 米，宽 100 米，平均水深 3 米，承水面积约 0.02 平方千米，蓄水量 6 万立方米，可灌溉农田 1.3 公顷，水质优良。养殖有淡水鱼。

埫塘 位于燕矶镇百洪村南部。因建在闻家博头一角，故名。修建于明朝。以雨水为主要水源。长 150 米，宽约 80 米，水深约 1.5 米，承水面积约 0.012 平方千米，蓄水量 1.8 万立方米，水质优良。养殖有淡水鱼。

润马塘 位于燕矶镇英山村东部。相传，清初时期，汪氏先祖庭椿公组织人员所挖，故名饮马塘，后改称润马塘。20 世纪 70 年代初属新庙人民公社，1977 年属新庙镇至今。以山溪和雨水为水源。平均水深 3 米，呈长方形状，承水面积约 0.007 平方千米，蓄水量 4 万立方米，可灌溉农田面积约 10 公顷，水质优良。养殖有淡水鱼。

王塝塘 位于新庙镇鸭畈村南部王塝。因由王姓家族开挖，故名。修建于清朝初期。以山溪和雨水为水源。长 156 米，宽 85.4 米，平均水深约 2.5 米，承水面积 0.013 平方千米，蓄水量 2.7 万立方米，可灌溉农田 14 公顷，水质优良。养殖有淡水鱼。

洋塘 位于沙窝村西北部。以美好心愿而得名。原属周培祖的祖产。修建于民国年间。以雨水为主要水源。长 80 米，宽 60 米，平均水深 3 米，承水面积 0.0048 平方千米，蓄水量约 1.5 万立方米，可灌溉农田，水质良好。养殖有淡水鱼。

枣树塝塘 位于沙窝村枣树塝。因居民点而得名。池塘历史久远。以雨水为主要水源。长 100 米，宽 20 米，平均水深 3 米，承水面积约 0.002 平方千米，蓄水量 0.6 万立方米，水质良好。养殖有淡水鱼。

赵塘 位于燕矶镇百洪村北部赵家山脚下。因池塘西北面的赵家山，故名。修建于 1940 年，以山溪和雨水为水源。长 150 米，宽 100 米，平均水深 1.5 米，承水面积 0.015 平方千米，蓄水量 2.3 万立方米，水质优良。养殖有淡水鱼。

周官塘 位于新庙镇沙塘村西部。因朝廷周姓官员组织人所挖，故名。修建于元朝末年，1962 年由沙塘大队组织人员拓宽挖深，加高坝堤，2006 年再次清除淤泥，周围砌片石驳岸改造。以山溪和雨水为水源。长 350 米，宽 143 米，平均水深约 2 米，承水面积 0.05 平方千米，蓄水量 10 万立方米，可灌溉农田面积 28.7 公顷，水质优良。养殖有淡水鱼。塘埂浇灌水泥环道，可供车辆通行。道路两边栽种各种花草树木。可散步、休闲、观赏、垂钓。

五、堤坝

昌大堤 位于杨叶，以取武昌、大冶两地域各一字而得名。昌大堤原名杨叶洲大堤。修筑于清同治八年，同治九年增修，1912 年改建新堤新闸，1932 年，在段家坝险段修滑坡固岸，1949 年至 1987 年坝堤加高增厚，累计完成土方 452 万立方米，石方 7.86 万立方米。2002 年至 2004 年，坝堤全线整险加固，共完成土方 528 万立方米，石方 56.3 万立方米，沙及其他 3095 立方米。整险加固工程后，将燕矶干堤和茅草干堤纳入昌大堤管理。东西走向，东起洋澜闸，西止花马湖泵站。坝体土石材料，混凝土坝面，坝长 23.72 千米。有洋澜闸、花马湖泵站设施。防御长江洪水。

茅草堤 以地域和水利设施综合命名。建于清代同治年间，1964 年至 1965 年进行加宽加固，1997 年至 2000 年堤外全部修建片石护坡，堤面为水泥路面，达到防御 1954 年特大型洪水标准。东西走向，东起慈湖堤，西止洋澜堤。堤长 2.934 千米，土石坝体，混凝土坝面。抵御长江洪水。

童家坝堤 以居民点和建筑物综合命名。水面 1949 年前属花湖阮家湾和童家坝人共同所有，1950 年属黄山乡，1956 年属黄山高级社第 10 分社，1958 年属黄山生产大队第 10 生产队，1961 年属黄山生产大队，1984 年属黄山村，2005

年下放到黄山村第 16 村民小组管理至今。堰韩在堰的南面，长约 130 米，两端各有钢筋预制桥 1 座，堤面用混凝土硬化。堰的平均水深 1.4 米，总面积 8 公顷，既可以蓄水灌溉又可以防汛养殖。

潘家里坝 以姓氏和建筑物综合命名。清朝道光年间，此地潘姓人家将此池塘买下，筑一道坝与车湖相隔。因坝外的车湖紧接长江干堤，故称里坝。南北走向，南起鸭儿嘴居民点，北至长江干堤。坝长约 300 米，土石坝体，混凝土坝面。保护近 2 公顷莲藕、鱼、虾等免受水灾。

英雄堤 位于汀祖镇汀祖村与桂花村交界处。以地域和水利设施综合命名。原为龙转头渡口。1949 年后，河道两边湖滩改造成基本农田，经常发生洪涝灾害。自 1971 年开始，为抵挡洪水，每年汛期筑堤加固。河道以北属于桂花村地段，群众称为白沙堤，河道以南属于汀祖村地段，群众称为英雄堤。英雄堤坝从桂花村龙转头桥至汀祖村哨口节流 55 号排灌站，全长 950 余米，宽约 4 米，原为沙土坝体。1998 年长江发生特大洪水，堤坝加高加固，改为土石坝体。2020 年重新加固坝体，水泥混凝土浇筑，堤面加宽至 8 米。

六、古井

徐国庄井 位于汀祖镇凤凰村 4 组徐国庄湾内。井呈斜坡，上口椭圆形，下面为圆形，直径 1.2 米，深 4 米。据徐氏宗谱载，元末明初，徐氏祖先从江西瓦硝坝迁居，来时正值八月伏天，饥渴之下，发现此地水质清冽，饮后感觉甘甜解渴，立时精神倍增，故在井旁结庐而居，立家创业。六百余年来，该井一直沿用。因年代久远，徐国庄井于 1966 年翻修。按新中国第一辆解放牌卡车外形修建，驾驶室部分为古井水源处，保证了垃圾不易掉入古井内。车厢为取水台阶护栏，车头朝东，象征着新中国迎着朝阳前进。台阶处有一对石鼓，明初时期大夫第徐大坤祠堂门口所寻，翻修时移至此处，以激励后人记住先祖自力更生、顽强拼搏的精神。2007 年，村民用上了自来水后，井渐渐停止使用。

桂花井 位于汀祖镇桂花村余家湾村口。始建于元末明初。井呈圆形。直径 3 米，深 5 米。2011 年，余家湾村民筹资修建水泥井壁和玉石栏杆，并立碑传世。桂花井已载入《大冶县志》。相传，很久以前在古井旁边自然生长了一棵树，枝繁叶茂，形似雨伞，井水散发香味，邻湾的人能闻到像桂花一样的香味，所以此井被世人称为桂花井。桂花井水，清澈见底，冬暖夏凉，常年雾气缭绕，过往路人随便饮用，甚至吃了荤油的人喝了也能消食，人称圣水。

李坳古井　位于汀祖镇山背垅湾四组。始建于明朝末年。井呈圆形，直径2米，深4.5米。井水水质清凉甘甜，冬热夏凉，大旱之年不干涸、大涝之年不满溢。在明末清初村民将井四周清理干净，砌砖围井一直沿用至今。

上饶古井　位于汀祖镇李坳村上饶湾，始建于元末明初。井面直径3米，深3米。井水清澈透明，甘甜可口。冬暖夏凉，三伏冰凉刺骨，数九热气缥缈。井水常年不干，可供全湾人饮用。

董家湾古井　位于汀祖镇董家湾水塘旁边。始建于明朝。井呈圆形，直径2.6米，深3米。井水清澈甘甜，偶遇大旱之年也长涌不竭。据族谱记载，五百年前，董氏胜公从江西江右长乐园迁居大冶高峰山流水里（今鄂城汀祖）定居后，考虑一家人饮水吃饭都离不开水，便在此处挖掘了这口井，供董姓全湾村民饮用至今。

长寿井　位于汀祖镇杨岗村东南边村口。井呈长方形，花岗岩条石砌成，长2.6米，宽1.5米，深6米。远远望去似是一枚铜钱，形状外圆内方，暗藏中国人对外宽容温和、和气共事，对内内心正直、胸怀大义的处世哲理。井水清澈见底，水温冬暖夏凉。据杨氏族谱记载，此井非常神奇，乃1600多年前，先祖杨钢堂家人刘玉章和万来兴所凿。井水为山泉水，入口味甘，水质极佳，即使吃下荤油食物，直接饮用身体也丝毫无损。神奇的是每逢洪水泛滥，井水不溢始终离井口两厘米左右；久旱无雨，井水亦不干枯。井里青苔可治牙痛，只要将青苔贴在痛处，不久便可消除肿痛。

长寿泉　位于汀祖镇岳石洪村上张湾。始建于清朝末年。井呈圆形，直径1米，深4米。井水为山泉水。岳石洪村人都喝此井水，平均年龄高达八十岁，故将此井取名为长寿泉——"长比天地寿，寿与日月长"。

金龙古井　位于汀祖镇华伍村下熊湾。始建于元朝，距今已有600多年历史。井呈圆形，直径 1.5 米，深 4.5 米。井水冬暖夏凉，清淳甘甜，大旱之年不干涸，大涝之年不满溢。相传南宋年间，岳飞令岳家军劈山开矿，锻造"大冶之剑"与金兵作战。上熊湾、下熊湾、熊家境的熊氏始祖是岳家军的一名铁匠，在此锻造兵器。一日看到山间一条大蛇在此腾云驾雾，化成金龙而起，便携妻儿老小定居于此。元朝末年政治动荡，各类苛捐杂税名目繁多，加之北方黄河泛滥、南方旱地连片，群众生活不堪重负。在此修炼的金龙不忍村民受苦，便沿着山缝四处遁地，打通水道，汇聚泉水于此成井，及时解决了村民的用水之渴。井水潺潺、终年不绝，一直存续至今。村民为铭记恩情，奉称为金龙古井。

四眼井 位于汀祖镇刘荣大湾大洪山半山腰处。始建于元末明初。呈圆形，直径 0.8 米，深 4 米。相传很早以前，有位和尚来栗山寻看庙址，路经大洪山南半腰，徒步口渴，止步肃立，口中念念有词，高僧手掌向下猛扎，突然冒出四眼泉水，不分春潮秋旱，井底常有多孔翻沙冒水，泉水外溢，从未干枯。后来，村民就给它取名为四眼井。

康乐井 位于燕矶镇嵩山村严家畈九组。相传该古井最早发现使用于北魏年间，是由菩提达摩发现的。也称"菩萨泉""达摩井"。据《武昌县志》载，印度僧人菩提达摩在河南嵩山建少林寺传禅宗，南下云游到湖北武昌燕矶松山，即在此山歇脚三年，筑寺建院传禅法，并将此山定名为"嵩山"，寺庙取名"松山寺"。明朝天启年间，松山寺因战火被毁重建，改名为嵩山寺，又名"青莲古刹"，燕矶镇嵩山村也因此而得名。

康乐井是由菩提达摩祖师所建，与嵩山寺同期，历史达 1500 余年。唐朝时，有位姓宋的朝廷阁老居住在嵩山东侧山脚下，他也是使用该菩萨泉水，后人又习称"宋阁井"，水质甘甜，冬温夏凉，在燕矶地区声名远播。在 20 世纪 60 年代农村大集体时期，每逢夏天，就有来自周边的燕矶村、龙山村、磨山村、马山村以及沙窝乡草陂村各生产队派专人来排队挑井水降温。因本身要供严家畈湾群众生活用水，又要供四邻乡亲夏日降温所需，导致水量不足。1966 年春，严家畈九组群众自发将达摩井扩大重建，起名"康乐井"。

　　虎泉古井　在牌楼村何家大湾湾中央，有一口远近闻名的古井——虎泉井（又名虎眼井），滋养着一代代淳朴善良的湾民。因该湾坐落于卧虎山脚而得井名。

　　古井为何家大湾六世祖九泉公于清乾隆年间所建，距今已有200余年历史。为优质走马红石垒砌而成，深3.5米，直径2米，为一口圆井。卧虎山脚的泉水从井底溢出，终年不绝。井水清澈见底，如一面明镜照见人影。酷热的夏天，清凉的井水沁人心脾；寒冷的冬天，温热的井水暖人心房。大何湾人老幼相聚井边，聊天玩耍，其乐融融。

　　虎泉井水味如甘露，解渴消疲。古有民谣以赞："文人饮虎泉，风度翩翩然；政客饮虎泉，为民更清廉。"取用虎泉井之水，只要水桶系绳放下，均能取之、盛之。饮之，口齿生津，顿觉神清气爽、倦意全无。尤其在炎热的夏天，井水常常供不应求，每天都会取之见底。男女老少在井边用水桶排成长长的队等待打水。为了方便下井，祖辈们用凿子沿井壁凿一些洞，供上下井时落脚和手扒。下到井底，遂用葫芦瓢舀起刚刚流出来的清凉的泉水倒进桶里，然后由地上的人用绳子把水桶拉上来。

　　虎泉井为一代又一代大何湾人提供了源源不断的生活用水，也留下了一些古井文化。随着时代的发展和人们用水方式的改变，古井已成为历史遗迹。

　　虎泉井见证了大何湾历史的沧桑巨变，见证了大何湾人的辛勤劳作和幸福生活。如今，她如一位鹤发童颜的老人，聆听着来自人们的欢声笑语，护佑着家人们幸福安康。

七、古树

　　柞树　树龄1000年，保护等级：一级。树高21米，胸围2.6米，冠幅16.5米。生长地点：沙窝宝团村6组。

　　樟树　树龄800年，保护等级：一级。树高12米，胸径2.3米。生长地点：王边村十二组樟树下。

　　枫树　树龄500年，保护等级：一级。树高16米，胸径1.4米。生长地点：洪山村七组富家边。

古柞 木树龄 500 年，保护等级：一级。树高约 5 米左右，胸径 0.7 米。生长地点：洪山村三组徐王湾。

黄檀 树龄 500 年，保护等级：一级。树高 4 米，胸径 0.9 米。生长地点：董胜村四组赵家湾。

银杏 树龄 500 年，保护等级：一级。树高 13 米，胸径 0.8 米。生长地点：华伍村高峰林场。

枫香 树龄 300 年，保护等级：二级。树高 24 米，树围 2.3 米，冠幅 22 米。生长地点：桂花村一组。

国槐 树龄 300 年，保护等级：二级。树高 10.8 米，树围 1.9 米，冠幅 18 米。生长地点：刘云村四组。

国槐 树龄 300 年，保护等级：二级。树高 11.5 米，树围 2.5 米，冠幅 13 米。生长地点：刘显村十二组。

朴树 树龄 350 年，保护等级：二级。树高 11 米，树围 2.3 米，冠幅 13 米。生长地点：刘显村十二组。

柞木 树龄 300 年，保护等级：二级。树高 11 米，树围 2 米，冠福 10 米。生长地点：杨王村五组。

樟树 树龄 300 年，保护等级：二级。树高 15 米，冠幅 20 米，树干直径 1.2 米，树围 3.2 米。生长地点：华伍村九组。

枫香 树龄 300 年，保护等级：二级。树高 25 米，树围 2 米，粗 0.9 米，冠幅长 10 米。生长地点：华伍村二组。

枫香 树龄 300 年，保护等级：二级。树高 22 米，树围 2.9 米，冠幅 24 米。生长地点：吴垴村八组。

樟树 树龄 300 年，保护等级：二级。树高 18 米，树围 4.4 米，冠幅 21 米。生长地点：吴垴村六组。

枫香 树龄 300 年，保护等级：二级。树高 21 米，树围 2.4 米，冠幅 21 米。生长地点：吴垴村八组。

柞木 树龄 300 年，保护等级：二级。树高 11.5 米，胸围 2.2 米，冠幅 12 米。

生长地点：张祖村七组。

枫香 树龄300年，保护等级：二级。树高18米，胸围2.4米，冠幅19米。
生长地点：洪山村二组。

柞木 树龄300年，保护等级：二级。树高14米，胸围1.7米，冠幅9米。
生长地点：洪山村六组。

皂角 树龄300年，保护等级：二级。树高18米，胸围2.6米，冠幅15米。
生长地点：燕矶镇嵩山村严家畈。

黄檀 树龄200年，保护等级：二级。树高12米，胸围2.2米，冠幅11米。
生长地点：燕矶镇嵩山村严家畈。

皂角 树龄200年，保护等级：二级。树高15米，胸围1.8米，冠幅12米。
生长地点：燕矶镇嵩山村严家畈。

柞木 树龄300年，保护等级：二级。树高18米，胸围2.8米，冠幅20米。
生长地点：燕矶镇嵩山村汪榨铺脚。

樟树 树龄300年，保护等级：二级。树高16米，胸围2.2米，冠幅16米。
生长地点：花湖镇永华村樟下塆。

樟树 树龄300年，保护等级：二级。树高20米，胸围2.4米，冠幅22米。
生长地点：花湖镇永华村大印湾。

樟树 树龄200年，保护等级：二级。树高15米，胸围1.8米，冠幅16米。
生长地点：花湖镇永华村3组。

樟树 树龄300年，保护等级：二级。树高15米，胸围2.1米，冠幅16米。
生长地点：花湖镇东庙村谢家湾。

皂角 树龄300年，保护等级：二级。树高20米，胸围2.3米，冠幅16米。
生长地点：燕矶镇百洪村大井湾。

皂角 树龄300年，保护等级：二级。树高18米，胸围2.3米，冠幅15米。
生长地点：燕矶镇马元村二组。

枫树 树龄200年，保护等级：二级。树高16米，胸围2.1米，冠幅15米。
生长地点：燕矶镇青山村熊家湾。

樟树 树龄 200 年，保护等级：二级。树高 15 米，胸围 2 米，冠幅 15 米。生长地点：燕矶镇茨塘村一组。

樟树 树龄 300 年，保护等级：二级。树高 16 米，胸围 2.2 米，冠幅 16 米。生长地点：燕矶镇车湖村朱家车湖湾。

红枫 树龄 200 年，保护等级：三级。树高 25 米，胸围 2.8 米，冠幅 33 米。生长地点：沙窝宝团村 5 组。

皂角 树龄 240 年，保护等级：三级。树高 15 米，胸围 2.1 米，冠幅 13 米。生长地点：沙窝宝团村 3 组。

柞树 树龄 300 年，保护等级：二级。树高 16 米，胸围 2.0 米，冠幅 15 米。生长地点：沙窝宝团村 15 组。

枥树 树龄 300 年，保护等级：二级。树高 15 米，胸围 1.8 米，冠幅 14 米。生长地点：平石村罗家塝。

八、港与桥

陈盛港 位于汀祖镇境内，以地名命名。原名宋皇港。属于花马湖水系，港道全长 6 公里，流域面积 22 平方公里。港道起源于四峰山山系，在汀祖镇华伍村汇流形成港道，在刘显村与白沙港汇流入花家湖。

白沙港 位于汀祖镇境内，以白沙堤命名。属于花马湖水系，为花马湖下湖花家湖的主要入湖港道之一，港道全长 9.12 公里，流域面积 35 平方公里。港道起源于白雉山山系，在汀祖镇杨王村汇流形成港道，沿途穿越县道 X003 及武黄高速，在汀祖镇谈家渡汇入花家湖。沿途自上由下有陈盛港、韩信港、后坝港、桂花港、前坝港等支流汇入。

金龟山港 位于汀祖镇境内，以山命名。属于花马湖水系，为花马湖下湖花家湖的主要入湖港之一，港道全长 7.4 公里，流域面积 30 平方公里。港道起源于黄石市江洋社区，在汀祖镇刘畈村汇流形成港道，沿途穿越武黄高速及大广高速，在汀祖镇潘家湾汇入花家湖。

前坝港 位于汀祖镇境内，以石桥水库方位命名。属于花马湖水系，为花马湖下湖花家湖主要入湖港之一，港道全长 5.5 公里，流域 26 平方公里。港道起源于石桥水库，沿途穿越武黄高速，在下径湾与白沙港汇流入花马湖。

葫芦港 位于黄石市与汀祖镇王边村交界地段，以地形命名。属于花马湖水系，为花马湖的主要入湖港之一，港道全长 3.5 公里，流域面积 26 平方公里。港道起源于黄石市，沿途穿越武黄高速，在汀祖镇王边村方家湖塘处汇入花马湖。

泉塘港 位于汀祖镇境内，以地名命名。属于花马湖水系，为花马湖下湖花家湖的主要入湖港之一，港道全长 5.88 公里，流域面积 26 平方公里。港道起源于东方山山系，在汀祖镇岳石洪村汇流形成港道，沿途穿大广高速和武黄高速，在汀祖镇吴塇村王家湾汇入花家湖。

桂花港 位于汀祖镇境内，以地名命名。属于花马湖水系，港道全长 3.5 公里，流域面积 18 平方公里。港道起源于白龙水系，在汀祖镇桂花村汇流形成港道，在桂花村上畈湾与白沙港汇流入花家湖。

五丈港 位于新庙镇茅草村江边，以港宽五丈而得名。源于洋澜湖，流至鄂黄长江大桥下游 500 米处入长江，呈西南至东北流向。长 2 千米，宽 10 米 ~ 20 米，最深处 6 米，一般水深 2 米 ~ 3 米。流经城区，鄂黄长江大桥。商贸业较繁荣。水位受节制闸调节。水质一般。港上有洋澜闸、新建闸、大桥。

吾立桥 人们口头误称"屋内桥"。光绪十一年《武昌县志》65 页载："吾立桥在县东十五里……"即现新庙镇将军村喻家湾前约 200 米处，横架于王湾港之上，吾立桥之"吾"是谁？无从考证。据推算修建时间应为康熙年间，后乾隆年间富户周凛怀重修过。这座桥也是由红长条石砌成。其结构严谨，牢固坚实，保存完好。桥前后的路都是由红石铺成的。再加上呈现于湖野中央的圆形拱桥，别有一番风貌。这座桥曾一度也是车水马龙之地，是鸭板、马园、杨岭、茨塘、映山还有老黄山一带人的交通要道，赶路的人往往在桥旁边的几棵大树下歇脚、休憩。如今，由于建设需要，路毁桥废，一片荒芜，人迹罕至。

周朴桥 位于原鄂燕老路茨塘、马园交界处，横驾在凼儿湖东岸边的一条小港之上，现为临空经济管委会右边小港中段。人们口头误称"周布桥"。清光绪十一年《武昌县志》65 页有载："周朴桥在县东十五里处……"原小港现已拓宽，周朴桥被拆。乾隆年间周仆倡建，乾隆年间富户周凛怀重修。中华人民共和国成立后，政府分别在 1969 年、1986 年两次加固拓宽重修。这座桥是老洪道乡洪二、洪三东厝人交通要道。多年为鄂燕两地大动脉，鄂州公交十五路穿梭如流，打工者、生意人熙来攘往。已拆的周朴桥，历史赋予了它无限的承载，永久难忘。

天远桥 即原燕矶老路罗家嘴湾东面坡下处。现已被新建的五丈港路覆盖，人们口头误称"天水桥"。清光绪十一年《武昌县志》65 页载曰："天远桥在县东十五里处……"现约南路 200 米处。天远桥万历年间富户周见凡建造。1949 年中华人民共和国成立后政府曾两次大修。历史悠久，承载厚重，是老鄂城出东门人（现指沙窝、燕矶、新庙等地人）的交通要塞，也是人们难以忘怀的、奋斗的幸福桥。

万世桥 即现吴楚大道旁"体育东路路口"牌子处。相传康熙年间即有，与"吾立桥"同时期，是位于茨塘村一组桂家畈东小港上的一座桥，桥对面是马园八组田地"长四斗"的田头处。修建者亦无从考证。万世桥也是四块长条大红石头组成的。桥面约长 10 米，宽 1.3 米。它是当时老鄂城远到沙窝宝团，近至出东门人的城乡往来的要道。商旅徒步，络绎不绝。尤其是过年，桥上人流如线，川流不息。小桥岸上白鹤咀老三房人曾在这里开过屠夫铺，还有人摆过烟摊、茶摊……后来这里发生过抢劫，才无人做生意。万世桥有一个神奇传说，一男性在桥上为别人写了"活人期书"（男人在世，将已婚女卖出的文书），结果第二天，桥突断，写书人暴亡。当然，也真实地发生过新四军突围遇害的悲惨事迹，还有过路男青年喜欢过路的女青年打赌接吻的嬉笑。如今万世桥已不复存在，但历史的承载量厚重，难以忘怀。

杨溪山桥 位于燕矶镇映山村 6 组何家窑湾前水汇花马湖的小港上，桥对面就是磨山村田地，人们口误为"杨师桥"或"杨山桥"。光绪十一年《武昌县志》65 页有载："杨溪山桥在县东二十二……"此桥清嘉庆二十三年增生周敬堂修建。同治九年水涨桥毁。周敬堂之孙县庠生凤藻与州同善述二人出资重修。约光绪末年此桥又一次被水冲毁，映山周湾人周继富，节衣缩食，慷慨出资修建，一直到约 1968 年，政府才进行了修建，做成了水泥钢筋材料的桥梁。20 世纪 90 年代拓宽港面，增加水容量，杨溪山桥才退出了历史舞台。杨溪山桥是映山磨山交界桥，也是沙窝、映山、磨山人肩挑背负的要道，更是连接人缘、交流生活的枢纽，曾也一度是人流熙攘、呼朋引伴之地。如今的它消失了身影，但人们忘不了它的历史功绩，忘不了与桥有关的人，尤其是周湾人周继富，好善乐施的义德将与桥的精神永远绑定。

杨树桥 位于鄂燕路马园与鸭畈的交界处小港上。此桥现因建设需要已被覆盖，即现在的孙权一路与体育北路的北面交界处——红绿灯上。据清光绪十一年《武昌县志》65 页记载："杨树桥县东二十二里……"此桥的建造者为清乾隆年间贡生、训导周履祥。中华人民共和国成立后，政府分别在 1969 年与 1986 年重新修建。传说古代级别不够的官员过杨树桥要下马行走，是建造者的官高位尊，还是前村有高官讲礼节，不可得知。可知的倒是日本人进犯湾村，马园一带的人老远看见，鸡子队（日伪）走于前，日本人走于后。从杨树桥进来，再从周朴桥撤走，敌人不敢再往山湾里走。杨树桥是历史的见证，又具有历史的作用。过去是映山、茨塘、马园乃至沙窝一带出行人的要路，后又是鄂燕公路车通人往的必经之路、奋斗的幸福之路。

五帝桥 位于汀祖镇吴垴村巷子口与刘畈村泉塘街交接处。桥下为泉塘港。以古代帝王名字命名。传说古桥原为大禹所建，宋代至清代曾多次重建。中华人民共和国成立后，1965 年建红砂石石拱桥，有两孔，三个桥墩，长 18 米，宽 9 米，桥墩为枞树木桩打底。由于车流量大，2017 年重建双车道钢筋混凝土桥，长 20 米，宽 8 米，使用至今。

宋皇桥 位于汀祖镇刘云村仙姑山下宋皇庙旁，以所在地地名和附近建筑物宋皇庙命名，桥下为陈盛港。始建于清朝中期，董胜村富户董应楫捐资建造。原桥为青石拱桥，单孔，直径约 5 米。桥长 8 米，宽 3 米。桥面为红砂石，两侧护坡为青砖。陈盛港从白雉山下来，港道蜿蜒曲折，旱涝时水流不畅。中华人民共和国成立后，政府将宋皇港港道改直，当地人不再需要从桥上经过，失去作用。"文革"期间，两侧桥墩被村民损毁。1971 年拆除，石材用于建陈盛公社办公楼。

陈盛桥 位于汀祖镇刘云村刘昌湾。桥下为陈盛港（宋皇港），以陈盛湾而命名。始建于 1983 年，原桥位于洪天垅湾与陈盛湾交界处。因志德铁矿和文斌矿业采矿需要，陈泉公路刘云村至杨王村路段改道，陈盛桥于 2008 年废止。2009 年移建至陈盛卫生所旁边，直通杨王村。现桥长 12 米，宽 4.5 米，跨度 8 米，横跨陈盛港。基础为石台结构，桥面为钢筋混凝土结构，有水泥栏杆。

聚宝桥 位于汀祖镇岳石洪村党群服务中心左前方。桥下为桃花溪。以所在地地名和附近建筑物聚宝庙命名。聚宝古桥是一座半圆形石拱桥，建筑材料为青石，长 4.26 米，宽 3.45 米。据村族谱记载，古桥始建于清康熙二年，由岳石洪村张姓祖先汉一公、汉二公兄弟俩共同修建，至今有 300 多年历史。因为石拱桥离溪边的聚宝庙不远，当地村民就给它起名聚宝桥，又名七宝桥、集宝桥。1949 年后，岳石洪村开矿，因运输需要，在聚宝桥旁边新建一座水泥桥。2017 年，岳石洪村为加快当地旅游资源开发，重新将聚宝桥用水泥进行了维修改造。现桥长 8.98 米，宽 3.83 米。村民称之为聚宝新桥。

青龙桥 位于汀祖镇杨岗村村口。桥下为玉带港。以建筑物上所刻字命名。始建于明代，历时十年建成至今。该桥是红砂石发拱建而成。单孔，长 4 米，宽 2.3 米，拱高 1.6 米。桥侧面红砂石上篆刻有"青龙桥"繁体字样。据传该桥由杨岗庄太祖迁来此地时修建，历数月，桥面不能合龙。有一天，村民迎亲，时逢山洪暴发，因桥未建成，有人提议让新郎背新娘过桥，后来洪水退后再建此桥，桥面顺利合龙。后来，庄中凡娶嫁喜事，新人皆过此桥，以图吉利。

下寺桥 位于汀祖镇杨岗村白雉山下寺庙下的下寺塘坡左下方。桥下为玉带港。以下寺庙命名。桥底为青砖发拱，桥面和两侧护坡为青石。单孔，长 4.5 米，宽 3 米，拱高 2 米。始建于唐代。元朝至正年间，杨岗村太祖杨岗堂到此落籍后重建。1949 年后，桥面曾以石头水泥加固。

刘思忠桥 位于汀祖镇桂花村大刘思忠湾与碧石镇杨家墩湾交界处。桥下为英雄港。又名汽车桥。以刘思忠湾而命名。始建于 1960 年，是汀祖镇至碧石镇的公路桥，双孔一墩。长 11.50 米，宽 4.70 米，水泥结构。由于车流量大，于 2014 年加宽为双孔一墩双车道钢筋水泥混凝土桥，长 10 米，宽 12 米，两侧有行人通道。

龙转头桥 位于汀祖镇桂花村龙转头与汀祖村赛维发电厂交界处。桥下为白沙港。以龙转头地名命名。双孔圆搭桥，始建于 1960 年，汀祖至花湖、桂花、凤凰等村的主要通行道。桥长 18.30 米，宽 4.55 米，高 5 米，青砖和石头砌成。1982 年维修，水泥加固桥面，并两侧加做护栏。由于车流量大，桥面窄，于 2005 年在原拱桥旁边加建一座钢筋水泥结构的平面桥，长 32 米，宽 8.7 米。2020 年维修加固。

唐家桥 位于汀祖镇桂花村唐家湾路旁。桥下为唐家港，以港命名，始建于清朝中期。圆形单孔，桥长 8 米，宽 2.5 米，拱高 3 米，直径 4 米，全部由红砂石筑成。桥边为水运码头，各地民众贸易往来，过此桥乘船水路去黄石港。20 世纪 60 年代，黄石港建新闸，码头停止水运后，繁华不再，过桥行人渐少。20 世纪 80 年代，村里水泥路建成后废弃。

九、矶

龙王矶 位于燕矶嵩山村的临江边，是嵩山村的地理标识。鄂州顺长江南岸而下有五矶，即龙王矶（在燕矶镇嵩山村）、燕子矶（在燕矶街）、寡妇矶（在杨叶镇古塘村）、平山矶（在杨叶镇平石村）、红石矶（在杨叶镇团山村）。《水泾注》："江水东下泾，五矶，北有五山，沿次江阴，故得是名矣。"宋代作者王象之《舆地纪胜》云，安乐矶在县东 30 里江上，古代长江两岸没有修建长江大堤，故长江涨水季节时"五矶"就呈现在长江中间。又据晋代人虞溥（溥字允源）《江表传》云，权使子登出征，次于安乐口。《水泾注》记载，江右岸有压星口（又名鸦口石，是一座高约 30 米至 40 米的红石山峰，长江方向石崖向北面倾斜，像张着嘴的乌鸦，故为鸦口石）、安乐浦，从此至武昌。诸屯相接，枕带长江。《宋吏·薛季宣传》县治白鹿矶安乐口皆置屯。置屯是古代驻扎军队治所。距龙王矶不足百丈处便是烟灯垴，即是中国古代的"烽火台"，峰燧也称烽火台、烽台、烟墩、烟火台。如有敌情，白天燃烟叫烽，夜晚点火叫燧，是古代传递军事信息最快最有效的方法。相传从汉、晋时期起，历代帝王为保武昌城安全，均在龙王矶的烟灯垴设置屯兵治所，据守长江。燕矶嵩山村烟墩垴（烽火台）是一处红砂石形成的高约30米、四壁陡峭的天然石峰，只有东北面一条三回九转的羊肠小道可上顶，顶上约50至60平方米，可见当年人工建筑基础遗迹。1959年被毁，现遗址高度不足10米，面积也只有十几平方米。

龙王矶

仲雍渭之五圻。《一统志》记载"五矶在县东"。马徽麟《长江图说》龙王矶以下有五矶，即龙王矶、燕子矶、寡妇矶、平山矶、红石矶。远古时期，长江洪水连年泛滥，涨水时五矶犹如五条巨龙屹立于长江之中。据神话传说，武昌县顺江而下至黄石域有"五龙闹江"的历史典故。据传龙王有九个儿子。有一年，龙王上南天门赴玉皇大帝寿筵，他的五个调皮的儿子趁老龙王不在家，无人管束之机，私自结伴下凡来到武昌（今鄂州市）长江中戏水游玩。他们在长江里推波助澜，尽情戏耍，搅得天昏地暗，长江两岸田园尽毁，百姓流离失所。众山神、土地、菩萨为保一方清泰平安，就到玉皇大帝面前就"五龙闹江"之事状告龙王教子无方，害得百姓流离失所，民不聊生。玉帝得知情况后，勃然大怒，即下旨令托塔天王李靖领天兵天将前去捉拿妖孽。李靖接旨后降下云头，用五个手指将五条孽龙压在五指山下，并用宝剑斩断了领头乌龙的尾巴。用黄石、青石、乌石、白石、红石将他们降服压在五矶之下，即形成了现在的"五矶"。其黄龙是龙王矶（因龙王矶是黄色石头，故为黄龙），青龙是燕子矶（因燕子矶是青色石头，故为青龙），乌龙是寡妇矶（寡妇矶是乌黑色石头，故为乌龙），白龙就是平山矶（平山矶是白色石头，故为白龙），红龙是红石矶（红石矶是红色石头，故为红龙）。从此，武昌东下至大冶西境长江南岸，风平浪静，百姓安居乐业。在鄂东一带，至今，民间还流传着关于卷尾龙的故事传说，每到二月花朝至春分时节前后，因气候原因时常刮起东北风，老年人还在说是卷尾龙回来了，沿用这个典故吓唬小孩。

燕子矶 位于燕矶老街北端滨江处。因一个凄美的故事而得名。传说东周末年，有个叫姚宗的青年在堵口筑堤时与郭姑娘相爱，姑娘父母却不同意，于是姑娘从临江石矶上投江殉情，后化作一只玄燕在矶石上翻飞呢喃，此后燕子矶便得名。矶为紫色花岩石，形如飞燕凌空之势，矶面较平坦。矶面积约2000平方米，海拔高度86米。

平石矶 位于杨叶镇平石村东部长江边。因地物形态而得名。因汛期有低矮平缓的红石山体伸入江中，枯水季节有石滩伸入江中，古称平山矶。又因平山矶一带盛产红石，历史悠久，远近闻名，人们又称此矶为平石矶。占地面积2400平方米。

寡妇矶 位于杨叶镇平石村东北部长江边。以人物得名。相传西周时期，有一妇女，其丈夫驾舟在江中捕鱼，一去不归。此妇每日坐在石矶上盼望，以泪洗面，久而久之，泪干气断，死于矶上。附近村民怜其忠贞不二，将遗体葬于附近。从此，该矶遂名寡妇矶。占地面积1800平方米。

十、洲与岛

新洲 位于燕矶镇车湖村北部长江中。以人物命名。新洲原指邵心洲。邵心洲为车湖村邵姓一贫民，明弘治年间，他搭棚常住洲上耕种，时名心洲。清朝雍正年间，该洲崩塌无存。道光二十九年，涨大水，原崩塌的沙洲又重现江中，故改称邵新洲。洲上地势平坦，土壤肥沃，地状梯形，面积约有 17.7 平方千米。北边有林场，南边有农场。栽植意杨 930 公顷。种植小麦、油菜、瓜果达 167 公顷。草地养牛羊，树林养鸡鸭，中港套还是天然的大鱼池。

新淤洲 位于杨叶镇三峡村东部长江中。因形似一只浮在水面上的青蛙，原名金蛙洲。后崩毁，到近代又逐渐淤积成洲，故名。近似椭圆形，南北宽，东西窄，面积约 100 公顷。地势平坦，土壤肥沃，西南部稍高。洲上现主要种植农作物和意杨林。

江北洲 位于燕矶镇嵩山村与黄冈市黄州区长圻寮与浠水县巴河镇之间的长江中。以方位命名。江北洲指长江北边水中陆地。清嘉庆年间，苏暹公从江西瑞昌双河镇苏家岭迁至武昌洪三里嵩山堡落户。苏公七世孙苏本得于 1935 年在江北五里荒搭棚捕鱼，买地耕种并娶江北姑娘，其娘家以此地陪嫁，因此村人称此洲为江北洲至今。全长约 1.2 千米，宽平均 1 千米。洲上地势平坦，土壤肥沃，地貌方形，总面积约 10 公顷。洲上有鱼池，栽植意杨，种植小麦、油菜、瓜果、花生、黄豆等。

仙姑岛 位于花马湖的中段，有一个小岛，历来属棚家嘴管辖，有人说此岛叫鲫鱼地，有人叫木鱼地，还有人称之团鱼地、猫儿山，依形赋名，众说不一。相传从前，岛的周边有个湾发生了一场瘟疫，死者过半，惨不忍睹，但又无法遏制，周围湾的老百姓惊恐万分，但难免有些亲戚朋友又不得不去看望，这样一来，去者将病毒带回家中，殃及全湾。由于病疫的传染，死亡人数不断增多，当地土医也无法医治。有一天，观音菩萨在天庭带着宫娥彩女游览花园，看见人间有难，大发慈悲，为了救苦救难，派何仙姑速下凡尘，普度众生。于是，何仙姑按下云头，见湖中一小岛，风光秀丽，景色宜人，在此设炉炼丹，拯救子民，并打扮成民间女子，奔走乡村，送丹上门。仙丹确有神效，药到病除，不出几天，病魔彻底清除。当人们相互间问及送药的村姑是谁，无人所知。有一位摆渡的稍公说：我得见岛上有一位年轻女子捡柴生烟，常坐我的渡船。有一天，岛上一股青烟，直上云霄，从那以后，我再也没见到她的踪影。百姓这才知道是天上仙姑下凡救了他们，后来百姓就这样一直称此岛为"仙姑岛"。中华人民共和国成立后，党和政府在岛上建了一所麻风病院，1984 年因此病经治根绝而撤除。

十一、闸

车湖闸 位于车湖港通往观音港口的车湖段长江干堤上。以地域和建筑设施综合命名。车湖指地域名称。1958 年兴建使用至今。东起周家垴居民点，南止观音港。启闭台为钢筋混凝土框架结构。台高 5 米，平闸门配手动摇螺杆启闭机。

胜利闸 位于茅草村东北部茅草堤 91+532 处，为新庙镇境内径流港的节制闸。以祝福和建筑物综合命名。清咸丰十年公建，名为"慈湖港闸"。1969 年重建，更名为"胜利闸"至今。胜利闸为砼箱型，单孔，孔口尺寸为 2.5×2.5 米，闸底高程 16.9 米，闸洞长 44.9 米，闸门为钢质平面板，15 吨螺杆启闭机，人力启闭。可以提灌面积 333.3 公顷，排水面积 200 公顷，设计流量为每秒 5.7 立方米。

第四节　历史遗迹

一、古墓

上徐大坤墓 位于花湖镇白龙村邓家塆后山。以人物和纪念地综合命名。徐大坤，号顺庵，清大冶县人。雍正七年拔贡生，朝考优等。吉水知县，后升瑞州府同知。清乾隆三十九年立，占地面积 40 平方米。1995 年被列为市级文物保护单位。

余国柱墓 在花湖镇华山村金家湾处，有一座重要的墓葬，那就是清代康熙年间武英殿大学士余国柱墓。据记载，余国柱（1625 年—1697 年），原籍大冶，清代官员，殁葬大冶流水里华山下华家庄（今鄂州市鄂城区花湖镇华山村金家桥金家湾村）。此地原属大冶县永丰乡，1955 年底划归鄂城县，华家庄今已不存，但华家湖之名在大冶史料中常有记载，华山之名沿用至今。清朝沿用明制，余国柱以大学士入阁，官拜正一品。当时的首辅是纳兰明珠，余国柱为其助手，相当于副宰相，故俗称"余相爷"。

该墓原在村子东部，坐正西北向正东南。后来由于村子向外延展，已将其墓围在村中，靠近村民房屋旁边。坟墓周围有石块拱护，无灌木杂草。原墓碑早已断为两截，埋于新碑之下，清雍正十年其子孙重立新碑。现墓碑呈长方形，碑体较薄，不高大，也不豪华，朴素得很，显现出饱经岁月的古朴和沧桑。碑上镌有文字数行，刻工精细，历经近三百年的风风雨雨，仍然清晰可见。墓碑上左边两行文字是：公中式顺治辛卯科举人壬辰进士，卜葬于大冶水丰乡华山，乾山巽向。中间两行文字为：武黄殿大学士显考余公佺庐之墓，诰封一品夫人显继妣李太君合墓。右边一行文字是：大清雍正十年嘉平吉旦日，男光煌、炳、火彤，孙世奎、坚、埙立。新碑竖立时，离墓主去世已有三十六年。"李太君"，即余国柱续娶的夫人，为本地李百川人，其父李向荣，曾任文林郎之职（正七品），其弟李蒙山，曾任定海知县。

长山生态陵园 位于沙窝乡沙窝村东部的长山。南邻沙杨公路，西临燕沙公路，东面和北面被武黄城际铁路环绕。以所在地名和自然环境综合得名。2017 年 5 月 15 日动工兴建，2018 年春，部分园区投入使用，同年 10 月全部竣工。园区呈长方形形状，占地面积 26.4 公顷，其中绿化面积 5.3 公顷。依地势分为 3 个大墓区和若干个小墓区，建有墓穴 3.5 万个，2 个花坛墓葬区，可葬骨骸 1.8 万具。配套设施有景观凉亭、放生水池、管理用房、焚化池（桶）、专用车道和停车场，是目前湖北省地市级规模最大的城市公益性生态公墓。

戴祝春烈士墓 位于燕矶镇映山村咀垴山。以人物和纪念地综合命名。戴祝春（1957年—1979年），燕矶镇映山村新屋咀人，中共党员，革命烈士。1975年入伍，1979年在对越自卫反击战中牺牲。墓地建于1979年冬。2013年由燕矶镇人民政府重新修建。占地面积16平方米。

反清英雄董应郁墓 位于汀祖镇李坳村山背垅塆先生岭。以历史人物和纪念地综合命名。董应郁，山背垅人，生于清嘉庆十七年，殁于同治六年四月，享年55岁。董应郁联络志士，招兵买马，高举反清义旗，因被奸党发现惨遭清军杀害。墓地建于同治六年，占地面积6平方米。

柯逢年烈士墓 位于燕矶镇百洪树土陡山东面半坡上。东边有纪念馆，山顶有"鄂南抗日桥头堡"纪念碑。以人物和纪念地综合命名。柯逢年，原大冶县大箕铺八角垴柯家村人，革命烈士。1945年9月中旬，中共鄂大县政府财经科长柯逢年接上级命令，3天之内撤至江北，在返回翟家窝鄂大后勤处处理收尾工作时，由于叛徒告密，被国民党反动派杀害。墓地修建于1945年9月，占地面积30平方米，墓碑上刻着"柯逢年烈山墓"。柯逢年烈士墓和"鄂南抗日桥头堡"纪念碑，现已定为革命传统教育基地。

李秀如烈士墓 位于燕矶镇燕矶村李家塆坟山。以人物和纪念地综合命名。李秀如（1905年—1942年），燕矶村李家塆人。1927年参加革命，1941年任鄂城行政委员会委员，1942年任鄂大临时政务委员会委员，1942年8月，受中共鄂大临时工委委派，前往敌伪反动组织"红学会"做统一战线工作，在沙窝郭家桥不幸被反动武装杀害。1988年被追认为革命烈士。2013年鄂州市政府主持重修墓地，占地面积30平方米。作为青少年教育基地。

刘恩松烈士墓 位于花湖镇刘钊小学后山。以人物和纪念地综合命名。刘恩松（1957年—1979年），花湖镇刘钊大湾人，1976年入伍，1979年2月在对越自卫反击战中壮烈牺牲。1979年10月由花湖人民公社管委会修建，墓地坐北朝南，四周种植有雪松8棵，占地面积20平方米。

汪泽春烈士墓 位于宝团村。汪泽春（1932年—1998年）为人忠厚诚朴，勤俭，尊老爱幼，是远近闻名的大好人。他于1970年加入中国共产党，先后担任宝团村第7村小组组长，宝团村林场场长等职，多次评为乡、村优秀共产党员。1998年夏季，长江沿线发生数十年一遇的特大洪涝灾害。汪泽春发挥党员先锋模范带头作用，积极奔赴昌大堤参与抗洪抢险。8月26日下午6时5分，他在昌大堤挡浪时，不幸被雷电击中英勇牺牲。

万桂芳烈士墓 位于牌楼村。万桂芳（1973年—2019年），女，沙窝乡牌楼村党支部委员、村委会委员、村妇联主席。2019年9月23日，牌楼村突发山火，万桂芳同志刚刚在沙窝乡参加完"不忘初心、牢记使命"主题教育动员大会，得到突发山火的消息后，为了保护集体资产和人民群众的生命财产安全，第一时间到村组织村民，身先士卒，奔赴火灾前线，鞋子都烧出了窟窿，但她还是不停歇，带领村民向其他着火点赶去，但火势愈发猛烈，在组织人员撤退时，不幸身陷火海，献出了年轻而宝贵的生命。

龙相梅烈士墓 位于燕矶镇马山村与磨山村交界处磨山脚下。以人物和纪念地综合命名。龙相梅（1921年—1945年），燕祝镇磨山村曹家咀人。1940年春参加鄂大新四军武工队，同年加入中国共产党。1945年4月中旬，由于叛徒出卖，被日伪包围，为掩护战友、保住军粮，壮烈牺牲。1984年民政部追认龙相梅为革命烈士。2013年由鄂州市人民政府重修墓地，占地面积50平方米。

张家松烈士墓 原葬于黄冈市团风县堵城镇冯家渡烈士陵园，1988年被国家民政部批准为革命烈士。1995年3月，经鄂州市人民政府民政局会商原黄冈地区民政局同意将张家松烈士遗骨迁回鄂州市鄂城区燕矶镇路牌村付家湾张氏祖坟墓地安葬。由于鄂州花湖机场建设需要拆迁，又于2019年迁葬于鄂城区沙窝乡沙窝村东部长山生态园内。张家松烈士1911年出生在燕矶镇路牌村付家塆，18岁参加革命，投身鄂、豫、皖红军队伍，抗战爆发，他是新四军五师税务团干部，长年战斗在黄冈、浠水、新洲、团风一带，并受部队指派经常回当地发展抗日武装与招兵工作，为抗战胜利作出了积极贡献。由于叛徒告密，行踪暴露，1939年11月7日他与几名战友一道惨遭日本鬼子杀害，并悬尸暴尸多日，史称冯家渡惨案。为革命付出了年轻宝贵的生命。

翟家塆烈士陵园 位于沙窝乡赵寨村翟家塆。以居民点和纪念地综合命名。

1941 年中共鄂南中心县委成立，1942 年至 1945 年 9 月，中共鄂南中心县委鄂二区政府驻于翟家塆，书记为柯逢年。1945 年 9 月 19 日由于叛徒出卖，柯逢年等七位区委委员壮烈牺牲。2005 年鄂州市老区促进会组织修建翟家塆烈士陵园，2006 年竣工，占地面积 900 平方米。墓地宽 22 米，长 16 米，大理石铺地，四周有 1 米高围栏，中间竖有"革命烈士纪念碑"，基座二层，碑高 8.8 米。在纪念碑之北，有 4 间红砖黛瓦房屋为烈士纪念陈列室。

赵寨村烈士纪念碑

冯家垴墓 位于鄂城区汀祖镇杨王村李干龙湾东边冯家垴山脚。冯家垴为一东西走向的长方形岗地，长约 100 米。坡上为层层梯地，种植有油菜。20 世纪 50 年代，村民在西坡挖出一砖室墓，此次调查，在该地找到一墓砖，从其形制规格分析，应为明代墓葬。

余金林墓群 位于鄂州市鄂城区汀祖镇桂花村唐家湾的西南面 200 米处的余金林岗地。岗地南北长约 100 米，东西宽 40 至 50 米，面积约 4500 平方米。岗地高出地面 4 至 5 米，现为耕地。据村民介绍，20 世纪 70 年代，岗地上修抽水机站，挖储水函时挖出墓砖，1958 年开荒种地时也发现过墓砖。据当事老人回忆，青砖饰麻布纹，长约 30 厘米，宽约 10 厘米，厚约 4 至 5 厘米。此次普查，地面没有找到墓砖。根据介绍的青砖规格和地貌分析，该处应为一六朝墓群。

下畈墓群 位于鄂州市汀祖镇桂花村下畈湾西边约 200 米处的高岗地上。岗地南北走向高出地面约 3 至 5 米，面积约 2 万平方米。据市博物馆 1982 年第二次文物普查资料记载：墓葬多呈南北向，其上封土 1 至 2 米；从其中暴露出的一座长方形砖室墓来看，由甬道、棺室组成。券顶、四壁错缝平砌。墓砖长 32 厘米、宽 16 厘米、厚 4 厘米。其上饰有几何纹、钱纹、绳纹等，不见遗物。此次普查不见暴露的墓葬和墓砖。1995 年公布为市级文物保护单位。

竹林湾墓群 位于鄂州市鄂城区汀祖镇石桥村竹林湾后里山东麓。2007 年村民建房挖屋基时发现明代墓砖。此次调查发现墓砖和墓志铭，墓志铭无铭文。据村民介绍，在山坡挖储物窖时也曾挖出墓砖。根据古人的丧葬习俗，此处有可能为一古墓区。村民在坡下建房、挖储物窖和在山坡上建现代坟墓等对墓区均有破坏。

桂花村墓群 位于汀祖镇桂花村机械厂南北两面的高岗地上。面积约 4000 平方米。据市博物馆 1983 年文物普查资料记载：墓葬有的呈东西向，有的为南北向。其上封土 0.7 ~ 1.5 米。从其暴露出的一座长方形砖室墓来看平面呈长方形，券顶、墓壁为错缝平砌。墓砖为素面，长 28 厘米、宽 12 厘米、厚 6 厘米，不见遗物。从墓葬结构与墓砖分析，应为宋代墓葬。

徐国庄墓群 位于鄂城区汀祖镇凤凰村徐国庄湾西部的后垴。后垴高出地面 3 至 5 米，呈南北走向，面积约 15000 平方米。垴上埋葬有多座砖室墓。据市博物馆 1982 年第二次文物普查资料记载，从已暴露的局部情况来看，墓葬平面呈长方形，顶为叠涩结构，四壁上半部错缝平砌，下半部及墓地结构不清。墓砖素面，长 36 厘米、宽 12 厘米、厚 6 厘米。因未发掘，不见遗物。从墓葬结构和墓砖分析，应为宋代墓葬。此次普查不见墓砖。

徐立朝墓 位于汀祖镇丁坳村李秀一湾的东南面 200 米处的大庙山的东北坡。徐立朝，明代鄂州市人，历任吏户二部郎、两淮监察御史、福建巡抚等职。墓为椭圆形，长 5 米，宽 3 米，高 1.2 米。墓向北偏东 26°。墓前有一青石墓碑，碑宽 23.5 厘米，高 80 厘米，厚 10 厘米。碑上刻字：户部郎中巡视两淮监察御史徐公讳立朝府君子墓，诰封显妣皮老太君合墓。左边还有"嘉庆九年戊"，右边有"徐公讳立朝字子忠别号凤环，万历辛卯科举人进士生于明朝戊申十月二十六卒于庚子十月八享寿五十三卜葬于叶湖谈家岭酉山卯向"。墓为椭圆形，墓前有一青石墓碑，保存较好。

方仙峰夫妇墓　位于鄂城区汀祖镇刘畈村黄泥塘湾北陈家山西坡。墓冢为一长圆形，墓前立有七块青石墓碑，中间一块最大，两边呈梯状降低，占地面积 8 平方米。据墓碑记载，该墓为一合葬墓。墓主方仙峰，清代人，授承德郎，妻丁氏封太安人，其子方炳阳曾任江西某县知县。该墓的保存，对研究当地清代的官制、葬俗提供了一定的资料。

车武子墓　位于燕矶镇车湖村西北部车湖旁。以人物和遗迹综合命名。东晋时期修建，《晋书·车胤传》载，车武子为了躲避会稽王司马道子世子元显的追杀，乘船逃离建康（今南京），沿江北上，船到观音港，眼看追兵逼近，便只身下船，见此地山水秀丽，便结庐隐居，死后安葬于此。车武子，东晋人，姓车名胤，字武子。车胤幼时勤奋不倦，博学多通，家中贫寒，常常缺少灯油，夏天夜里用白色丝袋盛装数十只萤火虫作照明读书，夜以继日。"囊萤"的故事流传至今。墓地占地面积 6 平方米。1984 年被列为市级文物保护单位。2022 年，经鄂州市委书记孙兵同志批示，投资数百万元，重建临空经济区燕矶镇车湖村车武子墓，扩建成"车武子墓园"，占地 150 平方米。

车武子墓园

冷竹塆古墓区 位于燕矶镇鸭畈村冷竹塆。以居住点和墓葬遗址综合命名，唐宋时期墓地，占地面积约 100 平方米。墓葬呈南北向，分布在塆西的田地上，已发掘砖室墓 1 座，出土文物有瓷器和汉五铢、唐开元通宝等古钱币。1995 年被列为市级文物保护单位。

王家堤墓区 位于燕矶镇鸭畈村西北部岗丘上。以居民点和墓葬遗址综合命名。六朝时期墓地，面积约 1000 平方米。墓葬呈东西向，分布在岗地上，已暴露砖室墓局部，墓碑有纹饰，2003 年被列为市级文物保护单位。

二、遗址

艾家塆遗址 位于燕矶镇沙塘村周官塘北侧。以居民点命名。艾家塆指文物出土地的居民点。1983 年出土的文物经省、市级文物专家鉴定，属商、周遗址，面积约 1500 平方米。1964 年立碑保护，2008 年列为省级文物保护单位。

官塘七窑山遗址 位于燕矶镇沙塘七窑山上。遗址呈不规则的长方形，东西长 200 米，南北宽 150 米。周围分布有艾家塆、徐家塆、曹家塆和田畈东土墩子等四处小片的遗址，文化层厚约 3.5 米，出土有石斧、陶纺轮、陶豆把、盆底、鬲足以及不同形状的鼎足、带鋬陶鬲等。陶器纹饰有绳纹、堆纹、弦纹等。属新石器时代至商代遗址。1984 年列为市级文物保护单位，2008 年列为省级文物保护单位。

马园石刻遗址 位于燕矶镇马园村中部。以居民点和遗迹命名。据《武昌县志》载，唐友仲，马园唐家组人，明代中叶朝廷授奉议大夫，明成化十五年御赐葬武邑（今鄂州）马园山。墓坐北朝南，高约 2 米，宽约 1.5 米。墓畔建有华表、石人、石马、石猪、石象等，毁于 1958 年前后，面积约 2000 平方米。1984 年被列为市级文物保护单位。

陈林寨遗址 位于沙窝乡牌楼村西边钟鼓楼塆旁。以人物和建筑物综合命名。相传在商代，一个叫陈林的人在此定居，以捕鱼打猎和劫富济贫为生。商周时期遗址，山高约 80 米，面积 300 平方米，遗址独居山顶，由鹅卵石组成。文化层分布在山头周围的梯地上，厚约 20 厘米，出土有陶鼎、鬲等。20 世纪 70 年代，出土一件商代铜爵，上面镌刻有铭文"父己"二字和鄂人族徽标志。1984 年被列为市级文物保护单位。

张谦墓石刻遗址 位于沙窝乡黄山村东侧。以人名和遗迹综合命名。张谦，字子吉，清代武昌（今鄂州）人，康熙三十九年中进士，历任四琪县知县、刑部郎中、云南按察使、大理寺少卿、贵州巡抚等职，卒后，雍正帝谕赐回籍安葬。据清光绪《武昌县志》记载，张谦墓在县东五十里洪道乡凤凰山。建于雍正五年。墓冢为条形青砖砌成，墓长 2 米，宽 0.8 米，占地面积 50 平方米。墓旁石雕林立，有石亭、石碑、石人、石马。1984 年被列为市级文物保护单位。

童家坝铸钱遗址 位于沙窝乡黄山村东部童家坝垮旁。以居民点和遗迹综合得名。南宋宝庆二年，江夏县有一童姓富人迁至此地私自铸造假钱，后被官府稽查。遗址占地面积 6000 平方米。1984 年被列为市级文物保护单位。

六垱墩遗址 位于新庙镇文塘村东部，东接汪家旗杆，南连宋家垮，西至干塘，北与王家畈相邻。以地形地貌和遗迹综合命名。新石器时代遗址，为一处圆形台地，高 2 ~ 3 米，面积约 2000 平方米。文化层厚 1 ~ 2 米，出土文物以陶器为主。1995 年被列为市级文物保护单位。

傅家畈遗址 位于新庙镇文塘村傅家畈东，南连汪家湾，西接伯家边，北与沙塘村徐家垮相邻。以居民点和遗迹综合命名。新石器时代遗址，占地面积约 1 公顷，文化层厚 1 ~ 1.5 米，出土文物以陶器为主。1995 年被列为市级文物保护单位。

熊桴墓石刻遗址 位于新庙镇茅草村西北部熊家山南坡。以墓主姓名和艺术门类综合命名。熊桴（1507 年—1571 年），字元乘，武昌（今鄂州市梁子湖区涂家垴镇公友村）人，明隆庆五年卒于军中，被追封为副都御史，追赠兵部左侍郎。修建于明隆庆五年，占地面积 1860 平方米。原有石人、石马、石龟、石碑等，现仅存一石马。1984 年被列为市级文物保护单位。

官山遗址 位于汀祖镇吴垴村 4 组下桥湾东边官山。遗址靠近花湖南岸，东西长 60 米，南北宽 50 米，面积 3000 平方米。遗址呈椭圆形，高出地面约 10 米。遗址出土物有鼎足、鬲足、豆把等陶器残片，陶器纹饰有绳纹、纲纹、刻槽等，属商、周遗址。1984 年被列为市级文物保护单位。

龙转头遗址 位于汀祖镇桂花村龙转头余家湾，呈不规则南北向长方形岗地，高出四周约 3 ～ 5 米，南北长约 50 米，宽约 40 米，面积约 2000 平方米。断崖上可见文化层厚 0.4 ～ 0.7 米。地表采集物主要有石器斧、范等；陶器有鬲足、鼎足、豆、盆口沿及腹底残片等。据采集标本的特征分析属商周时期文化遗存。该遗址于 1984 年公布为市级文物保护单位。

下境遗址 位于汀祖镇丁坳村李家泾下泾湾（6 组）西北约 200 米处的湖田中。村民发现有一大片古代冶炼炉渣，当地人称为流砂矿。2007 年八九月间，李家泾下泾村民李国凡等在发现有矿渣的地方选择一处向下挖掘，寻找流沙矿。在他们挖出的流沙矿中，出土有瓷罐、铁刀、牛角、匕首、铜钱等遗物。铜钱为唐钱和宋钱，瓷罐为宋代遗物，其他遗物此次普查没有见到，村民说已丢失。从出土遗物及现场炉渣分析，此处应为一宋代冶炼遗址。

上董古矿井遗址 又名雷打嘴矿冶遗址。位于鄂州市鄂城区汀祖镇吴垴村 1 组上董南 30 米山嘴脚，属宋代采矿遗址。东、南、西三面环山，北临汀祖泉塘公路，东距黄石市约 10 公里。遗址所在大山的南麓为黄石市下陆区。这里交通便利，采矿业发达，因而对遗址保护造成极差的环境，遗址周边采矿点星罗棋布。在 20 世纪六七十年代，鄂城县办企业大洪山铁矿大量采矿，整个遗址毁坏较严重。据市博物馆文物普查资料记载，1975 年考古调查时发现，采矿井井口残迹三处，采用木构框架，进深约 10 ～ 15 米，曾出土铁锤、陶碗、竹质土箕等遗物。复查只发现井口残迹一处，其他两处因县级企业大洪山铁矿采矿及现仍有小型采矿将其毁灭不见。残存井口进深 3 ～ 5 米，其他遗址不见，鄂州市政府 1984 年竖立的文物保护标志碑也被毁而不见。是鄂州市文物保护单位。

铜灶遗址 位于鄂州市鄂城区汀祖镇汀祖村石桥中学的西边铜灶矿冶遗址北距碧石至黄石的公路约 500 米，东边为石桥中学，南边有万家垅选矿厂，西边有汉兴球团厂。1975 年考古调查时发现。属宋代采矿遗址。遗址面积约 2000 平方米，距地表 5 ～ 10 米的残存矿井三口，其四周保存有炼渣。井口略呈方形，边长 2 米，进深 15 米，为木构框架结构。此次调查，没有发现遗物，原竖立的文物保护标志碑已不见。周边有选矿厂、球团厂，其废渣将原发现矿井的深坑填埋，原貌破坏严重。1984 年公布为市级文物保护单位。

徐王湾矿冶遗址 位于鄂州市鄂城区汀祖镇洪山村徐王湾北面的山坡上。山坡呈南北走向，高出地面 5 ~ 6 米，面积 7344 平方米。据市博物馆 1985 年考古资料记载："遗址地面生长有铜矿草，炼渣遍布周围一带，并有少量的孔雀石。"没有发现矿井、炼炉遗迹。此次调查，没有发现遗物。遗址位于一山坡上，山坡上无建设物，故遗址保存较好。2003 年公布为市级文物保护单位。

猴子山遗址 位于汀祖镇岳石洪村戴家湾东北方猴子山东麓。据村干部介绍，1993 年在此建选矿厂时发现墓葬，出土过铜镜、陶罐等。此次普查，现场有炼渣。传说该处唐代就开始有挖矿炼矿的。

嵩山书院遗址 坐落在燕矶镇嵩山村严家畈嵩山寺，《武昌县志》载北魏晚期印度僧人菩提达摩南游湖广武昌燕矶松山，即在此山歇脚三年，筑寺建院传禅法，并将此山定名为松山。寺庙取名为松山寺。

元至元二年严氏 56 世祖庚灿从江西省分宜县迁赴湖广武昌县燕矶松山落籍。庚灿之孙严仁，讳静三，字绍安，号云谷，岁进士。性敏学优，择松山之南种植竹木花卉，涵养其间，名闻公卿，再三推辞不仕。在松山寺创嵩山书院。明天启年间，松山寺因战火被毁重建，改名为嵩山寺，又名青莲古刹，严静三教文授生徒数百，名士皆出其门。与元孝子丁鹤年友善，尝赠以诗，有"出门便有好湖山"之句，学者称其云谷先生，其间还特请丁鹤年居书院授课，授徒事载入《武昌县志》。

嵩山书院传至静三公第四代孙严荣三时更加昌盛。严荣三，字秉端，号崇正，禀贡生，例封文林郎。明正统二年生人，先生继承先祖遗愿，在嵩山书院授徒传学，明朝大学士严嵩有赠严秉端词，志行超美，知县闻其贤，辟之，不就。居家孝友构亭讽诵其中，即老不倦。有一诗集传于世。武昌县熊志，邵志载介溪严嵩常铭其居曰："仕不屑意兮，耻溷于流，佚穷自晦兮，惟志之求。孝亲悌友兮，终以好修。潭石沦涟兮，我所钓游，约取寡得兮，人谁我尤。嵩铭不足重，以秉端集佚，故存之。"先生承续嵩山书院数十年，年七十九卒。书院历经明、清、民国四百余载，一直到 20 世纪 50 年代还是作为书院使用。当时的燕矶区燕矶小学就设在嵩山书院之内，1955 年政府拆院建设公立燕矶小学为止，嵩山书院完成了它的历史使命。1960 年，嵩山大队又重新设立了嵩山小学，至今又有 60 余年了。

陈盛天主堂遗址 位于汀祖镇刘云村陈盛塆。以居民点和宗教纪念地综合命名，清同治五年由德国神父支持修建。光绪三年由美国神父支持扩建。1947 年由西班牙神父主持重建。占地面积 500 平方米，建筑面积 160 平方米。为西班牙式古建筑，由圣教堂、教务房三间组成，两层楼，均铺木地板，该教堂在卢森堡总部注册。1984 年被列为布袋文物保护单位。

嵩山烽火台遗址 坐落在鄂州市临空经济区燕矶镇嵩山村临江的屏风矶所在地，具体地点约东经 115° 北纬 30.3°。

此处因地形地貌与历史的原因，又名烟墩垴；因处于压里口与龙王矶（安乐矶）之间，又因此处长江北向、山石陡峭，像一只张着口的乌鸦，故又称鸦口石。

嵩山汉代烽火台遗址

鄂州市处于长江南岸，历史上从上游至下游的 70 余公里岸线有烽火台多处。该处烽火台（烟墩堖）高约 40 ~ 50 米，由于地势较高、基础坚硬，最迟从汉代开始，便作为历朝历代沿江传递军事信息的重要处所——烽火台。故无论是各类历史资料的记载还是民间一直流传下来的传说，都将烽火台指向此处。

由于此处的基石（红砂石）坚硬，故中华人民共和国成立后的 1958 年，原鄂城县燕矶区在龙王矶地区开办了燕矶区红砂石厂，嵩山红砂成为工业铸造与建筑的重要材料，所以，原烟墩堖——鸦口石一带放炮起砂不断。历经 20 多年后，一直到 1982 年农村改革分田到户后才停止起砂。

由于起砂的原因，原烽火台遗址一带高度参差不一。为了调查、保护的需要，2022 年冬，经临空经济区民俗文化博物馆发起，成立了嵩山汉代烽火台（烟墩堖）遗址保护小组，对遗址所在环境进行了初步的平整地基、杂物清理等。请黄石著名书法家严培扬老先生题写了"汉代烽火台遗址"，请专业雕刻师傅在遗址石壁刻字，提醒人们关注遗址，提高大家对遗址和环境的保护意识。还举行了烽火台（烟墩堖）遗址调研、保护仪式，为下一步邀请各位考古专家、文史专家、民俗地域文化专家学者来到烽火台遗址现场进行考察、调研、论证打好基础。此举受到了乡亲们一致好评和各级领导的高度重视，湖北省文旅厅领导还要求鄂州文旅局做好遗址调查、论证和遗址保护工作。

烟子山烽火台遗址 位于湖北省鄂州市鄂城区燕矶镇徐家塘塆造船厂内，属于湖北国际物流枢纽项目机场建设核心区外围。遗址东西长约 40 米，南北宽约 20 米，面积 800 平方米。中心地理坐标为北纬 30° 23′ 52″，东经 115° 01′ 07″，海拔高程 26 米。遗址四周地处造船厂内，北面长江，地势较平坦。烽火台遗址呈长方形土墩，相对高度约 20 米，在遗址中心处竖立有"吴王烽火台"石刻，石刻高 126 厘米，长 80 厘米，上宽 46 厘米、下宽 78 厘米。

燕矶村烽火台遗址

烽火台,学名"烽燧",南宋名为"烽候",今言"古烟墩"。鄂州自古就是军事要地,古来兵家必争。公元 221 年,孙权到鄂县(今鄂州)开始修筑吴王城,公元 229 年称帝立国,并在鄂县建都,以以武而昌之意改名武昌。今鄂州当年是吴王城,是东吴之首都或陪都,政治、军事地位极为重要。

孙吴非常重视长江防线,视长江为天然防线。其水军和沿江烽燧是其对抗北魏政权的重要手段。孙权从夷陵(今宜昌)到建业(今南京),沿长江 2720 里,逢长江转折处均设置烽燧。《三国志·卷六十一·吴书十六·潘濬陆凯传第十六》写道:"……若江渚有难,烽燧互起,则度等之武不能御侮明也,是不遵先帝十也。"《建康实录·卷一·吴上·太祖上》写道:"(黄武)三年秋九月,……安东将军徐盛设计筑围,作薄落,围上设假楼,江中浮船多张旗帜,于山险而又缚草为人,衣以甲胄,自武昌至于京口,烽烟相望。诸将以为无益,王然之。"《建康实录》二十卷(唐许嵩撰),"关羽大意失荆州"后——刘备势力被逐出荆州之后,长江中下游全在东吴的掌控之中,长江上游东端的巫山至宜昌的河段,亦在东吴的掌控之中。

西起西陵（今湖北省宜昌市），东至建业（今江苏省南京市），长达2720里的长江之河段，东吴沿江两岸设置了烽燧。西陵之西至建平郡，建业之东至京城（今江苏省镇江市），东吴亦沿江设置了烽燧。

不难看出，东吴控制的长江沿线，基本上处于前线状态，与后来的南宋颇有相似之处。魏国对东吴控制的长江沿线，始终虎视眈眈。吴国与蜀国亦有矛盾，三国战争的态势，迫使东吴必须沿本国控制的三千余里的长江两岸全部设置烽燧。

燕子山烽火台亦称燕矶古烟墩，在燕矶街东一华里处之江滨，位于江燕造船有限公司内。很明显，该烟墩与近处的山包原来应是一个整体。现在残留的烟墩约有400平方米，原来的烟墩至少有2000平方米。

孙吴时期，今鄂州市沿江一带，究竟有多少座烽燧，并没有史料记载。不过，沿江一带设立烽燧有规律可循：

1. 江岸大转折处必设烽燧。

2. 岸基牢固处可设烽燧。而岸基牢固处往往是碛（沿江矮丘突出深入江水者）。某些史料对沿江之碛有记载，这碛又名"矶"。

3. 烽燧与烽燧之间不能距离过远。

鄂州江边的一般丘陵都低矮，平均海拔40米～50米（莲花山海拔只有56米，西山海拔170米），沿江平原平均海拔有30米左右，因此，烽燧与沿江地面相比，净高不算高，导致烽燧之烟的视觉效果较差。

这样，南宋寿昌军各烽燧（烽候）之间的距离，就有实在的参考作用。（"军"是南宋比县高一级的行政区划。南宋寿昌军的范围与孙吴武昌县的主体范围大致相当）换句话说，南宋寿昌军"平均九里一个烽火台"，那么，很可能孙吴的武昌县也是"平均九里一个烽火台"。

在今鄂州市沿江所有地段内，南宋寿昌军共有22个烽火台，那么，很可能孙吴的武昌县也有22个烽火台。

从考古资料看，从鄂州东部司徒社区到燕矶到杨叶镇沿长江南岸先后发掘东汉到南北朝墓葬近千座，2017年在燕矶安置小区发掘该时期墓葬28座，2019

年在傅家湾发掘 7 座，其湾西北山岗上应还有该时期的古墓葬的分布。2019 到
2020 年花湖机场考古工作中，发掘古墓 183 座，出土青瓷、陶、铜、铁、金银
等各类重要文物 800 余件，标本近万件。在吴小桥墓群 3 号墓发现的"司马"印，
说明当时燕矶杨叶存在练兵场所，有驻军存在。从对面山和梅家山墓群发掘了
两座规格较高的墓葬，墓主人的身份很高。说明当时燕矶和杨叶地区位置比
较高。

再从燕子山烽火台所处地理位置看，该处正在长江自西东向南转折处，而
且距烟墩墱约 4.5 公里。

综合以上因素，燕子山烽火台极有可能就是孙吴时期烽燧，并且可能沿用
到宋代末时期。

古塘村唐代龙窑 位于杨叶镇古塘村四组余家山。为配合鄂州机场建设，受
湖北省考古研究所委托，北京大学成立考古队对该区域内的鄂城区杨叶镇古塘
村四组余家山六朝墓群遗迹进行调查、勘探和发掘，勘探面积约 40000 平方米，
发掘面积为 300 平方米。在勘探和发掘过程中发现一处唐代窑址并进行重点发
掘和清理，取得了惊人的重要成果。

古塘村唐代窑址平面航拍图

　　考古清理窑址一处，顺山坡建成的长形龙窑，西北至东南向，已揭露长度约 27 米，总长约 47 米，窑宽约 3.5 米。

　　窑体构筑在山坡上，做法为依山势挖土圹建设，两侧用带钱纹的砖砌成窑壁，局部可见窑壁加厚结构，砖的形制和该地区的六朝墓葬的砖一致，有可能是直接利用墓砖，砖内壁经过多次烧烤，形成黑色"窑汗"。窑床底部为土层，被烧成红色，窑床之上铺垫砂层，用于支烧的窑具整齐码放在窑床之上。

古塘村唐代窑壁加厚现象和废弃的窑具堆积

　　窑的西侧为废弃堆积层，从断坎剖面看，厚度在 2 米左右。

　　窑体和堆积之间有宽约 1 米的包含物较少的土层，可能为窑侧的道路。

　　出土遗物主要分为窑具和烧造的器物两大类。窑具分为筒状支柱和顶钵样支座。烧造的器物为"刚胎陶器"，近似于瓷器，或者也可径称瓷器，多数无釉，为半成品或残次品，部分器物施褐绿釉，可辨器形有双唇罐、钵、带系罐、盘口壶等小型器物，缸、盆等较大器物的口沿，另有带"研董叠"的研磨器一件，是较为重要的发现。

　　该窑址年代应为中晚唐时期，性质为民窑，该窑的发现填补了湖北唐代窑址的空白，对研究湖北地区的陶瓷窑发展状况和过程具有非常重要的意义。

　　走马石遗址（高石头） 鄂州市临空经济区沙窝乡走马村，有块高达 20 多米，长约 60 余米红色巨石，名为"走马石"，当地村民俗称"高石头"。该巨石现坐落在亚洲第一、世界第四的湖北鄂州花湖货运机场货运航站楼旁，作为花湖机场标志性地标。在这块高石半腰，长出一棵大柘树，一年四季枝叶青翠欲滴，如骏马飞奔时扬起的鬃毛，像是一匹扬鞭飞奔的骏马。走马石迄今为止也有亿年，古时期高石比如今更高更长，被当地居民视作"龙脉"。后来有人因高石石料好，先民准备开凿高石变卖以维持生计，动工之际竟有血色液体从石缝溢出，人们对高石产生敬畏，高石得以整体保留。

走马石（高石头）

相传，元朝末年，朱元璋在鄱阳湖大战陈友谅，由于力量悬殊而兵败，为逃避陈友谅追杀，吴王朱元璋乘一叶轻舟逆江而上，至武昌花湖，见湖面前立有一座赭红石山阻挡战船不得行进。在这前无道路，后有追兵之际，朱元璋朝天大呼"苍天佑我"，跃马扬鞭，他的坐骑是镇国金马，长啸一声飞上石壁，得以安全脱身。陈友谅战船赶到时见石壁高十数丈，船队不得进，战马也不能上岸，直呼"天不佑我"。后人们称此处石头为"阻马石"，因武昌方言中"阻、走"同音，慢慢就成了今天的走马石，沙窝乡走马村也因此而得名。

苏东坡车湖遗迹 苏东坡，名苏轼，字子瞻，自号东坡居士。眉山（今四川眉州市）人，"唐宋八大家"之一、诗词豪放派代表、书法"宋四家"之首，中国文人水墨画开创者之一。2000 年法国《世界报》评选人类千年英雄，全球评出十二位，他为中国唯一入选者。宋元丰三年二月初一，因"乌台诗案"贬谪到黄州，由此，与隔江相望的古武昌（今鄂州）结下不解之缘。他在黄州四年间，驾一叶扁舟与武昌"相过殆百数"，算来每半月往来一次。在武昌留下大量诗文书画、史迹传说，鄂州厚重的人文历史，纯朴的风土人情，秀美的江山湖村，为苏东坡的创作提供了丰富的灵感，举世闻名的东坡文化，蕴含着大量的鄂州元素。

古武昌的车湖（今鄂州临空区燕矶镇内）是苏东坡最先前往，也是前往次数最多的地方。车湖留下了许许多多宝贵的东坡文化遗存，这里重点提及三处：

车湖村王齐愈故居

1. 车湖村王氏兄弟故居遗址

苏东坡于 1080 年二月初一到达黄州（当时黄州是一个地处偏僻、经济落后的下等州），这是他第一次从人生高光时刻跌进至暗时光。起初，家属都还没过来，他与长子苏迈两人蜗居在一间庙舍里，举目无亲，过去的故交好友，有的怕受牵连不敢交往，有的尚不知道他贬谪此地，因而"我穷旧交绝"，孤苦至极。正在此时，大约在二月中旬，他到黄州十余日后的一天，寓居江南武车湖（今鄂州市燕矶镇车湖村）的蜀籍老乡王齐万，专程驾舟载着一些鱼和食品，前往黄州探望苏轼。王齐万，字子辩，是受胞兄王齐愈（字文甫）之托过江的。王齐愈也是一介文人，工诗词，早慕苏东坡大名，听到苏东坡贬谪黄州的消息，特派弟弟前去探个究竟。他乡遇故知，苏东坡阴郁的心底立刻亮起了一抹暖色，他与王齐万"留语半日"，本还想继续留，因王氏家里有急事，要当天返回，他就邀请苏东坡去车湖小住，苏东坡非常爽快地答应了。送别王齐万后，苏东坡的心情依旧激动不已，当天便在感慨万千中写成《王齐万秀才寓居武昌县刘郎洑，正与伍洲相对，伍子胥奔吴所从渡江也》，记其事。苏轼还有《季常帖》和《致季常尺牍》帖文，记叙了他通过与王齐万的交谈，对黄州、武昌有了一些了解。

从此，他便与王氏兄弟结下了深厚的友谊，双方来往非常密切。

当年六月，苏轼之弟苏辙千里迢迢送兄长的家眷到黄州，在弟弟返回任职的紧迫情况下，苏东坡坚持陪弟弟到车湖王家，受到王氏兄弟热情款待，苏辙后赋有《将还江州，子瞻相送至刘郎洑王生家饮别》。

位卑未敢忘忧国的情怀体现在他跟车湖二王侄子王天常的交往中和所写诗文里。1080年三月，苏东坡听说泸州知州乔叙平定乞地之乱，结果叛乱未灭、官军却几乎全军覆没的消息，忧心如焚，便来到车湖跟王氏兄弟说起此事。王齐愈想起侄儿王天常曾参加西南对夷之战，就把王天常叫来跟苏公相叙。此时正好苏轼挚友李琮来信打探相关情况，他迅疾将王天常介绍的西南夷战实情和见解写入《答李琮书》："承问及王天常奉职所言边事。天常父齐雄，结发与西南夷战，夷人信畏之。"信尾坦露心迹："此非公职事，然孜孜寻访如此，以见忠臣体国知无不为之义也。轼其可以罪废不当言而止乎？"其贬谪戴罪中的丹心昭然坦荡。1081年十月，他到武昌车湖刘郎洑小憩，在此地接到陈季常书信，报宋军进攻西夏大捷，他作《闻捷》诗庆贺："闻说官军取乞闉，将军旗鼓捷如神。故知无定河边柳，得共中原雪絮春。"接着又作《闻洮西捷报》，进一步表达喜悦之情。

读苏轼文章可发现，苏东坡在黄州四年与车湖王氏兄弟逾百次的交往，可见其在苏东坡的内心世界占据的地位。

宋元丰七年三月初九，苏东坡接到"量移汝州"御札，他当天写下《赠别文甫》，深情地回忆起与王氏兄弟结交的因缘及过程，感叹从第一次见王齐万，"尔后遂相往来，及今四周岁，相过殆百数"。想到在武昌西山或车湖"遂欲买田而老焉"，因一纸"量移汝州"御札而"然竟不遂"；想到"念将复去此而后期不可必"，他"感物凄然，有不胜怀者"。三月中旬又专门致信，请王齐愈到黄州相商离别安排。四月初六，王氏兄弟俩提前赶到黄州，接他到武昌辞行。然后从樊口到西山吴王岘，再到车湖，一路陪行。这些难忘画面在他脑海心头翻涌不息。

由于已接到好友杨绘的盛情相邀，下一站将前往兴国军所在的富川（今黄石阳新县境）赴会，苏东坡原安排在车湖待一晚上。谁知第二天狂风大作，根本无法行船。好在第三天大风停息，他就此戏作《再书赠王文甫》："昨日大风，欲去而不可。今日无风，可去而我意欲留，文甫欲我去者，当使风水与我意会。如此，便当作留客过岁准备也。"此文幽默中流露出他对武昌车湖倾情眷念和对王氏兄弟叔侄的依依难舍。

此后苏东坡对二王念念不忘。曾于京师与身在黄州的江敦礼致信："曾过江游寒溪西山否？见邑人王文甫兄弟，为致意，近有书，必达之矣。"北宋元祐四年三月，即将以龙图阁学士除知杭州的他作《和王晋卿送梅花次韵》，诗中自跋："仆去黄州五周岁矣，饮食梦寐未尝忘之。方请江湖一郡，书此一诗，寄王文父（王齐愈字）、子辩兄弟。"诗中"五年不踏江头路，梦逐东风泛苹芷""明年我复在江湖，知君对花三叹息"，说出无法再到武昌车湖刘郎洑"江头路"面晤两位老大哥的遥念、遗憾、叹息之情。

可见，苏东坡不仅与江南王氏兄弟过往从密，甚至还曾打算在车湖买田，欲与王氏兄弟一起在这里养老。这些可见他与二王往来之频繁、对车湖的钟情有加。

车湖王氏兄弟系从四川犍为迁来，其故乡与苏东坡眉州老家相距不远。在车湖盛传王家有皇亲国戚渊源，与宋真宗、宋仁宗有关联。苏轼小时候就听说伯父苏涣在外为官，曾得到有皇亲国戚身份的犍为老乡王蒙正格外关照的事。其《黼砚铭并叙》可旁证此事。此铭说他原有一"龙尾黼砚"，是"章圣皇帝（宋真宗）所尝御也"。真宗乾兴元年驾崩升遐前赏赐给皇后、宋仁宗皇太后刘娥的后裔。刘娥侄子刘从德的夫人是二王父亲王蒙正的大女儿，其子刘永年从小就因皇亲国戚关系尽享皇家恩泽，后来他将所赐砚台转送给二舅王齐愈。出于对苏东坡的敬重，王齐愈将这一宝贵砚台送给了他。北宋元丰五年将此砚赠给好友蒲宗孟时作《黼砚铭并叙》，确证王齐愈是刘永年的舅舅，王蒙正跟宋真宗皇后刘娥是姻亲关系。

《墨庄漫录》记录了苏东坡与车湖二王的交往趣事。比如"门大要容千驷入，堂深不觉百男欢"的对联故事，"明朝寒食当过君，请杀耕牛压私酒"的"东坡牛肉"故事等。

由于花湖机场建设，车湖不少地方被夷为平地，在鄂州市委、市政府主要领导及临空区领导高度重视下，已将车湖村东端坡冈上的二王故居遗址留存下来，并立碑标志，现在，此处成为观赏大飞机起降的绝佳位置。

2. 车武子墓园

1080年六月九日，送兄长家眷来黄州的苏辙离开黄州赴贬谪地筠州，苏东坡特将其送到车湖，让弟弟结识王齐万兄弟，并在此饮酒作别。苏辙赋诗《将还江州，子瞻相送至刘郎洑王生家饮别》，诗中自注"晋车武子故居，其水曰车湖"。这是说武昌车湖因车武子（名车胤，字武子，晋朝名臣，其生平本书另有编撰）避居而得名。这位东晋名士遭迫害避居于武昌燕矶嘉藕湖畔，后被逼自杀葬在这里。为纪念车武子而将环绕其墓的嘉藕湖改名车湖，其避居之地也以"车湖"命名。

苏东坡来到武昌车湖曾专门到车武子墓祭拜。其所吟"湖上秋风聚萤苑，门前春浪散花洲"诗句，现成为车武子墓园"囊萤亭"楹联。南宋王应麟将车胤"如囊萤""家虽贫，学不辍"和苏东坡父亲"苏老泉，二十七。始发愤，读书籍"
的励志故事，同时编进《三字经》。这是苏东坡与车湖的又一份特殊情缘。

3. 刘郎洑古渡口

车湖刘郎洑一名刘郎薮，原是车湖与长江交汇处的一处坡堤，《舆地纪胜》
曰"刘郎洑，在武昌东江上，旧名流浪，后讹为刘郎"。《大明一统志》有"旧
传孙权（派大都督周瑜）迎蜀主刘备于此"的记载，认为刘郎洑的名字来自孙
刘结盟历史，"刘郎"即指刘备。

对历史地理颇有研究的苏东坡，在认识王齐万的当天就写下《王齐万秀才
寓居武昌县刘郎洑，正与伍洲相对，伍子胥奔吴所从渡江也》长题诗，直接在
标题上提及楚伍子胥奔吴从这里渡江，点名刘郎洑为古渡口。诗中以"伍洲遥
望刘郎薮"言江中大洲得名伍洲来由，以"一酹波神英烈君（指伍子胥）"表
达对刘郎洑这一遗迹的敬重心情。

车湖村刘郎洑古渡口

春秋楚平王时，楚国奸臣费无极向平王说太子外叛，追杀太子的老师伍奢及两个儿子伍尚、伍员（伍子胥），小儿子伍员自楚奔吴，沿江东下，逃到江中游的武昌（鄂州），找到刚出使回楚的好友申包胥，可申不愿叛国，并说："人各有志，你逃走我不告发，但你将来报复楚国，我就要复兴楚国！"伍子胥害怕追杀，逃到燕矶车湖，见一小船，将宝剑给渔人，渔人不受，把伍渡到对江。后人将此洲命名为伍洲。

"仲谋（孙权字）公瑾（周瑜字）不须吊"则是对赤壁之战前刘备周瑜在刘郎洑会面传说的诗意回应。

文物保护单位一览表

序号	文物保护单位名称	批次	所在地址		时间	类别	备注
1	七窑山遗址	第一批	燕矶镇	沙塘村	石器时代	古遗址	鄂州政发[1984]67号
2	艾家湾遗址	第一批	燕矶镇	沙塘村	商周	古遗址	鄂州政发[1984]67号
3	陈林寨遗址	第一批	沙窝乡	牌楼村	商周	古遗址	鄂州政发[1984]67号
4	官山遗址	第一批	汀祖镇	吴家垴村	商周	古遗址	鄂州政发[1984]67号
5	龙头转遗址	第一批	汀祖镇	桂花村	商周	古遗址	鄂州政发[1984]67号
6	上董古采矿井	第一批	汀祖镇	刘畈村	宋	古遗址	鄂州政发[1984]67号
7	童家坝铸钱遗址	第一批	沙窝乡	黄山村	宋	古遗址	鄂州政发[1984]67号
8	铜灶遗址	第一批	汀祖镇	汀祖村	宋	古遗址	鄂州政发[1984]67号
9	车武子墓	第一批	燕矶镇	车湖村	晋	古墓葬	鄂州政发[1984]67号
10	马园古墓区	第一批	燕矶镇	马园村	六朝	古墓葬	鄂州政发[1984]67号
11	马园石刻	第一批	燕矶镇	马园村	明	石窟填寺及石刻	
12	熊桴墓石刻	第一批	新庙镇	茅草村	清	石窟填寺及石刻	鄂州政发[1984]67号
13	张谦墓石刻	第一批	沙窝乡	黄山村	清	石窟填寺及石刻	鄂州政发[1984]67号
14	陈盛天主堂	第一批	汀祖镇	陈盛村	民国	近现代重要史迹及代表性建筑	鄂州政发[1984]67号

续表

序号	文物保护单位名称	批次	所在地址		时间	类别	备注
15	傅家畈遗址	第二批	新庙镇	傅家畈村东	新石器时代	古遗址	鄂州政函 [1995]34 号
16	六垱墩遗址	第二批	新庙镇	文塘村东	新石器时代	古遗址	鄂州政函 [1995]34 号
17	罗家嘴遗址	第二批	新庙村	鹰山村罗家嘴村南	新石器时代	古遗址	鄂州政函 [1995]34 号
18	侧船山遗址	第二批	燕矶镇	百洪村徐家湾	商	古遗址	鄂州政函 [1995]34 号
19	楼塘遗址	第二批	新庙镇	鹰山村罗家嘴村北	西周	古遗址	鄂州政函 [1995]34 号
20	程下湾古墓区	第二批	新庙镇	英山村程下湾	六朝	古墓葬	鄂州政函 [1995]34 号
21	下畈古墓区	第二批	汀祖镇	桂花村下畈湾	六朝	古墓葬	鄂州政函 [1995]34 号
22	冷竹湾古墓区	第二批	燕矶镇	鸭畈冷竹湾村	唐、宋	古墓葬	鄂州政函 [1995]34 号
23	徐大坤墓	第二批	沙窝乡	保团村戴家湾南边沙耳岭	清	古墓葬	鄂州政函 [1995]34 号
24	徐王矿冶遗址	第三批	汀祖镇	洪山村徐王湾	宋	古遗址	鄂州政发 [2003]41 号
25	东方红砖厂墓区	第三批	花湖镇	阮湾村王家嘴	六朝	古墓葬	鄂州政发 [2003]41 号
26	王家堤墓区	第三批	燕矶镇	王家堤	六朝	古墓葬	鄂州政发 [2003]41 号
27	石马嘴墓	第三批	花湖镇	刘钊村石马嘴湾东	明	古墓葬	鄂州政发 [2003]41 号
28	余国柱墓	第三批	花湖镇	华山村金陈阮湾内	清	古墓葬	鄂州政发 [2003]41 号

汀祖村

第三章

红色土地

　　抗日战争时期，在距汉口一百公里的鄂城至黄石港之间，曾是我党连接大江南北的一座坚固的江南桥头堡垒，时称鄂大地区，由国民党旧行政区鄂城一区和大冶二区合并而成。这块根据地，北靠长江，西起鄂城城关，东至黄石港，南抵铁山、下陆和碧石渡；处于鄂城、黄州、燕矶、黄石、铁山、陈盛、碧石渡、樊口等日伪据点之中，纵横一百里左右。我党我军曾多次由这片地区横跨长江天堑，鄂大地区成为我党我军驰骋大江南北、抗击日寇的重要基地。

　　1944年，鄂豫边区党委鉴于鄂大地区具有重要的战略意义，曾指示必须把鄂大地区建成为江南的巩固桥头堡，为八路军三五九旅渡江、我军向南发展作准备。抗战期间，全国抗日军队（包括国民党抗日军队）很少在长江中下游建立像鄂大地区这样的横跨天堑的通途。从1942年8月起，新四军第五师组成鄂南兵团，挺进鄂南，成立了鄂大工委，领导当地群众英勇斗争，直到日寇投降，从未沦陷于敌伪之手。鄂大地区发挥了作为我军开展鄂南山地游击战争和支持武鄂地区反顽战斗的后方基地的作用，成为我军十四旅各团经常往来于鄂东、鄂南的桥梁，承担了八路军三五九旅主力渡江南进的重任，为执行中央打通湘、赣、粤的战略任务提供了便利。

第一节　鄂大抗日根据地

一、鄂南兵团渡江前鄂大地区概况

在大革命和土地革命时期，鄂大地区曾有党和红军活动，有我党群组织。抗战初期，大冶县委派彭济时、冯玉亭等在宋皇、吕泉一带联络刘丹、曹洪波等在鄂大地区活动，团结地方人士，发动群众抗日。1939年，群众抗日情绪高涨，冯玉亭曾组织一支约两三百人的抗日队伍。当时盘踞在大冶一带的国民党土顽田维中、廖义华、黄步云及我党叛徒方步舟等各拉队伍，互相吞并。冯玉亭为避免被吞并，就与方步舟联合，冯任方部政治部主任。方部发展到三个支队共三四千人时，便向我党我军提出，请给番号、派干部，与我党谈判，但未达成协议。国民党发觉冯和一些共产党员在方部，迫令方步舟捉拿冯玉亭等人。1940年，冯玉亭被迫离开方部。由于我们没有坚持独立自主地发展抗日武装，做好妥善争取方部的工作，致使田维中、廖义华等部得以逐渐扩大，使我们失去了更早开辟鄂大、建立鄂南抗日武装和根据地的时机。

1941年，我新四军独立五团在樊湖成立，并在沿江带积极开展抗击日、伪的斗争。当时的鄂城县委书记陈大发同志常带手枪队在鄂大沿江活动。这时国民党特务毛大旺（人称毛老师）勾结日寇，以燕矶为据点，组织封建迷信活动的红学会，在个别乡保设坛，欺骗群众，盘踞于鄂大地区。国民党田部、方部、廖部也常活动于大冶二区一带。鄂城、黄石港一带的王宽霖、胡幼堂的伪保安队，也经常在鄂大横行。人民处于水深火热之中。

1941年7月，"夏家榜"事件发生，独立五团遭受重大损失以后，鄂豫边区党委就着手抽调干部，作大军渡江、开展鄂南游击战争的准备。1942年4月，鄂城县委书记陈大发、十四旅四一团营教导员秦大俊等，先在黄冈长圻寮建立交通站，继而通过关系，串联江南慈湖港船民佘植富，建立了交通站，使我党我军在江南有了可靠的渡江点。6月，派谭道如、曹洪波、童国卿组成鄂大临时工委，着手进行开辟鄂大工作。1942年5月，罗通、李平同志率先遣部队，在鄂大渡江，深入大冶、咸宁山区，摸清日、伪、顽情况。接着又派秦大俊率四一团一个连进入鄂大，在鄂大地区王家冲消灭伪保安队王宽霖部28人，解散沙塘一带部分乡保的红学会组织，后返回江北。

鄂州花湖机场

二、平定红学会骚乱，发展根据地

1942年5月，日寇进攻湘赣粤。为了配合正面战场，执行党中央建立敌后抗日根据地的方针，罗通、李平同志率领四一团一部从鄂大渡江，进入鄂南山地后，在挂榜山地区建立咸（宁）、崇（阳）、蒲（圻）根据地。7月，五师党委组成鄂南兵团，政委杨学诚、司令员刘少卿，再从天（天门）、汉（汉川、汉阳）、鄂中、鄂东各地抽调大批干部，组成鄂南政务工作团（后改为政务委员会），随军挺进鄂南。工作团由吴师筑任主任，鲁明健任书记，吴师筑兼任副书记。出发之前，在大悟山司令部，杨学诚政委集合讲话。他说："江南大好河山，风光明媚，可惜沦陷于敌伪之手，人民灾难深重。我们渡江，要切实贯彻执行党中央的各项政策，发动群众，建立鄂南抗日根据地，做到严肃军容、军纪，秋毫无犯，要服装整齐，威武雄壮，使鄂南人民见到我们面目一新。"

鄂南兵团指挥部于 8 月份率十四旅主力分两路过江。西路从长圻寮至慈湖港到鄂大，通过碧石渡进谈家桥，将田维中部击溃；东路 7 月份从圻春至苇源口渡江，击溃程金门部。两路会师于大冶刘仁八，控制了鄂南广大地区，成立了鄂（城）大（冶）、武（昌）鄂（城）、大（冶）鄂（城）、咸（宁）武（昌）鄂（城）、阳（新）大（冶）五个边区工委及黄石矿山工作组（辖大冶四区）。鲁明健及四二团一营教导员汤楚英带两个连回到鄂大地区活动。我留守黄冈，负责大军后方供应工作。

1942 年 8 月，鄂大临时工委撤销，成立正式工委。书记王表，组织部长陈楷，委员谭道如（兼税务局长）、柯逢年、冯玉亭（兼政务委员会主席）、欧少伦（兼总队长）、梁洪（敌工部长）。当时鄂大的红学头目，发动一部分群众不接近我们。王表、冯玉亭同志于 9 月份召开各乡、保开明士绅会议，宣传我党我军的抗日主张，表示愿意和他们一起办好鄂大的事情，并指出红学会是迷信团体，受坏人控制，必须立即解散。但会后红学会仍然活动，并向我军挑衅。不久毛大旺、严子良竟鼓动红学会数千人，四面八方向沙窝钟鼓楼一带围攻我军驻地。我们一个连挺进山岭，派干部喊话，制止前进。但他们事先被酒灌得迷迷糊糊，在红学会头目的威胁下，口念符咒，手持大刀长矛，继续跳跃前进。我军战士还是不断喊话，让他们不要受骗。为首的仍不听劝阻，后面的群众也迷迷糊糊地跟着前进。到离我阵地十多丈远时，战士们才开枪射击，当场打死两个头目，打伤十多人。后面的群众看到并非刀枪不入，才惊惶四散。我连队从沙窝向燕矶方向绕了一圈，到燕矶北桥头时，红学会头子毛大旺还在集合打散的红学会员讲话，鼓动反攻，但这时大多群众不信他的鬼话了。我军隔湖鸣枪警告，红学会会员四处奔逃，毛大旺躲进了敌人据点。我们镇压了余家垴的红学会反动头目余少廷。

事后，王表同志召集当地士绅和乡保长开会。在会上宣布：1. 由各红学会头目和乡保长负责收集红学刀枪，上缴我军；2. 解散红学会，拆毁会坛；3. 红学会会员及本地大小头目，一概不捉、不审、不追究其罪过。会后，燕矶红学会会首严子良经我们耐心教育，转变了思想，响应我军号召，立即收缴武器，解散红学会，我们也对他实行宽大处理，后来被我们任命为燕矶乡乡长。其他各乡有红学会的，也纷纷解散。

10月间，鄂大工委全面铺开各项工作，开始进行根据地的建设。派湛杰同志任洪二乡区委书记，曹坤同志任新封乡区委书记，黄秀清同志任七花乡区委书记，着手发展党员，建立支部。同时，由梁立林负责举办青训班，动员一批青年参加学习，还输送了一批青年到鄂南青训班和江北学习，并先后入党，回鄂大后成为地方骨干。随鄂南兵团过江的十余名区乡干部，分配到鄂大各乡任指导员或区委书记。鄂大政务委员会也逐渐充实，冯玉亭调大鄂任政务委员会主席，由王表兼任鄂大政务委员会主席，谭道如任副主席。接着又建立各乡政权。区乡干部中有一部分是经挑选的当地人，但也有少数外地人员。税务局长改由曹洪波担任，并成立武装税收队，在燕矶、黄石港、陈桥及鄂城东门外附近设税卡（税务所长卫青山、阮宽全、傅保成），向过往的船货、行商按章收税，凭税票，经我军其他税卡不再交纳。几年间，在征税斗争中，先后有所长傅保成、队员陈进山、徐老九、胡××等英勇牺牲。

与此同时，工委及时抓武装建设。1942年秋，成立江防大队，活动于沿江一带，不久改为便衣队，杨雄任队长，刘远任指导员，二三十人配枪活动于大冶二区。铁山据点之日伪出巢扫荡，便衣队在何家垴附近予以击退，杨雄同志负伤。不久便衣队与王表带的武装合并，编为鄂大总队一连，后又成立了宋皇武工队。

1943年2月间，国民党第九战区纠集新十三师、方步舟部及盛瑜部等两千多人，从江西修水方向进入鄂南大幕山，深入咸宁、大冶、阳新，直逼樊湖。我十四旅主力从山区转移，我党骨干亦从阳大、大鄂、咸武鄂根据地先后撤出。李平、罗通率四二团及地方武装留在山区坚持斗争。马钦武部窜至木门、蚱洲建立据点，将我军武鄂通往鄂南山区的道路堵死。我军进入咸（宁）阳（新）通（山）一带，只有鄂大跨过鄂城至大冶、铁山至金牛这两条公路。顽军廖义华部占领谈家桥，企图堵死这一通道。并于1943年4月间，以一个支队六七百人的兵力，从碧石、陈家桥方向越过两条公路，进攻鄂大，深入思爱附近。罗通政委率四二团一部迎敌，追至陈家桥；王表从汀祖陈盛方向夹击，廖部溃退。1943年夏，廖义华、马钦武联合再次进攻，妄图窜入鄂大地区。熊作芳（指挥长）、罗通（政委）率四一、四二团部分兵力，在碧石渡附近与其遭遇，被我军击溃。

三、全面展开巩固根据地工作

1943 年 5 月，夏农苕政委先后调林迅任鄂大工委副书记，江萍（女）任鄂南政务委员会公安局副局长，兼任鄂大工委委员和鄂大公安局长。此时鄂大工委成员有：书记王表，副书记林迅，组织部长陈楷（8 月陈楷调走，喻南山继任），委员江萍、谭道如、柯逢年。同时从鄂南山地撤退下来的近 20 名区、乡干部，也被分配到鄂大工作，其中有汪勇、薛平、胡平等同志，他们以指导员名义分配到各乡，时间不长，却做了许多工作。

我到鄂大前，夏农苕政委对我讲述了鄂南形势，指示鄂大工委必须扎实做好根据地的各项工作，以站稳脚跟。5 月，工委召开会议，讨论了巩固根据地的各项工作，并分工王表抓军事、统战工作，林迅管党务，抓各区委的工作，江萍抓群众组织、治安保卫工作，谭道如抓政权建设。会议认为，为了坚持和巩固根据地，必须加强党的领导，发展党员，健全各级党组织、做好统战工作，团结各阶层人民，建立群众抗日组织，支援战争，把重心放在武装群众的基点上，扩大地方武装，保卫根据地。为此，1943 年 4 月至 1944 年 5 月期间，鄂大工委做了如下工作：

（一）加强党的领导，发展党的组织

我们将鄂大地区划为三个大区（片）、一区（片）为沿江燕矶至麻羊垴以北，是我军渡江要点；慈湖港至文家塘，陈家桥一线，是军事行动的要道。它包括新封、洪二、湖东、湖西四个乡，先由喻南山负责，后由江萍负责。新封乡区委书记曹坤，有严家道士湾、周家垸两个支部；洪二乡区委书记先后为湛杰、方祝华、杨守池，有慈湖港、文家塘两个支部；湖东乡区委书记李辉，有吕家畈一个支部；湖西乡区委书记王锡，有公路边一个支部。二区为沿江燕矶至黄石港，花湖以北，包括燕矶、映陂、打石、金太四个乡，由柯逢年负责。燕矶乡区委书记柯超群，有沿江一个支部；映陂乡区委书记漆国平（女），后为李朝玉，有一个支部；打石乡、金太乡均有少数党员，有的后来参军或任乡政工作。

这一区（片）还有曹洪波的武装税收队，也有党员，税卡设在三峡一带。这也是我十四旅各团、营经常从黄冈渡江至鄂大，或从三峡渡江至鄂东蒋家山、广济各地的渡江点。三区（片）包括七花、宋皇、吕泉、凤凰四个乡，先由陈楷后由谭道如负责。七花乡区委书记黄秀清，有阮家塆等两个支部，其余各乡均有少数党员，大多数参军，或到江北学习，或做乡镇工作。此外，江萍同志还在公安部门工作的保丁和基干队民兵中发展党员数十人。

在当时复杂的战争环境下，上级党组织指示我们务必接受江北基层党组织某些经验教训，在发展党员中一定要保持慎重的态度，党员和支部要严守秘密，不能公开。因此，鄂大地区支部的建立虽不普遍，但吸收党员时，一般做到了慎重发展。共产党员在船民、民兵、战争后勤、情报等工作中，都起到了骨干和先锋作用。

这里还值得提起的是：当时的大多数区委干部作风正派，艰苦工作，深入群众。他们进行宣传和组织群众，为开展抗日斗争做了许多工作。如湛杰同志，以裁缝为职业，深入沿江各户宣传抗日；黄秀清同志，始终勤奋工作，病故在鄂大，群众为他立坟，至今年年祭扫；李辉同志经常冒着生命危险，把工作做到鄂城城关，深受群众爱戴。

（二）扩大地方武装，抗击敌顽

1943年春，遵照鄂豫边区党委决定，将鄂南工委和咸崇蒲中心县委合并，成立鄂南中心县委，鲁明健任书记，李平任组织部长，罗通为委员。同时在鄂大地区成立鄂南指挥部，罗通任指挥长，鲁明健兼政委。指挥中心在鄂大，以沿江为依托，领导鄂南军民坚持斗争。鄂大总队一连被编为指挥部警卫连；王表同志又从各武工队中抽调队员，新编鄂大第一连；不久，又接收从铁山陆续逃来的劳工和地方民兵参军，编为鄂大二连。1943年夏、秋期间，一连常随王表进入谈家桥山地活动。我常带二连在鄂大基本区活动。抗战时期，日寇资源缺乏，对黄石附近的铁山、下陆铁矿十分重视，在这里开采矿石运往日本冶炼。他们将各地国民党俘虏兵和抓获的劳工押往铁山采矿，劳动条件十分恶劣。王表曾在黄石利华煤矿做工，黄石、铁山原有抗日组织中的一些人与王表相识，有一姓梁的和一姓桂的工人，常来与我和王表联系。我们给他们一点资金，让他们在铁山以做小贩为掩护，借机出来给我们送情报。当时，鄂大是鄂南的后勤基地，修机械所用的钢铁就是通过他们从铁山偷运出来的。与此同时，我们还通过关系，派人到铁山联络，宣传动员劳工逃跑，常有三五成群的劳工逃来鄂大参军。1943年七八月间，我们还派人到铁山电厂与我们有关系的人联系，制造停电事故，使铁丝网断电；还发动劳工进行了一次暴动，偷越铁丝网，逃出一百多人。这些逃出的人，被我区乡干部陆续收留，编为一个连，由姓方的连长率领训练。不久，奉夏农苦政委指示，这批人全部送到军分区。

8月，鄂大二连编入鄂南总队，由汤楚英率领进入咸宁山区；王表带一连进入谈家桥地区，配合四二团一营，奔袭据守在刘仁八一带山岭的廖义华部。他们先将其哨兵摸掉，直捣其司令部。廖义华仓皇逃命，俘获其姨太太、副官等人，敌死伤数十，缴获机枪一挺，长短枪数十支，还有战马、军衣等物资。战斗后撤回鄂大。

9月，王表带一连进入山地，留下一个排坚持鄂大斗争。我们又从武工队抽调一批人成立一个连（后改为战斗四连），连长余汉清，指导员刘远。这时鄂大空虚。李平、罗通在咸宁、蒲圻活动；鲁明健同志在黄冈，他写信指示我们，要以攻为守，向敌方据点袭击。我带小型武装，先到宋皇、吕泉活动，夜袭铁山，后又从铁山沿公路北上袭击碧石渡据点，敌人钻进乌龟壳，胡乱放枪。我们还动员群众协助锯倒了沿公路的电杆，割断了电线，破坏其通信联络。拂晓时，我们在敌人鼻子底下宿营，敌人还不知道。第二天，日、伪军大举扫荡月山之马钦武部。

1943年夏至1944年春，是我们坚持沿江阵地最艰苦的时期。王表同志多次率领鄂大连队出击谈家桥、刘仁八，控制保安至金牛、鄂城至大冶县城这中间地区，保障我军十四旅主力部队进入咸崇蒲的通道。1943年4月，十四旅主力在武鄂地区进行横山战斗；1943年10月进行上倪战斗，均给顽军重创。这几次行动，都是从鄂大渡江挺进樊湖，战斗后又撤回鄂大的。王表同志率领鄂大武装进入武鄂长港地区策应；并组织鄂大军民担负着战争后勤任务。当地群众对顽军痛恨入骨，都不畏艰险，积极支持反顽战斗。

（三）普遍组建武工队，成立民兵组织，武装群众，保卫根据地

1943年至1944年间，各大区委负责人亲自组建了许多武工队，每队二三十人配枪。柯逢年带的沿江武工队，主要对付黄石港之日伪，配合税务队活动于燕矶至黄石港沿江一带。他们多次偷袭黄石日伪据点，捉拿汉奸。曾将大冶县五区伪区长刘乙长镇压，群众拍手称快。陈楷（后改名谭道如）带铁山武工队对付铁山、陈盛、碧石渡之日伪，活动于宋皇、汀祖、凤凰山一带，常与日伪军作战；有一次伪军侵占凤凰山，我武工队从麻羊垴出击，到晚上将其击退。李辉带湖东武工队，活动于湖西、鄂城城关东门外，曾活捉一名出城活动的日寇。各小区的武工队有：杨守池建立的洪二武工队，柯超群建立的燕矶武工队，曹坤协助建立的新封武工队，董静安建立的七花武工队，王锡建立的湖西武工队，各有十至二十余人配枪。这些武工队起到了一边做群众工作，一边抗击敌伪的作用。

在武工队的活动下，基本区、乡都建立了民兵组织，18岁至46岁的男子均编为民兵，民兵均担负放哨、送信及军事后勤等任务。乡为大队、保为中队、甲为小队；沿江船民成立船民大队。船民大队在交通站的安排下，迎送我军党政干部及我军主力过江。在日伪据点通向我方中心区的道路上，一般都建立了民兵哨，使我方党政机关及我军指战员能及时得到情报，以便做好战斗准备。其时，我军主力多在鄂大宿营，常常在拂晓前派出由战士组成的游动小组，向日伪来路方问沿途查民兵哨。我军耳目甚灵，部队机关从未遭敌袭击，未受到损失。

我们在普遍建立民兵组织的基础上，还将民兵中的积极分子挑选出来，建立了基干民兵组织。每保一小队，十余人，负责派哨、查哨和传送情报，并搞一些军事行动。湖东基干民兵曾在鄂城东门外埋过地雷，洪二乡基干民兵曾多次封锁鄂城城关。1943年12月，鄂大工委决定由江萍负责，在映陂乡举办基干民兵训练班，每期十多天，一百人左右，共办了三期。一个军事干部负责军训，漆国平等几个女同志任指导员，我和江萍讲政治课，在训练中发展了一批党员。

（四）巩固根据地，做好日伪情报工作

江萍以公安局长的身份，在基本乡各保设立保丁，挑选积极分子和党员充任，以防备日伪特务以探亲访友为名潜入我鄂大根据地。同时，他们还到日伪据点或据点附近了解敌情，捉拿特务汉奸，形成层层保卫网。我们对敌伪附近的乡保，允许存在两面政权，以便向敌人领盐，供给基本乡群众；但规定他们，要及时向我们传送情报。

太平洋战争爆发，驻华美军曾要求我军提供日军在汉口及长江船舰来往情报。根据上级指示，鲁明健、王表同志曾找了一些对汉口熟悉的人，画出日租界及武昌各地驻军、仓库的略图，并令曹洪波的税务队及沿江武工队搜寻长江日船舰动态，报到五师，为美国空军陈纳德轰炸汉口日租界及日军驻地提供了条件。其时，与我党有联系的伪鄂豫皖三省皇协军司令金龙章，只身来我鄂大洪二乡，被民兵送到我军驻地文家塘，我接待了他。他告诉我汉口的情况，并说，在平汉、粤汉线和长江沿岸的伪军，有不少是他的部下，可以策反，他要找冯玉亭。我曾听冯玉亭讲过，他与金龙章有点亲戚关系。当天金到王宽霖（此时离开了伪军）家住了一夜，第二天按约定来到我处，我派一个排护送他过江北到师部。此后师部派一个连保护他，到处进行对伪军的策反活动。

由于鄂大地区军民积极开展抗击日、伪、顽的斗争，我十四旅主力以江北为依托，鄂大为桥头堡，跳跃于大江南北，抗击日伪及土顽。这期间鄂大地区较稳定，日伪不敢猖獗。躲在鄂城城关里的伪一区区长张静周，为了要求我军不封锁鄂城，亲自到我基本区与王表、曹志云谈判，愿意每月交纳税款银圆800元，保证供应我军食盐。后来伪区长易人，新任伪区长不执行谈判条件，我们又对鄂城严加封锁，他们又与我们谈判，表示愿意执行原谈判条件，求我们不要封锁。

（五）成立各种群众团体，做好统战工作，建立"三三制"政权

1942年开辟鄂大时，临时工委做了大量的工作。在紧密依靠基本群众的同时，我们从统战工作入手，广泛访问，争取当地开明士绅。如阮子霞、周伯应等一批上层人士，在建立抗日政权、动员群众抗日等方面，都做了不少工作；在平定红学会的骚乱中，他们也起到了很好的作用。在谈家桥战斗结束后，湖

西乡士绅王筱廷（西医）还带药赶来为我们治疗伤员。这一批上层人士，有的还出任政务委员会的科长、乡长。此外，我们对国民党的官兵家属，从不歧视，认真做好团结他们的工作。

1944年1月，我们在沙窝凤山袭家湾地主周秉云大院召开鄂大人民代表大会。议程为：1.遵照党中央当时政策，按"三三制"原则（共产党员、国民党员、无党派人士各占三分之一），选举鄂大政务委员会；2.对鄂大各方面的工作，广泛提出意见和建议。出席会议的有：刘××（刘丹池的父亲）、阮子霞、周伯应、谢梅村、王蟠香、李立亭、王小庭等士绅和乡、保长以及群众团体、我党政军干部，共计两百多人。会议开得很热烈。当时，在日伪据点包围之中，能开这样的大会，确实振奋人心。大会选出王表、谭道如、柯逢年、阮子霞、刘××、王筱庭、周伯应等为政务委员会委员，王表任主席，谭道如任副主席。是鄂南从未有过的由人民代表民主选出的抗日政权。会上代表们提出的议案中，有个很好的建议：认为在田赋征收中有弊病，农民交了田赋，有的地主不认账，不在田租中扣除。建议政府实行税契，由政府发给土地所有权证明，承担田赋。这个建议在会上形成了决议，得到了群众拥护，增加了财政收入。代表大会还通过了减租减息、整顿乡政、增加乡政人员的决议。会中还请了一个楚剧队演戏。会议开了三天，开成了一个团结的大会、胜利的大会。经过民主产生的鄂大政权，威信更高。在当时的环境中，政务委员会机关每天都得转移地方，但到第二天，群众总能找到，前来解决纠纷、诉讼，反映情况等。

这期间，各基本乡区委、支部的同志和山区撤出来的部分干部，在许多乡、保中先后建立农救会、妇救会、青救会等群众抗日组织，动员妇女为部队缝衣、洗衣、做军鞋等。十四旅战士在鄂大活动期间，常常领到鄂大妇救会妇女做的军鞋，青救会、农救会也经常开会宣传抗日，讨论抗日工作。

1944年3月，李平、林迅到边区党校整风学习，江萍任鄂大工委副书记，其他成员未变。

四、艰苦奋战，保卫和巩固江南桥头堡

1944年3月，顽军马钦武、廖义华联合率部一千余人，趁我鄂大兵力空虚之机，大举入侵，占领我麻羊垴中心区及花湖、思爱等地。王表率地方武装两个连进行了抗击，后撤退到凤凰、陈盛一带。此时，江萍率武工队在洪二乡一带，一方面指挥李辉、柯逢年等武工队活动，监视顽军动态，另一方面向黄冈四军分区报告情况，并指示慈湖港交通站准备船只，迎接主力部队过江。罗通政委率四二团主力先行过江，船至江中，顽军一部追击我武工队至江边，船民不顾一切危险，极力拼搏，使我军四二团主力抢先登岸，将顽军击退，追至麻羊垴下之康家湾。接着张体学司令员率四〇、四二团渡江，主力占领杨思爱，在麻羊垴东侧向顽军冲击，一部分兵力从麻羊垴北向康家湾攻击。双方激战一天一夜，我军获胜。第二天下午，张体学司令员率一个团渡江，返回江北休整，罗通率一部监视顽军。我军坚守杨思爱阵地，王表活动于凤凰一带，威胁顽军退路。我武工队组织群众逃离，断绝顽军供应。在战斗中，顽军伤亡惨重，死伤一百多人，不得不迅速撤退。我军乘胜追击，缴获电台两部，机枪两挺和长枪数十支，牺牲排长一人，战士数人。

这次战斗结束后，在沙窝上宋塆召开军民庆功大会，表彰了我军作战有功人员，赞扬了根据地人民为支援抗击日、伪、顽斗争所表现的英勇顽强的革命精神，进一步鼓舞了根据地军民抗战必胜的信心。从此，顽军再也不敢犯我鄂大地区。

这一仗，对确保江南桥头堡阵地及对坚持沿江斗争和开展鄂南山地游击战争，都有重要意义。新四军五师及军分区首长，对这次战斗是下了决心的。在方圆仅有一百华里的狭小地带，日伪又设有十来个据点。顽、我双方数千兵力，展开一场恶战，能取得胜利，确非易事。事后，我听张体学司令员风趣地说："指挥这样的战斗，一天要短十年阳寿！"可想这场战斗的激烈程度。

1944年6月，党中央指示鄂豫边区和五师党委：日寇在粤汉路大举南攻，五师宜以一部兵力加强鄂南。边区党委根据党中央指示，确定鄂南的中心任务

是坚持和巩固桥头堡，为进军华南，开创湘鄂赣抗日根据地做准备。7月，边区党委领导同志郑位三、陈少敏，召见罗通、蔡祖同志，询问了大江南北的交通情况，指示了大军南进的战略意图。8月，党中央决定八路军三五九旅组成南下支队挺进华南，开辟敌后抗日根据地。五师首长令罗通在鄂南做好大军渡江南进的准备工作。

1944年9月，边区党委任命罗通、李平、林迅三人组成鄂南中心县委。罗通任书记、李平任组织部长、林迅任组织部副部长。边区党委指示：中心县委当前的主要任务是进一步发动群众，巩固鄂大桥头堡，侦察沿江及鄂南山区的日伪动态，准备好船只、给养，做好大军渡江的一切准备。我和罗通先回鄂大，路过黄冈，蔡祖给我们详细布置了工作，随后李平同志也回鄂大。回鄂大后，十四旅四一团一部和鄂大一、二连以及新成立的战斗四连，重新组成鄂南指挥部。罗通任指挥长兼政委。中心县委召开扩大会议，罗通、林迅、张凡、王表参加会议，鲁明健同志在未赴边区整风学习前也参加了会议。大家根据整风的精神，对过去鄂南工作作了正确评价，肯定了成绩，检查了过去工作中的主观主义，并布置了后段工作。

为了进一步发动群众，巩固鄂大根据地，中心县委决定遵照边区党委指示精神，开展减租减息运动，发动群众，靠自己的斗争来争取利益，从而提高了群众的斗争觉悟，更加密切了与我党我军的关系。这是巩固桥头堡的重要工作，中心县委领导同志亲自抓这项工作。这时，李平同志主持鄂大工作，亲自在新封乡搞试点，我在洪二乡搞试点，其做法是发动群众，采用各种方式同地主算账，坚持说理斗争，实行边区政府和鄂大人民代表大会通过的"二五减租"决议。当时，鄂大地区地主剥削很重，田租有对半分、四六分、三七分不等。"二五减租"主要是发动群众，争取到最少减掉百分之二十五的租，洪二乡有的地主家在鄂城城关，群众也把他们找回乡下，经过说理斗争，都减了租。试点取得了经验后，接着各区委、支部领导群众，在基本乡全面展开，其时，各乡大都实行了"二五减租"。

10月份，王表在沿江布置交通站，组织船民，搜集鄂城、黄石港日伪情报，掌握敌人活动情况。我负责部队给养、后勤准备工作。在此前后，鄂大政务委员会还拨给粮食补助船民。为了警告碧石渡、陈盛的伪军不得妄动，鄂南指挥部配合鄂大，进攻了碧石渡、陈盛，将伪军周围岗哨肃清，伪军死伤十多人。不久，罗通率领鄂南指挥部连队及四一团部分武装进入山区。11月，王表率鄂大连队进谈家桥后，谢挺从军区带一个排来鄂大，并带来黄冈地委决定：林迅任鄂大工委书记兼政务委员会主席，谢挺任鄂大指挥长。黄冈专署专员贺建华亲临鄂大，指导工作。我们从各乡区武工队抽调一个排的兵力。我的警卫员陈华任排长，组成警卫排，后扩编为一个连。12月的一天，我们接到情报，鄂城日伪要出城抢粮。当时我们为大军渡江储备了一批粮食，囤积在马家田铺附近一个山冈仓库里，被敌查探到了。我和谢挺带两个排连夜赶去警戒，并立即动员附近乡区委带领群众转移粮食，数百人争先恐后连夜挑粮，一夜就将十余万斤粮食转移，分别交乡保长妥善保存。我当时看到群众不怕艰难、不畏牺牲、全心支援我军的生动场面，很受感动。第二天敌人出城抢粮扑空。

五、八路军三五九旅南渡，鄂大人民开展反扫荡斗争

1945年2月12日，南下支队及十四旅主力共约1600余人，从黄冈长圻寮渡江至鄂大慈湖港一带。谢挺负责指挥沿江船只及派出武工队警戒，我负责布置各区委及武工队，动员群众接待、带路、安置驻地。当夜两边渡点，灯火辉煌，人喊马叫，报话机喊话声不断，船民一夜往返数次，劲头十足，声势浩大。离鄂城、黄州不过十里的敌人望见灯火，不敢动弹。大军上岸后，即驻文家塘、马家田铺，部分进入陈家桥一带。时逢春节，群众杀鸡宰猪，争着请指战员吃饭，还放鞭庆祝。青年人拉着战士们讲战斗故事，争相称赞八路军打仗如何勇敢，说我军战士是英雄好汉。第二天，大军陆续沿公路进入谈家桥，我十四旅歼灭廖义华部，南下支队继续向大幕山、湖南和华南挺进。

八路军渡江后，日伪震惊，千方百计企图捣毁鄂大这个抗日桥头堡，派出少数日寇在燕矶建立据点，监视江面；在樊口附近建立碉堡，派伪军驻守，以阻塞鄂大至武鄂的通道，同时增加驻陈盛、碧石渡的伪军，并增派汽艇巡逻，企图封锁江面；还在鄂大网罗王宽霖等余人到鄂城招兵买马，成立伪军江防大队。

3月间，日伪调集一千多人，从鄂城、碧石、陈盛方向，分五路扫荡我鄂大地区。民兵见到敌人出发，很快把消息传到各基本乡，各乡区武工队纷纷带领群众和基干民兵，跑到麻羊垴、杨思爱和湖东一带高山上，我和谢挺带部队上麻羊垴以西的阮家湾山上，与各武工队联络。各地群众也纷纷跟着上山。只见各个山头布满群众，敌人进军至山脚下，我们就到处打枪，搞得他们晕头转向。敌人无论走到哪里，都会碰到我们阻击，无法找到我军主力，也无法分辨各个山头上是军还是民。各路日伪只好进至杨思爱附近，转到文家塘回鄂城。敌人的这次扫荡，群众未遭受大的损失。这使群众更加相信：武工队、民兵和群众相互配合，就会使敌人陷入人民战争的汪洋大海。敌人也得到教训，鄂大地区是不易扫荡掉的。日伪扫荡失败后，在文家塘设立据点，以为在我中心区插上一刀，就能控制鄂大。我们采取策略，每到夜晚就袭击敌人，同时，动员群众躲避，断绝敌人给养，并在文家塘至鄂城的路上寻机伏击。敌人恐慌，大约十余天后全部撤退。

1945年4月间，成立湘鄂赣边区党委和军区。信义从司令部来到鄂大，带来上级文件指示，成立沿江中心县委，信义任书记，林迅任组织部长，张凡任政权部长，领导鄂大（林迅任书记兼主席）、武鄂（张凡任书记兼主席）两个工委。

4月间，谢挺带两个排入驻新封乡，清晨出发，遭到山坳上化装成我武工队的日伪军埋伏，我军牺牲三人，伤十余人，排长、共产党员陈华同志牺牲，这是一次大的损失。我和信义在洪二乡闻到枪声，即带一个排赶到，但敌人已撤退。当即商定，由我带两个班护送伤员至咸宁司令部，并向张体学同志汇报。谢挺留在鄂大，信义去武鄂。

我到咸宁见到张体学司令员，汇报了大军渡江后日伪企图控制鄂大的情况。他问我有什么要求。我说要求把司令部的手枪连给我带回鄂大，我负责在短期内把局面安定下来。张司令员答应了我的要求。回鄂大后，我给连干部布置，主要任务是打击敢于离开据点出来活动的汉奸及潜伏在附近的特务。手枪连配合武工队分布到各个敌据点附近活动，侦察敌伪活动情况，发现敌伪加以捕捉。不久，从各处捉到敌伪人员十多名，交给政务委员会，由曹志云、柯逢年两人组织法庭审判。对三名罪大恶极、群众愤恨的为首分子，列其罪状，张贴布告，分别押到敌据点附近枪决；对有一般罪恶而又表示不愿再干坏事者，教育后给予释放。接着，手枪连和武工队又在敌据点附近大造声势，活动了一个星期。从此，鄂大平静了，日伪再也不敢轻举妄动。

六、歼灭鄂南伪、顽，日寇投降

1945 年 5 月间，张体学同志率十四旅主力歼灭金牛、保安伪军成渠部以后，6 月发起"月山战斗"，一举歼灭马钦武部。马顽带残部投降当时伪军袁四正部，后被处决。与此同时，鄂大武装拔除了敌人在凡口雷山附近的碉堡。这里的伪军，大都是鄂城附近敌占区的人，我们曾派范定一同志长期在这一带做敌伪工作，他深入伪军家属中宣传，也会见过几个伪军排长。这碉堡插在鄂大通往武鄂的要道上，必须拔掉。我布置范定一带鄂大连队战士各背稻草，偷偷接近碉堡，向伪军喊话，要他们投降，如果反抗，就烧毁碉堡。伪军四五十人不敢反抗，出来投降。随即被押送到司令部，碉堡亦被我铲平。为了使鄂大、武鄂连成一片，陈盛、碧石渡伪军据点亦先后被我鄂大连队配合武工队拔除。李辉、曹坤还带武工队进入长港活动，司令部将地方武工队同投降后经教育的伪军编成长港大队。

在我肃清沿江顽军、铲平樊口附近和陈盛、碧石渡碉堡以后，伪江防大队王宽霖、严子良等十余人，见形势不妙，不得不主动投降。我将王、严等头目送交司令部处理。王宽霖不干伪军后，受到我们优待，但后来又投靠敌人；严子良原系红学会大队长，因主动解散红学组织交出武器而受我军宽大处理，并委任燕矶乡乡长。王宽霖后被司令部执行枪决。

月山战斗后，湘鄂赣党委在通山召开所属三个地委的县委书记会议。沿江地区前往参加会议的有：信义、林迅、张凡。这时鄂南顽军已基本肃清，我们怀着兴奋的心情，不要武装护送，日间步行穿过大冶至咸宁。记得张凡同志的家里还送来一担月饼，慰劳南下支队，由我们带去。抗战八年，天天忙碌，身处山水之间，无心欣赏。这时心情轻松，见一路山清水秀，柳暗花明，才领略到渡江前学城政委所说的"江南大好河山"的明媚风光。到了通山，王首道政委讲了话，王震司令员接见了我们。会后不久，设立了鄂南地委、专署和军分区。我回鄂大后，易苗调来任鄂大工委书记兼主席，易新民任副主席。不久，易苗调走，由广邝坚继任鄂大工委书记，这时我仍在鄂大。7月间，我在鄂大生了一场重病，被送到设在武鄂地区的军区医院治疗。

8月中旬末，日寇投降后几天，张体学司令员派人叫我去见他，当时我的病还未痊愈，他要我立即返回鄂大，负责组织撤退，将地方干部和地方武装全部撤到江北，从武鄂渡江到黄冈仓子埠一带集合。我回鄂大后和邝坚商定，由我带鄂大连队及部分地方干部（约一百人）先走，我走后，邝坚立即集合其余区乡武工队及分散做秋征工作的干部，三天内撤退过江。我见到曹坤、王锡等区委书记，他们问我秋征粮食、棉花等实物如何处理。我说尽量变卖，卖不了的就留给地方的党员干部同志。

过江后我将部队交给司令部，后编到鄂东独立旅第五团，我即调鄂东区党委组织部工作，没见到邝坚。后来听说邝坚与一些干部和武工队过了江。剩下有少数同志没有过江，李辉、柯逢年、吕守盛及三名武工队员，在湖东赵家寨翟家塆被鄂城国民党逮捕，当即全部壮烈牺牲。

以上是我个人回忆到的鄂大抗日根据地的情况。在当时艰苦的环境下，我们有许多工作未做好，如没有大量发展党员、壮大地方党的力量。因此，在群众工作方面，虽然做了一些，但不够深入扎实，特别是对日、伪、顽据点附近的乡政、群众工作，做得不够多，地方武装发展不够快。但我们在上级党的领导下，团结鄂大广大人民群众，坚决执行党的各项方针政策，抗击日、伪、顽，坚持江南桥头堡，使之岿然不动。四十多年过去了，我们鄂大人民在党的领导下，为抗日战争作出的许多贡献是不能忘记的。

1. 我们不能忘记鄂大沿江和对岸的船民。不能忘记他们以刚毅的意志，沉着地划着双桨，扯起布机，乘风破浪，几乎每天都要迎送我军个别或结队的干部战士渡江的情景。他们不分日夜，随叫随到，不计报酬，不畏艰险。尤其是我鄂南兵团及十四旅主力成团成营结队渡江，以及后来三五九旅三千余指战员南渡，船民们机智勇敢，保证我军大小部队无论白天黑夜，都能飞渡天堑，未出过重大事故。

2. 我们不能忘记鄂大基本区群众，对我抗日军队的后勤给养所作的贡献。在鄂大往来活动的部队机关，以及多次大规模的军事行动，鄂大人民提供了财政供给和负担战争后勤的任务。当时，鄂大是鄂南财政税收最多的地区。基本区十多个乡，数万亩良田，几年来向我军提供了不少粮食和财政收入。部队在鄂大活动，开条子给保甲长，当地都有粮食供应。进入鄂南山区的部队、干部，都从鄂大带钱去或送钱去。从来没有为粮食、财政而着急。

3. 我们不能忘记鄂大青年踊跃参军的情景。广大青年积极参加基干民兵、武工队，先后成立大小武工队十多个，后来都转入正规军。鄂大先后成立了八个连，约一千人，都陆续编入主力部队。其中有一部分是铁山青年来鄂大参军的。这些青年，很多已为国捐躯。

1945 年 7 月，我在麻羊垴患病时，几位老百姓来看我，他们说："共产党、新四军来到这里三四年，对我们群众真好，连老天也受感动，年年风调雨顺，五谷丰登。我们周围都是日、伪、顽的军队，但百姓很少受惊扰、遭损害，真不知如何感谢你们才好！"我说："这都是鄂大人民对我们的支持。军民鱼水相依，同甘苦，共患难，不然我今天怎能一个人住在这里养病，你们还来看我？"

胡桥村新四军纪念馆

我们应当永远怀念曾在鄂大地区勤勤恳恳为人民服务、英勇奋斗、在斗争中光荣牺牲的共产党员和坚强战士,如王表同志、江萍同志、柯逢年同志、李辉同志、黄秀清同志、陈华同志和在战斗中牺牲的新四军战士、武工队员,以及战斗在税收战线牺牲的李秀如、张家松、张祥梅、龙相梅同志。他们在开辟和巩固鄂大抗日根据地的斗争中,作出了巨大贡献。祝愿他们的英灵常在西山之巅,凭览大江,遥望革命胜利后的祖国大好河山,大展四化宏图,繁荣昌盛,让他们永远在九泉含笑!

（讲述人:谭道如,鄂大工委书记,中华人民共和国成立后任黄冈专区中级人民法院院长;林迅,鄂大工委副书记,中华人民共和国成立后任武汉市工交党委书记）

1985 年 12 月

附:新四军创建鄂大抗日根据地部分领导同志

汪先藻 整理

秦大俊 1942 年 3 月率领先头部队,开进土陞山地区、汪家榨铺、庙门口等地驻扎;在陈大发的配合下,建立了以佘植富为首的慈湖水上交通站。

曹洪波 1942 年 6 月任鄂大临时工委组织部长。组建鄂大政权组织,率先开展工作。

王　表 1942 年 8 月任鄂大工委书记至 1945 年 8 月抗战胜利,一直在鄂大。

谭道如 1942 年 8 月任鄂大临时工委书记,1942 年 11 月任鄂大税务局局长。至 1944 年 12 月任鄂大政务委员会副主席后去鄂豫边区党校学习。

林　迅 1943 年 5 月任鄂大工委副书记至 1944 年 10 月任鄂一大工委书记兼政务委员会主席。至 1945 年 5 月任沿江中心县委组织部长。长期坚持在鄂大工作。

江　萍（女）　1943 年 5 月任鄂大工委委员兼公安局长,1944 年 2 月任鄂大工委书记。在洪二乡（土陞山地区）参与指挥激战麻羊垴战斗。

柯逢年 1943年5月任鄂大工委第二区区委书记，1944年任鄂大政务委员，1945年4月组成法庭，开展除奸大行动，巩固根据地。1945年8月任鄂大县委委员，当时还有区级干部李辉等七名同志留下来处理秋征中（公粮、财政）的遗留问题，1945年10月因叛徒的出卖，在翟家窝被国民党匪军围捕。柯逢年拒捕受重伤，流血过多牺牲，其遗体被群众送到土陡山安葬。其余李辉等六名同志被押往鄂城后全部牺牲。事务长胡若满因藏谷仓底上部，敌人利用刺刀往仓底下部刺杀，未伤及他要害，死里逃生。

李　平 1942年4月来鄂大了解情况，1944年2月兼任鄂大工委书记。1944年9月任鄂南中心县委组织部长兼鄂大工委书记。

曹志云 1944年12月任鄂大政务委员会副主席。至1945年4月组成法庭，开展除奸大运动巩固根据地。

易新民 1945年5月任鄂大政务委员会（鄂大县政府）副主席兼民运部长、财粮局长。

易　苗 1945年5月任鄂大县委书记兼鄂大政务委员会（鄂大县政府）主席。

欧少伦 1942年8月任鄂大指挥长。

陈　楷 1942年8月任鄂大临时工委组织委员。

还有随军队来往鄂大的有：李先念、王首道、王震、陈少敏、罗通、鲁明健、杨学诚、熊作芳、郑位三、张体学、谢挺、贺建华、喻南山、梁洪、刘士杰、陈大发、金龙章、汤楚荚、冯老一、夏农苔、童国卿、聂洪钧、张海彪、李壁东、万世春、陈华、信义、方祝华、冯森（冯玉亭）、严淑南。

还有在鄂大基层工作的：湛杰、曹昆（坤）、柯超群、漆国平（女）、李辉、卫锡、黄秀清（女）、董静安、李朝玉、杨守池。

（原载《桥头堡之歌》，1998年10月）

本部分文章或章节引用了《鄂州地名志》《鄂州区地名志》"鄂州抗战人物"相关章节。

第二节 鄂大县政府组织机构

鄂大地区是交通、军事战略的重地。鄂大县政府位于距武汉100公里的鄂城与黄石之间，曾经是我党连接大江南北坚固鄂南桥头堡的前哨。北靠100多里长江沿岸，西起鄂城城关，东至黄石市以下的韦源口，南靠大冶县所连地区至阳新、咸宁、武昌县边境为止，纵横一百几十里。在抗日战争时期，长江中下游很少建立像鄂大地区这样横跨天堑的通途，是新四军五师组成鄂南大兵团创建的抗日根据地。1942年8月，鄂豫边区区委决定组建鄂大政府委员会即鄂大县政府，设在鄂城县洪二乡土陡山古庙内。从建立县政府时起，直到日寇投降时止，这个中心地区从未落入日伪之手，成为鄂南游击战争的稳固后方。它为我军十四旅各团部队的各大战场取胜打下了坚实的基础。它承担了一二〇师三五九旅安全渡江的光荣任务，它完成了中央决定打通湘鄂赣战略通道的历史作用。慈湖港燕矶港以土陡山为依托，均在战争年代立下了汗马功劳。

1942年3月由万世春带秦大俊从黄冈长圻察过江来鄂大地区的慈湖港。动员和组织船民参加抗日，建立以佘植富为道的慈湖水上交通站，主要任务是传送情报，护送党政干部、我军指战员往返于大江南北。首先接通大别山与土陡山，再由土陡山通达鄂南各抗日战场，通往湘鄂赣各抗日根据地。

1942年6月，鄂南中心县委决定，派谭道如、曹洪波、童国卿等人到鄂大地区开展地下工作，成立鄂大临时工委，书记谭道如组织工作，曹洪波、童国卿负责军事工作。1942年8月，鄂大临时工委改为鄂大工委。书记王表，组织委员陈楷，敌工部长梁洪，委员谭道如、冯玉廷、欧少伦。

1942年8月，正式成立鄂大政务委员会，即鄂大县政府。主席王表兼任，副主席冯玉廷，后来成立鄂大指挥部，指挥长欧少伦。

鄂大县政府相继建立区乡政权，划分三个大区：第一区区委书记喻南山；

第二区区委书记柯逢年；第三区区委书记陈楷。

1942年成立中共鄂大洪二乡分区委，书记湛杰，同时成立洪二乡政府，乡长吕锦堂。

1942年成立中共鄂大燕机乡分区委，书记柯超群，同时成立燕矶乡政府，乡长严家池。

1942年成立中共鄂大湖东乡分区委，书记李辉，同时成立湖东乡政府，乡长邵子清。

1942年成立中共鄂大湖西乡分区委，书记卫锡，同时成立湖西乡政府，乡长。

1942年成立中共鄂大七花乡分区委，书记黄秀清，同时成立七花乡政府，乡长阮宽全。

1943年元月，成立鄂大境内的打石乡政府，乡长曹子文。

1943年2月，成立鄂大境内的金太乡政府。

1943年2月，成立鄂大境内凤凰乡政府，乡长卫青山。

1943年2月，成立鄂大境内的宋皇乡政府，乡长刘汉云。

行政区划机构建立后，又建立了各级武装组织。

1943年洪二乡分区委武工大队，由杨守池负责组建，每队近三十人，配有枪支。

燕矶乡分区委武工大队由柯超群负责组建。

新丰乡分区委武工大队由曹坤负责组建。

七花乡分区委武工大队由董静安负责组建。

湖西乡分区委武工大队由卫锡负责组建。

1944年黄冈地委贺建华来鄂大指导工作，命柯逢年负责，带领武工大队对付鄂城至黄石港之日伪，配合税务武装队，活动于燕矶至黄石港一带。他们多次袭击日伪据点、捉汉奸，曾将大冶第五区伪区长刘乙长镇压，群众拍手称快，日伪闻风丧胆，加上各地民兵哨卡协助，使我党政机关及我军指战员耳目甚灵，在鄂大地区内从未遭到袭击、未受到损失，广大人民群众能安居乐业。

第三节　加强党的领导　发展党的组织

1943 年，鄂大工委为了巩固鄂大根据地，决定王表抓军事，林迅抓党务及各区委的工作，江萍抓群众组织治安保卫工作，谭道如抓政权建设；同时加强党的领导，发展党员，健全党组织；还要做好统战工作，把重心放在武装群众思想的基点上。为此，1943 年至 1944 年期间，鄂大工委将鄂大地区划为三个大区（片）。

第一区（片）为沿江燕矶，慈湖到麻羊垴以北，这是我党我军渡江要地，慈湖至文家塘，慈湖到土陡山庙门口这二线是军事行动要道。它包括洪二乡、新丰乡、湖东乡、湖西乡等四个乡镇，先由喻南山后由江萍同志负责。

洪二乡分区委书记湛杰、方祝华、杨守池，有慈湖港、文家塘二个支部。

新丰乡分区委书记曹坤，有严道士塆、周家湾二个支部。

湖东乡分区委书记李辉，有吕家畈一个支部。

湖西乡分区委书记卫锡，有公路边一个支部。

第二区（片）为沿江燕矶至杨叶、黄石港、花湖以北，包括燕矶乡、映陂乡、打石乡、金太乡。由柯逢年负责。

燕矶乡分区委柯超群任书记，一个支部。

映陂乡分区委漆国平任书记（女）后为李朝玉，一个支部。打石乡、金太乡均有少数党员，有的后来参军或担任工作，这一区（片）曹洪波负责的税收队，税卡设在三峡一带。这也是我党十四旅各团经常从黄冈渡江来鄂大又从鄂大三峡渡江到鄂东的蒋家山。

第三区（片）包括七花乡、宋皇乡、吕泉乡、凤凰乡，先由陈楷负责，后由谭道如同志负责。

七花乡分区委书记黄秀清，有阮家塆等两个支部。

其余各乡均有少数党员，大多数参军或到江北学习，有的党员参加工作。

此外，江萍同志还在公安部门工作，在基干民兵中发展了党员共数十人。

在当时战争复杂的情况下，鄂大地区党支部建立虽不普遍，但吸收党员时一般做到了慎重发展，当时区委干部艰苦工作，深入群众，如湛杰同志以裁缝为主，深入各户宣传抗日；黄秀清同志始终勤奋，病故在鄂大。柯逢年同志为了党的财政工作，牺牲在鄂大，群众为他们树立了墓碑，至今年年祭扫。李辉同志经常冒着生命危险，深入鄂城城内日寇心脏，至今群众还记忆犹新。

第四节　红色麻羊

一、遥相呼应

抗日战争时期，陕北南泥湾和鄂南土陉山，虽然远隔万水千山，但鄂南这一小块根据地，似乎有一根红线被陕北延安一大块根据地牵挂着。当时陕北南泥湾的八路军，开展大生产运动，而鄂南土陉山地区的新四军则大搞开荒种菜，"自己动手，丰衣足食"。

1945 年 2 月，王震将军率领的八路军三五九旅，穿过黄河，跨过长江，来到鄂南土陉山地区，这虽说不是老天的安排，可也算得上历史的必然巧合。请看两篇历史资料。

1935 年 10 月，中共中央、中央军委、毛主席率领中央红军到达陕北，不久进驻延安，从此延安便成为中国共产党的政治中心，人民军队的最高统帅部和中国革命的文化中心。延安的革命风范显示出了她的无穷魅力。到延安去，成了当时无数革命志士甚至许多国际友人的真切愿望。从 1937 年中共中央进驻延安城到 1947 年 3 月主动撤出，10 年的革命岁月，在这里诞生了一种集中国共产党革命精神之精华的，让世人敬仰不已的精神——延安精神，忠于革命理想，全心全意为人民服务，实事求是，理论联系实际，批评与自我批评，独立自主，自力更生，艰苦奋斗，民主与团结……这是永远放射光芒的精神。

自 1927 年北伐战争胜利以后，土陛山古刹成为革命的联络站。抗日战争时期，延安党中央、中央军委、毛主席先后派出新四军五师十四旅和八路军三五九旅挺进鄂南，并把土陛山地区作为控制沿江的战略要地，以便连接好鄂、豫、皖、湘、赣、粤等各抗日战场。当时的鄂大县政府（包括鄂城、大冶两县）对鄂南的抗日战争起到了决定性的作用。

1943 年 11 月，郑位三同志在鄂大指示：鄂南很重要，是桥头堡，要坚持这块阵地多建立"歇脚点"。1945 年 2 月八路军三五九旅由陕北南泥湾来到鄂南土陛山，王震接电报后感慨地说："在远离根据地的江南敌后，有这样一小块根据地作为落脚点，对我们来说是难能可贵的。"

鄂南这一小块"落脚点"和"歇脚点"，曾经印刻着无数革命前辈的脚印，并一直按照延安精神往前走。

八路军和新四军都是共产党领导的抗日队伍，跨黄河、过长江，天南地北、一脉相承，遥相呼应、万众一心，撒下天罗地网，使日寇上天无路、入地无门，最后无条件投降。

延安像一座指南针，指导着鄂南抗日战争的正确方向、指导着全中国一切抗日战场、一切抗日军民的正确方向。

二、沙窝朱家垱

鄂大被服厂于 1942 年 3 月位于后脑学周绍桂家，1943 年 5 月转移到龚家垱，被服厂在后脑学期间曾经发生过缝纫机被盗事件。1943 年 5 月，何家大坝何麻子盗窃被服厂缝纫机头部，被抓后在我大房堂屋审讯，由王表主持审讯，同时参与审讯人员有五六人，江萍（当时的公安局长）、冯森等经三次审讯之后，在朱家垱戏台基山垴头上由祝科长宣判何麻子死刑后，在桑树湾山顶执行枪毙。

王表、林军需等人住在我垱周子应家中，曾经发生两起审讯枪毙汉奸事例。第一起，汉奸文念簿被抓之后，关在周少庭家中，在二房堂屋审讯后，在朱家垱对面蛇头咀枪毙。第二起，有一个卖香草的人，被喻南山抓获后，在二房堂屋汪家屋二道门及大房营屋审讯后，在桑树窝塘头枪毙。王表驻我塆期间，周启立一直是秘密通讯员，担任情报传递工作。在此期间，各地所捉来的汉奸均在此关押审讯，龚家塆修械所事件中的曹猫粪被捉也关在这里。

1943年年初，我塆周裕庭在咀上兴祖仓库开了一家合作社，销售布匹、杂货，规模比较大，资金全部来源于新四军鄂大政权。此期间同时存在的店铺有龚家塆周泽民的卷烟"伸手牌"香烟。前沙窝周幼安在学门塘咀上也开了一家店铺，资金也来源于当时新四军鄂大政权，但不如朱家塆的规模大。

1945年部队撤离后合作社关闭。

保团村新四军纪念馆

麻羊垴大战胜利后，朱家塆庆功会是新四军正规部队一个建制团举行的，会议相当隆重，哨兵放至何碾湾，当时地方如映山、慈湖、沙塘、马园、沙窝各乡各保都送全猪全羊，猪羊都用大桌子放，上面还插彩旗，锣鼓喧天，鞭炮齐鸣，热闹非凡。规模很大，会场主席台设在周家祖屋大房门外，坐东向西，战士坐西向东，战利品（电台、武器弹药）等摆在门口塘边。实际上这次庆功会是新四军一个建制团的战后休整表彰大会，三天后部队撤离。

注：1944年3月，麻羊垴大捷后的沙窝上宋塆军民庆功大会是鄂南庆功大会。鄂南军民庆功大会后，朱家塆庆功大会是鄂大的军民庆功表彰大会。

（周启生、周克仁调查座谈，周绍庆口述，周宜永整理）

（原载《桥头堡之歌》，2006年11月20日）

三、鞠躬尽瘁呈鄂大，血染沙场气化虹——记柯逢年烈士

柯逢年，1905年出生于湖北省大冶县大箕铺八角垴柯家村一户农民家庭。1937年参加革命，同年加入中国共产党。1938年任中共大冶马叫支部负责人，11月任中共大冶县委委员。1942年至1945年9月，先后任中共鄂（城）大（冶）工委委员（兼任政务委员会主席），鄂大县委委员，鄂大县政府二区区委书记兼区长，鄂大县政府财经科长，长江武工队指导员兼队长（后由何福来担任队长）。他在建立和保卫鄂南抗日桥头堡——鄂大，作出了重大贡献。

1. 协助王表尽职尽责做巩固红色政权工作

1942年8月正式成立鄂大工委，书记王表，组织部长陈楷，委员：谭道如（兼税务局长）、柯逢年、冯玉亭（兼政务委员会主席）。

柯逢年同志在鄂大工委任职期间，积极协助王表等领导同志平定红学会叛乱，建立各区乡政权；与曹洪波同志一道组织成立武装税警队，在慈湖、燕矶、石板滩、观音港、古塘、三峡、走马石等地设立税卡，向过往的货船、行商按章收税，凭税票过，我军其他税卡不再收税。

由于政策兑现，诚信于民，当时各方的生意人都愿来鄂大做生意。这无疑繁荣了鄂大的经济市场，扩大了抗日民主政府财政收入。

1944年1月，在沙窝凤凰山龚家大塆地主周秉云大院召开鄂大人民代表大会。遵照党中央当时的政策按"三三制"原则（共产党、国民党、无党派人士各占三分之一），选举鄂大政务委员会。大会选出王表、谭道如、柯逢年、阮子霞、王小庭、周伯应等政务委员会委员，王表为主席。这是鄂大有史以来第一个由人民代表民主选出的抗日政权。柯逢年同志不负众望，当选为抗日政权

内的重要领导成员。

1942 年至 1945 年间，柯逢年同志还兼负鄂大地区的治安除奸工作。他经常在土陡山庙门口、百洪新屋等地和曹志云一起联合地方民主人士组织法庭审判地方上的土匪恶霸、汉奸走狗，稳定社会秩序。

1945 年上半年，根据沿江中心县委的批示，柯逢年同志与曹志云一起组织法庭，一次审判罪犯 13 名。将罪大恶极的 3 名罪犯判处死刑，其余罪犯视犯罪轻重、危害大小程度量刑判决。有的犯罪较轻，危害不大但又愿意改过自新者予以释放。

由于正确处理敌我之间的矛盾，很大程度上瓦解了敌人的力量，赢得了群众的拥护，巩固了红色政权。

所以，鄂大地区内的人民群众经常高唱："柯青天！曹青天！两个青天胜过包青天！解放区的天是明朗的天，解放区的人民好喜欢……"唱出了老区人民对共产党，对抗日民主鄂大政府，对柯逢年等同志的热爱和感激之情！

2. 创建长江武工队保卫红色交通线——水上飞桥

古人云："逢山开路，遇水架桥。"隔水难过才架桥，上桥头处、下桥头处才叫桥头地。鄂大地区就是新四军、八路军北上南下过桥歇脚的桥头地。鄂大抗日军民就是保卫这块桥头地的坚强堡垒。为江南江北连成一片，为大军南下抗日及后来解放华南起到了巨大的历史作用。

为了保护横跨长江天堑的五丈港至黄冈后湖，慈湖港至长圻察，燕矶、石板滩、观音港至五洲，三峡至鄂东蒋家山的几条红色飞桥，鄂大二区区委书记、区长兼指导员、队长的柯逢年同志所组织和领导的长江武工队起到了至关重要的作用。

为了将红色交通线牢牢地控制在自己手中，柯逢年同志多次带领长江武工队，打击上至鄂城、下至黄石港沿江一线的日伪敌人。

1943 年春，柯逢年与李辉、杨守池等同志谋划打击鄂城、巴河、黄石据点的日、伪军。在五丈港布下圈套杀恶鱼，用几条船在江上装作撒网捕鱼样，穿梭于江南江北。有三个汉奸见此情形，以为有大量的新四军在渡江，便分头到巴河、鄂城、黄石等地向日寇告密："五丈港有不少船民驾船往返于长江两岸，渡了不少新四军到五丈港。"并约定第二天拂晓前，黄石、巴河、鄂城三据点的日寇军集中围剿五丈港的新四军。

柯逢年、李辉、杨守池探听到日寇要来五丈港扫荡的消息，就派出小量的武工队员化装成日军，隐蔽在岸边树林草丛中，等三处日寇到达五丈港时，扮成日寇的武工队员开枪打死了几个日本兵后，迅速从树林中撤退。三股日军都认为对方是化了装的新四军，就互相狗咬狗地厮杀起来，枪弹如雨，尸横河滩。直到三股日军都用炮击对方时，听到炮声是一样的，才知上当了，是自己人打自己人。日军指挥官气得暴跳如雷，将三个汉奸抓到一起打了一顿耳光后，用刀将三汉奸的头砍了下来，抛尸野外，这就是当汉奸的下场。

1944 年，黄冈地委贺建华来鄂大指导工作，命柯逢年负责带领长江武工队对付鄂城至黄石港的日伪，配合税务武装队活动于这一区域的长江沿线，多次袭击日伪据点捉汉奸，曾将大冶五区伪区长刘乙长捉拿镇压，群众拍手称快，日伪闻风丧胆，受害的五区后来太平得多！

1944 年，有一段时间，五丈港、慈湖港的江面上很不平静，夜晚有歹徒利用时局混乱趁火打劫，驾着小船在江上或在岸边抢劫过往客商，连新四军零星过往的人员也遭抢劫。为了保护长江水上交通线的安全，柯逢年同志命何福来带领长江武工队准备随时打击，肃清敌对分子、歹徒。

何福来领命后，有一天夜晚驾一条小船沿江而下，果然在一处岸边被"不靠岸就开枪"的喊声拦住。何福来迅速将小船划靠岸边，趁"黑影"向小船走近的时候，一下子抽出手枪逼住"黑影"，劫匪遭擒。第二天，有的乡绅出面保这个"黑影"——谈秋尔；有的乡绅出钱收买何福来，请他网开一面。为了保护新四军这条水上交通线的顺利畅通，根据革命斗争的需要，经柯逢年批准，何福来依法果断地将这个为非作歹的谈秋尔枪毙了。

1945 年农历五月上旬，日本鬼子在燕矶据点周边，抓了一大批民工到六度山拆天主堂的材料到燕矶街修碉堡。柯逢年得到通讯侦查员林幼田送给的可靠情报后，马上带领长江武工队队员，当天晚上埋伏在天主堂周围。第二天日军一到，武工队依托有利地形将敌打退，并杀死杀伤日伪军 10 多人，民众乘机四散逃跑，未伤及一个老百姓。

为了慈湖、燕矶、石板滩、观音港四处渡江点不受日寇的骚乱和威胁，1945 年农历七月份，柯逢年决定带领长江武工队拔掉日本人设在燕矶街上的据点。

事先柯逢年派林幼田潜回燕矶摸清敌情。林幼田回家后，跟堂兄林幼成透露了回家来的任务。林幼成（日本人征去当木工）帮他扮成木工模样，充当民工，跟随自己进入日本人的修建工地。林幼田明干苦力，暗察路径和兵力布防情况，干了几天后才离开燕矶。第二天晚上，柯逢年同志带领鄂大总队一部和长江武工队兵分三路：东路交给林幼田带队，由何家塆进攻猪头山，任务是拔掉设在此处的稽查队窝点；西路交给周幼安带队，由苏家外塆沿江堤抢攻高庙（玉书阁）夺下制高点，捣毁伪江防司令部；中路任务最艰巨，直接与日寇短兵相接，拔掉燕子矶矶头碉堡这个硬钉子，柯逢年直接指挥，由班鸡网直扑燕子矶头鬼子的江防据点。

这次夜袭，武工队员们的装备，除本身准备的枪支弹药外，还带有一种特殊武器，每人背上驮着一捆稻草。准备一摸到敌据点，就放火烧敌窝子，将设在燕矶地区危害人民的日伪据点全部端掉。

东路进速较快，当快要靠近稽查队据点时，被日本人派的民哨张傻巴发现，当时林幼田向他摆手，暗示他不要声张，但他仍然高喊向日本人报警。当场被武工队韩班长一枪打死。

目标暴露，为了避免重大伤亡，柯逢年当机立断，故出鸣枪撤退信号。新四军武工队全部安全撤离。

虽然这次夜袭未成功，但对日伪的嚣张气焰是一个有力打击，他们再不敢轻易下乡"扫荡"残害百姓。

自 1943 年至 1945 年间，柯逢年带领长江武工队多次打击日本人沿江骚扰的汽船、巡逻艇及货船。

1943 年冬月的一天，柯逢年带领张祥梅、林幼田、汤思梁等武工队员在龙王矶下口处截获一艘日本货驳，砍断拖绳，拖轮逃往鄂城。这次缴获了不少食盐等物资。

1943 年的 9 月柯逢年与王表一起带领张祥梅、林幼田、曹铁匠、乐文斌、佘登尔等 10 多名长江武工队员在杨叶三峡打下一条日本人汽船，夺得大量的食盐及军用物资，并活捉一名日本军官，为了考虑不留后患于沿江百姓，将日军官在河边处决。

有一次日本洋行装了一船盐，从黄石运往鄂城，中途在慈湖停泊（佘植富做了船老板周才元的工作），被何福来得知，带领长江武工队员赶到池湖港，拥上商船。将洋行两押运及船老板周才元全部捆住。组织指挥二三十挑箩筐的群众抢盐。为了船老板的生命财产安全，食盐抢了一大半后武工队就撤退了。日本人的巡逻艇赶来，见盐被抢，气得七窍生烟，哇哇乱叫，但见船老板也被捆着，也无可奈何。

后来，日本人误认为他们多次受打击是鄂城至黄石港长江江底下有神兵。

3. 筹来粮饷，巩固鄂大、支援前线

凡是带兵打仗的人都知道"兵马未动粮草先行"的古训。民以食为天，这是从古到今的至理名言。

柯逢年身为鄂大政务委员会的财经科长，深知自己肩上的担子分量千钧。

为了征集税收筹集粮饷，柯逢年紧紧地依靠群众，深深扎根于民间，1943 年秋天，他背着一个布袋扮成江湖行走郎中，一天走到车湖张家细屋张先育家（因张先育长期患烂脚病）。通过他所采集的中草药治理后，张先育的烂脚病大有好转，张家老少非常感激。张先育的弟弟张先堂看到柯逢年和蔼可亲，就拜他为师跟他当学徒采药。柯逢年为当地老百姓诊病，张先堂就帮他驮布袋拿草药。后来张先堂跟随柯逢年也走上了革命道路，成了柯逢年的贴身通讯员。柯逢年在车湖地区为群众排忧解难，做了不少好事，深得当地老百姓的爱戴和赞誉。

柯逢年身为鄂大二区区委书记兼区长，深知上至鄂城下至黄石港整个地区的贫富状况，要征好税收钱款，重点在长江中的新洲和车湖地区，新州耕地面

积大，每年交纳税款公粮三万余斤，但种洲人的老家多数在邵家大塆、邵家细塆、邵家墩子，少数人住在洲上。收公粮税是一件很困难而且也很复杂的事情，不谈其他工作，就是渡江找人，往返也不知多少次。

车湖地区当时有两个大塆，一个名叫邵家大塆，一个名叫宕儿塆（曹姓），每塆两百多户人家。那曹邵二姓是当地的旺族大户，也是税收的主要来源地之一，但与新洲同样存在收税复杂困难。为了解决这道难题，柯逢年与群众同吃同住同劳动，争取一切可以争取的力量做好税收工作。

当时知名人士曹善为在车湖地区很有威望和影响力，他拜曹善为做干爹，凭自己耐心细致的工作、老百姓的支持以及曹善为的社会威望，每年都收齐了两地税款。

1945年8月15日日本投降后，中国共产党为了统一战线，不让国民党反动派找任何分裂的借口挑起内战，下令鄂南地区的新四军（这时的武工队基本编入新四军）、八路军及党政机关北撤。9月中旬柯逢年接到上级指示："迅速做完秋征工作，3天之内撤过江北。"这时柯逢年手上还有三笔大事未处理，一是新洲的秋征三万多斤公粮款未办妥，二是鄂大政府地区周围群众手上的边币未兑换完毕，三是鄂大后勤库存实物不能带走的必须做好安排。9月17日柯逢年将新洲秋征收尾工作交给二区政府工作人员曹芬，并嘱咐她事情办完后，直接从新洲过江北上，将所收税款交给中原新四军处，安排完后返回翟家窝鄂大后勤处，处理老百姓手中边币兑换银圆事项，安排不能带走的物资去向。正当他与战友们紧张而有序地工作时，叛徒汪自业向国民党告密，并亲自带兵30余人于9月19日凌晨5时左右包围了翟家窝，敌人向驻地扫射一阵机枪后狂叫："如果你们反抗，我们将杀死全塆的百姓。"这时柯逢年等同志鉴于敌众我寡、封锁严密、无法突围的情况，毅然决定以自己的生命换取老百姓的安全，停止了抵抗，面对凶残的敌人，柯逢年同志愤怒地说道："抗战时你们是龟儿子！跑到哪里去了！日本投降了，你们又神气了，来抢夺胜利果实，要疯狂地杀害抗日功臣了……"

敌人先将柯逢年击成重伤，继而将李辉、吕守启及武工队员等6人施以五花大绑。在押赴县城途中，柯逢年同志因流血过多而牺牲，李辉、吕守启及武工队员相继被杀于洋澜湖边。

柯逢年同志的遗体被群众安葬在土陡山上，牺牲时年仅 38 岁。柯逢年同志为革命真正做到了鞠躬尽瘁，死而后已，为保卫鄂南桥头堡流尽了最后一滴血！鄂南桥头堡的忠诚卫士柯逢年同志永垂不朽！

（周启明、吴金生、林幼云、刘少安、刘衍金、张光清、邵立松、闻佳、肖建章、吴胜沫、吴国干提供资料）

四、红 契

1944 年秋天，鄂大抗日根据地的乡村，处处呈现一派新气象，稻场上的稻谷像一座座小山，农民们忙忙碌碌，有说有笑，庆贺自己的丰收。他们望着那金灿灿的稻谷，一个个喜气洋洋，打内心感谢抗日民主政府为他们办了一件大好事。

1943 年 6 月，鄂大抗日民主根据地建立后，为了巩固根据地，保障根据地党政军的生活给养，着手开展敌后经济工作，其中之一就是征收农业税。当时大部分土地被地主占有，农民只能靠租种土地维持生计，而且地租很重。有对半分、四六分、三七分等几种情况。农民交了田赋，地主不认账，不在租谷中扣除。既交租，又负税，苦苦干了一年，收下来的粮食就所剩无几了。农民们仍过着吃上顿没有下顿的日子。

1944 年 1 月，鄂大县政府在沙窝凤山龚家湾召开了有各界人士参加的代表大会。会上代表们针对田赋征收中的弊病和农民负担过重的问题，提出了许多很好的建议。我抗日民主政府决定实行"税契制"，重新清理和登记田亩，并在地契上加盖抗日政府印章，附上税率则称为"红契"。"红契"是土地所有权的合法证明。持有"红契"者，必须向抗日民主政府交纳 10% 的地税，一些原来坐享其成的大地主不得不按规定交纳税款。

这样一来，农民只交租不交税，负担大大减轻了，农民们个个拍手称快，积极拥护"税契制"的实施，生产的积极性大大提高了。又赶上这一年风调雨顺，谷物丰收，望着那些属于他们自己的果实，怎不叫他们打心里感谢抗日民主政府呢！

（原载《桥头堡之歌》）

胡桥村

附：第三次国内革命战争时期麻羊地区革命纪略

1. 1945年8月，三五九旅南下支队接到中共中央军委电令，回师北返。

2. 1945年9月27日，南下支队经两天两夜从赵家矶一线渡江，挥师北上。行政人员经鄂大慈湖港一线胜利渡江北上。

3. 1945年9月，在完成护送南下支队渡江任务后，鄂大、武鄂、咸武鄂的党政军干部及武装人员，奉上级命令陆续北撤。为了应付国民党蓄意挑起内部战争，党组织决定将部分未暴露身份的共产党员潜伏下来，坚持开展地下斗争。

4. 1945年10月，鄂大县委委员柯逢年、区级干部李辉等七名同志留下来处理秋征中的遗留问题，因叛徒的出卖，他们在翟家窝湾被国民党匪军围捕。柯逢年受重伤，在押解途中流血过多牺牲，其遗体被群众送到土陡山庙左安葬。

其余的同志被押往鄂城后全部壮烈牺牲。

5.1945年10月，鄂南北撤的各级党政军干部根据上级指示，重新组织了以罗通为首的游击地委，相应组织了四五百人的武装部队。准备重返鄂大、武鄂等地方，坚持游击斗争。后因形势变化很快，此计划没有实施。

6.1945年11月，由于叛徒的告密，鄂大地区、武鄂地区潜伏下来的部分共产党员分别在各地方惨遭国民党杀害。

7.1946年3月，国民党加强对鄂大和武鄂地区搜捕共产党。余国民、刘少香、曾发臣、徐瑞祥等人，先后被捕。这些党员同志身受毒刑拷打，面目全非。但他们面对威胁、利诱，毫不动摇，宁死不屈，保持共产党员的革命气节。

8.1946年6月，为了确保中原突围胜利，我中原党的部门及各级行政机关实行精简，随新四军渡江北撤的大部分地、县、区、乡级干部和地方武装人员，被动员回乡就地隐蔽下来，等待时机。

9.1947年秋，我刘邓大军挺进大别山后，鄂南地区、鄂大地区、武鄂地区的革命形势开始好转，从低潮逐渐走向高潮。隐蔽的共产党员和有关同志纷纷露面开展革命活动。

10.1948冬，王志坚与因病掉队的方针同志获得了联系，委任方针同志为鄂城情报站站长，并通过方针同志与官文斌同志（原新四军医生）取得了联系。主要任务是负责大江南北秘密交通工作。

11.1949年3月，鄂城沿江地区的地下工作发展很快，共产党员发动群众积极向党组织靠拢。沿江路线很长，各地成立党小组，小组与小组互相联系，发动群众收集和传递情报，密切注意敌情，为迎接解放大军渡江做准备。

12.1949年4月，为了加强与江北的联系，王志坚同志与沿江各党小组商定，派胡玉鹏、王春祥、谢子寿、徐瑞祥等同志去江北，负责大江南北往返传送情报，还要为南下解放军渡江当向导工作。

13.1949年4月，国民党对长江两岸封锁很严，没收沿江船只或沉没水中，或埋藏地下。驱赶船民上岸，妄图阻止我解放军渡江。党的地下工作同志发动群众，深入侦察，将藏船地点、大小、数量一一调查清楚，以备解放大军渡江起用。

14.1949 年 5 月 11 日，王志坚同志奉上级命令去江北接受新的任务，并商定江南江北联络信号。其中土陡山的红色信号灯再次闪亮。

15.1949 年 5 月 12 日，王志坚返回江南，派吕春华同志过江北去与解放军渡江突击队联系，并随解放军渡江当向导。当夜，孙国久率领突击分队乘三只木船悄悄渡过长江，并在南岸就地隐藏。

16.1949 年 5 月 13 日，解放大军从下巴河渡江来燕矶，经嵩山、石头桥、磨山、茨扩、土陡山脚下，往马家田铺向铁山迈进。这条路线得渡两天两夜。

17.1949 年 5 月 14 日，我渡江大军分四路进入鄂城（赵家矶、三江口、慈湖港、燕矶港）。在赵家矶、三江口两处，登岸部队迅速向武汉挺进。在慈湖港、燕矶港渡江部队登岸后迅速向金牛、保安、还地桥挺进。

18.1949 年 5 月 13 日，在我军渡江的大势所趋和地下工作同志的努力下，燕矶江防驻军国民党绥靖团三营七连由高少回等人策划起义投诚。反动连长雷少安只身从麦地沟逃跑，后被群众发现追赶到雅言乡楼塘港边用锄头挖死。

19.1949 年 5 月 16 日，解放大军从江北南渡完毕。

20.1949 年 5 月 16 日，鄂城县正式成立支前指挥部。指挥长：王志坚。副指挥长：胡吉祥。委员：郭俊、方针。并派人到土陡山与程金祥和尚研究支前工作，筹借麦粮。

21.1949 年 5 月 17 日，王志坚、方针等同志进驻鄂城县城主持支前工作。

22.1949 年 5 月 17 日，雍松山把国民党七连起义投诚队伍带到鄂城与地下武装合编一个连，由雍松山、王真任正副连长。

23.1949 年 5 月底，成立鄂城指挥部。其辖县大队和各区中队，县大队下设一个民兵支队部，共四个连计 503 人。副指挥长徐伯胜，参谋长戴万春。

24.1949 年 5 月底，中共大冶地委、专员公署及军分区在鄂城成立。书记：刘西尧；副书记：王良；专员：李夫全；副专员：李平；司令员：夏世存；政委：张体学。

25.1949 年 6 月 6 日，南下干部大队二中队 120 人派驻鄂城。建立各级政府部门。

26.1949 年 6 月，成立中共鄂城县委和人民政府。书记：丁连山；副书记：卫青山；县长：韩光；副县长：王志坚。县委、县政府当年的主要任务是：筹粮筹饷，支援前线，清剿残匪。发动群众，组织生产。同时要组建区政府、各个乡的党政机构和乡以下的群众团体部门。

27.1949 年 7 月，先后成立了华容、樊口、城关、燕矶、梁子、金牛、毛家铺七个区委和区政府。其组织设置如下：

区别	书记	副书记	区长	副区长
华容区	张金锟	刘凤坤	沈鸿飞	梁帜昌
樊口区	施玉民	李毓标	韩祖杰	蔺景如
城关区	林少南 陈景文调离	郭福全	李栋才	XXX
梁子区	石明符	贾求茂		
金牛区	袁钊	刘才	张怀玉	
燕矶区	张毅 燕成轩调离		张道文 韩森调离	
毛家铺区	王国祥	张锡文	毋克俊	

（原载《桥头堡之歌》，1998 年 5 月 2 日，由鄂大历史研究小组组长
汪先藻整理）

第五节　桥头堡之歌

一、天堑变通途——值得回忆的慈湖水上交通站

慈湖水上交通站，是在鄂豫边区及新四军五师的直接领导下，于 1942 年初创建的。当时，日军正大举进攻长沙，为了牵制日军南进，鄂豫边区党委和新四军五师，根据毛主席和中央军委的指示，决定派十四旅主力一部，挺进鄂南，开辟和创建鄂南敌后抗日根据地。为了保证我军主力南渡，是年 4 月，十四旅首先派四一团营教导员秦大骏过江，在鄂城县委书记陈大发的配合下，做大军

渡江的准备工作，并在鄂城一区建立了以佘植富为站长的慈湖水上交通站。慈湖水上交通站的建立，不仅打破了日军对长江的封锁，打开了五师进军鄂南的水上通道，而且为鄂豫边区及五师实现其向南发展战略，完成自南线对武汉日军的战略包围，发挥了极其重要的作用。

1. 慈湖交通站是鄂豫边区五师及八路军三五九旅开辟鄂南进军湘粤赣，建立敌后抗日根据地的立足点和桥梁。

慈湖交通站，自1942年建立到1945年日本帝国主义投降，一直是鄂豫边区五师开辟鄂南和向南发展的立足点和桥梁。1942年6月，为创建鄂大抗日根据地，党派往鄂大创建根据地的党员干部谭道如，以慈湖交通站为落脚点，以行医为掩护，进行宣传发动群众的工作。在此之前，为进军鄂南，五师十四旅四一团政委罗通和鄂南中心县委书记李平，率领先遣队到鄂南侦察敌情，往返大江南北，都是以慈湖交通站为立足点，由交通站接送。当鄂大抗日民主根据地建立后，往来于鄂南的党政干部，大多数是通过慈湖交通站接送的。1943年秋，郑位三从新四军军部去鄂豫边区，也是途经鄂大，然后由慈湖交通站护送过江，转往鄂豫边区。当时，郑位三曾赞扬，要多建立这样的"歇脚点"。

1944年秋，中共中央制定了在巩固和发展华北、华中抗日根据地的同时并向南发展的战略方针，于11月派出了由八路军一二〇师三五九旅组成的南下支队。1945年2月初，王震、王首道率领的南下支队之四、五大队和旅直属机关共千余人，在副司令郭鹏的带领下，经过慈湖交通站南渡。当时，慈湖交通站一面派出武工队沿江警戒，一面组织五丈港、慈湖港、泥湖港、燕矶港的所有船民，近二十多艘船只连夜抢渡，同时还派出人员带路，给南下支队安排驻地，做后勤供应工作，既保证了南下支队的渡江安全，又使南下支队能及时、快速地向湘粤赣挺进。9月，当日寇投降后，战斗在鄂南的党政干部及武装部队，奉命北撤，其中绝大多数人员是由慈湖交通站送过江的。

2. 慈湖水上交通站，为五师十四旅部队，跳跃回旋大江南北，机动灵活地开展抗日游击战提供了必备的条件。

1942年5月，五师为开辟鄂南根据地，派出十四旅主力部队，分东西两路渡江，其西路部队四百余人是由慈湖交通站渡过长江的。同年 8 月，为迅速打开鄂南局面，五师参谋长刘少卿率特务团千余人，又一次从慈湖交通站过江，向鄂南腹地谈家桥进军，并会同先过江的东、西两路部队，胜利地进行了谈（家桥）、付（家山）、刘（仁八）战斗，当谈、付、刘战斗结束后，敌、顽旋即出动数倍于我军的兵力，妄图将十四旅部队消灭于鄂南。这时，十四旅部队在慈湖交通站的帮助下，避开长江日舰的封锁，悄然地撤回到江北根据地休整。1943 年 11 月，为反击顽军马钦武对樊湖根据地的侵犯，五师参谋长刘少卿率四一团和挺进十七团经慈湖交通站渡江，于上倪歼灭了马钦武之孟昭厚大队三百余人，战斗结束后，又由慈湖交通站送回江北。尔后，五师主力部队多次以慈湖交通站为桥梁，跳跃回旋于大江南北，开展灵活机动的游击战，以麻羊垴地区的反顽战、麦岭阻击战、谈家桥歼灭战以及纪家祠对日偷袭战等为例，均是经由慈湖交通站渡江，然后又通过慈湖交通站送回江北根据地的。总之，在三年多时间的对敌斗争中，慈湖交通站历尽艰辛，往返于大江南北数百趟，迎送党政军干部及五师部队达两万多人次，使人们称之为"古以为限"的长江天堑变为通途。

慈湖交通站从创建到抗战胜利，几年时间，长期坚持在江南敌后，面临日、伪、顽的包围和封锁，及时、安全地完成一次次渡江任务。其主要原因有以下几个方面：

①人民群众的极力支持。慈湖一带多为船民，他们靠捕鱼和运输为生。当鄂城沦陷后，他们目睹日舰在长江中的暴行，并深受其害。因此，他们对日寇刻骨仇恨，有着高昂的抗日热情。1942 年，当党的活动发展到江南时，他们便迅速地聚集在党的周围，先后组建了船救会、农救会、妇救会等民众抗日救亡团体，自觉地投身抗战，尤其是在为交通站接送党政军干部、战士渡江中，无论是酷暑寒冬、白天黑夜，只要有需要，船民们总是不顾个人安危，争相出航，按时到达指定的水域。一次渡江，船被敌舰击沉，船民宁可自己顺江漂流，不顾生死，也要把船板推向新四军营长胡坚；有的船民在渡江中负伤，他们坚持不下火线仍躺在船舱里用脚摆舵；一次夜渡，船民何 ×× 因故不能出航，船民

谈伙伢，自告奋勇争着出航，出色地完成了渡江任务。他们千方百计地躲避日、伪的拉差，宁可将船沉入水中，也不出差。

②认真执行党的抗日民族统一战线政策。慈湖交通站之所以能够在日、伪、顽的夹缝中生存下来，其中一个重要原因是，党的抗日民族统一战线深入人心。1942年6月，鄂大临时工委书记谭道如曾以行医为掩护，进行统战宣传，他先后拜访了当地民主人士佘子祥、阮子霞、周伯应等人，取得了他们的支持。边区组织部长杨学诚，鄂南工委书记鲁明键，亦多次在鄂南召开各界民主人士座谈会，宣传党的抗日民族统一战线政策，呼吁他们共同抗日，同赴国难，同时还请他们参政议政，担任根据地政府部门的工作，这既扩大了党的政治影响，也取得了广大爱国民主人士的信赖和支持。在党的统战政策的感召下，慈湖港一带的"景阳山"汉流大哥佘子松也表示，汉流兄弟将不遗余力地支持抗日活动。慈湖一带的船民大多数参加了"汉流"组织，慈湖交通站的站长佘植富，就是以汉流"红旗老五"的身份进行活动的。所以，他在组织民船时，有召之即来的号召力。

③严格执行党的群众纪律。在根据地初建阶段，根据地的财政是极其困难的，但是根据地的党和政府严格执行党的群众纪律：并严格规定交通站征用民船都要付给报酬。渡江一次、大船（10吨以上的）付酬金十块光洋，小船（10吨以下的）付酬金五块光洋，渡江一次，交通站发一张票，后凭票分期到交通站兑现，交通站的开支，由财政科按需拨给。这样船民为新四军办了事，得到了应有的报酬，所以也乐于为新四军办事。

（中共鄂州市委党史办公室、鄂州市新四军研究会）

1995年8月

二、鄂南抗日根据地的历史重任

抗日战争时期，延安党中央、中央军委、毛主席为了牵制日寇进犯长沙的兵力，决定派鄂豫边区，新四军五师十四旅主力部队挺进鄂南，开辟创建鄂南抗日根据地。延安还派八路军三五九旅，配合新四军巩固这块根据地，充分显示了它特殊的战略地位。

为了加强鄂南抗日军事力量，1942年初十四旅首先派四十一团营教导员秦大骏带部分干部战士过江，在鄂大县委书记陈大发的配合下，迅速做好了大军渡江的准备工作。在当时鄂城慈湖水上交通站站长佘植富的认真组织安排下，秘密摆渡，步行至洪二乡汪家榨铺宿营，再驻防在土陡山周围各塆村。通过细致的工作，充分发动群众，依靠群众，多次平安地保证了大军渡江任务的完成，随后分赴鄂南各抗日前线。主力部队顺利渡江，打破了日寇对长江的封锁，完成南线对日寇包围圈的形成，有力分散了日寇进犯长沙的军事力量，因而使日军在长沙屡次受阻，连吃败仗，日军叫苦连天。从而为中国军队的全线反攻，夺取抗日战争的最后胜利，打下了坚实的基础。

保团村新四军纪念馆

三、鬼子刺刀下的燕矶人

翻开1941年农历七月二十四日这一天，是夏家塆（燕矶镇燕矶村五组）齐氏家族最痛苦最难忘的一天。

这天上午，不到十户而又聚居齐、周、侯三姓的夏家塆，成年男子都在田贩里收割中稻。中午回家休息吃饭，突然，塆东头远处传来一声枪响，全塆男女老少都惊慌失措，那年头只要听到枪响就准往反跑。正吃饭的齐家叔侄四人，抢出大门向西逃跑。元贵、元森在前，长生、亨利在后。前者跑到塆西垅中，后者还在垅边未跳下岸去。日本鬼子就到塆东头的高岗上（地名碾槽）架上机枪向正跑着的四人扫射。齐亨利跑在最后，距离鬼子射程最近，被鬼子子弹击中，亨利在痛苦中就喊了一句："哥，我被子弹打着了。"说着就倒下去了。听到弟弟的喊叫，长生马上跑转来抱着倒在血泊中的弟弟大哭。这时几个日本兵已经赶到，将齐长生拖到夏家坝湖边上、夏家塆口西岸的水井边连刺二刀，一刀是从后颈刺进去，刺刀尖从后腰透出来，一刀是从左肩颈刺进右腰透出，并将刺刀在体内搅动。齐长生被杀的地方距齐家百米之遥，被害者的惨叫声，夏家塆的乡亲都听得清清楚楚，然而心如刀绞的齐家人和乡亲们又能怎么办，只有血泪全往心里流！

齐元森跑得较快，但还是未逃出日本鬼子的魔爪，被鬼子开枪射倒在夏家坝湖西岸上（地名羊毛咀）的棉花地沟里。当时人未断气，痛苦使他挣扎着将棉花秆压倒一大片。幸存者齐元贵一头钻进夏家坝湖荷叶林的水里，将身子全部沉在水里面，用漂浮在水面的软管荷叶盖住自己的身子和头脸，嘴鼻在荷叶底下露出水面，日本人没有找着，才躲过这一劫。鬼子走后，夏家塆的乡亲们帮助齐家收葬死者时，看到死者死不瞑目、周围鲜血遍地的惨状，人们悲愤忧伤的心情不可言表！回顾过去，是为了"资政"未来。我写下《鬼子刺刀下的燕矶人》这个真实故事，是让当代人透过这段历史，看到过去外人侵略中国时中华民族几乎亡国灭种、任人宰割、人民成为亡国奴的痛苦。从中真正体会到国歌歌词中的"起来、起来……中华民族到了最危险的时候"的真正含义！请千万不要忘记过去，珍惜现在，好好地开拓未来！

四、日本鬼子火烧高庙

1942 年间，高庙（又名玉书阁）一度成为鄂大县政府的办公地。由于地处江边，水上交通方便，庙下燕矶小街基本衣食住行俱备，日伪顽必欲得之。在敌强我弱的形势下，我方地下党放弃了这块办公地，将县政府迁往土陡山。高庙成为鄂大县政府与长江武工队的联络站。

从 1941 年至 1943 年间，高庙内长期住有六七个新四军地方政府工作人员，他们当时的主要任务是征税，摸清敌情，与长江武工队取得联系，新四军的主要领导人李先念、张体学，鄂大领导人王表、柯逢年、何亚东、李继诺等人经常到赵华庭家落脚，到高庙取得情报。事后，有时进山，有时通过赵华庭找吴金生渡船秘密过江。

民国三十二年农历三月，驻高庙联络站的工作人员里有一个姓叶的叛变，投靠了驻扎在巴河的日本人。一天上午，叶某带上一队日本兵从巴河开船过江来破坏鄂大县政府的秘密办公地高庙，当时因工作人员都外出征税或摸敌情去了，庙内无人，日本鬼子扑了一空。

同年六月，叛徒叶某又从巴河带两队日本兵，开两条汽船，一路从龙王矶登岸，一路从石板滩上坡包抄高庙，企图将鄂大派来燕矶的工作人员一网打尽。这次日本人来的时候是中午，几个工作人员正在庙内休息，其中有一个姓邓的同志身边养了一只训练有素的八哥鸟，这时总啄他的耳朵，将他弄醒了。当他翻身坐起的时候，不知是什么缘故，可能是惊动了偷吃供品的小动物将关公菩萨像前的香炉弄翻到天井中摔破了，响声使他的头脑更加清醒。马上站起身来到高庙外查看，发现西方一队日本兵已开到苏家外塆的塆后，邓某迅速与其他两位同志换上僧衣僧帽，扛着锄头下山，向古木参天、野草盖地的死人墓区大坟林（现燕矶中学校址）隐蔽而去。这次日本人又扑了一空。他们丧心病狂地将燕矶街的居民，全部抓到街东头的下矶窝的大稻场上跪着，在堤上架着机枪，审问老百姓新四军、武工队哪里去了。老百姓说："他们（指武工队）时来时去，我们又没有和他们接触，怎么知道他们的去向呢？"日本人看问不出个所以然来，就大吼着："先去烧'共匪'的窝子，再把这些'赤匪'死了死了的。"同时留了几个人监视下矶窝的老百姓，其余的人都拿着柴草到高庙放火。当火焰冲天时，化装成僧人模样的三位武工队员已经走到了狗儿刺（燕矶村一组长坝湖堤头），他们看到高庙被烧，就愤怒地朝天鸣枪，正巧这时天又降下一场大暴雨，将庙火扑灭，高庙前殿被烧毁，后殿幸存。

日本人听到枪响，害怕新四军武工队设埋伏反攻，又值天降大雨，就这样鬼子兵扛着机枪仓皇离去。燕矶街居民才幸免于难。

五、优秀共产党员龙相梅

龙相梅，生于1912年5月13日，鄂州市燕矶镇磨山村江家塆人。1940年春，龙相梅在鄂城中学边打工边读书时，结识了新四军地下党领导人王表、谭道如（化名何亚东）等，经常同他们在一起谈论国家、民族的命运、前途。经过一段时间的交往，龙相梅接受新思潮的熏陶，积极追求革命真理，逐步树立起对马克思列宁主义的信仰，在王表等人的介绍下参加了新四军武工队。1941年春，我地下党调任龙相梅为鄂东南税务局秘书，同年冬季又调任燕矶乡乡长，并在燕矶高庙（玉书阁）加入中国共产党。当年燕矶乡公所就设在龙相梅自己家里的北头房。龙相梅入党后，革命积极性更加高涨，斗争更加英勇，在任燕矶乡长期间，为适应革命形势需要，为巩固和保卫红色政权，积极加强长江武工队武装力量的建设。根据地下党的指示，龙相梅在燕矶地区秘密发展了39名中共党员，同时还组织了龚胜绪、温竞享、毛细清、周德桂、张开术等20多名进步青年、学生，成立青年救国会，龙相梅任书记。从此以青年救国会为基础，组织群众抗日救国。打击地方豪强反动势力，积极开展税务工作，为新四军筹集粮饷物资。

在此期间，我地下党不少要人王表、陈大发、何亚东等到燕矶乡公所，也就是龙相梅家了解敌情、布置工作。李先念同志也秘密来过几次，有一次是1942年4月，李先念晚上到龙相梅家，这天晚上恰恰有两个日本鬼子带着一小队鸡子队（稽查队）伪军从鄂城下乡巡逻，沿途抢劫老百姓财物。看到此情况，龙小春（龙相梅的哥哥）在江家湾外放了一晚上哨，时刻保护着新四军首长的安全，幸好这次日伪军没有进这几户人家的小湾。

1945年4月中旬，鄂大政务委员会安排龙相梅随新四军渡江北上另有重任，在行军途中，北上部队被日伪围堵，形势不利于我军整体行动，必须化整为零。

经审时度势后，新四军部队首长派通讯员送来敌情通报，并指示龙相梅和所在部队的几十名新四军战士重返鄂大地区。龙相梅重新回到燕矶乡公所工作。

江家湾的乡公所距燕矶街的日伪据点很近，地形又是一马平川，敌人下乡扫荡，说到就到，斗争形势非常严峻。龙相梅回到乡政府重新工作的第四天，为了保障供给江北新四军所征收的粮饷物资不受损失，决定将粮钱物资转移到沙窝蒋家塆临时办公点，在蒋家塆三天后，日伪军根据汉奸严某的告密包围了蒋家塆。在这生死关头，龙相梅挺身而出，沉着镇静地指挥乡公所的十几名工作人员，携带钱物，迅速转移，将敌人的视线引向自己，孤身与敌周旋战斗。战友和钱物脱险了，而龙相梅却壮烈牺牲了，年仅33岁。这次敌人阴谋未能得逞，恼羞成怒，残暴地骑着马在他的遗体上来回践踏，此情此景，善良的人们见着无不悲愤。

青山埋忠骨，绿水寄深情！敌人走后，当地老百姓含着眼泪掩埋了龙相梅这个燕矶人民的好儿子。

1984年国家民政部追认龙相梅同志为革命烈士。他的美名、业绩与"桥头堡"共存！

六、忠肝义胆张祥梅

张祥梅，小名腊子，1919年10月7日出生于张家坝角（现鄂州市燕矶镇坝角村）一户贫苦农民家庭。

他从小过着衣不暖身食不饱肚的苦日子，眼看着国民党伪军、土匪横行乡里无恶不作。有钱有势者花天酒地，种田种地者吃糠咽菜。这种极不平等的社会现象，在张祥梅幼小的心灵中产生了巨大的震撼，特别是日寇入侵以来，铁蹄践踏之处民不聊生，更给他树立了国家兴亡匹夫有责、拯救民族的重大责任感。

吴金生老人回忆说："1940年张祥梅参加新四军长江武工队，他的直接领导是新四军的韩队长，他经常在柯队长、韩队长的带领下，与燕矶的林幼田一起找赵华庭、李秀如等地下党同志了解燕矶地区伪顽匪特的活动情况，并多次给敌人以有力打击。"冯老太回忆说："有一天下午，腊子和韩队长一起执行任务，从燕矶回家路过石板滩时，碰上三个日本鬼子上岸抢老百姓的财物（当时燕矶日本人还未设据点，鬼子是从巴河开船过来的），腊子和韩队长举枪击中了一个日本人。其中两个被这突如其来的枪声惊到了，不知来了多少武工队员，吓得只带一支短枪，丢掉两支长枪，拖拉着同伴的尸体仓皇逃跑。腊子他们缴获了两支长枪。"

腊子经常和武工队员一起摸打盘踞在燕矶街及周围的伪、顽、匪、特据点。敌伪欺压百姓的气焰大大收敛，因此敌人对腊子恨之入骨。

有一次，张、江二姓因为打谷场的归属发生了纠纷，伪保长张汉生想把稻场变为己有，施展淫威勾结国民党政府，将江姓的八个父老以抗粮抗税的罪名抓去坐牢。腊子眼见张汉生在乡里作威作福、压良欺善，就站出来说："我们张家是大姓，人家江家是小姓，不能大姓欺小姓，做事要公道。"不但如此，腊子还设法通过冯先阶找黄石地下党朱天觉等人，对鄂城国民党政府施加关系压力，才将八位父老营救出来，张汉生对腊子的正义行为视为与他作对，是"叛逆"，他认为腊子是他搜刮民财、鱼肉乡里的最大障碍，认为腊子经常坏他的"好"事，因此他要将腊子置于死地而后快。

1943 年（霜降前后）农历九月份的一天，腊子和柯队长一起在燕矶街赵华庭先生家见到了张体学，听张先生讲了好多革命情况，回到家里夜已深了，我和孩子正睡觉忽听敲门声，腊子非常警觉地说："敌人找上门来了。"当时家小屋窄，无处藏身，该怎么办！腊子只好藏在一口大锅里，我在上面用一捆稻草盖着。然后开门一望，伪保长张汉生用手把我推开，进屋边搜边问我："腊子哪里去了？"我说腊子不在家。他就骂我："你这个臭女人骗谁？我早就派人盯上他了，看到他已经回来了。"找了半天未找到腊子。他逼我点灯，当我把牛油灯点亮后看到外面站着好多兵，他们把我大伯四兄弟和垸里的爷爹们吊在树上，边打边恐吓说："快把腊子交出来，不然的话就放火烧垸杀人。"而且每家门前都已堆上了稻草。在这紧急关头，腊子掀开铁锅从屋里挺身而出，站在张汉生的面前大声说："要捉就捉老子，与大家无关。"话未讲完，国民党兵就用枪托把腊子头打破，血流不止，拖到我家的后山上，将盐撒在他的伤口上，弄得他死去活来。然后国民党兵把腊子押到燕矶街的苏家祠堂进行审讯，捆绑吊打、坐老虎凳，还将他的十个指头用竹竿钉了三天三夜，折磨得他昏死过去多次。在这次审讯中敌人是用尽了酷刑，但腊子没有半点交代，敌人得不到一丝新四军的情报，非常恼怒，就在燕矶街的下矶河边将腊子杀害了，死时才 24 岁。吴金生老人回忆说，当时抓张祥梅到燕矶动用了鄂城国民党伪政府一个连的兵力（国民党兵连长姓张，是湖南人）。是伪保长张汉生带去的，中华人民共和国成立后张汉生被人民政府枪决了。我党新四军长江武工队杰出的侦察战士张祥梅同志牺牲了，他大智大勇斗敌顽、忠肝义胆救人民的精神和业绩永载史册！

七、巍巍青山留忠魂——记抗日烈士李秀如

李秀如（1905 年—1942 年），鄂州市燕矶镇燕矶村李家塆人。1927 年参加革命，加入农民协会，任燕矶乡农会主席，随后加入中国共产党。1938 年 10 月鄂城沦陷，李秀如只身到江北与新四军五大队取得联系。1939 年受命回江南，在燕矶、沙窝一带组织抗日，建立红色政权，任红三区区长。1941 年任鄂城行政委员会委员，1942 年任鄂大临时政务委员会委员，1942 年 8 月，受鄂大临时工委委派，前往敌伪反动组织红学会做统一战线工作，惨遭杀害。

1938 年 10 月，日寇占领鄂城后，为进行法西斯统治，强化治安，在周边地区实行严密管制，遍设据点，大量豢养汉奸走狗，拼凑伪乡、保政权。建立伪保安队、侦缉队、情报员、坐探等特务网络，控制利用反动会道门为虎作伥，助纣为虐。在鄂城洪道三乡、燕矶乡一带大势发展反动迷信组织红学会，他们设坛布道，宣扬刀枪不入，集众数千人。红学总头目毛大旺（系汉奸、特务），大队长杨少延甘做日寇走狗，不断向我新四军挑衅。四处捕捉、屠杀我鄂大地方基层政权干部、工作人员。反动势力一时甚嚣尘上。

1939 年，李秀如受黄冈中心县委之命，回鄂大地区开展抗日工作。面对日伪顽匪及反动红学会的白色恐怖，李秀如毫不畏惧，一方面发动群众，坚持对日伪斗争，另一方面加大对红学组织反动面目的揭露，宣传发动群众不要迷信

红学，只有共产党、新四军才是真正抗日，使许多群众认清红学会的真面目，纷纷脱离红学会。红学会头目恼羞成怒，对李秀如恨之入骨，欲除去眼中钉、肉中刺。派红学骨干，四处捉拿李秀如，但都被群众掩护，多次化险为夷。1942年8月，红学会头目毛大旺、大队长杨少延在马元村白鹤嘴王家祖堂设宴，假意称愿与抗日组织、新四军谈判，邀请鄂大新四军代表李秀如、汉流景阳山首领佘植富等赴宴。经请示鄂大临时工委，为瓦解红学会，团结、争取民众一致抗日，李秀如明知此去凶多吉少，仍慷慨前往。赴宴期间，佘植富寻机脱逃，李秀如不幸被捕，面对匪徒的鬼头大刀，李秀如同志面无惧色，大义凛然，义正词严揭露红学会，号召红学会众脱离红学会，投入新四军抗日队伍，被红学会顽固匪徒杀害在沙窝乡牌楼村郭家桥边。

保团村新四军纪念馆

1942年8月底，鄂大临时工委撤销，成立正式工委，王表任书记。9月，王表召开各乡、保开明士绅会议，指出红学会是受坏人控制的封建迷信组织，必须解散。但会后红学会变本加厉，更加猖狂。为巩固鄂南桥头堡、鄂大根据地，打击日伪顽气焰，解散反动红学会。我新四军四二团一营两个连进驻鄂大。红学会反动头目毛大旺、杨少延，丧心病狂，竟煽动数千会众从四面八方向沙窝钟鼓楼我军驻地进攻，他们一个个头戴红巾，身扎红带，手持长矛大刀，口念咒语，跳跃前进。王表率部队一边喊话，要他们不要受骗，一边派部队下山阻击，我军何连长开枪示警，红学会众以为枪打不进，发疯似的向上冲，离我军阵地十几米时，战士们才开枪将冲在前面最反动、最顽固的十几个匪头击倒，当场打死两人，打伤十多人。红学会众人看并非刀枪不入，吓得四处逃窜，作鸟兽散。红学会被彻底解散，会坛拆光。总头目毛大旺被捉到村口杀死，大队长杨少延抓到江北枪毙，为李秀如同志报了大仇。青山巍巍，日月昭昭。李秀如同志离开我们六十多年了，但他矢志抗日，凛然浩气，与世长存，大革命和抗日战争中为中国革命作出了不可磨灭的贡献。经中华人民共和国民政部批准，追认他为革命烈士，烈士匾牌高挂在李家塆李秀如堂侄李应生家中。

八、我党优秀的税务干部——张家松烈士

我党长江武工队、堵城税务三分局检税员、优秀共产党员张家松同志，是1937年由李继诺同志介绍参加长江武工队，同张祥梅一起在沿江一带上至五丈港，下至三峡等地做税务、情报等多方面的工作。白天在燕矶福寿康药店卖药，晚上进行秘密的革命活动。由于提供的情报准确及时，新四军长江武工队，对当时的日本鬼子及国民党伪军在燕矶地区的横行霸道进行了多次有力的打击。对此，日伪恨之入骨，用炸弹将福寿康药店炸毁，老板邵大胜也被炸死。日伪军汉奸视长江武工队为"共匪"，多次进行围捕，还特别扬言要活捉张家松等人。在白色恐怖下，张祥梅、张家松先后牺牲。

1938年，由李继诺同志通过地下党组织，把张家松调往黄冈革命根据地继续搞地下工作，负责堵城西河镇税务所检查税务。

1939年参加中国共产党，同年11月份在西河镇收税时被汉奸告密，遭日军抓捕，杀害于堵城河边，当时同张家松烈士一道工作的我党地下工作人员共72位同志全部壮烈牺牲。

当时我地下党首长王表、谭道如、柯逢年等对此血案非常重视，对日寇汉奸表示极大的愤怒，下定决心要处决汉奸告密者，用走狗的鲜血祭奠革命烈士的英灵！于是采取紧急周密的措施，从长江武工队里抽调一批斗争经验丰富的

战士，组成精干小分队，扮成讨饭、戗剪刀、做小货生意的混到日伪内部，很快查到汉奸告密者是一姓饶的大块头麻子。地下小分队人员一天又一天地跟踪，终于探到这天饶麻子在情妇家打麻将，工作人员以迅雷不及掩耳之势将其活捉。当场宣布其罪行，将这个两手沾满我72烈士鲜血的大坏蛋执行枪决，为张家松等烈士报了仇，为人民除了一大害。

张家松同志在抗日战争中，为筹集钱粮征收税款而牺牲，中华人民共和国民政部追认为革命烈士。

九、土陡山纪

由鄂城向东，驱车十余里，便到了抗日战争时期鄂（城）大（冶）抗日根据地的土陡山。这里群山连绵、峰峦如聚，是抗日战争时期我党的一个重要活动基地。

1938年，当日本侵略者的铁蹄践踏鄂城这块富饶的土地时，这里的人民在中国共产党的领导下，燃烧起熊熊的抗日烽火，他们杀鬼子、惩汉奸、建立抗日根据地、组建抗日民主政府和抗日武装组织，使抗日的星星之火，骤成燎原之势。

土陡山不仅地理位置特殊，而且战略地位也十分重要。抗日战争时期，鄂（城）大（冶）抗日根据地的兵工厂、修械所、被服厂、随军医院均设立于这崇山峻岭之中，为鄂大抗日根据地的巩固、发展奠定了坚实的基础，提供了雄厚的物质保障；为鄂南"桥头堡"的建设作出了巨大贡献。

为了保卫土陡山，保卫这块红色的抗日根据地，土陡山人民也作出了巨大的贡献和牺牲。抗战八年，他们先后向主力部队输送兵员数百人，一批共产党员和基层干部将生命熔化在这块土地上，如陈华、柯逢年、李辉、黄秀清等，还有许多新四军战士、武工队员以及战斗在税收、交通战线上的无名英烈们！他们的鲜血凝聚成土陡山的灵魂。

土陡山，英雄的山！

十、江南小镇燕矶

旧时的燕矶，俗名矶湖街。是因外江矶内湖塘，中间一小块平地建街而得名。它是东西长未超百米、南北宽不足六十米的江南小镇。背靠长江，面临湖塘；东猪头、西木鱼二山对峙像两扇门护卫着小镇。高庙就建在木鱼后的高山上。站在庙基上放眼观看，四周方圆二十几里地面一览无余，尽收眼底。高庙是燕矶人慈悲善良的佛教圣地。

燕矶街只有一条街，一条约宽五米的青石板道流通着过往行人。两边店铺比邻相接，均是木架屋。

东下街高升花行、粮行；海庭药铺、酒作坊；永泰恒杂卖鱼货行；怡和怡昌糕饼行；隆昌经营规模糕点行较大，销售烟酒杂货兼开匹头庄。西上街有余子明、刘恒夫经营的木材行；苏、严二姓在街上建有青砖青瓦祠堂；进街道口苏裕丰，经营品种胜隆昌。

上矶河边摆着几条吴、夏二姓用以渡江的小舢板，下矶河渔划子上常晒着徐家塘人的鱼罾、渔网。

当年燕矶街地盘虽小，但油盐柴米酱醋茶、烟酒糖果布匹杂耍——人们日常生活的必需品基本具备。也是十里八乡的农、副、鱼产品的集散地。它虽然比不上大市高楼林立、车水马龙的气派，比不上古都轻歌曼舞、灯火辉煌的繁华，但也算是一颗小家碧玉镶嵌在长江边上。

当时在陆路交通不发达，上街下港购货全是肩挑背驮步行往返，全靠水上运输的年代。燕矶街在黄石港与鄂城县之间的大片土地上，确实向世人展示了它独领风骚、不可或缺的魅力。

所以，在蒋介石统治时期，军阀土匪混战，"你方唱罢我登场"！方部、廖部、田部、马部及那些未成气候的小瘪三，轮流称王称霸，燕矶街成了小地方大武台、你争我夺的抢手货。

特别是日本鬼子入侵后，燕矶街更是遭殃。青壮年男子跑反，少女少妇躲难。五堡监控（高庙下西、北二方两碉堡，矶头上一堡，赵氏花行后一堡，猪头山上一堡）；四害横行（日寇、伪军、顽匪、汉奸）。燕矶街在水深火热中挣扎，在痛苦中呻吟，在黑暗中觉醒，在愤怒中抗争！

曾记得民国三十二年六月间，日寇从巴河兵分两路，开两条汽船，在叛徒叶某的带领下，东路从石板滩上坡，西路从龙王矶登岸，包抄高庙（长江武工队活动的联络点），企图将我武工队员一网打尽。当时在高庙中的三位同志发觉后，迅速化装成僧人离庙下山，躲过了敌人的围捕。日本人眼见一无所获，就恼羞成怒，一方面将燕矶街的男女老少全部赶到下矶河的稻场上围起来，除河边外其余三方架起机枪，逼着老百姓交出新四军、武工队人员；一方面拿了不少柴草放火烧高庙。当三名武工队员走到狗儿刺堤上时，回头望见身后高庙烈焰腾空。三人义愤填膺，向空鸣枪发誓：老子们不打垮小日本誓不罢休。这时老天爷也似震怒，恰巧下大雨将大火扑灭。高庙前殿烧毁，后殿幸存。

日本人听到枪声，害怕新四军反攻。又值天降大雨，一个个像落汤鸡，灰溜溜地抬着机枪仓皇离去。燕矶街的百姓才幸免于难。

当年的燕矶街是伪、顽、匪霸占着他；日本鬼子蹂躏着他；新四军、武工队依靠着他、扶持他。燕矶人看到的唯一希望：只有共产党才能拯救他！从1940 年至 1945 年及以后的岁月里，燕矶街是李先念、张体学、罗通、王表、何亚东、鲁明健、陈大发、柯逢年、董密等领导同志经常往来进行革命活动的落脚点；更是当地如赵华庭、林幼田、张祥梅、何福来、龙相梅、张家松、江大焱，李继诺、吴金生、李秀如等一大批志士仁人求生存、求独立、求解放，跟着共产党闹革命的重要基地。

1949 年农历四月中上旬（正是四月八把田插，先插下的秧基本活林），燕矶迎来了非比寻常的一天。巴河江边人流涌动，百船待发。红旗招展，向江南、向燕矶发出强大的讯号：解放大军要过长江。在我方地下人员的安排下，燕矶上、下矶河港的二十几条木帆船，整装待令。这时看见红旗展动，船民吴万山首先开船过江，接过来一个先遣侦察班十几个战士到燕矶。侦察班战士上岸后，迅速占据燕矶三个制高点：高庙、猪头山、烟墩山。四周瞭望很快查清没有异常情况，一颗红色信号弹升向高空。江北船队满载解放军像潮水般涌向江南。

燕矶待令的二十几条船同时出动，迎接解放大军的后续部队过江。从早饭时至中饭后，部队才过完。部队边走边宣传："老乡们不要怕，我们是人民解放军，是打日本、打国民党、打土匪，保护百姓的部队！"当时在燕矶街上做卖肉生意的叶老四也高喊着："大家莫怕，莫怕！他们（指解放军）说了的，不惹老百姓，他们是好人！"先关着从门缝里看外面情况的男女老少，见解放军队伍整齐路过，没有一人进老百姓的家，就是休息也是坐在地上，与国民党的军兵真是天壤之别，从未见过如此守规矩的兵队伍。原关着的门缝逐渐打开，街民奔走相告，顿时街上活跃起来，有的拿茶、有的送水、有的送食品欢迎解放军。

未下鞍马，又上征程！解放军又前进了。他们向南挺进，他们要解放全中国。他们人虽走了，但他们的纪律，他们的人品，他们完全为老百姓的精神却留在燕矶人的心里！在后来的岁月里，人们高唱着："没有共产党就没有新中国，解放区的天是明朗的天，解放区的人民好喜欢……"这代表着人们心声的歌声在燕矶街上空飘扬、延伸，延伸到很远很远的广大农村。农村人也和街上人一样，腰系红绸带，敲锣打鼓，跳起秧歌舞欢庆被解放后的新生！

1951年，苏家祠堂的门楼前正式挂上了燕矶区人民政府的牌匾。从此，燕矶街成了燕矶地区的政治、文化、经济、交通的中心。区长贾永茂同志在这里向杨叶、燕矶、黄山、草陂、沙窝、鸭畈、百洪、慈湖、映山、磨山农村传达了党中央毛主席将革命进行到底的指示精神，领导着全区人民进行三反五反、清匪反霸、查田定产、土地改革、实行耕者有其田、人民当家作主等一系列的政治运动。整个燕矶地区和全国一样发生了翻天覆地的变化。

完成民主革命，进行社会主义改造。1953年实行统购统销，1955年走合作化道路，1958年成立人民公社。燕矶区人民政府根据党中央的指示精神，领导全区人民进行社会主义建设运动。在毛主席全心全意为人民服务的思想指导下，干部、群众的思想政治觉悟提到了一个崭新的高度。国家和社会达到了空前的团结和安定。

1982年改革开放后，在党中央以经济建设为中心，放开建设小康生活，构建和谐社会，强国富民方针的指导下，燕矶政府领导人们积极开辟致富门路，燕矶发生了新的巨大变化，百米小街变成十里长街，羊肠小道修成宽敞的水泥马路，土砖屋换成了鳞次栉比的高楼房。旧时的矶湖小街，北边做入江堤内，南边平房依稀在，留点遗迹作为后人凭吊当年的回味品！

现在的燕矶虽然发展了，但由于过去先天不足、底子薄，还有 50% 的农村人在贫困线上。比起全国新时期奔小康突飞猛进的态势，燕矶仍然是一个不富裕的江南小镇！

十一、铁骨硬汉何福来

新四军鄂大长江武工队队长何福来，1910 年生于燕矶镇映山村，成人后入赘杨岭村水浸堤落籍。抗战爆发后，目睹国家沦亡，生民涂炭。当 1939 年李先念率领的新四军豫鄂湘纵队在鄂东一带活动的时候，何福来即开始寻找共产党组织。他的种种表现被 1940 年来鄂南开创工作的陈大发、谭道如发现，随即被吸收参加鄂大政委会工作，为一般工作人员，并由陈大发介绍加入中国共产党。

1942 年，根据武装斗争需要，建立鄂大长江武工队，因何福来觉悟高，工作积极，在乡民中威信高，即被王表、谭道如任命为武工队长。他广泛发动群众，发展积极分子，扩大武工队，先后吸收介绍江大焱、吴国华、吴秋尔、周继发等二十余人为武工队队员。

这支武工队活跃在鄂城城关以下沿江一线，担负着坚守桥头堡桥头阵地的重任。他们机动灵活，保护水上交通线、保护各税所活动，打击日寇、惩治汉奸。他们为全民族抗战作出了重大的贡献。他们许多可歌可泣的事迹在慈湖、杨岭、鸭畈、沙塘一带广为传播。

1. 打击伪红学迷信组织

经鄂大反复劝导后，仍有部分糊涂群众坚持在洋龙（慈湖与杨岭交界处的旧水站）开坛布道。何福来领受任务，一定要摧毁这个香坛。当时武工队刚成立，除何福来外，都没枪，武工队员就用向日葵秆锯短后，放在长棉袍内，冲进会坛掀翻了香案，教育了糊涂群众，从此慈湖、杨岭一带红学会作鸟兽散，再也不敢活动。

2. 他作战勇敢又讲策略

一次水运大队周才元为日本商行装一船盐，从黄石港运鄂城，中途在慈湖港暂泊。接到佘植富的信后，何福来迅速带领武工队员组织二三十民工挑箩筐，赶到慈湖港口，在杨树林里打了三枪，就拥上盐船。他们将洋行两个押运以及周才元反捆住后，立即指挥箩筐队挑盐，抢了一大半。日本人汽船巡江，见盐被抢，气得跳脚，但船老板也还被捆着，也无可奈何，这一次既解决了老百姓食盐的问题，又巧妙地保护了水上交通队。

3. 他惩治为非作歹的汉奸毫不留情

为了保护慈湖水上交通线的安全，何福来经常化装成小贩、渔民，发现汉奸并择机打击。有段时间，江面不平静，夜晚有歹徒在江上驾小船或在岸边抢劫过往客商。有时连新四军过往零星人员也不放过。何福来领命后，夜晚驾一条小船沿江而下，果然在一处岸边，被"不靠岸就开枪"的喊声拦住。何福来迅速靠岸，趁黑影向小船走近的时候，一下子抽出枪来抓住了这个"黑影"。第二天，有个乡绅还出面保这个"黑影"——谈秋尔，还想出钱收买何福来。为了保护新四军这条水上交通线，根据斗争需要，经柯逢年同意，何福来果断地将这个为非作歹的谈秋尔枪毙了。还有一次，他巧妙地装成商贩像要乘船的样子，在从燕矶到鄂城的航船上，果然发现了汉奸熊哈巴，何福来被保安队抓过，认识他，于是将熊哈巴抓起来，准备送到土陡山去。因熊哈巴作恶太多，被赶来的四乡民众在秦家塆西边拐堤角用锄头挖死了。

4. 坚贞不屈，严守党的机密

日寇投降后，何福来受组织安排，坚持地下斗争。但在1948年解放前夕被国民党反动派抓捕。他在拒捕时身受重伤，敌人仍对他严刑拷打、灌盐水、压杠子，被折磨得体无完肤，但他仍坚贞不屈，始终不吐一个字。敌人见硬的不行，就来软的，只要他交出留守人员名单就放了他，还给他治疗。何福来始终不为所动。因他是政治犯，他们不敢杀他，将他押到黄州府大牢。敌人见他骨瘦如柴，奄奄一息，为放长线钓大鱼，就用替补坐牢的办法，将他未满15岁的大儿子捉去当人质，将他放了回来，同时暗地派人监视他。因大儿子是个孩子，敌人看得也不严，在黄州解放前夕，趁敌人自身难保之机偷跑了回来。

中华人民共和国成立后，何福来抱病参加清匪反霸、土改复查、政权建设等工作，终因受尽酷刑，历难履险，积劳成疾，虽经县民政部门经常送医送药，但终不能根治，于 1957 年病逝，时年 47 岁。

何福来的故事如镌刻的摩崖，永远在慈湖、杨岭一带流传。

麻羊垴抗日纪念碑

十二、郭远成进驻大井垮

樊湖抗日挺进大队大队长郭远成（郭非）因对日寇作战有功，名威很大。1943 年他带兵从武鄂来到鄂大。我军在鄂大赵家山阻击日寇下乡扫荡，打死日寇几十人，我军阵亡两人。这一仗日寇吃了大亏，再也不敢来侵犯鄂大地区了。

郭团长（鄂大群众称呼郭非）带的兵力，分住在土陡山周围几个垮子，郭远成本人则住在大井垮。部队帮助群众搞生产，实行二五减租，成立农会，妇女识字班，宣传我党抗日主张。当时农民代表有马元六垮周贤香、百洪闻国仁、鸭畈王堤曹玉珊等三人，成员有杨守池、胡乐满、汪祖秋、汪自成、汪芳名、汪先元、汪德水、周俊尧、汪细楞等。汪细楞是郭团长的联络员，汪细楞办事认真忠实可靠，深得郭团长喜爱。

大井塆做小生意的人多，熬糖做面，织布纺线，走街串巷，消息比较灵通。郭团长有时派兵装扮成小生意人，随群众外出做生意，一是当群众生意人的保镖，二是可探听敌人的情报。军民关系亲如一家。郭团长在大井塆住了八个多月，郭团长的军纪严明，手下个个都是人民的好子弟兵，至今土陡山周围几个塆子的群众还传颂郭团长带兵有方，"军民一条心，处处打胜仗"。

第六节　诛寇故事

一、绥靖团七连投诚　群众挖死雷少安

1949 年 5 月，我军兵临长江以北，势逼江南。国民党"剿总"白崇禧急令所属部队南撤，途径程潮一带，恰遇我解放大军。绥靖团七连一排长高少回等人发动起义，接着全连缴械接受整编。

负隅顽抗的连长雷少安见势不妙，只身逃跑。他在雅言乡欺压百姓，抽丁逼款，强抢民女，作恶多端。这次他窜到一伪军家中换上便衣，在葛麻湾山边小路上被人们认出，大家见他那副狼狈样，知道他妄想伪装潜逃，齐声呼喊："快来活捉雷少安，莫放过他。"群众纷纷赶来，雷少安狗急跳墙，掏出手枪向群众射出罪恶的子弹，打伤一人，伤者的哥哥汪永志怒火中烧，号召群众追赶，尽管他沿路打枪，可追赶的人越来越多，被赶到百洪的芦塘，筋疲力尽的雷少安枪弹用完了，似乎心也吓炸了，坐在田埂上饱饮了一顿泥田的臭水，面对手持刀矛和锄头的数以千计的群众，他声嘶力竭地哄骗大家："只要大家饶了我，我有一皮箱金手镯和银圆在一朋友家，大家可以分用。"经过革命锻炼的群众哪要他的钱财，只要他的狗命，于是一齐围上前去，挥起愤怒的锄头，把恶贯

满盈的雷少安挖死，人心大快。

二、保护苏联飞机 安全拆迁武汉

1938 年农历五月初，小麦收割后的慈湖港湖地里，三三两两的乡民赶锄棉花地。一天，刚吃过中饭，人们都到地里忙着。一阵轰轰的飞机声从江面传来，循声望去，只见一架大飞机沿东向西，擦着杨梢低飞。人们生怕日本飞机投炸弹、扫机枪，纷纷惊呼逃散。此时飞机由江面向南飞到堤内，一歪翅膀向东飞不多远又一旋向北滑下，降落在现在慈湖村八组与七组的棉花地开阔处。

飞机刚停稳，舱门就打开了，一个兵拖出一挺机枪架在翅膀下。锄地的人们没见过飞机，很想看稀奇，又怕是日本兵开枪，只敢趴在远远的沟垄处观望。这时候，港口埫人（现七组）佘植富从屋内出来，看见飞机是暗绿色不是黄色，机身上又没有大红坨子（日机标志），知道这不是日本机（这之前，本地上空经过几次空战，有些人知道识别），就大胆向飞机走去。见这三个飞行员都是高个子、高鼻子、凹眼睛的外国人，就比比划划打耳语，留下一个抱枪的，将另外两个带到他叔父——民主人士佘子祥家里。佘子祥曾是国民革命军师长，此时退伍在家，他了解当时许多政事。于是他立即吩咐佘植富照顾好外国飞行师，派人守飞机，又派人到当时鄂城县政府报告。当晚，县政府就派了一班常备队来守护飞机。这班常备队就住在现在慈湖八组秦家湾。第二天，当时的湖北军政府又派了几个机械师来修飞机。机械师和飞机师就住在佘子祥家里（现慈湖七组）。

为了保护这架飞机，佘植富又动员乡民捐了许多麦草，将飞机盖成草堆模样。日寇飞机在空中旋过许多次也没有发现。

由于飞机大，是在下游江西方面负伤，油料耗尽才在此迫降的。因为考虑到修好后没有机场难起飞，就决定拆散运回武汉。

从农历五月到六月初，整整拆了二十多天。为避免中途损失，零件要一起运走。这样，拆一件就搬一件到秦宗协家的打麦场边杨树林里藏起来。这期间，日寇飞机常来寻找，幸好藏得隐蔽，加上常备队看护很严，始终没有走漏消息。

拆完后，佘植富等船民用六条大粪船（从武汉运粪肥到乡下卖的大船，船大、舱空）每两条一帮，将翅膀、螺旋桨等分别装好，并且花四天时间，亲自运到汉口援华苏军空军总部。

因为护机有功，佘植富及慈湖船民受到当时湖北军政府奖励。

几十年过去了，现仍健在的86岁老人秦宗协经常和青年人谈及这件事。这事让后代人明白什么是国际主义精神。有了这种国际主义精神，全世界反法西斯战争一定会胜利。

三、鸿门宴——佘植富奋力脱险

1938年10月，鄂城沦陷。日寇为进行法西斯统治，强化治安，豢养汉奸走狗，建立伪政权。同时，社会沉渣泛起，为虎作伥：土顽占地为王，助纣为虐。一些会道门被日寇土顽利用，在鄂城洪道三乡一带发展反动迷信组织红学会。他们设坛布道，宣扬"刀枪不入，躲灾避乱"，实则是奴化欺骗人民，使不少群众上当受骗，糊涂地死在日寇枪口之下还不知觉醒。

中国共产党为拯救人民于水深火热之中，于1940年1月，黄冈中心县委派漆先庭、刘天元等到樊湖（当时樊口某些地方属黄冈管辖）。在抗日民族统一战线旗帜下，开展抗日活动。发展汉流"全华山"抗日群众组织。他们开坛聚义，宣传抗日，其口号是"全华山上把香烧，仁义堂前聚英豪，统一抗日齐努力，得到解放自然高"。主张团结抗日，对外争取胜利，扶贫济困，扶弱惩霸。佘植富受其影响，也在慈湖船民中公开扩大汉流组织。为区别全华山，取名"景阳山"，口号是"努力抗日，不准投敌。主张反对红学，揭露红学：团结人民，一致抗日"。与此同时，新四军也派代表赴红学组织进行抗日宣传，指出其迷信毒害人民的本质，要求统一在抗日旗帜之下。

由于景阳山与红学会进行公开对抗，加上新四军代表李秀如的宣传发动，使红学会反动派头目怒火中烧。他们生怕在人民群众中暴露了反动本质而失去作威作福的资本。于是红学会大队长王守润、杨少延在今马元村白鹤嘴王家祖堂设宴，企图诱杀佘植富、李秀如。

佘植富、李秀如不知是对方定计，而且相信都是乡里乡亲，他们不会拿自己乡亲开刀，都欣然赴宴。此时，李秀如随杨少延早已从草陂到来，佘植富后到。

这王家祖堂一进两幢，前后有院，墙高院深。并有侧门直通后院，后院无门，院墙一人多高，前院窄，显得阴森。有些红学队员三三两两拿着扎红的大刀在前院活动。堂屋里桌椅停当，伙房里烟雾弥漫，香气扑鼻。

佘植富这天是腰里扎了手枪赴约的。走到白鹤嘴塆前，先不觉得危险，还认为自己挂枪到会，定无输势。谁知刚进院门就见他老表王永祥站在门里。见佘植富进门，就冷不防踩了佘植富一脚。佘植富一惊，再一见他老表眼神不对，心下了然，知道今天凶多吉少，非同小可，灵机一动，计上心来。他立即收回脚，说道："我打个叉（小便）再进去！"边说边径直往后院走去。走进后院几脚就跨到墙边，手扒墙头，双脚一纵一跳就翻过了院墙，紧接着就有红学队员高喊："跑了，跑了！"

王守润正与杨少延在堂屋喝茶叙话，忽听"跑了"的喊声，猛一惊，知道计不顺事，立即慌了神，忙令道："还不快追！"佘植富跳下院墙跑得飞快，冲下山坡直出城隍林，跑向垱儿湖，心想过了垱儿湖就到了杨岭地界，离慈湖港不远，也就跑得更快。红学队员追得也快，许多人都不知道追谁，还以为追汉奸。沿途就有不明真相的红学队员拖刀握长矛陆续加进追赶队伍，一路人流越来越多。那时红学人都是发誓祈愿的，不随流不行。

佘植富跑到垱儿湖一个高土墩上就不跑了。转身站定抽出枪来朝天"砰"地放了一枪，大声喊道："我们都是跟前人，乡里乡亲，无仇无怨。我们景阳山是打日本人的，你们未必是帮日本人！你们再要赶来，我就不客气了。"随着又放了一枪。

佘植富这两枪再加上一番义正词严，震慑了反动红学会众，安然脱险。但李秀如没能逃脱他们的魔手，被反动红学会员惨无人道地杀害了。佘植富没有回家，径直跑到江北回龙山王家坊，报告了江南红学会反动情况。不久，新四军鄂南挺进大队过江来，把红学会打垮了。把红学会总头目毛大旺捉到西洋畈上杀了，将本地红学会大队长杨少延也捉到江北枪毙了，为李秀如同志报了仇。

王守润吓得不敢回家，后来病死了。

四、抢救"江新轮"受难同胞

1937 年 9 月，慈湖港口还跟江滩一起淹没在水里。一天下午，一条大轮从下游急驶上来，不一会又听见飞机响声。只见三架日本飞机追着这条大轮，并且投下炸弹。大轮负伤后拖着黑烟向慈湖港口全速靠拢，不料搁浅到离港口不远的江滩上，到岸边还有一段距离。这时三架日寇飞机围上来轰炸，大轮船上火光冲天。

这是当时长江轮船公司的"江新轮"，由上海南京方向装运难民前往汉口。

慌乱中的难民纷纷跳水逃生。有的跳到浅水江滩上，有的掉进了江水里。江面上哭喊声、呼救声惨绝人寰。

早在江堤上树林里观看情况的佘植富等船民振臂一呼，纷纷解下停在港边、芦林里的木船向江里划去。

这时天上有敌机盘旋，江面上泄漏的燃油也着起火来。佘植富等船民毫不畏惧，奋力抢救受难同胞，将水里的难民及死尸打捞起来。

这条船共载有难民（包括船员）三百余人，被救捞起来连伤带死的不足二百人，当时堤岸江水边的惨景令人不忍目睹。

慈湖人民提茶端水安慰生者，协助医疗伤者，自发掩埋死者，并连夜用大小船只将生者送往鄂城城关。

日寇飞机又来轰炸搁浅在江滩上的空轮，直到将轮船炸倒在江边深水里。当时"江新轮"姓方的船长为守这条轮船，一直住在慈湖港口堤边的章吾银家，直到抗战胜利，才到重庆，并与章姓女儿成亲。

五、南下渡江先遣队

1945 年 2 月初，南下支队在大悟山经过短期休整后，挥师南下。新四军五师命张体学率新四军四十、四十一团配合南下支队行动，归王震、王首道统一指挥。

南下大军分一、二、三梯队渡江南下。第一梯队为渡江先遣队，由新四军四十一团、四十团一部和南下支队一个营组成，由罗通和南下支队副参谋长苏鳌、邹毕兆率领，从黄冈长圻寮渡江；第二梯队由南下支队副司令员郭鹏、政治部主任刘型率领南下支队四大队和支队直属机关紧跟一梯队行动；其余部队组成第三梯队，由王震、王首道、张体学率领，从广济田家镇渡江。

2月10日，渡江先遣队派李平带侦察分队先行渡江，按计划行军路线侦察前进，摸清谈家桥、保安、金牛等地敌之最新动态。2月12日晚，正值除夕之夜，鹅毛大雪漫天飞舞，大江南北茫茫一片，黄冈长圻寮至鄂大慈湖港，两岸人头攒动，战马嘶鸣，江中百舸争流，往来穿梭，南下支队一、二梯队在这里强渡长江天堑。渡江船只大小各异，有渡船，有帆船，也有渔船，大的可载几十人，小的只能载几个人，由于雪大能见度低，每只船上都挂上一盏"气死鬼"风灯做标识，在江面上勾织出一条长虹，使抗日军民携手描绘的除夕风雪夜渡江图更加壮观。鄂南中心县委和鄂大工委指挥地方武装，在上抵鄂城县城、下抵黄石港口的沿江一线进行武装警戒，动员群众为部队安排驻地，当向导、搬辎重。沿江各据点之日伪由于数月来受到鄂南指挥部及武工队多次袭击，心有余悸，眼见江中灯火流动，明知有大的军事行动，却龟缩据点不敢动弹。先遣队渡江进行得非常顺利，全军1600余人及后勤辎重全部安全渡江，先遣队立即给支队司令部报捷，司令员王震接到电报后高兴地说："都说日军据守大江两岸，鸟都难飞过去，如今我们两批人马过去了，敌人吹的牛皮真是一戳就穿啊！"政委王首道笑着应道："这个事实证明，只要有我们的根据地，有群众支持，就是在敌人的眼皮底下，我们也有办法通过。"先遣队安全渡江的消息给正在准备渡江的第三梯队以极大的鼓舞。

一、二梯队登陆后，除尖兵继续南进外，大部队驻扎土陂山、文家塘、马家田铺、陈家桥一带暂避风雪。群众如迎亲人，争相接待，拿出过年准备的食物慰劳大军。部队严守纪律，婉言谢绝群众盛情，坚持不拿群众一针一线。为了不打扰群众，部队还谢绝接待人员安排的住宿，坚持不进民房而露宿屋檐。在渡江前夕，部队发给指战员每人200元的法币作为船费，这些钱都交给了船工。

渡江部队纪律严明和秋毫无犯的"王师"风范使群众深受感动，人们奔走相告，交口称赞，南征大军未至声先振。

部队在鄂大休整一天，大年初二，大雪下个不停，地上积雪盈尺，部队继续南进，2月15日到达谈家桥地区，与李平带领的侦察小队会合。得知驻谈家桥的顽军廖义华部蠢蠢欲动，企图阻止部队前进。因谈家桥是沿江地区通往鄂南山区的咽喉，此障碍不除，大部队就不能通过。于是先遣队决定扫除障碍。罗通指挥新四军四十团、四十一团全部投入战斗。由于这次南下大军声势浩大，军威夺人，兵力亦占优势，廖部是新四军十四旅手下常败之军，不战已胆寒三分。而先遣队全体指战员因有敬佩的八路军老大哥作后盾，打得格外英勇。经过半天的激战，一举全歼祸害鄂城数年、号称第二游击司令的反共刽子手廖义华部1200余人。廖只带领几名亲信逃往大幕山，从此销声匿迹。先遣队战果颇丰，缴获了一大批枪支弹药。廖部是军统特务别动军，大多数武器都是美式的，比较精良。600余名俘虏经教育后，大部分自愿留下来参加抗日队伍。

1945年春节期间，南下渡江先遣队在鄂南旗开得胜，首战告捷。

第七节　杨叶之洲

一、张体学

张体学（1915年—1973年），原名张体照，河南省光山县八里畈柳树增（现属新县）人。1931年参加革命，1932年加入中国共产主义青年团，1933年转入中国共产党。曾任红军排长、营政治委员。参加了鄂豫皖、鄂豫陕苏区反"围剿"和长征。到陕北后，任红七十五师特派员，参加直罗镇战役。1936年夏入抗日红军大学学习。抗日战争爆发后，任新四军第四支队七里坪留安处警卫连政治指导员。1938年4月，任中共黄冈中心县委军事部长、鄂东抗日游击挺进队队长。1939 年任国民革命军陆军第二十一集团军独立游击第五大队大队长，后率部编入新四军豫鄂挺进纵队，任挺进纵队第一团副团长、团政治委员。1941 年后，任新四军五师十四旅政治委员，第五、第四军分区司令员。为开辟鄂南敌后抗日根据地，1942 年 5 月，他率五师十四旅主力挺进鄂南。8 月，他和师参谋长刘少卿率师特务团和十四旅主力，组织了谈（家桥）、傅（家山）、刘（仁八）战役，彻底捣毁了顽军田维中部，俘敌 700 多人。随后，扫除几个日伪据点，进行战略展开。1944 年 3 月，顽军马钦武、廖义华联合率部 1000 余人，再次进犯鄂大根据地。他（时任第四军分区司令员兼政委）接到报告后，即令罗通率四十一团连夜过江，亲率四十团紧跟其后。在麻羊垴、康家塆与顽军激战几日，顽军败退。

1945 年 2 月，八路军三五九旅南下支队渡江南下，新四军五师命张体学率四十、四十一团配合行动。4 月，成立湘鄂赣分区，张体学任军区副司令员、鄂南军分区司令员兼政治委员。在幕阜山与南下支队协同作战，消灭了伪顽一体的周九如、熊标部后，即按支队统一部署，他率部回师鄂南，巩固和发展沿江抗日根据地。他根据当地流传的"若要不死、奔到梁子"的俗语，风趣地提出了"上要打下华容葛店，下要打下金牛保安，若要不死，打到梁子"的战斗口号。1945 年任鄂东军区代司令员兼独立第二旅政治委员。4 月，他指挥杨林桥战斗，将顽军成渠部彻底消灭。5 月，回师樊湖，指挥了围歼顽军马钦武部鄂州的月山战斗。月山一役，消灭了马钦武部，大大发展了鄂南抗日斗争形势。

1945 年 9 月 19 日，南下支队接到中央电报后立即北返，于 9 月 22 日越过国民党军队的封锁线，直插羊楼司进入鄂南。张体学率部在鄂南吸引并钳制国民党军队，掩护南下支队北返。于 9 月 26 日至 27 日上午，乘大帆船在鄂城赵家矶一线渡过长江天堑，实现了北上中原的战略意图。在完成掩护南下支队北返任务后，张体学即指挥鄂南各地武装和党政干部机关后勤人员经慈湖一线摆渡全部撤到江北。1946 年"中原突围"后率部留在大别山地区坚持斗争。后任鄂豫军区第四军分区司令员，独立师（后改为独立第三师）师长。中华人民共和国成立后，任中共大冶地委书记兼大冶军分区政治委员，中共湖北省委第三、第一副书记兼湖北省人民委员会副主席、省长、省军区政治委员，中共湖北省委第二书记、代理第一书记兼武汉军区政治委员。1968年2月任湖北省革命委员会副主任。1970年3月，任中共湖北省革命委员会核心领导小组副组长、中共湖北省委书记。1973年在中共第十次全国代表大会上继续当选为中央委员。1973年9月3日在北京逝世。

二、罗　通

罗通（1915年—2005年），原名罗芬兴，江西省吉安县人。1928年10月加入中国共产主义青年团，1929年转入中国共产党。1930年参加中国工农红军。土地革命战争时期，任瑞金特科学校排长。他参加了长征，任红三军团四师十二团连长，中央红军左路军粮秣科科长，延安抗日军政大学第二期第四队党支部书记。抗日战争时期，任中国人民抗日军政大学连政治指导员，陕甘宁边区关中保安司令部政治科科长、边区保安政治部秘书处长，新四军鄂豫挺进纵队第四团政治委员，中共鄂豫边区党委军事部副部长兼新四军豫鄂挺进纵队（平汉）路西指挥部参谋长，新四军五师十四旅四十一团政治委员，咸（宁）崇（阳）蒲（圻）中心县委书记兼县指挥部指挥长、政治委员，中原军区第四军分区副政治委员兼鄂南中心县委书记、鄂南指挥长，湘鄂赣军区第二军分区司令员、政治委员兼第二地委书记。抗日战争时期经常来往于长圻寮慈湖港之间，特别与慈湖港佘植富同志和广大船民有深厚的交情。中华人民共和国成立后常来慈湖旧地重游，感慨万千。

解放战争时期，任（前）中原军区鄂东军区参谋长、保安军区司令员、晋绥军区第九军分区副政治委员、中原军区补充旅政治委员、江汉军区独立第二师师长、第四野战军五十一军副政治委员。中华人民共和国成立后，任中国人民解放军装甲兵政治部干部部部长，济南军区装甲兵副司令员、政治委员，济南军区政治部顾问。1955年被授予少将军衔。是第四届全国人民代表大会代表，并出版《来自井冈山下》一书。

三、文武全才的王表

王表，1917 年出生于江苏丹阳一个工人家庭，成人后到黄石港做工，1938年加入中国共产党，他到黄冈一带发动群众，组建抗日队伍。新四军向鄂皖交界发展时，王表随部队挺进鄂南。1942 年 8 月，王表任鄂大工委书记，严格执行党的政策，分化瓦解了封建反动的红学会，发展和巩固了鄂大抗日根据地。鄂南沦陷期间，日军为掠夺黄石铁矿资源，强迫被俘的中国士兵和抓获的劳工为其采矿。王表原在黄石利华煤矿做工，他通过在黄石的关系，派人打入了戒备森严的劳工营地和铁山发电厂，两次制造停电事故，使劳工营地周围的铁丝网停电，配合劳工暴动，成功越网逃跑。逃出的劳工 100 多人，被我军收编为一个连队。王表点子多，精明细致。他以土陉山地区为活动基地，充分发挥了他的指挥才能。1944 年冬的一个下午，王表准备带领部队在第二天凌晨两点钟，由赵家老屋去往土陉山。可是第二天凌晨一点钟，王表就带领部队出发了。一部分日军从茅屋塆白窝后垴扑来，一部分日军从马家楼对面垴开过来，企图夹击我军，因我军提前离开了埋伏圈，晚上漆黑一片，两股日军都误以为对方是我军，顿时枪弹如雨，互相残杀，死伤惨重，直到最后，双方听到炮声是一样的，才知道上了当，可是悔之晚矣。王表自 1942 年 8 月担任鄂大工委书记到 1945年 8 月抗战胜利，鄂大县政府土陉山地区一直控制在我军手中，日伪军多次扫荡、袭击，都被我军打败。鄂南抗战的财政供给、部队休整、伤员疗养，主要依靠鄂大根据地。

王表深得民心，受人尊敬。如大冶的绅士阮子霞是出国留过学的老先生，他那时就经常对众人说："从古到今当县长的官，哪一个不是妻妾满堂，王县长（王表）成天破衣烂衫、草鞋赤脚，风餐露宿、忍饥挨寒，一会儿带兵打仗，一会儿理政安民，这样文武全才的竟是一个'斋公'，老婆没有娶一个，只有共产党内才有这样的人。"阮先先生还哼着高调："天将降大任于斯人也，共产党有斯人也，将来的天下一定是共产党的。"人们从王表的身上看到了希望。鄂南抗日桥头堡的工作，使每个中国的抗战军民，都感到无比的骄傲和自豪。

王表这个名字和鄂南抗日桥头堡的全体将士们一样，不愧为中华大地的香花之王，正气之表。抗日战争胜利后，王表同志在北撤途中牺牲。

四、汤楚英

汤楚英，1920年出生，湖北省孝感市人，1938年2月参加革命，同年5月加入中国共产党，抗日战争时期，先后任新四军游击第六大队战士、班长、排长。新四军豫鄂纵队第九团第一大队三中队中队长，新四军五师十四旅四十二团营教导员，四十一团团长，鄂南抗日游击总队总队长，十四旅司令部作战科科长。解放战争时期任中原军区鄂东独立二旅六团参谋长，新四团团长，中华人民共和国成立后，先后任湖北省航运局业务科长，湖北省农垦局全水农场分场场长。汤楚英同志在鄂大斗争期间，坚持慈湖港地区武装保卫工作，付出了极大努力。

五、抗战时期鄂大税务工作

鄂大税务局设三个税所：长江税务所、程潮税务新，湖东税务所。

税卡有：三峡、慈湖港、回风港、走马石、程潮，龙船头、金鸡桥、五丈港、小桥、洪港、泥湖港、卫家矶、沙塘、闻家铺、文塘、燕矶港、石板滩、碧石、泽林、铁山、上黄石港，阮湾、汀祖、陈盛、司徒庙、观音港、古塘、桥头铺。

大小所卡共28处，沿江慈湖、五丈港、三峡等地，每个税卡8人以上，其他税卡3至5人，还有临时税卡未记载。

每个客商只要在上述一处完了税，客商在鄂大其他地区做生意无须再缴纳，所以客商都愿意在共产党领导的鄂大地区做生意，一是有安全感，二是只交一次税，可以管一天或一个月。许多外地客商和商船因此都往鄂大地区做买卖或住宿，增添了不少鄂大的财政收入，在经济上支持了抗战。

六、易新民二三事

1. 我们在外面就好

1945年2月，八路军三五九旅南下支队和新四军五师部队1600多人，渡江到鄂城燕矶一带，恰巧正是腊月三十除夕之夜，北风怒吼，大雪纷飞，群众家家团年，烧柴火守岁。而部队都在土陟山周围各个塆里群众的屋檐下、牛棚里、草堆旁露宿。当时进驻胡堑塆的部队，因有一匹马失脚在路边的窖里，惊叫了几声，正在屋里烤火守岁的老乡听见外面有马叫，便提着灯出门观看，一见高个子易新民站在草堆旁，老乡连忙伸手拉他，要他到屋里坐，烤烤火，易新民边推辞，边亲切地说："今天是除夕之夜，部队规定不能打扰群众，谢谢你们，请安心过年，我们在外面就好。"老乡只好关门守岁，心里却默念着，世界上自古以来哪有这样好的军队，而易新民高大的身影也永远留在了老乡的心里。

2. 他有"飞毛腿"

抗日战争时期，易新民同志主持鄂大县政府工作期间，常穿一双大脚草鞋翻山越岭。有一次，因急事从土陟山赶到麻羊垴，一行三人，他走起路来快如风，两位警卫员跟不上。最后他提前半小时赶到了麻羊垴，和那里的负责同志一道，提前作好了战斗部署，这时后面两位同志才赶到，他们都齐声赞扬易新民同志是"飞毛腿"。

3. 群众吃菜想军队

在南泥湾精神影响下，1945 年鄂大根据地的我军部队，晴天开荒种菜，雨天打草鞋，缝补衣服等。易新民带领部队在土陟山周围各塆村种了不少菜，长势很好，丰收在望。可是部队要出发，群众问易新民："你们种的那么多菜怎么处理？"易新民慷慨地回答："菜留给群众吃，等我们打胜仗回来，再种更多的菜，不愁没有菜吃。"当时的情景是"军队种菜群众吃，群众吃菜想军队"。

七、曹志云诱杀汉奸夺手枪

曹志云，人们管叫他曹科长，他在庙门口汪先安家中住的两年里，经常进城刺探日伪情报，有时乔装成和尚，有时扮成小商贩。日子久了，与县城内一个汉奸吴老幺混熟了，常给他家送去活鲜鱼，他的鱼很便宜，鱼色又好，人也很和气，得到了吴老幺的信任，来往密切，无话不谈，从中得到了不少日伪情报。1943 年初夏的一天，一大早，曹志云兴冲冲地到塾师李陶轩家，将手枪往桌子上搁，道："你看这东西怎样？""哪来的这好枪？"李先生惊喜地问。"日本货哩！"曹志云爽朗地回答。原来他把汉奸吴老幺骗到江边的崖石下选大鱼，曹志云过了秤，待付了钱，吴老幺便弯腰提鱼，鱼贩子趁机猛力一刀，砍下了吴老幺的头，夺了手枪，抛尸江底。曹志云面带笑容凯旋。

八、杨叶洲上留真情——记新四军在杨叶地区的活动

从 1943 年 12 月起，鄂大政务委员会（鄂大县政府）王表、谭道如、江萍、柯逢年等与杨叶当地士绅协商，筹集经费和组织群众整修杨叶一带江堤，排除洪水隐患，造福于人民群众。后来每年冬闲，鄂大县政府就组织群众修江堤。

曹树德，出生于 1926 年，鄂州市鄂城区杨叶镇平石村 10 组人。他 10 岁开始在本地私塾就读，13 岁转入中学读书，1942 年因母亲病逝、家境困难而辍学。1943 年由鄂大政协委员会税务局长何亚东（又名谭道如）介绍参加新四军，到鄂大政协委员会工作。当时的政委是王表，副政委冯淼（又名冯玉亭）。1944年 5 月，曹树德由何亚东介绍加入中国共产主义青年团并任鄂大共青团团委委员，受鄂大政务委员会的委任，曹树德负责鄂大知识青年抗日救国会，随后便和王子贵（鄂大财政科成员）到沙窝濂溪中学分校开始组建工作，王子贵任指导员。当时各地知识青年纷纷响应，积极参加知识青年抗日救国会。鄂大知识青年抗日救国会成立后，担负着宣传共产主义思想、搜集情报、策反伪顽军及汉奸携械投降、组织地下武装、减租减息、瓦解日伪据点等任务。之后，各乡相继成立分会，如杨叶乡成立杨叶分会，会长李舒；燕矶分会，会长李有德；黄山分会，会长李子芳；保团分会，会长陈善等。鄂大地区会员达 200 余人。这个组织宣传共产主义思想，党的政策、纲领，为抗击日伪顽军作出了积极贡献。当时地方汉奸抓住了曹树德的爱人，其爱人有孕在身。大汉奸为了留一条后路，没有杀害他的爱人，而是好吃好喝加以招待。小汉奸则逼着曹家拿出了 100 块大洋私分了。1945 年日本投降后，曹树德调到大悟县新四军五师教导团学习，其间，由王子贵、范定一介绍加入中国共产党，组织关系在中原突围的时候遗失了。同年 11 月，曹树德调到罗南县政府任秘书，同时参加西北学生会。1946 年，中

原突围后，回家种田。

王表是鄂大县政府县长，是整个鄂大地区儿女百姓相信和尊敬的新四军领导人。当时的爱国民主人士、留日学生阮子霞先生对王表敬佩不已，他经常对众人说："从古到今当到县长这样的官，哪一个不是妻妾成群，王县长成天破衣烂衫，草鞋赤脚，风餐露宿，忍饥挨寒，一会儿带兵打仗，一会儿理政安民，这样文武全才的竟是一个'斋公'，老婆没有娶一个，只有共产党内才有这样的人。"阮老先生还哼着高调："天将降大任于斯人也，共产党有斯人也，将来的天下一定是共产党的。"人们从王表身上看到了希望。抗日战争胜利后，王表同志在北撤途中英勇牺牲。

江萍是当时鄂南公安局局长，当过鄂大的工委书记。她对汉奸是深恶痛绝，处理及时。江萍是麻羊垴战役的主要指挥官之一。抗日战争时期，江萍是我党我军在鄂南的主要女指挥官。北撤以后，在大悟县中原突围时她被敌人抓了，在押运的汽车上，她跳车负重伤牺牲。江萍不怕死的精神，永留人间。

三峡税务所是从三峡到平石矶，为抗战收取行商税，目的是为鄂南抗战筹集资金。当时的总负责人是何亚东（又名谭道如），当时的税务所的人员有袁爱湖、徐二秋、乐文兵等。

联络站在现在的杨叶村，当时的联络站起到了里应外合的作用，主要负责人有袁受赏、袁孝美。通过联络站，江北的新四军渡江过来和当地的新四军、武工队合并，共同把土匪部队别动军打败，取得了最后的胜利。

（曹树德提供历史资料，杨叶镇人民政府民政办杨桃枝整理）

2006 年 10 月 25 日

九、明德小学创办人阮旨遐（阮子霞）

旨遐先生，名闻还，性仁厚，乐善好施，凛然正气。日本学成归来，官爵不恋，名利不求。时日寇入侵，国运维艰，与星垣老先生达成教育共识，倾家资兴办地方教育，创办明德小学，并兼任校长（实质上未参与学校管理和教学事务）。

先生颇具爱国精神，支持共产党抗战，为祖国的统一和解放作过许多贡献，20世纪三四十年代被地方推举为共产党解放区鄂大抗日民主政府的政务委员。先生尽管系地方之巨富，但一生亲民怜民，对贫苦百姓多有施舍，深得乡人称赞。

日军多次"聘请"他出任伪职，均遭拒绝。在党的统战政策感召下，他冒着生命危险，带头参加鄂大抗日民主政府工作，为促进抗日民主运动尽心尽力。1944年1月当选为鄂大政务委员会委员。阮旨遐热情参政议政，为抗战操劳一生。

十、税务局长李继诺

李继诺祖籍巴河李家寨，16岁参加革命。大革命时期，张体学、林少南（张体学夫人）在大别山闹革命，长期往返于大江南北，时常落脚在巴河李家寨，林少南更是经常住在李家寨的李继诺家。李继诺父亲为人谦厚，与张体学夫妇很投缘，继而结为干亲家。李继诺那时年少，经常替林少南跑些路，很得张体学夫妇喜爱。1938年，张体学即带李继诺到江南鄂南地区参加抗日工作，具体安排他负责鄂南地区税务工作。李继诺在抗日头几年曾任鄂南抗日根据地税务总局局长，为抗日战争作出了有益的贡献。因巴河李家寨与燕矶李家垮是同宗嫡亲家门，抗日战争时期李继诺就长期住在李家垮旁的何应田家里。

抗日战争胜利后，随新四军北撤，因家庭原因，李继诺曾一度失掉组织联系，中断工作，在家埋头种田。解放大军渡江后，张体学亲自到燕矶接见李继诺和赵华庭两人，因两人都不愿离开本土，张体学就任命李继诺担任江南地区燕矶粮食主任，粮站就设在燕矶高庙，并为其配发三条枪作为保护。

土改后，李继诺辞掉工作，解甲归田，回巴河老家参加新中国农村建设。

十一、易新民活捉王宽霖

王宽霖，原名王宽廷，大冶王栋人。当时他在沿江慈湖、燕矶、黄石、鄂城、凡口、陈盛、碧石、泽林这一带自立为王，充当日伪江防大队大队长，拥有手下几个中队欺压人民，无恶不作。后来投靠日寇当汉奸，扩大队伍，增加枪支弹药。1945年8月15日，我军开始肃清沿江顽匪，王宽霖假装投降共产党企图拖延时间等待时机，再投靠国民党。

鄂大县委专门开会研究王宽霖问题，主持鄂大政务委员会工作的副主席易新民一天下午带一个连的人马到燕矶红石咀埋伏下来。天黑了王宽霖一行三人从一条小路上走来，易新民怒火难忍，一声令下，战士们便冲上去，活捉三人，一搜身，都带着手枪。王宽霖一向见风使舵，这次船翻了，被易新民活捉，罪有应得。后在樊湖被执行枪决，群众无不拍手称快。

十二、抗日英雄庄——董胜庄

董胜庄位于鄂州市汀祖镇董胜村南部，东临华伍村陈兴塆，西邻邓家庄，南靠童家山，北与栗山相望。房屋呈块状分布，居民 145 户，566 人，以董姓为主，另有卫、杨、陈、何四姓。有董长麟、董梦显、董进行、董绵望、董家龙等 60 多人担任省、市、区党政机关干部，从事教育、文艺、科技、金融、商贸等方面工作。

董胜庄以始迁冶邑流水里祖胜一公之名命名。明、清、20 世纪初属大冶县永丰乡流水里宋皇堡。村庄坐落在鄂冶四峰山、白雉山之间的董家山北麓，扼鄂冶古道，与铁山隔山毗邻。《董氏宗谱》载，董姓一族为史圣董狐、西汉鸿儒董仲舒之一脉后裔，居民以耕读为本，儒风士气颇盛，崇文尚武，历代不乏豪绅名彦。平素与邻里和谐共生，无事不惹事，有事不怕事。古朴的士风民气曾点燃过鄂东南人民奋起抗日的烽火，使董胜成为远近闻名的抗日英雄庄。

1938 年，中、日武汉会战，中方失利，鄂城、大冶相继沦陷。日寇牛岛部占领鄂东南，对沦陷区人民进行残暴的法西斯统治。一是军事上采取高压态势：一方面大肆清剿、搜捕、屠杀抗日军民，以致尸横遍野。如宋皇堡下饶村的武汉大学学生饶茂达因为走路的步履与当地民众不同，被日伪清剿队怀疑是军人，用狙击步枪射杀。另一方面派飞机狂轰滥炸所谓"落有游击队"的村庄。与董胜相邻的华伍村、杨王村就先后遭日机轰炸，火光冲天，血肉横飞，数十间房屋被炸毁，30 多人伤亡。二是经济上疯狂掠夺，以战养战。日寇四处抢劫财物，所到之处，十室九空；百姓流离失所，逃入深山避难，农田不得耕种，饥寒交迫，哀鸿遍野。新四军王表部行军铁山道中，见小儿匍匐吸死母乳，哀而收之托山下村民收养。日寇还驱使大批战俘、民工在铁山开矿，用中国人的累累白骨换取深坑内的战略资源：金、铜、铁。三是政治上以华制华，成立以汉奸王宽廷、谢文炳等为首的大小维持会，实施"保甲连坐"的殖民化统治与奴化教育，一人抗日，九族株连。一时间，鄂冶沦陷区成了暗无天日的人间地狱，人心压抑得透不过气来。冶邑名宿孙志曜先生逃难白雉山，望劫火残灰，在晒谷石上悲愤题词："避乱屡登临，望劫火残灰，九死难消亡国恨；题词聊寄慨，负孤山片石，千载面与后人悲！"董胜人民自发英勇抗日的义勇之举打破了这种"万马齐暗究可哀"的沉沦时局，点燃了鄂东南军民奋起抗日的烽火！

董胜村

1938年农历十月十日上午，驻扎铁山得道塆的三个日本军官挂刀翻越董家山，窜入董胜庄抢劫了两家富户的珠宝，四处寻找妇女泄欲。适逢村民童长龙的妻子出门走亲戚，三个鬼子立即上前围住拉扯调戏，企图强奸。董长龙惊闻妻子哭叫声，出门一看，怒从心中起，操起门边的扁担冲向三个鬼子。两个鬼子立即拔出倭刀夹击董长龙，董长龙夫妇命悬一线。危急关头，立在一旁的乡绅董长青振臂高呼："日本鬼子欺人太甚，打死三个畜生！"村民董进成、董应祥、董应钦、何道成以及路过的李秀七村民李士瑞等人义愤填膺，操起近身的家伙一拥而上，奋力反击，当场击毙一个鬼子。

第二个鬼子见势不妙，夺路向马家庄逃跑。马家庄村民马细狗在茅厕里听到叫喊声刚伸出头，冷不防被鬼子一刀夺命。愤怒的村民拼命追击，将这个鬼子击杀在玉米田中。暴怒的村民返回村庄，第三个鬼子已逃得无影无踪，村民四下搜索，不见踪迹。村民董正红的妻子胡氏回家收拾衣物，躲在床底下的鬼子顿失所谓"武士道精神"，爬出来颤抖着抱住胡氏的双腿求饶，并双膝跪在胡氏跟前将抢来的珠宝双手捧送给胡氏请求救命。胡氏转身出门大喊："东洋鬼子藏我家了，大家快来打鬼子呀！"鬼子见势不妙，夺门而逃。闻讯赶来的村民围追堵截，鬼子上天无路，入地无门，跳进细凼儿水中，被赶来的村民用棍棒戳死。

董胜庄村民自发抗日的英勇事迹传开，一石激起千层浪。围绕"董胜抗日事件"，中日双方各阶层展开了激烈的斗争。日寇牛岛部是臭名昭著的"战争屠夫"，闻报大怒，认为有损皇军军威，一定要进行千百倍报复，但又忌惮宋皇堡民风强悍与新四军、国军游击队策应，不敢派步兵深入。于是在董家山上架起三十多门重炮，通过汉奸扬言威胁："若不交出凶手与皇军尸体，要将宋皇堡横直十里地夷为平地，化为焦土！"鄂东南新四军、国军领导人认为鄂冶之地有险有易，有利游击战争。民众有家园情怀，多生热血壮怀男儿，民心可用。董胜抗日事件，鄂东南翼望，应同仇敌忾，保护董胜庄与民众的抗日火种。于是，急调新四军王表部，国军方步舟部、田维中部、陈在中部进驻铁山与流水里一带，从军事上应对日寇可能实施的暴行。新四军派干部彭济时等人到宋皇庙组织领导抗日斗争，疏散民众，坚壁清野，与牛岛部对峙。董胜庄知名乡绅董子正、董子怀兄弟急赴省城武汉知会姻亲金赐香。金赐香，宋皇堡金保村人，早年随兄参加辛亥革命。抗战爆发，受新四军总部委派打入日伪高层从事地下抗日工作（中华人民共和国成立后曾任上海市副市长），时任武汉和平救国军总司令。金赐香闻报，一方面通过地下党在省城散发传单，揭露日寇牛岛部在鄂东南的暴行，造成强大的舆论攻势；另一方面以"三个日本军官目无军纪，私自下乡抢劫奸淫，激起民变"的理由和铁证与日伪高层折冲是非，条陈利害。又因为长沙战争吃紧，日伪高层唯恐激起更大的民愤而影响长沙会战，迫不得已只得令牛岛部撤军换防。董胜庄与宋皇堡免于一场浩劫。

董胜庄人民英勇抗日以完胜告终，极大鼓舞了鄂冶沦陷区人民的英勇气概。人心振奋，同仇敌忾，不少青年特别是青年学子踊跃报名参加新四军，投身抗日战场，并且成立了以董靖安（原名董玉华）、汪洋平等骨干为首的"新四军鄂大敌居抗日武工队"，他们利用熟悉的山川民情，神出鬼没袭击日伪据点和交通线，除恶锄奸。从此，鄂冶，特别是流水里、麻羊垴一带成了新四军的天下，日伪势力只能龟缩在铁山、碧石渡、陈盛等孤立的据点内惶惶不可终日。据接见乡人的金赐香先生讲："事后（指董胜抗日事件）董必武先生曾言：'董胜人义勇可嘉，如果全国四万万同胞都像董胜人一样，日寇的铁蹄怎敢践踏我大好河山！'"董胜人民英勇无畏的抗日精神在鄂东南抗战史上写下了光辉的一页。

董胜董胜，董道（正道）必胜。历史依然存在现实中，当今世界并不太平，日本右翼势力极力否认二战中日本军国主义分子对亚太各国人民所犯下的滔天罪行，为军国主义招魂，修改和平宪法，扩军备战，值得亚太各国人民特别是中国人民警惕。

十三、桃花血雨

岳石洪村位于鄂州与大冶、黄石交界处，四面群山连绵起伏。相传，历代岳石洪先祖聚居此地，常遇雨季暴发山洪，为征服洪水，便将此地取名为岳石洪。1927 年 6 月，岳石洪村桃花山下发生了一件让人震惊的惨案。

据当地村民讲述，岳石洪村桃花山脚下於家湾青年於凤林，又名益星，1892 年出生，幼时读过几年私塾，会武术。长大后，随父亲肩挑货担，走南闯北做生意。1921 年 7 月中国共产党成立，时任北洋军第二纵队司令兼左翼司令唐生智随湖南军阀赵恒惕参加湘直战争，出师湖北驱逐湖北督军王占元，在大冶阳新一带活动。从小立志报国的於凤林有缘结识唐生智，便偷偷瞒着父母随其革命队伍去了湖南，并参加湖南农民运动。

汀祖岳石洪村

1925 年，於凤林加入中国共产党。1927 年春天，受湘鄂党组织委派，回湖北当地发展地下组织，开展农民土地革命运动。后与当地鄂东南地区党组织取得联系后，於凤林被委任为大冶、阳新、鄂城三县领导职务，继续以秘密党员的身份在家乡发展地下组织和开展农会运动。

於凤林回到阔别已久的故乡岳石洪村，他利用走亲访友的机会，首先发动弟弟於益来、堂叔於其友和族叔於其近、於其如、於其茂等人加入组织，后又通过族叔於其近发展了他的儿女亲家岳石洪村上张塆的张远久、张礼门（又名张肇闻）、张远麟等人。他们经常晚上到各个村湾串联走访，宣传进步思想和共产党革命主张，介绍建立苏维埃政府的情况，讲述湖南农民运动的故事等，启发农民群众思想觉悟，渐渐培养了一批革命积极分子和基层骨干。很快，在他们的组织发动下，汀祖一带各个村塆先后成立了农民协会，经常组织群众贴标语、游行等，与当地恶霸地主、土豪劣绅进行斗争，使地主阶级日夜寝食不安。眼看农民土地革命运动队伍日渐成熟壮大，然而就在此时，当地一些地主流氓地痞暗中勾结，在大冶县国民党反动政府的支持下，成立反动民团武装，到处打击农民集会，抓捕农会骨干。

1927年6月19日晚上，於凤林组织积极分子和骨干在大冶李氏海湾农民协会集合，准备召开会议讨论研究发动组织农民武装反击敌人的反动民团，不料被叛徒告密，遂将会址转移到了桃花山於家湾祖堂（於氏家族祖上留下来的一间供后人共用的老房子）。

深夜，会议进行了半个小时左右，当地反动民团二十余人持矛握刀，抬着石灰包在李氏海湾扑了个空，旋即，凶神恶煞般又扑向桃花山於家湾。正在开会的於凤林等人还没反应过来，敌人已撞开门闯了进来。农会干部来不及冲出去，全部被堵在屋内。情况危急，於凤林一边指挥大家突围，一边奋力与敌人打斗。不一会儿，门边的几个团丁被他打翻在地。正准备冲出大门时，他的眼睛突然被迎面而来的石灰打中，无法睁开，残忍的敌人刀矛齐下插进於凤林的胸膛。年仅35岁的於凤林当场壮烈牺牲，鲜血染红了桃花山。

於凤林被害后，其他农会干部个个义愤填膺，以死相拼，但终因敌人是有备而来，且布下"石灰阵"，最后寡不敌众，於益来、於其友、於其近等人不幸被捕。张远久第二天清晨从大冶下陆回村，刚过大坳下坡，就被埋伏在桃花山马家坳的敌人抓走，全部被关进了大冶县国民党监狱。面对敌人的皮鞭、跪铁菱角、电烙铁等各种惨无人道的严刑拷打和折磨，他们宁死不屈，始终没有出卖党组织。

1927年6月23日，天空泣血，山河鸣咽。於益来、於其友、於其近、张远久、张礼门、张远麟被敌人押至大冶县北门外关山杀害。

在这次事件中，未满16岁、年幼的於其茂和生性刚烈倔强的共产党员於其如被敌人毒打得皮开肉绽奄奄一息，后经组织多方营救保释出来。於其如伤好后重新找到组织并参加红军，曾在彭德怀部队立过赫赫战功。中华人民共和国成立后，回到家乡将叛徒告密和敌人残暴杀害革命英雄的往事公之于众。

风萧萧兮易水寒，壮士一去兮不复还。岁月远去，山河又绿。在桃花山长大的这些曾经替我们负重前行，抛头颅洒热血，付出了自己年轻宝贵的生命的英雄们，已长眠在他们深爱着的祖国和他们热爱着的这片土地上。1950年大冶县为在土地革命中英勇献身的7位英雄立碑纪念。1983年10月14日，国家民政部追认他们为革命烈士，并颁发了革命烈士证、革命烈士证明书和烈士光荣牌。2021年，为纪念中国共产党成立100周年，岳石洪村在桃花山对面的龟山修建一座革命烈士纪念碑，供后人缅怀瞻仰。

第四章

乡愁文化

第一节　民间故事

一、华山传说

在花湖镇中东部，有一座海拔百余米的山峰。古时山顶上有一块奇特的白石，在阳光的照耀下，远远望去如同一朵晶莹剔透的琼花，故民间称之为花山。后来以讹传讹，渐渐叫作华山。

很久以前，华山脚下住着一户花姓人家，夫妻俩养了一个儿子叫花虎。一家人常年靠在花马湖里打鱼为生，日子倒也过得去。转眼间，花虎已长成大小伙子，虎背熊腰，浑身是力，心地和善，孝敬双亲。只是二十好几的人了，尚未成家，年已半百的父母好不着急。

这一天风和日丽，父子俩像往常一样下湖作业。花虎在船头撒网，父亲在船艄摇桨。谁知过了一个多时辰也没捞到一条鱼，正在扫兴的当儿，岸上传来阵阵锣鼓唢呐声，抬眼一望，原来是一支迎亲的队伍路过。花虎不由自主地停下手中的活儿，伸长脖子看热闹。花伯见此情形，也不吆喝儿子，索性放下桨叶，自个儿"吧嗒"抽起烟来。热闹过后，时近正午，父子打算再撒一网便回家吃饭。只见花虎收网时，从网中抖出一条鼓着肚子的河豚，仔细一看，河豚背上有一道金丝纹，甚是好看。花伯见状，忙说不要丢了，带回去红烧了吃，河豚皮还可以蒙成浪鼓，将来给小孙子们玩。谁知河豚听到这话，两眼竟泪水涟涟。花虎好生奇怪，动了恻隐之心，装着一不小心的样子将其放回湖中。

　　第二天下湖，不到半晌就收获了满舱鲜鱼，花虎赶紧挑到集市上去卖。返回时已近黄昏，路上行人稀少。忽然，前面传来女子连呼"救命"的喊声，只见一个壮汉拽住一个少女图谋不轨，花虎见状握起扁担冲上前去，歹徒见来者勇猛，忙将少女往花虎面前一推，拔腿便逃之夭夭。那少女定过神来后连声道谢，告诉花虎自己姓和，是投亲路过此地，亲戚家还有很远，想借宿一晚，不知恩人意下如何。花虎稍有犹豫，见天色已晚，就答应将其带回家中。

　　谁知这姑娘一住就是几天，帮助花大妈忙里忙外，一点儿没有走的意思，问她的话她总是笑而不答，弄得花大妈心里喜滋滋的，但又不踏实。晚上便跟老头子合计起儿子的亲事来，花伯哪能不同意。第二天，花大妈试探着向姑娘提亲，姑娘竟满口答应，还说遇见花虎那一刻起就心生此意。花虎全家自然是好生欢喜。

　　婚期定在八月初八。这天天气格外晴朗，当一轮旭日跃出湖面时，这华山，那花湖，满世界沐浴在金灿灿的阳光里。山前山后的乡亲们听说花家要娶一个不知道娘家在何处的远方姑娘，都纷纷前来道贺并探个究竟。婚礼如常进行，当新郎掀起新娘的盖头时，围观的人们眼睛一亮，那姑娘果然是个美人胚子。就在大家连声称赞时，空中突然响起一阵雷声，接着门外走进一个神仙模样的人来，手握拂尘，脚踏莲花，一看便知是观世音。只听菩萨对着新娘一声呵斥："你这孽畜，不好好修炼，跑出来扰乱人间，该当何罪？"众人回头一望，只见新娘早已吓作一团，龟缩在地，嗫嚅着说："我决意要到人间来过凡人生活，任凭菩萨处置。"原来，这位和姑娘就是那日被花虎打捞上来的河豚精，已在花湖修炼了四百余年，不久就要修成正果，谁知她遇到善良的花虎后，便迷恋上了人间生活。菩萨说："你既去意已决，但受得了蜕皮之苦吗？"河豚说甘愿承受。于是菩萨将和姑娘带入内室施法，只听得一阵惨叫声，又过了好一会儿，菩萨将和姑娘领到堂前，然后飘然而去。众人再看新娘，比先前更加漂亮了。

　　从此，花虎夫妇男渔女织，上侍双亲，下抚儿女，过上了自由自在的田园生活。

　　围绕着华山发生的故事与传说还有许多许多。如今，孤峰独秀的华山依然屹立于花马湖畔，成百上千幢现代民居聚集在它的周边。值得关注的是，华山开始将自身的价值奉献给社会，也许在不太遥远的将来，它将成为人们心中的一张名片。

二、秦始皇鞭打胄山

在鄂城区东部，有一座海拔不足百米的山峦，但在一马平川杨叶洲和波平如镜花马湖的衬托下，远远望去，却高耸挺拔，一峰独秀。它叫胄山。

说起胄山，在鄂城、大冶的民间，人们便想起"三鞭子抽不动胄山"的故事。相传秦始皇统一天下后，为了修筑连接四方的通衢大道，从都城咸阳出发，手握神鞭巡游天下，赶山填海。神鞭具有雷霆万钧之力，且随秦皇所欲，所到之处，手起鞭落，想将山赶到哪里，那山便乖乖跑到哪里。一天，秦皇来到江南，只见两江（那时的花马湖还是河道）之间耸立着一座山峰，看着是那么碍眼，便要将其削平，于是顺手挥了一鞭，只听"轰"的一声巨响，不料打飞的只是个小小的山尖，整座山体却岿然不动。秦始皇自赶山以来，第一次遇到这种情形，不禁恼羞成怒，紧接着又奋力连抽两鞭，顿时狂风骤起，天昏地暗。待到尘埃落定后，秦皇发现此山丝纹未动，便在随从的簇拥下灰溜溜地离去，从此，这座被神鞭抽去山尖的山峰，就像一顶古代将士戴的头盔，胄山之名便由此而来。再说那个飞起的山尖，在向南大约 3 千米的地方掉下，到如今，人们一直在说黄石港区王家坳旁的吕家垴，就是当年的胄山头。

与胄山有关的还有另外一个故事。古时民间传说杨叶这块地方是个"木排地"，幸亏有了胄山这支"木桩"绊住，不然早被江水冲没了。其实杨叶镇的中南部，历史上是长江中的一个大沙洲，每年随着江水的涨落和大小在不断变化。后来，沙洲西面的河道变成遗迹湖（现在的花马湖）后，杨叶洲才渐渐成为陆地。

胄山地理环境优越，西、北两面濒临花马湖，东、南二面接连滨江小平原。山势奇特，植被丰茂，苍松翠柏如屏如盖，紫竹南竹密密匝匝，百年古树结丛而立，成为野鸡、野兔、豹猫、白鹭、夜莺、百灵、斑鸠等飞禽走兽繁衍生息的乐园。每当阳春三月，修篁摇曳；盛夏时节，鸟语花香；金风乍起，果实累累……沿着环山公路可达山顶，极目远眺，浩浩长江，川流不息，跨江大桥如长虹凌空，巍巍群山起伏绵延，现代民居似珠玉落盘。俯首近观，渔舟点点，岸柳成行，农舍清新，绿荫掩映，平原旷野，稼碧蔬青，一派如诗似画的田园风光。

胃山的人文景观也值得称道。立于山巅的胃山古刹，始建于南朝梁武帝天监年间，迄今已 1500 余年，其间屡毁屡建。清雍正十三年，晋明法师在此扬法立道，刻碑铭志。20 世纪 80 年代以来，在当地政府的支持下，社会贤达和护法檀越的资助下，古刹得以重修和扩建。现在的古刹坐西朝东向，由千手观音殿、财神殿、大雄宝殿、玉观堂、念佛堂、斋堂等组成。主殿正门上方匾额，以楷体书"胃山古刹"，苍劲有力，尽显庄严气势。

胃山还有许多传说，如"金牛脚印""三口石井"等等，只有当你亲耳听到当地人的讲述，听起来才饶有兴味，听后又意味深长，给人以启迪。

胃山，一个值得一游的好去处。

三、白马塔的故事

在鄂州市汀祖镇岳石洪村桃花山上有一座高耸入云的佛塔，当地人都叫它白马塔。

白马塔高七层，42 米，建筑主体颜色为白色。远远望去，大红色油漆的塔门、窗户、廊柱与雪白的墙体、汉白玉栏杆，以及塔顶、塔檐上黑色的琉璃瓦，红白黑三色相间，十分醒目。走近塔前，只见一匹白色的石马昂首而立，与黄石境内被誉为"三楚第一山"东方山上巍峨矗立的东昌阁遥遥相望。进入塔内，一根粗大的圆形柱子从塔底直通塔顶，游客可沿塔柱中间楼梯拾级而上，登至塔顶走廊一览黄石、大冶、鄂州三地无限风光。

听当地人讲，白马塔的由来与东方山弘化禅寺开山祖师智印禅师有关。

智印禅师，俗姓王，法名德聪。公元 786 年阴历六月初一出生在湖南常德龙阳（今汉寿县）盘石村一户书香门第之家。其祖父王东明与父亲王开源分别为唐玄宗天宝五年进士和唐肃宗乾元三年进士。不仅如此，其两位伯父也先后通过科举考试，走上仕途，建有功名。

据资料记载，印度佛教大约在西汉末年传入中国后，经过魏晋与南北朝时期的传播，到了隋唐时期尤为兴盛。不仅民间信众非常多，而且皇帝、贵族，以及一些世族官僚大都信仰佛教。相传，智印禅师父母皆信奉佛教。受父母影响，从小聪慧过人的他对佛教十分感兴趣，深得父亲好友海月和尚喜爱。智印禅师七岁时，经父母同意，拜海月和尚为师，出家到离盘石村不远的桃源洞旁边的莲花寺学习佛法。

俯仰之间，八年时光飞逝。海月和尚把一生所学佛法全部传授给爱徒智印禅师后，又送他前往南岳参拜马祖门下三大高僧之一百丈怀海大智禅师为师，继续研习参悟佛法。

日拱一卒无有尽，功不唐捐终入海。转眼，智印禅师又经过三年青灯古卷刻苦修行参佛，已深得百丈怀海大智禅师衣钵之传，便拜别师傅，与师兄一道云游四方，传授佛法。

唐宪宗元和元年，智印禅师云游来到东方山，见山中云雾缭绕，峰奇岩秀，古木参天，林间鸟语花香，溪流淙淙，环境清幽，顿觉神清气爽，疲困全消。于是决定在此地开辟道场，兴修寺庙，广度佛法。不久，智印禅师品行端正，慈悲喜舍，道法高深，渐渐赢得附近百姓信任，寺庙香火日益旺盛。

一天，一直崇信佛教的唐宪宗李纯，听说东方山出了一位佛学造诣高深的年轻禅师，非常好奇，便下诏宣其进宫参加大法会，并亲自召见面试其佛法修为。

智印禅师接到圣旨后，因路途遥远，无马车前行，非常着急。东方山附近岳石洪村的一位信徒得知消息后，便将自己家中的一匹白马赠送与他为坐骑。

几个月后，智印禅师骑着白马日夜兼程来到长安，觐见唐宪宗。殿前，只见他合掌礼佛，与众人谈经论道，深入浅出，从容自如。唐宪宗对智印禅师十分赞赏，特赐紫衣袈裟、金钵，并嘉赐法号"智印"。

智印禅师回东方山后，每天白天骑着白马出行，四处普散佛法，夜晚回来将白马放养在水草鲜美的桃花山上。一年四季，寒来暑往，智印禅师对白马视之如亲，悉心爱护照拂。

不料，唐宪宗元和九年，年仅29岁的智印禅师因积劳成疾，英年早逝。当天夜晚，与之朝夕相伴近十年的坐骑白马得知主人圆寂后，在桃花山顶遥望东方山主人坐化之地，嘶鸣不已，最后竟化作了一方石头。

时至今日，智印禅师与白马的故事仍在民间流传。2017 年，岳石洪村上周湾村民周兆祥在外打拼多年后回到家乡，为助力乡村振兴和纪念智印禅师与白马之间这一段深厚情谊特出资修建了这座白马塔。现已成为游客最喜欢的网红打卡地。

四、一代弘法大师严福银

严福银，号仁杰，法号贞法大师，渔坝严家湾人，生于 1920 年，自幼聪明好学，精通四书五经，知书达理，性格温良，为人师表。行伍出身，武艺过人，含而不露。战乱从军，任国民革命军少校营长，爱憎分明，参加解放战争，中华人民共和国成立后荣归故里。淡泊名利，当过多年乡村民办教师，边务农边教书，为农村儿童教育付出了很多心血。

红尘滚滚，随着岁月的流逝，他与佛结上了缘，中年出家修行，甘付桑梓，为弘扬佛法、为宗教事业的发展，为鄂州佛教道场的建设作出了重大的贡献。20 世纪七八十年代中期先住黄石铁山寺，并入佛学院，因博大精深的佛学得到升华。1986 年入住鄂州胄山寺，胄山寺数代兴废，名曰胄山寺，实则一片荒废的庙基。贞法大师不为所困，在一无所有的情况下，四处化缘，一年多的工夫就修起了一进两重的大庙和佛殿，深受当地百姓爱戴！从此朝拜胄山寺的香客和善男信女们络绎不绝，胄山寺佛光高照，至今高高地矗立在胄山顶上，成了花马湖周边一大佛教圣地和观光景区。

大师弘法心愿不止，时隔一年又到天平山麻羊垴选其云盖寺旧庙址，一心想重光云盖寺，云盖寺因战乱损毁，无庙可存。天平山山高路远，密林丛丛，无法通车，举步维艰。一个人白手起家，困难重重，各方面的工作要协调，要修建几座庙堂谈何容易。大师弘法之精神实乃可亲、可敬！大师的意愿和善举打动了当地百姓，同时得到了沙窝乡政府和有关部门的大力支持。在恶劣条件下，花一年多的时间，于 1989 年在天平山顶修了一进四重大庙，云盖寺得以重光，贞法大师任云盖寺重光后的第一代主持。

自天平山麻羊垴云盖寺重光后，这里成了一大旅游景点，常年吸引了不少游客。天平山云盖寺不仅是二晋第一山佛教圣地，又是鄂南抗日指挥部，是省级爱国教育基地，是鄂州市十大名寺，早年被列入文物保护单位。

云盖寺佛光普照，香火旺盛，名扬武汉、黄石、黄冈、鄂州周边数百里，香客和弟子们三五成群，往来朝拜络绎不绝。大师为弘扬佛法、普度众生呕心沥血，功德无量，为百姓而感动、而拥戴，实乃一代杰出的弘法大师！大师因操劳过度，于1999年腊月27日圆寂，众乡邻、居士、香客万分悲痛！人们相互转告，来到山里要看看这位慈祥的法师，大师虽然已去，但大师的英灵永存，云盖寺佛光普照！

如今的云盖寺不仅成了红色文化教育基地，更是天平山的一个旅游景区。

五、岳石洪村举人沟的来历

在汀祖镇岳石洪村有一个天然大峡谷——举人沟。

它位于东方山东北面，鄂城、铁山、下陆三地交界处，全长1800多米、宽100余米，沟深300米左右。沿沟而上，内有乌龙潭、清龙潭、双龙合璧潭，这里流传着众多传说，其中最有名的是余相爷余国柱的故事，举人沟这个名字便与余国柱有关。

余国柱（1624年—1697年），字两石，号佺庐，湖北大冶茗山人，清朝大臣。顺治九年，余国柱考中进士，历任兖州推官、行人司行人、户部主事、户科给事中。三藩之乱，上书论筹饷之策。历任左副都御史、江宁巡抚。依附于宰相明珠，迁左都御史、户部尚书等。康熙二十六年二月，授文华殿大学士兼户部尚书、光禄大夫，入阁为相，累迁武英殿大学士、吏部尚书。受到御史郭琇弹劾，罢官思过。康熙三十六年去世，时年76岁。

余国柱幼年丧父，家境贫寒，寄养在铁山舅父家，舅父见他从小聪慧过人，十分怜爱，便送其到东方山学堂读书。余国柱对老师所授的四书五经过目不忘，别的学童还没背熟课文，余国柱读几遍就记住了，每天早早就放了学。

一天早上，余国柱提前来到学堂，老师看见他的裤脚是干的，觉得奇怪。

因为东方山上的草很深，每天上学的童子裤脚都被露水打得透湿，只有余国柱是干的。

老师问余国柱为什么这样，余国柱说，每天早上有两只小白兔在他前面打露水，听后，老师十分新奇。一天早上，他跟余国柱一起上山，真的有两只小白兔在前面蹦蹦跳跳打露水。

老师跟在小白兔后面，看它到哪儿去，小白兔来到一个山洞，洞里有一个大石桌，桌上放着一本《兵书宝剑》，翻来翻去，兵书上却没有字。后来大家调侃，假如不是老师过早地跑进山洞里破了法，余国柱就不是拜相，而是当皇帝了。

据说，余国柱入阁拜相也十分传奇。

有一年，皇苑内大象突然开叫，皇帝不知是凶是吉，第二天早朝问大臣们是何征兆，满朝文武未能对答，皇上十分恼怒。这时，余国柱奏曰："奏告我主，大象开叫，此是吉相，古书云：大象鸣，国家兴。"

皇上问余国柱，出自何典，他说出自佛经，还说出了来自佛经的哪一卷。皇上令人搬来经书一看，果然有此一说。皇上龙颜大悦，说余国柱知识渊博，可拜相，连佛经都知道，其他的书更知道。原来他在东方山读书时，看了这卷佛经。

余国柱拜相后，非常关心地方文化教育，被大冶人尊称为阁老，他还到东方山捐资修建亭阁，东方山弘化寺山门牌楼上的"三楚第一山"这五个字，是他亲笔所写。他还为东方山写了著名的《东方山总题八景诗》：

> 一从卓锚道场开，月涌禅关照佛台。
> 山实有灵松倒插，池因无垢藕先栽。
> 铁牛常卧兜宫净，石船不移梵影排。
> 仙迹宁随曼倩去，道人洞口望师来。

举人沟附近的草堂遗址，是余国柱当年求学时的住所，现在已是残垣断壁。相传，余国柱幼年去东方山学堂求学时，常路过此地和同伴在举人沟游玩。见此地环境清幽，山水空蒙，景色迷人，故结庐于此。

当年，余国柱面壁苦读，后来中举的故事被当地人树为读书典范，并将此地改名为举人沟。沟内有余国柱的洗笔池、砚池笔墨等遗迹，仍清晰可见。

六、聚宝庙和聚宝桥的传说

1. 聚宝庙的传说

岳石洪位于鄂州市与大冶、黄石三市交界处，在著名的风景区佛教圣地东方山东麓。这里四面群山环绕，风景秀美，气候宜人，如同一个天然的盆地和森林氧吧。近年来，当地政府积极创新保护与传承的方式方法，结合当地人文资源、移民文化、矿业文化、红色文化等，建有村民文化礼堂、烈士纪念碑、咖啡馆、茶坊、民宿、盆景园、白马塔、鹊桥、创客中心等旅游景点，先后被评为"湖北省旅游名村""湖北省绿色生态示范村""全国造林绿化千佳村"等。2021年岳石洪村村庄规划入选全国优秀案例，现已成为远近闻名的网红村。

岳石洪村桃花溪边有一座高大雄伟的仿徽派古建筑，这是岳石洪村党员群众服务中心。这里原来建有一座寺庙，当地村民都叫聚宝庙，又名"七宝庙""集宝桥"（当地方言聚和七、集同音）。

相传，明崇祯十二年，明朝炼铁使赵景先派人到大冶铁山和岳石洪村附近开采铁矿，在猴子山东南山脚，即现在的黄土山脚下（唐代矿冶遗址）设置大型冶炼炉，日夜冶炼生铁打造刀剑等各种兵器。为祈求神灵护佑平安，赵景先特令手下在桃花溪旁边修建了一座寺庙。寺庙落成典礼时，赵景先前来察看，属下请他给寺庙题名。他站在寺庙前抬头环顾四周，只见整个岳石洪村被群山环绕，如同盆地，沉思落笔之际又联想到此地铜铁矿十分丰富，于是便将寺庙名题为"聚宝寺"。

斗转星移，朝代更迭，一晃到了清朝末年，寺庙几经战火损毁，已是破旧不堪。一日中午，有一位经商之人路过岳石洪村去大冶下陆采买货物。行至岳石洪村村口，到聚宝寺拜过神仙准备离开时，内急想行个方便，刚好看到寺庙附近有一处茅厕，便上前如厕，顺手将腰上的钱袋取了下来挂在了一旁的槐柳树上。不承想起身后忙着赶路，忘了取下来。直到天黑到达目的地，与朋友商谈好货款，交付钱款时才想起。顿时万分焦急，向友人道明原委后，起身就要告辞，准备连夜返回寻找钱袋。朋友见外面此时伸手不见五指，连忙拦下他并劝道："天色已晚，你若返回，山高路远，如遇虎狼，安危难测。不如在我家歇息一晚，明日再做打算。"

商人心里虽然非常懊恼着急，但是低头想了想，已时过半日，估计钱袋早已被人取走，也只好如此了。

第二天，商人启程返回寻找，发现钱袋仍挂于树上，取下一看，竟然分文不少，不禁非常纳闷，便问寺庙方丈。方丈双手合十说道："阿弥陀佛，感谢神灵保佑！"

后来，商人回家与妻儿商议后，遂将布袋里所有的钱款都捐了出来，交与寺庙方丈将聚宝寺修缮一新。从那以后，商人每次经过此地必到寺庙虔诚焚香跪拜。

据当地老人讲，其实，商人钱袋没有丢失并非神仙保佑，而是另有蹊跷。原来商人所用钱袋为黑色棉布缝制，挂在树上，远远望去像一条大黑蛇盘在树上，路上行人与村民视之皆恐，纷纷避之而不及，故无人敢取。

2. 聚宝桥的传说

在汀祖镇岳石洪村桃花山脚下两条溪水交汇处有两座古石拱桥。因为石拱桥离溪边的聚宝庙不远，当地村民就给它起名叫作聚宝桥，又名七宝桥、集宝桥。现在我们看到的桥是 2017 年岳石洪村为加快当地旅游资源开发重新将石拱桥用水泥进行了维修改造。

聚宝古桥是一座半圆形石拱桥，建筑材料为青石。据村族谱记载，古桥始建于清康熙二年，由岳石洪村张姓祖先汉一公、汉二公兄弟俩共同修建，至今有 300 多年历史。

听当地老人讲，当年修建聚宝桥时曾发生过一段传奇故事。

明朝嘉靖三十三年，张氏始祖万二公到岳石洪村落迹定居，生息繁衍过了第六七代人后，不知何故家族人丁不旺，一些子孙相继搬离故乡，眼看村庄日渐衰落。

一天，张太公请来一位老风水先生察看。走到村前两条溪水交汇处，老先生停了下来说道："此地两龙相斗，中间有'犁煞'。"张太公不解，问道："此话怎讲？"

老先生摸了摸下巴上的胡子回答说："两水中间之地犁头之形，'犁'谐'离'之意，故为煞也。"

"不知先生可否破'犁煞'之法？"张太公又问。

"要想化解此'煞'也不难，你等只需在此处建两座石桥镇住两'龙头'便可。"老先生说。

第二天，张太公召来族人商议，大家一致推荐，由张氏家族中见识多广的兴楚公和正值年轻力壮的兴州公（即汉一公和汉二公）兄弟俩共同主持修建两座桥。

相传，张姓氏祖汉一公和汉二公兄弟五人。老大兴鲁公当时年纪大，身体差。老二兴楚公，字汉一。老三兴秦，字录一，已迁往四川定居。老四兴州公，字汉二。老五兴汉公，字扶一，年将方刚。

汉一公和汉二公的父亲是一位泥瓦匠，为人勤劳朴实，豪爽仗义。多年来，虽然家境一直不太宽裕，常常捉襟见肘，但不论附近乡邻哪家修房子有困难，或是哪里有桥毁坏，道路破损，他知道后都会不请自来，前去帮忙修复，不收分文。一来二去，乡亲们都非常尊敬他，家中房屋需要修补都会请他，没有工钱就给些米粮。汉一和汉二长大后，也相继跟着父亲学做泥瓦匠，经常四处给人家修盖房子、围院造墙等，一家人勤勤恳恳靠着双手努力生活，日子渐渐过得殷实。

那年夏季，连降大雨。一天夜晚，山洪暴发，很快便将村口桃花溪上的木桥冲垮。看着乡亲们出行困难，雨却不停，老人十分着急却又无可奈何，日夜寝食难安。

一天傍晚，吃过晚饭后，年迈的他找来两个儿子对他们说道："汉一、汉二，你们跟着为父做泥瓦匠多年，手艺都已学会，现在为父有件事想找你们商量。"

"不知父亲大人找我们兄弟二人来，所为何事？"兄弟二人问道。"村前桃花溪上的木桥，每逢大雨，必被冲垮。为父想让你们俩去建一座石桥，顺便也考验一下你们的手艺。不知你们意下如何？"

二人听完后连忙应道："谨遵父亲大人之命。"

过了两天，当他们去找族长商量修桥之事时，没想到张太公正召集村民商议此事。于是，大家一拍即合。

雨过天晴后，兄弟俩选了个日子就到溪边来建桥。附近的村民们听说后，也都争先恐后来帮忙。大家抬的抬，挑的挑，很快将做桥需要的石头一块一块运到两条溪水边。汉一、汉二兄弟俩则每天泡在溪水里开始认真建造石桥。

一个月后，两座石拱桥建成合龙了。正当大家准备上桥放鞭炮庆贺时，不料，石桥突然一下子坍塌了，所幸没有伤到人。一开始兄弟二人都认为是自己手艺不精的缘故，乡亲们也百思不得其解，纷纷到聚宝庙祈祷。正当兄弟俩灰心丧气，村里人议论纷纷的时候，一天，东方山有位和尚骑着一匹白马到聚宝庙讲经布道。当他听说了兄弟俩带领大家修桥的善举后，双手合十说道："善哉善哉！劳烦各位施主重建此桥合龙之日，向着东方拜上三拜，佛祖知道后，桥自然就不会垮了！"

又过了一个月，桥终于再次建成合龙了。完工后，兄弟俩和乡亲们一起站在桥上按照和尚师傅的交代，燃香三炷，并向着东方拜了三拜才回家。果然，第二天，两座石拱桥仍然稳稳地立在那里，没有垮塌。

后传说，有人在夜深人静路过此地常听到有"马"叫声。也有人传说，桥没有垮塌是因为当天夜半从东方山上下来一匹白马驮住了两座桥身。还有人经过分析认为，桥第一次建成后垮塌可能是因为建桥时，刚下过长时间的大雨，桥基底土层经过雨水浸泡后不够坚固，无法承受过多的重力。第二次再建成时，石头已将桥基底土层压得非常结实，所以，即使有许多人上去，桥也没有垮塌。

七、杨岗古村的故事

勤以养家，俭以养德，忠孝节俭，清白流芳。这说的是鄂东南名山白雉山脚下的一个有着一千多年优秀传统文化的古村落——杨岗村。

杨岗村原名楼儿下杨钢村，据先祖杨钢堂名字而来。这里山清水秀，民风淳朴。由于地处偏远山区，生态环境非常好。村内不仅有多处古迹和古遗址，还流传着许多美丽的传说。

杨岗村的前面是青龙桥，由红石券拱建筑而成。传说当年杨氏一族迁徙至此，修桥多年，桥面难合，适逢村民迎亲之日遇山洪暴发，新郎只得背着新娘过桥，等洪水退时，桥面竟然自己合龙，后来村里每有迎娶之事，新郎都要背着新娘从此桥而过以图吉利，因此又被今人称之为"情人桥"。

桥右边有一座方形古井，1600 年前由杨氏先祖两位贴心家人刘玉章和万来兴所凿。井长约 4 米，宽 2 米，深 6 米有余，井身由花岗岩条石砌成。井水清澈见底，水温冬暖夏凉。由于此水为山泉水，入口味甘，水质极佳，即使吃下荤油食物直接饮用，身体也丝毫无损。神奇的是每逢洪水泛滥，井水不溢；久旱无雨，井水亦不干枯，始终离井口两厘米左右。乡亲们相信水井里的青苔可治牙痛，每每有牙痛，只要将青苔贴在痛处，不久便可消除肿痛。

从桥左边青石板路上望去，可以看到五栋相连的古宅，有 1000 多平方米，建于 1911 年前后。屋主人杨光寅，人称顺老板。据说勤俭持家，在外经营几处作坊，起早贪黑，管理有方，赚得钱财回来建成宅院。前面不远处还有一座古宅，始建于清道光十年，占地面积约 330 平方米。屋主杨继永据说是当年有名的乡绅，一直在外经商，为让父母颐养晚年也建一宅。这两座古宅均是砖木结构，工艺精湛。屋内雕梁画栋，四壁有渔樵耕读、珍稀动物等彩绘，曾有许多文人墨客慕名前来观赏。如今，由于年代久远，大部分建筑失去原貌，只剩下一些残垣断壁诉说着往日的故事。

古宅前面是杨家祖堂，据说这座祖堂始建于明弘治元年，原为一栋六间青砖瓦房，嘉靖年间改建成祖堂，2006 年重建，建筑面积约 300 平方米。内有八卦图和祖上遗留下来祭祀用的老鼓、太公座椅及游龙凳等。左右两边墙上有"武魁、进士、训导"匾额十二块，为湖北省楹联协会副会长、著名作家白雉山先生和湖北省书法家陈义经先生留下的墨迹。

这座古色古香的老式祖堂又名"四知堂"。相传当年东汉名士杨震，调任东莱，任太守，路过在此歇宿。昌平县令王密是杨震在任荆州刺史时荐拔的官员，听说老师来此，非常高兴。为表达对老师知遇之恩的感谢，晚上悄悄前来拜访，并备办"十金"奉送。杨震当即拒绝，怒曰："故人知君，君不知故人，送此厚礼，何也？"王密连忙回答："暮夜无人知者。"谁知杨震一听更加生气，大声道："天知、地知、我知、子知。何谓无知？"王密见老师如此清廉，深感惭愧，带上礼物狼狈而回，自此更加敬重老师，而"四知"遂成为千古美谈，杨氏后人以此作为宗祠的堂号，匾额铭文以"清白流芳"来纪念杨震。

从祖堂出来，沿青石板路前行约500米便到了下寺桥。据考古资料记载，桥底青砖为唐代制作，站在桥上可以隐约看到白雉山上灵鹫寺的烟雨楼台。

相传，灵鹫寺义崇禅师、师兄智印禅师在白雉山、东方山各建有道场。一天清晨，义崇禅师打开后山庙门洒扫庭院，不知从何处飞来两只灵鹫，驱之不动，他感到诧异。于是他双手合十念道："阿弥陀佛，生灵，我不害你，你从哪里来就回到哪里去吧。如果迷失方向，让我送你们一程。"两只灵鹫听他说完便向后山飞去。义崇禅师没有失言，他护送着两只灵鹫翻过了一座又一座山冈。中午时分，他们终于来到白雉山芙蓉峰和金鸡岭之间。举目望去，只见山上烟雾缭绕，峰高入云，岭上青松苍劲，风来涛鸣。两只灵鹫在此停了下来，任他劝说也不动。义崇禅师心中纳闷，对灵鹫说道："你们莫非是要我在此建庙不成？"两只灵鹫听后点了点头，在空中盘旋一会儿后飞走了。

此后义崇禅祖师带着徒弟到处化缘，于大唐天宝三年建起了这座寺庙，并取名"灵鹫寺"，由后来的唐宪宗御笔所书。千百年来，灵鹫寺游人如织，香火不断。如今仍保存有"明塘映月""古井龙泉""拜月亭""玉带港"等历史遗迹。

八、桂花井的传说

汀祖镇桂花村坐落在美丽的花马湖畔，是一个有着悠久历史文化的古村落。现保存有三处历史古迹，分别为商周时期的"龙转头"古渡遗址、余金林墓群和桂花墓群。其中商周时"龙转头"古渡码头历史最为悠久。

从高处俯瞰，古渡码头自凤凰山支脉延伸向南而下，直达花马湖畔，再转头向西，形似卧龙，故谓之"龙转头"。码头下的古桥全部由石头堆砌而成，历经暴雨洪水侵袭，屹立数百年不倒，被称为当地一奇。这里还流传着许多动人的传说，其中古渡码头旁边的余家庄桂花井的故事，一直被世人所传颂。

桂花井，原名南畔井，是流水里一大名井。大冶县志记载，原流水里属大冶管辖，现属汀祖镇桂花村十七组余家庄。余氏族谱中描述，其先祖从大冶花犹树迁移至此，已有三百年历史。据当地老百姓讲，桂花井水一年四季清澈见底，味同甘露，从不干涸，即使暴雨倾盆几天几夜，井水也不会外溢。久旱不雨，井水被村民挑个底朝天，第二天早晨，水还是满满一井，始终保持原来的水位。让人啧啧称奇的是这口水井还有天气预报作用，每次下雨前，井里的水会变成红色，但是将水打上来却看不到任何颜色。更神奇的是井底好像长有一棵桂花树，枝繁叶茂，形同雨伞，散发着香味，飘香十里。附近的人在家里或是在地里干活，远远的都能闻到像桂花一样的清香，因此被大家称为桂花井。桂花村也因此而命名，故当地一直流传有民谣"耕作十亩地，闻香不觉累"的说法。

相传清朝年间，曾有一位书生进京赶考，屡试不中。有一年秋季，他又进京赶考，路过此地，时值正午，饥渴难忍，便向附近村民打听，哪里有水可以喝。村民见他十分虚脱，便连忙告诉他桂花井的位置。书生一路寻着桂花香来到井边，俯身舀了一壶，随后大口地一连喝了数口，顿感浑身神清气爽，精神百倍，连连称好。临行前，他便命书童将随行所有的容器都灌满井水，带在路上慢慢喝。考试时，他特将剩下的井水用来磨墨，没有想到这次竟然金榜题名，考中了状元。后来，书生在京城为官，每年回乡探亲，都要来此井边，燃上一炷香，磕头跪拜谢恩，返京时，又来此带上一壶井水进京。他在京为官几十载，清正廉洁，两袖清风，一直为后人称赞。

1916年的长江大堤决口，桂花井被淹数月，桂花井底再也看不到桂花树，也闻不到桂花香味了，后来村民就在井边种了两棵桂花树作为纪念。如今，虽然农村家家户户都用上来自来水，但是村里的许多人仍然喜欢到井里来挑水用，而这井里的水还是像山泉一样清亮，味道像甘露一样甜爽，这桂花井还是像以前一样十里飘香。

九、话说雪龙洞

鄂州市历史矿冶名镇汀祖镇，有一个神秘的山洞——雪龙洞。

雪龙洞位于汀祖镇东南部的李坳村，石桥水库的上游。李坳村前面有七座山，叫七星山，最高山峰叫雪龙山，上有一座洞穴寺庙——雪龙洞。洞内冬暖夏凉，站在洞口群山尽收眼底，极目远眺可见长江。它是鄂州市目前发现的唯一一座洞穴寺庙。

关于这座寺庙，有很多民间传说。其中一说，当年白龙马送唐僧去西天取经返回时曾路过此地，造洞休息，民见惊骇，白马化山隐遁。后人便称此洞为白龙洞，又称雪龙洞。

雪龙山旁边有一座山形如马状，叫作走马山。山下有个湾叫山背垅，董姓。据说董姓乃颛顼帝后裔。相传，董父在此洞训龙舞技。因此，民间又传此洞为董父养龙洞。

清道光二十二年，这里曾发生过一个惊天地泣鬼神的故事。

山背垅董家庄反清壮士董应郁出生。因家境贫寒，至11岁，未尝进学。名儒刘义山先生能文善武，见其长相不俗，收为书童。教其读书识字习武，四处游学。咸丰末年，清廷腐败无能，内忧外患，国库空虚，民不聊生。时逢百年大旱，饥民遍野。冶邑县令岳屏不顾百姓生死，变本加厉，巧立名目，乱派苛捐杂税。民怒，冲击县衙，30余人被斩首示众。董应郁闻此事，义愤填膺，暗下决心，推翻清廷。密联亲友乡民等，在此洞打造兵器，组织暴动，后因起义失败被斩，时年25岁。据说原洞别有天地，后被清兵炸毁，只留下这洞天福地千疮百孔。

雪龙洞中，不仅供奉佛像，还有道像。据史料记载，东方山原名灵峰山，相传因东方朔在此游历读书讲学，后人为了纪念，遂改山名。东方朔儿子灵子、妙子亦设书堂。明代，《广博物志》卷十二记载，书堂山有灵子寺六七，里有妙子洞谓东方二子长灵、次妙读书处。传说妙子在此得道成仙，后人称此洞为仙人洞，并雕其道像供奉于此。

此外，还有另一个关于此洞的传说。

汀祖的饶姓来自江西移民。饶姓祖先是尧帝，发源于山西平阳。尧帝子孙用其姓氏两千多年，至西汉，因避宣帝名讳改为饶姓。这里原名娄家庄，有刘姓三户。前面所讲董应郁的老师、名儒刘义山居住此地。

相传，刘义山有一位陈姓亲戚，喜欢此地风景，春日前来游玩，因山路崎岖不平，于悬崖峭壁处不慎摔下。其子闻讯赶来将其抬回，不久便亡。临死嘱子，葬身之所定为滚落处，挖见青石即停，棺椁置上掩埋，万不可撬动石板。安葬时，下人掘壁，其坚如铁，三日方见青石，甚异。撬开，忽一白鹤冲天，惶恐，低头又见一鹤，慌将青石合上，不料将鹤腿砸伤。俄而，双鹤均飞入雪龙洞不见。据云，二鹤为东方二子化身。故此地得名飞鹤铁壁。

斗转星移。清朝末年，地痞乡霸横行。山下一饶姓孤儿所种粮米，丰收之时，皆被抢。不得已来此躲避，被刘氏后人收留。刘氏举迁，饶姓在此繁衍生息。民居依山而建，如挂峭壁之上，又得名壁上挂铁锅。

近些年，随着国家改革开放不断发展和精准扶贫深入推进，谁也没有想到，这个叫壁上挂铁锅的穷村庄竟然成了世外桃源，到处风景如画。

十、袁老六籴米

清乾隆年间，杨叶洲袁氏有一先祖，人称袁老六。他排行不高，人却挺能干。家族大小事，他都牵头出面，在族人中一呼百应，威望极高。

乾隆三十三年的一天，袁老六听说江西粜米的商船来了，便和人们一道来到江边。袁老六见那客商年纪轻轻，不过二十出头，头戴瓜皮帽，身着蓝长衫、脚蹬长筒皮靴，随从有三四个伙计。江边停靠着三条木船，船上用黄油布半盖，装满米袋。

袁老六走上前去问年轻客商："多少吊钱一担？"客商打量着袁老六，只见他头戴旧毡帽，短袄上油迹斑斑，腰上系着根旧布带，腰带上别着一根长长的老竹篼烟斗，两手相互搓擦着。客商怎么看他也不像是有钱人，就漫不经心地答道："不贵，不贵！二十吊钱一担。"袁老六说："十六吊，六六大顺啊！"客商说："十六吊？还想大顺？你买得起一船，我奉送一船，怎么样？""此话当真？""当真。"袁老六大声说道："好！成交！"随即把手伸向棉袄里掏出一包银子。客商见状连忙改口说："我只是跟你开个玩笑，你要那么多米干什么？"袁老六一本正经地说："做生意，说话算数。君子一言，驷马难追。"年轻客商又说："米多了，存放难。生虫、霉烂、跌价，你要三思。我开玩笑错一，你可不能再开玩笑错二啊！"袁老六听后，一拍胸："哪里的话？我八个叔爷一家一担不多，五个兄长一家一担也不多。还有五个儿子，四个女婿，三个姐夫，两个妹夫，一个义女；还有堂伯堂叔，族兄族弟，三老四少五乡邻。我们沙洲地不种田，哪有不吃米的！"年轻客商心中叫苦，口中连说："好大的家户，好大的家户。"众人都说："说话算数，生意好做。"袁老六把银子往年轻客商手上一拍："点数搬米吧！"年轻客商摆着头，只得叫道："伙计们，搬米！"

袁老六遣人叫来了一大群人挑米，每人挑两袋米。年轻客商一边用手指点着挑米的人，一边念着："37，38，好大的家户，好大的家户……"挑完一船米后，袁老六道："可不能真的要你生意人赔本啊，送一船米就免了吧。"年轻客商道："那怎么行，生意人说话还是要算数的。"经过再三推让，年轻客商决意要奉送一担米。袁老六只好连声道谢。

后来，袁老六籴米的故事在杨叶洲传开了，袁家大户的名称也在杨叶洲叫开了，时至今日。

十一、六十三架水车伏旱魔

燕矶镇杜塆村汪家塆的西南岗上有一座杜塆泵站，当年在抗旱排洪中发挥了巨大的作用。至今人们还记得，在泵站建成之前，花园乡村民数百人用 63 架水车打赢的那场抗击旱魔的大战。

1956 年夏，天旱无雨。烈日炎炎，大地被烤得滚烫，塘堰干涸龟裂。田野里的庄稼叶片卷曲，有的枯黄了。靠天吃饭的年月，农民们面对大旱，只能望禾兴叹，无可奈何。严重的旱情，既是对农业的伤害，也是对党和政府的考验。花园乡党支部在旱情面前没有退缩，决心带着全乡人民，充分利用互助组的优势，发动全乡人民投入抗旱救苗中去，能救一株是一株，能救一片是一片，多救一株，就多一分希望。经勘测,决定在冯新坝北侧,利用梯田取水,集中全乡 12 个自然村的人力物力,架排车逐级车水,以缓解旱情。

这天五更,旷野里没有一丝凉意。村民们从四面八方,扛着水车,带着车水的工具,陆续聚集到冯家新坝旁,按事先规划好的方案,各塆架车围埂,做好准备。共架放 21 节级,每节级架 3 乘水车,每架车安排 4 个劳力。63 架水车,250 多人,一齐上阵,声势浩大,甚是壮观。

天格外晴朗,蓝蓝的天空中没有一朵云彩,毫无遮拦的阳光更加放肆,烤得大地直冒烟。一声令下,人动,车转,水上坡。村民们四人一组站着人字步,手臂你推我拉,带着车头飞转,花马湖的清水在人力的推动下,哗哗哗,爬上梯田,顺着放水沟流向龟裂的田野。

奋战中,村民们挥汗如雨,身上的衬衣被汗水和车头浇起的湖水打湿,紧紧贴着肌肉,分不清是汗水还是湖水。不知是谁,吼了一声劳动号子,紧接着,此起彼伏,疲惫的人们顿时精神振奋,热情高涨。车与车之间,级与级之间,塆与塆之间,相互竞赛,你追我赶,车头掀起的水珠上下飞扬,谁也不甘落后。人们似乎忘记了烈日下的闷热,忘记了疲劳。奋战中,村民轮流休息,饭也送到工地轮流吃。气温高,人们的抗旱热情更高,连蜻蜓也赶来助阵。

夕阳西下,夜幕降临。被太阳烤煳了的空气十分闷热,劳累了一天的人们心情舒畅。古老的抗旱工具尽管效率低,劳动强度大,但要是组合起来,作用不小。在旧社会单门独户地单干是不可能的,只有新中国新社会才能有这奇迹出现:一百多亩庄稼得救了。月光下,卷曲的庄稼在湖水和汗水的滋润下,慢慢舒展开叶片,在微风中欢快地鼓掌,蛙声一片,仿佛在向辛勤的劳动人民致谢。

十二、悬壶济世父子两郎中

清朝光绪年间,赵家细屋出了一位叫赵世辉的中医,人称赵郎中。

赵世辉字凤翔,号城璧。据《赵氏宗谱》记载,世辉天资聪颖,科举荣登进士榜后辞官不做,回归故里潜心研学医术。学成之后走出家门,沿途治疾栉风沐雨,入山采药戴月披星,医术日渐精湛。某年,世辉到黄州访友,途中遇到出殡。赵郎中发现棺材底部有血水滴落，毅然拦住出殡行列，说棺中人也许未死。丧家将信将疑，经郎中劝说，当即停柩开棺，人果未死，立即抬回家中施救。经赵郎中一番诊治，妇人得以复生。原来入棺的汪氏夫人，因突发疾病昏死2天，入棺后长梦方醒，正值月经来潮，故经血滴出棺外。在主人的请求下，赵郎中在汪家小住数日，对患者进行看护。经医家妙手和药石之灵，妇人很快康复如初。汪夫人有一女芳龄十八，通文墨、精女工、性温良，美丽而大方。在赵郎中居家期间，姑娘负责为其端水敬茶，洗衣做饭，侍候周全。赵郎中很不好意思地说："医者仁德心，救人不图回报。像洗面洗脚用水之俗事，决不可麻烦姑娘亲力亲为。"汪小姐扑哧一笑说："大义不拘小节，小女所为之事，是代母之劳，心中坦荡，不怕瓜田李下之嫌，望郎中不必借词推托。"两人你言他语，不知不觉爱意渐生，常有眉目传情之时。父母得知女儿心思，问明郎中也是未婚，遂在置席送别时挑明此事，同时请托媒人随同前往，并制作"妙手回春"匾牌相赠（此匾在"文革"时被毁）。此后不久，男女双方定下良辰吉日，在一个花好月圆之夜喜结连理。

世辉公于光绪三十三年得一子，名昌龙。昌龙自幼勤奋好学，喜读《本草纲目》和《内经》。随父学医得其真传，传说善拿"吊脉"，即对不方便以手拿脉的女眷用一丝线搁在女方手脉之上，医生牵线拿脉问诊，而且每有效验，得以流传。他仿父用中草药入联："白头翁骑海马，身披穿山甲；红娘子坐车前，头戴金银花。"联中车前一药，昌龙公用得出神入化。"车前一名地衣，雷之精也，服之形化"（《神仙服食经》），昌龙公常用车前子配合他药治疗肾炎、肝炎、心脏病、水肿及高血脂肥胖等病，利水消肿减肥，皆能使患者祛病而变化形体。世辉、昌龙父子服务乡梓，精通接骨推拿，对贫困之人，分文不取。贤者获福，仁者得寿，赵郎中父子均享寿80多岁才驾鹤西归。

十三、周子吉断案留传奇

周子吉是沙窝乡朱家塆人，生于清同治十三年。自幼聪颖好学，14岁中秀才，21岁入仕，办事机智果断，正气清廉，闻名遐迩。

　　清朝末年，周子吉曾任九江县县令。第一天升堂，就有一名老妇哀哭喊冤，诉说其子虐待她弃而不养，而今老来多病，凄苦难言。原来此妇在夫死后改嫁，与后夫无子。后夫死后，族人收去所有财产，她只好依靠前夫生的儿子。儿子虽然很富有，但恨其母不为父守节，对其母虐之以饥寒，施之以辱骂，常有拳打脚踢之事，并多次将其赶出家门，露宿荒野。族人也认为她改嫁是丢脸的事，对其子的虐待行为也予以默认。老妇曾数次到衙门喊冤，儿子以"母下堂，儿可不认娘"的理由搪塞，前两任县令难于处理此事而不了了之。这样一来，其子更有恃无恐，虐待更甚。

　　周子吉问明这些情况后，命人传唤来老妇的儿子、儿媳和小叔及有关亲友，并请来当地一位资深接生婆和"一刀准"屠夫。当周县令一番好言相劝老妇儿子无效后，陡的脸一沉，威严地问接生婆：初生婴儿有多重？接生婆说一般在6斤至8斤。周又问屠夫：割肉可真是一刀准？屠夫说要割多少肉确能一刀准。周县令虎起脸来对老妇的儿子讲："你绝情不养其母，全无亲情惜老之德，我今日给你一个公断。你母亲生你以7斤计算，今日你还给母亲身上7斤肉后，你母亲的赡养费由本县令我私人出。"当即吩咐屠夫马上掌刀准备割肉。妇人之子见状大声喊叫饶命，其亲友也纷纷跪地求情，并一致表示一定要妇人之子好好地奉养老母。周县令一拍惊堂木，又大喝一声："死罪可免，活罪难逃。"命衙役责打老妇儿子30大板，对老妇的小叔子及媳妇各打10大板。老妇慌忙跪地求情，不要打伤了儿子及亲友，周县令此时方才作罢，老妇之子连忙叩头谢恩。就这样，一个拖了多年的积案片刻间得到了断。从此当地民间盛传周子吉公正廉明，断案合乎情理。

　　常言道："清官难断家务事。"可周县令对家事见微知著，以小博大，判案令人信服并能引人一乐。九江城有一商家，其子病重，娶媳冲喜，新婚期爱子亡故。其媳数次提请离家改嫁，遭富商百般阻拦，最后逼儿媳与小叔子成婚。当时小叔子才10岁，瘦小如猴，而媳翁年不到40，对儿媳常有乱伦之举动，婆婆看在眼中，急在心中，支持儿媳外嫁。公堂之上，周县令一番讯问后，当即写判词如下："爱子身亡媳美年芳。叔幼如猴，翁壮似狼。离家改嫁，应不应当？

婆说应当，我判应当！翁公阻拦，居心失良。公不在理，贻笑大方。"茶余饭后，此案在当地成为消闲谈资。

　　周子吉晚年回归乡梓，精研佛法医道，拯救了许多危急病人，也断了不少疑难案子，乡间民众敬服有加。有一年，在麻羊垴（天平山）南边一个湾子里，李姓与阮姓两户农民，因两家所耕之田相邻，春耕时节李姓的黑牯牛与阮姓的黄牯牛触角恶斗，结果黄牯牛被黑牯牛触死了。黄牯的主人阮某就向黑牯的主人李某索赔，李某说凭什么要找我赔牛呢？是牛打架，又不是人打架。况且当时双方牛的主人都在场，牛死了不是人为因素，要赔牛是万万不能的。这样双方公说公有理，婆说婆有理，无法解决问题，导致两户冲突不断升级，发展到要发生械斗的地步。当时幸亏两姓族中有几位饱读诗书的人从中劝阻，认为此事可以找周子吉做个了断。周子吉问明此事后，作了如下判词："两田相邻，二牛同耕，邻近触角，一死一生，死者分肉，生者共耕。"这一判决不仅化解了两姓的冲突，而且使两姓化仇为友，留下了一段乡里佳话。

　　慈湖有一富户，将后院凉亭修在江堤矶石之上。有一年发大水，江水漫到凉亭木柱。一日，有一贫苦渔民驾船经过此地，一阵大风刮来，渔船撞损了凉亭木柱。富户扣下了渔船，渔民无船就断了生路。渔民经人引荐找到了时任鄂城县参议长的周子吉。周议长听明事由，并亲临现场查看实情。周议长手书判词如下："陆地建屋，水面行船。谁碍着谁？两不相干。船撞亭柱，千古奇观。先撤亭柱，再放其船。若不如此，自烂心肝。"让船户将此帖递交县府，看县府如何办理此事。县府刑案主管识得周议长字迹，就借用周议长的判词直接送达扣船富户。富户终于撤其凉亭，放归渔船。当地渔民为之放鞭鸣炮，大呼其好。后人每每谈及以上断案之事，说者眉飞色舞，听者喜笑颜开。

　　周子吉卒于1936年。其墓坐落在家乡雷公塘，1958年修黄龙水库南干渠时特避其墓绕道开渠，至今仍受家族及乡邻们祭拜。

嵩山民俗文化博物馆

十四、周达夫交友

鸭畈冷竹湾有个四乡有名的拳师，名叫周达夫，光绪末年四月间，他听闻杨山坳有个叫杨昆山的拳师武功了得，总想寻找机会跟他磋商武功，以武会友，听说这位杨昆山经常到沙塘集市卖柴，想亲自去沙塘拜访，又觉得没有面子，于是想了一个下策，他门下有个继子名叫周才宏，周才宏也算是周达夫的关门弟子，大桌底下"三毛桩"三十六招，招招能防能攻，他学的五马下西桩，桩桩逼人。虽说他练得不精，但在拳脚卜还挺利索。

有一天，天气风和日丽，他就叫继子周才宏到沙塘集市去寻访杨昆山。光绪末年的沙塘集市，是一个很繁华的集市，沙塘是燕矶的南大门，沙窝的西大门，新庙的东大门，三门相交，纵横二里长街，人群川流不息。这时周才宏来到卖柴的地方，看见其中一担柴非常大，而又捆得紧，这担柴一般人是挑不起的，估计是杨昆山。便问："这柴是谁的？"卖柴人答道："我的。"才宏听口音是山里人，便问："师傅是杨山坳人？"卖柴人说："正是！"周才宏继续问道："听说杨山坳的杨昆山武功盖世，这是真的吗？"卖柴人摆手说："我都没听说，传言不可信啦！"周才宏笑着说："这担柴我买了，帮我送到家里行吗？"

卖柴人答："当然可以。"卖柴人挑着大担柴跟随周才宏来到冷竹湾周达夫家，但柴搬到后院很久，周才宏坐在凳上没有给钱的意思，卖柴人有点急了，脱口说："你快点把柴钱给我，我还要去买点米回家呢！"才宏站了起来说："你还是第一次卖柴吧？"卖柴人说："我经常卖柴，就是第一次卖你家的柴。"周才宏故作骄狂地说："怪不得你不懂规矩！"卖柴人质问："这是天大的笑话，卖柴就是将柴卖钱，还有什么规矩？"才宏高声吼道："我的规矩，也很公道，你今天打得赢我，我多付柴钱一倍，如果打不赢，我就分文不给。"卖柴人焦急地说："哪有这样的规矩，我平生不会打架，这担柴我就不要钱了，告辞！"

周才宏又压低语气善说："那好说不好听，哪能要你白送，不会打架，请回杨山坳叫杨昆山来，我照价付柴钱给你。"卖柴人到底有火气，忍不住就说："这不是惹是生非？"周才宏答道："惹事就惹事，生非就生非。"卖柴人生气地说："非打不可？"周才宏答道："非打不可！"卖柴人怒道："打就打，我还怕你不成？"周才宏巴不得他说这句话，学拳人手心发痒，想套套手喝道："看招！"话音刚落，一个莲花掌击向卖柴人，卖柴人手疾眼快，顺手一招云雾掌将莲花掌挡住。在武术上讲门派，武功都差不多，但各有所长。相传，洪门打一条线，岳门打四方，孔门有打又有藏。当时卖柴人使的是岳门功夫，周才宏用的是孔门招法，两人前打蟒蛇吐剑，后打乌龙摆尾，上打雪花盖顶，下打枯树盘根，打了三十二个回合，不分伯仲，时间一长，才宏年龄偏大，气血不足，这时卖柴人大喝一声："接招！"一招饿鹰叼食，抓住了周才宏的手臂，扔进堂中鼓壁上夹住了。这时周达夫在倒楼上看两人交手，认定此人是杨昆山，功夫了得，便吹了口哨，唤他家养的一只黄狗出去和卖柴人应招，大黄狗闻声出战，扑向卖柴人，卖柴人眼疾手快将狗脚一提甩至一丈多远，黄狗恼羞成怒，翻身起来，不要命地冲向卖柴人，卖柴人心想，这狗训练有素，肯定是主人指使试我功夫的，于是卖柴人见狗冲来，忙把裤脚卷到大腿，任黄狗撕咬，无论黄狗怎么咬，卖柴人脚肚上毫无痕迹。这时只见堂中走出一人高声喝道："黄犬无知不要乱咬，快滚！"狗识主人之意，马上跑进堂屋了。这时周达夫抱拳施礼："这位师傅莫不是杨山坳的杨昆山？"卖柴人答道："正是！""在下周达夫，久闻杨师傅大名，今日一见，果然名不虚传。"转身从墙上拔了一根生了锈的钞齿，按进鼓壁柱中有五寸多深，他对周才宏吼道："不知天高地厚的东西，快搭个脚下来吧！"周才宏红着脸，从鼓壁夹缝中，踩着钞齿爬了下来，连忙向杨昆山施礼："杨师傅多有冒犯，请多多谅解。"杨昆山笑了笑说："没有关系！"杨昆山想，周达夫用锈钞齿在鼓壁柱上硬用手向里按进五寸深，看来也是功夫了得。于是也想露下功夫，便笑着对周达夫说："周师傅你家这根漂亮的鼓壁柱按进一根锈钞齿不太雅观吧。"于是他从容过去，用两指夹住钞齿尾端，将钞齿拔了出来，周达夫一见，暗暗佩服，忙吩咐家人沽酒买肉，邀请好友作陪款待杨昆山。

杨昆山深受感动，周达夫以武会友，两人成了莫逆之交。从此以后，南面杨山坳有杨昆山，北面冷竹湾有周达夫，两人成为好友的美谈，现在还在四乡流传。

十五、唱戏举砣的故事

民国十六年正月十五日，马山脚下的石头桥塆请扬湖岭五条龙灯和楚剧戏班到塆里玩灯唱戏。同时为了唱戏助兴，还做了一副新石头砣。

正月十五的这天的热闹，不亚于过年。以石头桥塆为中心，游月半，观灯看戏的人纷至沓来，络绎不绝。戏开始之前的热闹显然就是戏台前那副重砣。一拨人来了，几个人试了，没有一个人举得起来；又一拨人来了，还是没有人举得起来，再来一拨仍是无一人……这时石头桥的首要人物高声喊道："各位乡邻，今天这个砣什么时候有人举起来，什么时候才开锣！"战书下了，又上了几个，还是个撼不动的砣。这时杨湖岭灯会有力的陶家还走出来。此人自身有劲，其脚更有劲。他只用脚把砣勾了下，掂量后自知力不从心，但还是装模作样高声道："莫慌，这个砣还要我举？我去叫个细伢来举！"于是一溜烟跑回家找到了比他小七八岁的同塆弟周贤润。周贤润，字福田，身材高大、力气过人，且又善用力，人称"周架子"。说起举砣，周架子劲都上来了，但一想，要是举不起来，不丢人？更丢了杨湖岭的人，反复考虑，还是陶家还鬼点子多，叫周贤润头上扎一块手帕，装病人举砣，即使举不起来也不丢人。一拍即合，周贤润身扎腰带，快步如风赶到石头桥塆。

看戏的人见来了一个头扎手帕的人前来举砣，似乎很是轻视，这么多人没举起来，一个病人举得起来？这也不该来呀！周贤润神情自若，不慌不忙，向大家重施一礼，紧了紧腰带，深吸了一口气，抓起砣棍，平衡两肩，一阵鼓足力气，将砣把举起！又围圈三转，再将砣慢慢放下……

顿时全场欢呼声、喝彩声震耳欲聋，开锣看戏呀！自此，杨湖岭大力士周贤润声名远播，至今流传。

十六、闻仁与文塘

清朝中叶，鄂城东门城外十里处，有一个小镇——文塘。

在集镇上，有一位姓闻名仁的商人，开设茶庄、药铺、当行及粥铺。此人生财有道，经商有方，待人和善，乐做善事，口碑极好。集镇周围人口密集，往南还有水月、汪文、赵寨几个村。那时，人们南来北往，串亲访友，赶集购物，都是徒步而行。中午时分，就在茶庄喝茶润喉，饿了喝碗小米粥解饥。农闲时，人们习惯来茶馆小憩，闲聊天南海北，古今轶事，人间奇闻，天文地理，人生理想，风水人情，无及不谈。当然，谈及最多的是四周水源不足，农田灌溉的问题。

在文塘四周，有干塘、竹林湾、熊家大小湾、王家畈、宋家湾及简家畈六大自然村庄，2000余人，农田近500亩。这些农田，水源极差，基本靠天收。有着"十年七不收"的说法，人们经常为少得可怜的水资源产生矛盾，甚至斗殴。人们虽然想到修建蓄水塘，但无力承担。说者无意，听者有心，闻仁了解情况后，多次外出考察，盘算经费，拟出草图，制定方案，邀请六大村庄的头面人物，商榷开塘建坝之事，反复商讨，塘址面积、水份、鱼份问题。闻仁自任董事，实行实地划块，分片到湾，人们凭借勤劳的双手，肩挑背扛，同心同德，齐心协力，仅用两年时间修建了一口面积约700亩、蓄水百万方的"肺"形塘堰。

其间，闻仁为此操碎了心，吃尽了苦头。他慷慨解囊，自掏腰包，购物买料，请泥工建剅，免费送粥近百桶，每桶近百碗。

塘堰建成后，附近居民保收系数大有提高。人们看在眼里，喜在心头。由衷感激闻仁的卓越功绩，造福子孙，为纪念闻仁的丰功伟绩，给这口塘起名为闻仁塘。

随着时间的推移，加之人们口语习惯，慢慢地，闻仁塘被叫作闻塘；又由于书写简便，于是"闻塘"写成了"文塘"。

十七、七里冲的传说

七里冲位于沙窝乡东北部，东接花马湖加桨径，一路向西沿草陂畈接麻羊山脉的寒婆岭延伸至吕家上垴，南北两侧有关山和千步垴作屏障形成山冲，沿途自然村有龚家咀、卫家垅、龚家细垸、曾家道、殷家垸、彭家垸、肖家破屋、吕家上垴，全长 7 里许，故称七里冲。境内总面积约 3 平方千米，历史上是本地人进出大冶的要道，现修乡村公路可直达鄂州城区。

七里冲有个古老的传说，一直以来给七里冲蒙上了一层神秘的色彩。

相传古时候，长江没有大堤，七里冲以下地域是一片汪洋。据说一个张姓商户船贩窑货途经此处，时遇风急浪大，只好将撑船竹竿插入泥中拴船避风。第二天风熄行船时，发现拴船的竹竿竟然生根发芽。枯竿能发芽，此处一定是非凡之地。商人大喜，遂将一船窑货抛入水中，作为记号，然后拔竿返回。次年退水后，张商人携带先祖尸骨包寻觅到此。由于当时忙中出错，窑货未曾砸破就被抛入了水中，待水退后一件件完整的窑货全部被人捡走，张商人找不着当时的插竿之地，大失所望。于是请了一位造诣很高的风水先生，从麻羊垴一直寻到七里冲，风水先生掐指一算，说七里冲当属龙凤之地，是出皇帝的地脉。有民谣为证：凤山地、麻羊峰，重重叠叠七里冲；逝人如若葬此地，代代官员出朝中。

此事一传十，十传百，传到了宫中，皇帝得知此事后，遂传旨巫师作法，夜观天象，发现七里冲地气奇异，其上空久有一团乌云笼罩不散，此为出新帝的征兆。皇帝大惊，为稳定江山，派出上千人马到七里冲新田铺挖龙脉，断龙筋。但在施工中，总是出现白天千人挖，夜晚万人填，怎么也挖不断龙脉的怪异现象。

话分两头，本地一姓蔡的农户养了一只犬，此犬毛黑如漆，巨身鹰眼，不食荤腥，总爱在神坛上睡觉。一天，农户的亲家来串门，夜晚发现黑犬睡于神坛，甚怒。言之冒犯了祖宗，于家庭不顺，便和主人一起打死了黑犬。不久，怪事接踵而来，一是挖龙脉的地方掘进顺利，几天便挖了一口大土塘，二是附近竹园的竹子自然爆裂，竹节中已长成型的竹人竹马全部夭折。三是一场暴雨，连下数日，山体滑坡，已初步形成的紫荆城墙露出地表。种种迹象表明，龙脉被挖断，新帝被扼杀，此事一半系人为，一半为天意。

原来，笼罩在七里冲上空的乌云是被农夫打死的黑犬的化身，为新朝的护法将军。已夭折的竹人竹马，乃平定天下的士卒。已露出地面的紫荆城墙，至今仍屹立在七里冲上端南山上，仿佛永远见证着这个古老而神奇的传说。

第二节　乡贤人物

一、明县令严杰

严杰，字秀夫，明弘治甲子举人，文林郎，古武昌洪道乡洪三里草陂畈严家道人，历任四川资中县、营山县县令。《武昌县志》卷九第 468 页有传载：心公政平，抚字不倦，虽工役殷沸，众无怨言，调资县，政益练达。龙山珠圃，时报瑞栗。致事归，不私谒公门，所著有《丹崖淡墨》。

四川资州史载，明代弘治年间，知县邓概将县城拓宽至东北隅，环城郊重龙山全以石砌内外城垣，将重龙山环入城内。城墙全部用石头垒砌，高一丈六尺，周四里九分，八百八十二丈，城门九道。明正德、嘉靖、崇祯等年间，县令丁裕、严杰、施一中、陈銮、吴中尧、沈希圣等都组织人员对城墙进行过增筑加固。

严杰后又调任营山县县令，四川营山县史载，正德间知县严杰建县城墙："包砌以石高一丈周四里九分计八百八十二丈池广一丈门四东秩临清西城览秀。"

《重修营山县记》石碑，原竖立于营山县人民政府大院内，碑高 2.35 米，宽 1.4 米、厚 0.21 米，碑首呈弧形，碑额篆书"重修营山县记"六字，下为正文，记修城事甚详。此碑乃明武宗正德十二年，湖北武昌人严杰任营山知县时，邑民助之重修县城，城工完竣，乃泐石记事，竖之衙前。

到营山赴任后修其县志。知县严杰（湖北武昌县举人）便首创县志，其书毁于兵火，至万历初期已残缺过甚，迄今则片纸无存。万历《营山县志》王廷稷《序》云："旧志始作于成化，又多缺略。正德间邑令严杰修于兵燹残落之后，虽视昔加详，然或挂一漏万，不无遗误，又年久未续，惧其湮没，慨然有纂辑之志。"此志迄今仅见一部孤本收藏于宁波天一阁。

知县严杰《游大蓬纪行》等文较有史料价值。严杰皆多次探访渌井寺，与住持高僧谈理想、谈人生，然后把酒赋诗、飘然而归的相似经历可以看出：渌井的山美水清，渌井寺禅院巍峨，寺僧道行高深。也正是因为有了邑令官吏的垂青和眷顾，渌井寺在明代更加声名鹊起，跻身名刹古寺的行列，以后更得到众多善士信众的尊崇和捐助，历代多次重建、培修而延续至近世。

严杰历任四川资中县、营山县两任县令，为任一方，造福于民。留有绝妙诗句和佳作。

《芙蓉晓日》

峰峦叠翠肖芙蓉，点染年年秋雨中。

绿映树梢天已碧，红浮山外日方烘。

牧童乍见桃林处，钓叟遥惊春色同。

莫怨东风开放后，须知天地四时功。

《西山三贤亭》

巍巍三贤亭，屹立西山巅。晋室联唐宋，英雄特伟然。

峥嵘功德懋，今古重相传。许候莅兹土，兴复仰古先。

志载费编辑，损益笔精专。西山风景别，古木摩苍天。

涧泉冽寒丘，松韵协冰法。侬辈登斯亭，身出白云边。

丹霞映夕阳，光彩亦何鲜。纲常信不渝，忠孝元自然。

（《武昌县志》康熙版，卷八786—787页载。）

二、三门九进士

丁氏一门三进士：丁德泰，号桐雨。嘉庆乙卯科解元，道光乙丑科进士，钦点山西大宁县知县，霍州知府。丁德泰，勤政爱民，三晋百姓誉之为"霍州丁青天"。丁节，道光二十四年甲辰科进士，吏部文选司主事兼验封司行走。丁节，神童，救危有功，曾国藩、胡林翼誉之学为"千里驹"，功为"南天一柱"。丁鬻，同治戊辰科进士，受官贵州兴义府安南知县、知州、奉政大夫。

丁冠莱，受清廷荫封为岁补诸生。乐善好施，有口皆碑，学行并重，教子训孙有方。长子丁文璧为国子监生，次子丁文炳为秀才，长孙丁节中进士，任吏部主事，小孙丁鬻中进士，为知县、知州、奉政大夫。

王氏兄弟：王铭渊，清光绪乙酉科举人，庚寅进士，壬辰翰林院庶吉士，诰授封政大夫。王善全，清光绪丁酉科举人，钦加"同知"（清代各府同知为正五品官）衔，赏戴蓝翎山东即补大使。王铭渊之弟。王弼成，光绪秀才，童试文魁。王泽南，汀祖镇王寿村铜石嘴王寿人，黄埔袍泽。

嵩山民俗文化博物馆

方氏三雄：方仙峰，清代人，授承德郎。方炳扬，方仙峰子，清例选（由捐纳而选用）国子监生，分发江西，署新昌县县丞，历署龙南县知县，宁都直隶州州同。心地廉明，施为优裕。方恒定，字安万，生于康熙十九年。自幼喜习诗书，过目成诵。天性孝友，祗父恭兄。求取功名，屡试不利。后迫于生计，弃学经商，壮游于外数载，积累雄厚财富而归，置田买地数十亩，历经二十余年，绣错栋宇云连，恢扬前列，振起家声。

三、"虾山爹"的故事

"虾山爹"，讳学谦，字受田，号益山，马园城隍林塝人，因有个性，外号叫"虾子"，又号益山，故后人及至今还称"虾山爹"。"虾山爹"是个传奇人物，有两则故事。

1. "虾子"撞倒了罩

清代的长江江堤特小，上片慈湖、茅草常患水灾，打开杨岭龙王庙的闸口可以解决问题。然而问题又来了，水泾堤闸口一打开牵涉下片洪道三乡大范围，包括杨岭、马园、映山，还有下面的黄山"八谱半"多地，将带来更大范围的水灾。但当时的慈湖、茅草有名望有经济实力的人多，根本没有把下片人放在眼里。

道光中叶的某一天，由慈湖名士相邀上下片人等，在慈湖的佘家开会，并设"鸿门宴"数桌，马园、杨岭区推举"虾山爹"与会。人到齐了，酒菜也备齐了，唯独不见"虾山爹"，人们小声议论着，有的说等下，但佘家河的佘老八高声嚷道："不等、不等，开席！我就不相信虾子能撞倒罩。"殊不知，"虾子"正巧进屋。顿时场面有些尴尬，还是"虾山爹"打破僵局，笑脸抱拳道："各位对不起！卑人来迟了，让大家久等了。"接下来觥筹交错，好不热闹。酒过三巡，碗出五道，"虾山爹"开口了："各位，卑人有点穷忙，得先走一步，但要说明一点，开闸一事，没有道理，洪道三乡推举我，就是来撞罩的！"说罢起身谢辞。

不知过了几天，上片传出话来，此闸不开也得开。"虾山爹""虾"劲又上来了。站在磨山头，铜锣一"筛"，洪道三乡人挑箢箕，拿铲子，四面八方赶来，一人只挑一担土（传说只挑一担）就将杨岭龙王庙外的水浸堤筑起了一道大堤。

不但不开闸，还加大加固紧闸。

补充一句，后来"虾子爹"管水利，慈湖、茅草的水患还是他尽力治理的。

2. 张知县叫他"大哥"

清同治年间，上下片一致推举"虾山爹"管江堤，上从余家河，下抵加桨径。此时的他已年届五旬了，办事之人，带上自己的同族侄儿（传说是马园村老财经周启龙这一房份的）做帮手，并管账。叔侄二人，一天到晚，一年到头，坚守江堤，丝毫不敢懈怠。

同治乙巳至辛未，三年水灾，一年猛过一年，头年加桨径闸溃，次年王家堤又溃，"虾山爹"自咎不已，"此虽天时为之，或亦人力之有所未尽，吾辈安能辞其责，谢其仔肩或？"（见《周氏宗谱·艺文篇》）第三年夏水患更激，"虾山爹"叔侄上下片分段守闸巡堤。这天中饭后，在下片的"虾山爹"巡堤时突然发现加桨径闸旁深水处涌水若桔槔（水面约有一重水车的水量）。经验告诉"虾山爹"，深水处漏水量大，情况十分危急，必须迅速堵漏！问题是水深不知道洞口所在，水急，人很难靠近。他十分清楚，跳下去，对他来说淹不死，但憋死大有可能。但重任在肩，天命难违，死亦无憾。来不及多想，顾不了众多的劝阻，他一口气跑到闸房抱起自己的两床被褥，一头扎进了深水处……加桨径堤上抗洪人多聚集，见此壮举，感动万分，惊呼一片，都在为"虾山爹"的生命捏把汗。不巧，正在巡堤的武昌令张知县闻讯赶来。知县来之前漏口已堵住了。就是不见人起来，张知县两眼死盯水面，心急火燎，一分钟，二分钟，三分钟过去了……还是不见人起来，知县急了，更急了，最后崩溃了！双膝跪地，拜天求神，口念"虾子起来呀！虾子起来呀！……"忽然，江面不远处露出一人，吉人天相，是"虾山爹"！有动作，人没死。但只是水上漂浮，不能上岸，县令下令救人，几个水性好的青年，用最快的速度递去了一棵树，人得救了。张太爷拉着"虾山爹"的双手说："你真是我的好大哥啊！……"顿时整个加桨径欢呼了！沸腾了！

自是后，"虾山爹"擢升为县衙经历职衔。（见《武昌县志》579页。）

"虾山爹"系周氏益山祖。一生耿介为怀，宽厚待人，恪尽职守。虽一介穷士，但流芳史册,笔者有心问及所遇洪道二三乡年稍长者,无人不晓"虾山爹"的故事,近 200 年了,人们还谈得绘声绘色。

四、孟习孔

孟习孔(1528 年—1633 年),字鲁难,武昌人。年少时颖悟好学,每逢应县试,皆名列前茅,他因此受到县中学官忌妒。明万历二十二年赴省城应考,误听谗言的督学欲延其应举届次,他愤然投篇,拒不出场。做题时,他精心构思,妙笔成章,其文又冠同场诸生,遂中举。

次年,孟习孔取进士,授广东香山知县。该县蕃民与汉人杂处,时有纠纷。一次,因争地交恶,双方相持不下。他召集两方头领,晓以利害,动以情理,使一场械斗得以避免。不久,调掌江苏吴县。该地一纨绔子弟在羁押中出逃,孟习孔拒不受贿徇私,派人捕捉,按律必斩,其母去世后,他离职回家。

守孝三年期满后,孟习孔起任出东曹县知县,当时仕宦和佃仆可免赋役,该县地主将自己的田产或寄托于仕宦名下,或分割于佃仆账中,以致平民超额负担所漏赋役。他变革原有征丁缴粮方案,在全县重核户口,清查田亩,一应徭役赋税,均按人口、田亩分摊,使奸猾富户无所逃匿,使平民百姓减轻负担。嗣后,他发动民工疏浚槽河,因质量优异,竣工神迹,被奏保为工部主事,旋转任兵部车驾司主事。

不久,孟习孔晋任开封府知府。任中,他开办学校,选拔州县秀才,授以应举之学,使他们大都取得科名。时间不长,他又升为太仆寺卿,赴京供职。

熹宗天启年间,杨涟被魏忠贤诬陷,孟习孔率同僚联名上书讼冤,遭到弹劾免官,回武昌闲居。思宗即位,罢黜魏党,下诏复其职,他未赴任,在家过着悠闲清静的生活,至 76 岁而卒。

五、孟人吉

孟人吉(生卒年不详),字翼仲,武昌人。清顺治九年被选拔入贡,第三年取副贡。他为官数任,均有德政,而尤以善断疑案知名。

他在任河南泌阳知县时，明代大学士焦芳的坟墓被盗挖，头颅亦被取去。孟人吉查寻后，发现枣阳有个姓季的常到泌阳挖榆皮，行为有异，遂将其逮捕，押来县署，初次审讯，季某拒不供认。是日夜半，他叫人将季某押到县署大堂，时堂中烛火飘扬，光影恍惚，他在那里正煞有介事地迎送应答"焦芳"。季犯见状，惊惧不已，遂供认不讳。原来季某为医其父的头风病，盗取了贵人头，还剩一半尚未服用。孟人吉派人取来验证，恰好相合，该案遂定。

县内一佃农与其田主同槽喂牛，不料，其中一头被老虎咬死，田主说剩下那头是自己的，佃农不依，两人告到县衙。孟人吉命人将牛牵来县府，声称宰了犒劳驻军。他先令佃农杀牛，佃农迟疑不决，徘徊不进。遂转让田主动手，田主起身拿刀，奔牛而去。他急忙制止，当即将牛判给佃农。

孟人吉在京任北城兵马司正指挥时，东城捉到一个哑道人，疑是奸细，几经刑讯，一字不供，都指挥使遂将哑道人交给他审查。他知道哑巴不能打喷嚏，就烧牙粉，将烟味吹入道人鼻中，道人打喷嚏不止。经推问，果然是西城派来的间谍。后来，孟人吉卒于户部主事任上。

六、严汉节

严汉节（生卒年不详），字方塘，武昌城关人。早年取秀才，曾受任王府典膳。

明嘉靖二十一年，教谕朱瓒为培地势，壮景观，在城南建文星塔。严汉节捐钱献物，自始至终协助督工营造，深受朱赞誉。嘉靖二十八年，给事中刘起宗被贬任武昌推官，见最乐亭（即九曲亭）已经倾塌，没于荒草丛中，便令严汉节主持复建。他捐出私人积蓄，重新建亭。刘起宗感叹自己与苏轼同乡，又都以侍从遭到贬谪，遂改亭名为怀坡。至隆庆四年，此亭又遭毁坏。时严汉节年逾百岁，但身强体健，耳聪目明，知县李有朋遗他至县衙，请他依照旧例，再总董其事。他二度置备砖瓦，招募工役，督理修建，使旧亭焕然一新。万历二年，他主动捐出闲屋数间，帮助李有朋修建县衙。

严汉节离世，其子年过八十，仍悲痛欲绝。地方名儒在其门上书联："百岁老翁天下少，八旬冬子世间稀。"

七、丁德泰

丁德泰（生卒年不详）号桐雨，流水里人。德泰天资聪颖，知识过目不忘，学习广博，勤于实践，尤其擅长经国济民。清嘉庆二十四年考中举人第一名，清道光九年又中进士。任山西大宁县令，管理县里的事情就像管家一样。受理诉状不限时日，门役禀告便登公堂审理，原告来了就劝解，双方到齐就审问结案。疑难案件，三日之内即可解决。

大宁县有人知道他会治病，写出症状向他求药方，他都来者不拒。病一旦痊愈，病家便以麦饼酬谢。德泰高兴地对母亲说："儿子做官没有给老百姓造福降恩，却能尝到民家滋味，这也算是一大乐事。"衙门内从市场购买物品，一律按民间价格付款，每十家立一个牌子，作为永久的例子。他巡视乡里，验勘现场，轻车简从。有一年，遇到蝗灾，未等上级批复，就把公仓里的粮食全部拿出来借给灾民，百姓既为之感动，又担心连累他。第二年，都争先恐后地还贷。

丁德泰因积劳成疾，病逝于任所。送其棺柩归乡时，乡绅父老捐钱助其旅资，凡经过其任职的地方，男女老幼焚香伏地哭送。大宁城北修了一座祠堂祭祀他，称为"丁公祠"。州牧周大受吊唁他的挽联有"考绩能廉，制锦无惭贤令尹；多文为富，盖棺依旧老书生"之句。他的著作有《四书讲义》《五经注释》《春秋题解》《韵府汇纂》及《医方策略》《水利》等。

八、丁君常

丁君常（生卒年不详），明代流水里（今汀祖一带）人，是一位监生（在国子监读书的生员）。家庭素来富裕。他家近在水边，对岸有地，名"龙转头"和"白沙河"，这两处离渡口约三四里，路连武昌、大冶，水涨时路被水淹，行人要涉水过河。君常心里十分同情这些人，于是，在这里筑屋独居，捐船设渡，人们便能坐船过河了。他还亲自摇橹驾船，有时遭到官差斥骂，也毫不计较。前后达40年之久，毫无懈意。他儿子是廪生（在府、州、县学读书而拿官府生活津贴者），继承父亲的遗志，摇橹驾船，接送行人。就这样，沿袭了十几代人。后来丁顺桂出钱造船，并经家族决定，全族派人按传统遵行，永不废止。世人有"丁氏义渡"的传言。

九、周士皇

周士皇（1637年—1700年），字伟臣，号静庵，武昌人。少时读私塾，15岁取秀才，清康熙十一年中举，第二年获进士，居家候补。

康熙二十年，周士皇奉召赴京，协助试院校阅试卷。次年被放任河南扶沟知县。上任时恰逢水灾，他尽数拿出俸银，并动员豪门富户捐献钱粮，布点煮粥，赈济饥民。该县值更守城历来是贫弱市民轮班，绅士胥吏从不参与。他废除旧制，不论贫富，不分士庶，全部轮流值守，并且自己带头当班。此外，他还捕盗安民，免除杂税，修建学宫，奖掖后进。任期届满后补授户部云南司主事，他潜心稽核全省户口田亩，为拟定云南漕粮数目提供了依据。不久，迁任该司员外郎。康熙二十八年，周士皇被选授御史。任职期间，他谏阻御驾北征，提请储粮备荒，受到皇上夸奖。后因其父离世归乡，守制期满后返京，奉命稽查长芦（治在天津）盐区赋税。他剔除奸吏加码勒索积弊，使商民获利。不久，调掌京畿、河南二道，为控制关东地区粮荒，他倡率僚属商民，出资购买大量谷米，用船运进关东出售，很快使米价回落，军民心安。康熙三十六年升任通政参议，充文、武殿试读卷官。第五年卒于任，墓葬贤庚乡。著有《坡亭集》《裁云阁集》。

十、周世荣

周世荣（1659年—1737年），字永耀，武昌人。祖上历为仕宦，至世荣出生，家境萧条。世荣长大后，克勤克俭，终于使家道中兴，成为地方首富。他为人慷慨大方，能济困扶危。一次，周世荣去江北黄梅，路遇一个年轻和尚，询问后得知与自己同姓同宗，因生活所迫才入寺为僧。周世荣随他到寺院，出资替他赎身，并将他带回自己家中。不久，又捐出部分家产，帮他成家立业。晚年，还资助其子娶媳妇。雍正四、五、六年，水灾、旱灾、病疫相连，谷价一涨再涨。

周世荣出谷千余石，减价出卖；同时，购置棺木，给赤贫户、无主户盛殓尸体。乾隆二年，周世荣捐资募工，率领儿子懔怀在县东洋澜湖边筑长堤，建凉亭，可惜工未竣而辞世，享年 78 岁。

嵩山民俗文化博物馆

十一、丁节

丁节（生卒年不详），号晓园，丁冠莱的长孙。出生几个月就能识字，幼时读书，只看一遍就能记住，人们都认为他是神童。成年后，他知识渊博，通古达今，写文章只需打个腹稿，千字的文章可一气呵成，不必修改。道光甲辰年中进士，朝廷授予主事（官名），分在吏部观政文选司任职；第二年又兼任验封司行走（官名）。披阅案卷，心中对事情的原委细节了如指掌，即使是阅历丰富的老吏也瞒不过他。一生不追名求利。某协办大学士原是他的座师（科举考试中的主考官或总裁官），对丁节很少去拜见他感到惊讶，同事将此转告丁节，丁节说："可贵的是老师和弟子间的真挚情谊，难道非要在形迹上表现出来吗？"仍未去拜见座师。大学士同部司某官议事，丁节冒犯了他，不同意他的意见，他大声呵斥丁节。不久，他因犯错被放逐，丁节赠送的物品比同僚都多。京城里的人，只要丁节认识，谁家困难，他都倾囊相助，虽然他的俸禄不多，但也不计较。咸丰癸丑年，太平军进攻湖北北部，丁节告假回乡探问老母，直到丙辰年宫保（官名，即太子少保）胡林翼收复武昌府，发公文命令丁节等督办武昌、阳新、大冶的厘捐，以资军饷。丁巳年，又奉命督办武昌、大冶、蕲春、黄冈四县厘捐。不久，新州的军队溃败，武昌府、黄州府大为震动。丁节同武昌王家璧都郎到船上谒见胡林翼，胡宫保说："三天之内黄州不失，事情还可挽救。"于是，命令丁节集合溃散的兵士，筹备锅帐器械等，丁节答应照办。不到几天，溃兵各自归队，重振军队声威，使官保取得了白云山桃花寨的胜利。这一仗，使武昌由惊惶转为安定，使黄州军得到增援，得丁节之力。

十二、御赐贞节牌坊严七姑

曾保存200余年的严七姑贞节牌坊——何家牌楼遗址位于沙窝乡牌楼村11组青龙嘴处。

据《武昌县志》考，清雍正至乾隆年间，毗邻牌楼村何家湾的严道士塆中的严监生家中有一千金，取名严谷兰，周岁时与何家湾何监生之子何天华定下娃娃亲。严谷兰在家族中排行第七，大家称其"七姑"，七姑从小聪明伶俐，长大后知书达理，熟于女红，擅长刺绣，美丽端庄，忠厚刚烈。而何天华一表人才，有国学根基，琴棋书画，均有擅长。逢年过节，何天华在七姑严谷兰家走动了十几年，偶有见面，两小无猜，情深谊长，一日不见如隔三秋。谁知，灾祸横生天有不测，就在两家准备婚事之时，何天华突染重病，遍请名医而药石无灵，20余岁的何天华便泪挥人间，撒手西去。七姑闻此噩耗，悲痛欲绝，趁家人不备欲悬梁自尽，幸亏家人及时相救，捡回一命。之后，七姑提出要去何家为天华守灵。家人劝道："未过门之人不必如此！"但七姑决心坚定，万劝无果之后只好由她。

光阴似箭，岁月蹉跎。七姑粗衣素食为天华守灵，上敬公婆，下爱叔嫂小姑，左邻右舍赞叹不已。3年守灵期满，严家又为七姑前程考虑，力劝改嫁。但七姑百般推辞，坚守何家，终身不嫁。在此期间，族人为天华公过继一子，七姑精心抚养其子成人立业。七姑守寡操劳于古稀之后去世，其忠贞守节之事广为传扬。武昌、大冶、江夏等地官府，纷纷赞誉表彰。湖北巡抚布政司上奏朝廷。乾隆二十九年，皇上下旨拨专款为七姑修贞节牌坊，并规定上抵凤山（七姑娘家严道士塆在凤山脚下），下抵牌楼为下轿下马路段，要求"文官下轿，武官下马"，以示敬仰。自此，牌楼之名，即出于此。此贞节牌坊，20世纪60年代"文革"期间因"破四旧"虽未免于毁，但"严七姑守节孝道"的人格之光彩，青春年华之真爱，依然辉映在当代何沙窝人的脑海心间。

牌楼村村名因此烈女牌坊而得名。

第三节　宗教文化

一、花湖地区儒、道、佛三教文化

中国传统文化源远流长，儒、道、佛三教文化是华夏显学，统贯学术文化命脉。故有"以佛治心，以道治身，以儒治世"的说法。

花马湖是一个以儒教为基础，佛、道相关联的三教文化并存的地区。人们根据各自所需，选择信仰，修为门类。

几百年来，燕矶地区的人们对三教文化是各取所需。有的兼信儒、道二教；有的兼信儒、佛二教，有的只信儒教。

信仰佛教的和尚、尼姑（出家二众），男居士、女居士（俗家信佛的男、女二众），人数上出家人较少，在家信佛教者多，女居士多（老、中、青都有），男居士较少。居士多半在每月初一、十五上庙敬香、学佛、拜佛，与出家僧尼一起念经。平常时，居家早晚敬佛、念佛，祈福菩萨保佑家人平安顺利，离苦得乐。自己修持行善除恶，信奉善有善报，死后升天堂到极乐；恶有恶报，转世畜牲、饿鬼地狱的因果关系。

道教，燕矶地区未有专门传道的道观，1949 年前只有在家修道的斋公。他们奉行"天师道"善者为神，恶者为鬼。1949 年后，未见出家的斋公，只有在家的道士。道士的功能主要是为亡人做"功德"，超度亡人不堕落地狱受苦，早升天界或转世再托富贵人生或成神、成仙，保佑家人后辈平安顺利、兴旺发达。燕矶人信奉佛、道二教，基本上是以儒家文化"人之初，性本善，性相近，习相远"，忠、孝、节、义为基础，而达到各自美好的愿景。

二、临空地区宗教建筑

报本寺 位于花马湖中段西岸的刘钊村境内，原名报恩寺，相传为吴大帝孙权妹妹孙尚香为报答和纪念母亲吴国太所建。

据《三国演义》所载，赤壁之战以后，孙权为了从刘备手中讨回荆州，听从周瑜施用美人计的建议，将刘备诓来东吴，许诺将妹妹孙尚香嫁给他。刘备本来心有疑虑，但诸葛亮施用锦囊妙计，使孙、刘联姻圆满，周瑜赔了夫人又折兵。没多久，刘备出兵取四川，孙权乘机将妹妹接回，此时，吴国太已经谢世。

面对孙、刘两家的紧张关系，回到东吴的孙尚香，预感到与丈夫可能是永别，就更加深深怀念已逝的母亲，终日郁郁寡欢。后在身边人的规劝和指点下，就在武昌（今鄂州）城东约 10 千米的长江岸边修了一座寺庙，命名为报恩寺。距今1800 年前，那时的长江是没有江堤的，江水呈漫流状态，江面十分宽泛。如今的花马湖当时是长江的一部分，经过近 2000 年的演变，特别是在 200 年前开始修筑江堤后，花马湖才与长江隔离开来。因此，地质学家将花马湖定性为河道遗迹湖。

报恩寺坐落于长江西岸的一处岗峦之上，坐西朝东，面向大江，水陆交通甚为便捷。孙尚香入住寺中后，终日祈祷、读书、习武，以此排遣心中的烦恼与哀怨。

刘备为报东吴夺荆州、杀关羽之仇，倾全国之兵伐吴，夷陵（今湖北宜昌）一战，吴军主帅陆逊火烧连营，大败蜀汉军队。不久，东吴盛传刘备已死于乱军之中。尚香听到这个噩耗后，一时间万念俱灰，心存的一丝幻想彻底破灭。入夜后乘人不备，投江殉情。后人有诗叹曰：先主兵归白帝城，夫人闻难独捐生。

至今江畔遗碑在，犹著千秋烈女名。

三国归晋后，晋武帝知悉此事，感其孝德，遂下诏重建，赐名"报本寺"。有一石碑尚存，呈长方形，中刻双钩半阴文"晋敕报本寺"五字。后又屡毁屡建，仅清代有记载的两次，一次为乾隆九年孟秋月（农历七月），一次是道光二十五年季秋月（农历九月）。该寺于 20 世纪 40 年代建成私塾。中华人民共和国成立后，改建为大队（村）小学，仅留存有匾额石碑一块，柱础石数块。遗址附近修有一条乡级公路，当地人命名为"报本路"。

21 世纪初，当地信众自发集资易地重建报本寺，2012 年又筹资扩建。重修后的报本寺位于华山西北麓，西距原址约 1 千米。坐西南朝东北向。北临汀花公路，武黄城际铁路在寺东临空跨越。占地面积 4.6 亩，建筑面积 1830 平方米。寺院殿宇依山而建，层层叠起，由大雄宝殿、观音殿、天文殿、地藏殿、居士楼、寮房、停车场等组成。2010 年报本寺被列为鄂州市十大重点寺院之一。

古黄田寺 位于沙窝乡黄山村太师梅形的山坳中。以修建人姓氏而得名。319 年，朝廷命官黄某偕同夫人田氏出资修建，取名黄田院，南朝萧梁天监五年，梁武帝推崇佛教，将"黄田院"集资重修，并御敕碑额："敕古黄田寺"（碑现存放古黄田寺内）。光绪十年，武昌知县执掌重修古黄田寺。1958 年大办钢铁，古黄田寺遭毁。1992 年，由当地民间佛教组织集资重建并扩建至今。占地面积 580 平方米，正殿为廊式建筑，四角飞檐，大殿两侧为厢房，东厢房 5 间，名为"受斋厅"，西厢房 1 间，名为"居安楼"。大殿正面椽瓦檐下"大堆宝殿" 4 个行书大字引人注目。大殿正堂供奉有释迦牟尼等 3 尊金像大佛，上方有"佛光普照"金字匾额，下方有尊者像，殿堂两侧是神龛，上有坐式十八罗汉，殿堂后有海鸟雕塑，大殿后门外大片竹林，竹风摇曳有声，寺前有 1 口约 8 亩的池塘，周边种植的是柏树、水杉。

广慧寺 位于沙窝乡渔坝村草陂畈蜈蚣岭红石岗。以吉祥愿望和宗教纪念地综合命名。原名草陂畈古寺，俗称草陂庙。广即广大，慧即慧眼。修建于明代。当时，当地丁姓阁老和宋、严、张三道台在朝为官，辅佐朝政，他们去世后当地人为纪念他们，奏请朝廷恩准修建该寺。抗日战争时期，该寺曾作为麻羊垴革命根据地前哨阵地指挥部，奋勇抗击日寇。1949 年后，该寺改建为学校。2001 年 9 月，草陂、渔坝、加桨 3 村信众自发重建，并更名为广慧寺。占地面积 1 公顷，建筑面积约 4000 平方米。建有大雄宝殿、天王殿、观音殿、祖师殿、娘娘殿、财神殿、地蒙殿等。

将军庙 位于新庙镇将军村东南部。以军衔和宗教纪念地综合命名。明朝末年王、鲁二位将军在此地壮烈殉国。建于清初，屡毁屡建。1993 年改建。占地面积约 4000 平方米，建筑面积 800 平方米。建有大雄宝殿、念佛堂、祖师殿，王、鲁二位将军佛像、龙泉寺、斋堂等。

婆王庙 位于燕矶镇杜湾村曹铺塆东婆龙山主峰东岭中。以传说中的神灵和宗教纪念地综合命名。婆龙是一种母性神异动物。修建于秦初，时名鼍山寺。唐武德六年更名为婆娑古刹。明初，朱元璋赐名婆龙庙。清同治初年，吏部天官曹若参奏明圣上恩准拨款重建。此后屡毁屡建。抗日战争时期，一度成为鄂南抗日根据地长江武工队指挥所。1949 年改为车湖学校。1958 年拆迁迁址改建车湖中学。1978 年当地信众在原址复建。占地面积 3500 平方米，建筑面积 1500 平方米。前后四栋，依岭而建，有婆娑殿、婆龙宫、婆龙坊、天王殿、三圣殿、天井、大雄宝殿、念佛堂等，有婆龙碑、经文坊等纪念性建筑。在殿内塑有龙宫、四大金刚、观音等像。

燕矶古寺

三九禅寺 位于杨叶镇杨叶村云家细屋。以菩萨名称和宗教纪念地综合命名。三九指三九老爷菩萨，即药王菩萨。修建于明末清初。1954 年被洪水冲毁。1998 年由当地信众捐资在原址东部重建。占地面积 5000 平方米，建筑面积 4000 平方米。寺院坐西向东，建有斋堂、千手观音殿、大雄宝殿、四大天王殿等。两旁还建有居士楼、廊房、厢房、厨房、天井、门墙等。寺内藏有大藏经，清代钟、鼓等文物。

水月庵 位于新庙镇水月村仙堂山顶。以自然景观和宗教纪念地综合命名。仙堂山顶有一佛寺，在东面半山腰处有一口井，名白鹿泉。其井水清澈透亮，映照月亮甚是好看，后来人们遂将此寺庙称为水月庵。修建于清康熙年间，毁于 1953 年。1996 年重建。另建住宅及附属楼近 1000 平方米。2008 年修建地藏院。2014 年修建文坛场、石鼓塔。2015 年集资修建大雄宝殿至今。占地面积约 3000 平方米，建筑面积约 800 平方米，其中庵堂面积约 60 平方米，立于山顶北部。石鼓塔高约 8 米。塔内悬挂 500 斤镏铜石鼓钟。

宋皇庙 位于汀祖镇刘云村南 300 米。以刘裕神像和宗教纪念地综合命名。宋皇指南宋代高祖武德皇帝刘裕。北魏泰常七年始建于黄石市铁山区（现今名）。明崇祯十四年内乱外劫，宋皇庙住持慧县禅师对刘公道吾说："宋高祖武德皇帝乃民族英雄，满清入关一定会捣毁本庙献血之宝——高祖武德皇帝檀香木神像，望君转移神像择福地供奉。"道吾公负神像至流水里仙姑山东南，提议合族建庙供奉，沿袭旧名。1968 年神像被毁。1981 年，刘氏祖光之后裔恒畏之妻韩氏宽心集资复降。占地面积 500 平方米，建筑面积 150 平方米。建有大雄宝殿、厨房、钟楼等。抗日战争时期曾为鄂东南新四军重要交通站。1949 年，一度为宋璜小学、陈盛中学、刘云中心学校校址。

土陛山寺 位于燕矶镇百洪村土陛山主峰。以山名和宗教纪念地综合命名。修建于东汉灵帝中叶，初名柳神庙。唐贞观年间更名为土陛古刹。此后数百年间屡建屡毁。1912 年再次修建，名为土陛寺。抗日战争时期，一度成为鄂南抗日根据地桥头堡指挥部。1958 年拆庙迁址建学校。1996 年当地信众捐资重建，并更名为土陛山寺。占地面积 3500 平方米，建筑面积 1500 平方米。有关公殿、大雄宝殿、念佛堂、柳神井、经文堂等。有关公、佛祖、四大金刚、观音等塑像。寺旁还建有抗日纪念馆，馆内有抗战时期新四军活动的历史资料、图片。

团山寺 位于葛山大道吕田铺附近，团山主峰南麓。以山峰和宗教场地综合命名。相传，明代年间，一名未婚女，因姑嫂发生口角，一气之下，出家当了尼姑。因其在家十分贤惠，后家人为她建了一座私庙以表思念，后毁。1990 年由小桥村胡书坊人目守法恢复重建。2007 年主持释如意兴建大雄宝殿。2010 年静竺大师重新修缮团山寺、大雄宝殿。2014 年又兴修建"福慧楼"。占地面积 5600 平方米，建筑面积 500 平方米。

关公庙 坐落于车湖村邵家大塆旁大坟林山之北。这里茂林修竹，四时花香，环境优美。且前临 112 省道，直达南北；后倚万里长江，横贯东西。水陆交通十分方便。

222 年，关羽死后两年。刘备率蜀军顺长江三峡而下，为桃园兄弟复仇，在玉泉山建显烈祠祭祀关羽。玉泉山人感其德，依显烈祠建庙，四时祭祀。这就是最早的关公庙。至今湖北省玉泉山麓的小关庙前有一块石刻大碑，上书"云长最先显圣处"。此可谓三国文化之瑰宝。

古鄂城洪三里关公庙原坐落于路牌丛家塆北青龙山，始建于北宋熙宁三年距今 900 余年。庙分前后两殿，旁辟一室为邵氏宗祠。于庙前远可望长江入海，近能观百舸争流。

近千年来，随着历史的演变和进步，关公庙不断发挥出它的历史作用和时代价值。

如同华夏所有的庙堂一样，敲响暮鼓晨钟能警醒痴昧游客，吟诵经声佛号可唤回迷路愚人。

春秋四时，六社信众及来人游客，上庙焚香祈佛。崇尚关公品德，树之精忠报国之志；感悟佛学真谛，慈悲济世，多做好事、善事。

抗日战争时期，鄂大县委委员、鄂大县政府财经科长、鄂大长江武工队指导员兼队长柯逢年同志常驻关公庙，领导人民开展抗日活动。

1938 年腊月廿八日，花园村一组龙王庙旁数百民众徒手打死三个日寇侵略兵的故事至今流传乡里。这首抗战小曲，既表现了柯队长指挥抗倭有方，又彰显出关公庙的时代价值。

关公庙不仅是佛教感悟教育的圣地，也是儒家教书育人的学堂。千百年来，这里一直开办私塾。民国年间，董必武主席于黄州会试的同场考友邵新阶先生就一直在这里开馆讲学。中华人民共和国成立后，为了方便群众子女就近入学，便拆庙选址于今路牌董家咀兴建校舍，命名为董家咀小学，使其一木一瓦赓续为人民的教育有事业作贡献。

时值改革开放廿六年之后，举国欢腾。百废俱兴，大步迈向社会主义现代化之际，六社民众一致认为：复修关公庙，既能通过佛教活动感化人们遵规守纪、和谐友善，又能彰显关公品德，启迪人们赤胆忠心，爱国爱民；同时再现新四军抗倭斗争中的一段红色故事，警示人们"勿忘国耻"，更为鄂州市打造"三国文化城"旅游线恢复一处古迹景观。于是择于2004年仲春，仿旧制，择新址、扩规模、增设施，重建关公庙，历时半年余，顺利竣工。

关公庙占地面积3000余平方米，建筑面积近2000平方米。建有前后两殿，前殿供奉关公；后殿为"大雄宝殿"，供奉三宝诸佛。殿之左方建有斋堂、寮房。殿之右，另建一室为"邵氏宗祠"。受市区宗教局直接领导，庙内组织健全、制度明确。如今既是正常开展佛活动的场地，又是周边村民及游客休闲、观光的处所。

玉书阁 位于燕矶老街西头的烽火山上。庙宇坐北朝南，庙前有座比烽火山稍矮的木鱼山，形象似和尚打坐念经、敲木鱼。由于临江突起，地势较高。过去人们俗称高庙。

玉书阁历史悠久，三国时期，孙权建都武昌（今鄂州），为便于与建业（南京）保持军事上的联系，沿江边的高处建有烽火台。燕矶老街两边就有两处：一处是高庙基的烽火山上，另一处是在李家湾后的烟墩山上。唐朝时在烽火山上建起寺庙，名奎宁寺。此庙名一直沿用到元朝。明朝改庙名为高庙。明朝大儒黄凤翔夜宿燕矶曾写下"松萝风里传僧磬，芦苇方深泊钓船"的名篇。高庙名称一直沿用到20世纪60年代。由于历史的变迁，朝代的更替，玉书阁（高庙）

历经沧桑。特别是在抗日战争时期，它是鄂南抗日根据地的"桥头堡"，是中共鄂大中心县委的联络点、水上交通站。革命先辈李先念、张体学、罗通等多次来玉书阁谋划，指挥鄂南对日抗战。在艰苦的环境中，带领燕矶地区志士仁人，与日寇殊死搏斗。1943年3月间，玉书阁遭日寇火焚，大殿烧毁，藏经阁因天降大雨幸存。1953年实行统购统销，国家收购的粮食无处存放。区政府决定将高庙残存部分加以修整，改成粮仓。直到20世纪80年代，随着改革开放的步伐，粮、油取消计划供应，全部市场流通。粮所完成了历史使命。原庙基上的粮管所，又让给了自来水厂。

燕矶玉书阁

过去先贤留胜迹撰书青史，今天后辈建碑铭资政育人。1995年农历三月，根据党中央"深入了解过去，全面把握现在，正确开创未来"的指示精神。以刘衍金、林金寿、徐恒华、董均旺、肖建章、吴胜地、陈云琪、黎维松等多位老同志，自觉发起，并多方筹措资金，在燕矶老街东边的枫树岭上，重新修建了一座供佛殿和新四军纪念馆。为纪念藏经阁幸存，为纪念新四军的历史功绩，将新建的庙宇定名"玉书阁"。聘请广禁法师常住。并由20世纪50年代在燕矶当区委书记的李国茂先生题写"玉书阁"庙名。

灵泉钟声接玉书，燕矶烟墩捧佛坛。

东迎曙光木鱼醒，西回晚霞僧参禅。

南眺云山多紫气，北座江天大乘船。

鼓磬声中同念佛，家国和谐心中圆。

现在，燕矶地区越来越多的人信佛、念佛，净化心灵、心存善念、敬仰先贤。此得益于戒昌法师的主持，赵先玉、曹玉珍、刘金华、周连英、严久云、董念容、何国燕、任国枝等多位居士的护法，社会名流龙其准、任小光、汪春林、董金星、陈国民及社会各界人士的大力赞助。如今的玉书阁有大佛殿二层，供奉释迦牟尼佛、药师佛、阿弥陀佛；供奉四大菩萨：文殊菩萨、普贤菩萨、地藏王菩萨、观世音菩萨；及关公、韦驮、祖师、财神、龙神等多位菩萨。中国佛教协会，祝贺玉书阁重光，于 2015 年 8 月，特赠《大藏经》经、律、论一套，共一百本，作为镇阁之宝，供奉在第二层大殿上。下殿可容纳 200 人做法会；有纪念馆、僧舍、斋堂、客房三层楼房，可供百位香客住宿、吃饭。玉书阁可说是殿堂楼阁、流光溢彩，风光秀丽，香火鼎盛，气候宜人，一方圣境。

龙王庙 位于燕矶镇嵩山村龙王矶（安乐矶）上，是鄂东沿江著名古建，载于多种地方史志。据传，古时长江龙王矶一带年年水患，民不聊生。元朝初年，嵩山严家畈六十七世祖荣三公率众在龙王矶上修建了龙王庙，供奉老龙王保佑乡邻不受水患，四季平安，至今还有当地老年人述传。历史上的龙王庙为三间两进，中间有一天井，庙旁植有石榴和罗汉松。将泾河老龙金身供奉于庙内，连年香火不断。明朝崇祯年间，燕矶龙王庙因老方丈圆寂，新来了一位武僧和尚主持。该和尚武功极高，轻功更是了得，能飞檐走壁，钻窗进户。他除暴安良，劫富济贫，得罪了一些土豪恶霸，被当地绅士到县衙状告他是"强盗出身，白天当和尚，晚上做飞贼"，燕矶龙王庙即被朝廷查封。直至天启元年，严家畈第七十八世祖子玉公在朝廷为官，告老还乡闲居。集众人意愿重修了"嵩山寺"，将原龙王庙泾河老龙金身迎至嵩山寺龙王殿供奉。

1937 年，日本侵略者进攻鄂城，国民革命军还在龙王矶山上利用龙王庙遗址地形地貌开挖战壕，修筑碉堡，抗击日寇，打击侵略者。如今，龙王矶山上还可看见当年抗日战争时期我军用于打击日本侵略者开挖的战壕和修筑的碉堡遗迹。

岁月沧桑，龙王矶上的龙王庙早已消失在人们的视线里，但是，龙王矶龙王庙的神话故事与传说仍然留在人们记忆与诉说中……

新兴寺 位于新庙镇茅草村东南部。以美好祝愿和宗教纪念地综合命名。建于明代永乐年间。清丰咸丰年间遭战乱毁坏。同治元年重修。1927年再修，2003年武钢鄂州球团厂征地建设时拆迁至原寺偏东南处重建。占地面积300平方米，建筑面积280平方米。分前、中、后三段。前殿为天工殿，殿内供奉弥勒佛、四大天王、韦驮菩萨等；中殿为大雄宝殿，供奉佛祖、罗汉诸菩萨；后殿为观音殿。

云盖寺 传说古代该寺四周林木森森，一年四季云缠雾罩，故名。

该寺始建于汉代，初名慧林寺；唐贞观年间易名天明寺；南宋端平年间更名为崇宁弥陀寺；明成化二十一年定名为云盖寺。此后数百年间又屡毁屡兴，抗日战争时期，曾一度成为鄂南抗日根据地指挥所。20世纪90年代，当地信众对该寺进行维修和扩建至今。

杨叶古寺

云盖寺位于沙窝乡南部的麻羊垴，坐落在罗汉斗处，背倚天平山主峰。占地面积 5000 余平方米，建筑面积约 1800 平方米，为一进四重的仿古建筑。第一重庙门对联嵌有"云盖"二字，第二重为大雄宝殿，第三重为三圣殿，第四重为石佛殿。各殿都供奉有佛像，石佛殿供奉有千年石佛。此外，还配有客堂、念经堂、斋堂和住房。属传统江南庙宇建筑风格，结构精巧，古朴典雅。寺内收藏有宋代古钟、明代石碑、清代《华严经》等珍贵文物。寺内香火旺盛，法音阵阵，青烟袅袅，来往的香客与游人络绎不绝，每年接待数万人次，该寺现为鄂州市文物保护单位，全国宗教界爱国主义教育基地。

贞烈庵 位于燕矶镇马园村西部赵家新屋，以节操和宗教纪念地综合命名。贞烈庵曾名贞烈祠，俗称马仙姑庙，传为祭奠当地一马姓烈女所建。此女系赵寨村马塆人，为反抗流氓无赖而亡。始建于清代。抗日战争时期，鄂南二区区委曾在此设立临时机构。1995 年 2 月修复，建有两座大殿。2005 年建成天王殿。占地面积 2000 平方米，建筑面积 980 平方米。殿内供有大小佛像 30 余尊。

胄山古刹 位于花湖镇胄山之巅。以所在山峰和宗教纪念地综合命名。修建于唐代，后屡毁屡建。20 世纪 70 年代由地方信众自发捐资重建一栋三间小庙。2009 年，张涂林居士资助又修建一栋 400 平方米三层综合大楼。占地面积 3000 平方米，建筑面积 2000 平方米。有千手观音殿、财神殿、大雄宝殿、玉观堂、念佛堂等。

嵩山寺 又名青莲古刹，位于鄂州市东十五里的长江南岸燕矶镇嵩山村严家畈。寺庙创建于北魏年间，据《武昌县志》记载，印度僧人菩提达摩在河南登封嵩山建少林寺创禅宗后南下云游到湖北武昌（今鄂州）燕矶，留于此地歇脚三年，建寺院传禅法，并将此山定为"南嵩山"，寺庙起名为"嵩山寺"。据严氏宗谱记载，明天启二年由其严氏族人重修，改名为"青莲古刹"。

嵩山寺占地面积共 52 亩，建筑面积 1600 平方米。寺内有大雄宝殿、龙王殿、观音堂、玉佛殿、禅堂、藏经阁、斋堂、信士楼、方丈室、凉亭、放生池等，寺庙建筑布局合理，结构严谨，雕梁画栋，斗拱飞檐。

嵩山寺历经六朝、唐宋盛世，众客云集，香火兴旺、名噪一时。宋代苏东坡，元代严秉端、丁鹤年，明代严嵩、万虞恺，清代严欢、张裕钊等名士都曾在嵩山寺留下足迹或墨宝名篇。明朝嘉靖进士湖广按察使万虞恺曾在嵩山寺留有《夜宿燕子矶》的著名诗篇：

> 蟠龙回泽国，飞燕落江香。阁道沉沉夜，岩花细细香。
>
> 经审传碧殿，渔火照仓琅。宁夜良无寝，高歌一酒饧。

在抗日战争时期，嵩山寺曾经是鄂、豫、皖革命根据地设在长江南岸的"鄂南桥头堡"，新四军领导人和抗日将领都曾住在寺内并把嵩山寺作为对日战争的指挥部和联络站。

嵩山寺经历1400余年，寺庙屡建屡毁，寺内诵经堂就是元代严静三创立的"嵩山书院"，到1955年拆寺建立燕矶中学。

嵩山寺

1990年夏，应信众要求捐资重建嵩山寺，同时，嵩山寺历代还作为"嵩山百节龙"灯窠。2009年9月，嵩山百节龙被湖北省人民政府评为"湖北省省级非物质文化遗产"，嵩山百节龙又于2008年被评选为上海"吉尼斯"世界纪录。2010年，嵩山寺投资300万元建设了民俗博物馆、斋堂、停车场和进寺水泥道路，计划2017年投资800万元建设"嵩山百节龙博物馆"。2009年，鄂州市人民政府将以嵩山寺为中心的嵩山地区规划为"嵩山风景区"。2022年，临空经济区又策划建设"百节龙文化园"，其方案已经市发改委、市规划委员会审批通过。

基督教沙窝教会教堂 位于沙窝乡沙窝村。以宗教名称、所在地域和宗教纪念地综合命名。教会成立于1992年，其活动场所在沙窝村范家边一私人土砖房内。2005年教会买下原沙窝乡供销社食堂，作为教堂。占地面积200平方米，建筑面积200平方米。

文塘教堂 位于新庙镇文塘村大塘南岸。以所在地域和宗教纪念地综合命名。于1994年建成。占地面积333平方米，建筑面积133平方米。

临空经济区宗教纪念地一览表

编号	所属乡镇街	标准名称	始建时间	重建时间	所在地塔
1	新庙镇	天龙寺	三国时期	1993年	月陂村
2	汀祖镇	慈云寺	唐代末年	1990年	华伍寺
3		吉祥寺	清代	1993年	王边村
4		凉亭王	清朝末年	——	王边村
5		灵山寺	元代	1995年	李坳村
6		龙王庙	1943年	2014年	刘畈村
7		神山宝寺	明代中期	1955年	刘畈村
8		松林寺	明代	1980年	洪山村
9		松子观	1996年	——	桂花村
10		天花宫	明末清初	1994年	王边村
11	燕矶镇	龙王寺		1992年	杨岭村
12		车湖村关公庙	1070年	2006年	车湖村
13	杨叶镇	古塘寺	明朝嘉靖	2002年	古塘村
14		观音堂	1945年	1978年	三峡村
15	花湖镇	七门寺	宋代	2010年	白龙村

续表

编号	所属乡镇街	标准名称	始建时间	重建时间	所在地塔
16		慈云宫	清代	1992 年	走马村
17		古黄田寺	公元 319 年	1992 年	黄山村
18	沙窝乡	灵普寺	明朝	1980 年	新塆村
19		太子庙	公元 222 年	2000 年	黄山村
20		云林寺	明成化年	1994 年	渔坝村

白龙村

汀祖古寺

第四节 祠堂文化

一、花湖地区的祠堂文化

鲍家祠堂 位于沙窝乡保田村鲍家湾。以姓氏和建筑物综合命名。1950 年修建，名为鲍家祖堂。2011 年重建并更现名。占地面积 80 平方米，建筑面积 40 平方米，红砖青瓦平房。

陈氏家祠 位于燕矶镇龙山村陈家榨铺北侧。以姓氏和建筑物综合命名。修建于明崇祯年间，初名陈氏祖堂。2013 年重建。占地面积 3000 平方米，建筑面积 1440 平方米，上下两重。前设戏台，中间是观戏场，后是享堂，享内供奉有始祖圣像、牌位，挂有牌匾、简介，有书坊收藏历史资料等。大理石匾额书写"义门世家"镶嵌在祠堂门楼上。

大刘福祖祠 位于江祖镇大刘福湾。以居民点和建筑物综合命名。大刘福指居民点。修建于明天启四年，1959 年损毁。1960 年重建 1 间 50 多平方米的青砖瓦面祖祠。2007 年扩建。占地面积 350 平方米，建筑面积约 400 平方米，共有三重。

戴氏宗祠 位于汀祖镇刘昴村。以姓氏和建筑物综合命名。清道光五年修建，名为绍礼堂。1954 年夏被洪水侵蚀后重修，1989 年秋改建，2009 年春重建。占地面积约 600 平方米，建筑面积 860 平方米，前后三栋。门楣横书"厚德贻谋"四个鎏金大字。楼顶正中镶嵌一块大理石牌匾，书有"绍礼堂"三个篆体字。左右柱头上雕有一副楹联，上联云：商朝硕德歌微子喜看列国封侯千秋颂戴；下联曰：汉代英贤注礼记更有谈经夺席万世称荣。中栋宽阔明亮有天井天窗，中间一般云：东方白雉五卦天台脉聚吾庄饱览八方瑞气，焦郡清河文陵注礼根延我地堪称百代人文。后栋略高几等，神龛中间供奉始祖三公赞像。

汀祖下门伯富公祠 位于汀祖镇丁祖村东北部。以居民点、先祖名讳和建筑物综合命名。汀祖下门指居民点。伯富公指先祖的名字。清朝中叶建成。民国时期有老先生丁继官设私塾传教。1966 年被拆除，1972 年由当时的汀祖大队和下门族人合建成 60 平方米小屋，2004 年由族人集资和捐资相结合的方式，在原址重建，更名为"伯富公祠"。占地面积 240 平方米，建筑面积 270 平方米。共有三重，门楼正中有"伯富公祠"四个金光闪闪的大字。两旁有本族一门三进士的匾牌（丁德泰、丁节、丁嘉）。第一重有上下两层。下层为接待客人外宾之用，上层为活动室。二重为老人谢世设置灵堂之用。三重正中有四个大字"千秋万代"，内供奉"伯富公"之神位。神位两侧有历代列祖列宗之牌位。牌位两侧有两副楹联："祖德振千秋大业；宗功启百代文明"，"彤云流彩启后世；紫气尘烟护子孙"。

汀祖古祠堂

甘氏宗祠 位于汀祖镇刘显村。以姓氏和纪念地综合命名。清道光年间修建于后背山脚，坐西朝东。1966 年毁坏，2016 年重建。深 32.6 米，宽 12.6 米，高 15 米。占地面积 410 平方米，建筑面积 400 平方米。共分三重，第一重为议事厅，第二重为享堂，第三重为祭祀堂。

江面铺一锡公堂 位于花湖镇东庙村江面铺湾中部。以居民点、始祖名讳和建筑物综合命名。一锡公指江氏始迁祖名讳。修建于清代光绪十年。1998 年因发大水倒塌，2003年重建。占地面积140平方米，建筑面积110平方米。

冷竹湾祖祠 位于燕矶镇鸭畈村冷竹湾。以居民点和建筑物综合命名。冷竹湾指居民点。修建于清朝。1965年被拆除，1999年重建。占地面积约470平方米，建筑面积210平方米。分上下重，砖木结构。

李氏祖堂 位于新庙镇茅草村北部李家岗之南坡。以姓氏和建筑物综合命名。清光绪三十三年冬修建，次年落成。1954年夏，遭遇洪水，遂成故墟。2011年春于旧址南约500米处易地重建，当年仲夏落成。占地面积300平方米，建筑面积150平方米。其形制为歇山式，红墙青瓦。堂内平列为三，中间为享堂，北面神龛之上，供奉十五世本祖春时公赞像。赞像上方高悬巨匾，"祖德流芳"四个金色篆书格外醒目。享堂左右有楹联一副，上联云：一表三疏念先祖保国安民彪炳史册；下联曰：二支四地期后彦经问纬武克绍其裘。左右两间均为厢房，为族众平时开展文体活动和议事之场所，祭祀时可与享堂融为一体。

李秀七李氏宗祠 位于汀祖镇刘云村西部李秀七燕窝地。以居民点和建筑物综合命名。李秀七指居民点。于清乾隆年间由文昌公等人倡议修建，上下二重。1967年被毁后拆除，1999年重建。占地面积480平方米，建筑面积280平方米。其形制为歇山式徽派建筑。大门上额有青石匾，上书"我李万叶"，系江西督军李烈钧先生所题，取自李白"我李百万叶，柯条布中州"诗句，为篆书。祖祠分上、中、下三重。上重有神龛，供奉唐太宗李世民神像，神像上方高悬"陕西德懋"金色巨匾。左右有楹联，上联为：祖功垂福泽一门浩气流芳远；下联为：宗德衍家声百代精神继续长。中重为红、白喜事和议事场所。左右均有楹联，上联云：念先祖栉风沐雨贻下六百年燕窝地；下联云：期后彦逐日腾云直上九万里紫霞天。下重有回楼，堂内门窗、栏杆均为木制仿古格子，有老子出关、八仙过海等雕刻。

刘荣大塆祖堂 位于汀祖镇刘云村之东、栗山之北。以居民点和建筑物综合命名。刘荣大塆指居民点。修建于1931年，1966年被拆除，2009年重建。占地面积约300平方米，建筑面积近380平方米。前门楼上中嵌有青石碑匾大书"禄阁门第"。有三重。

卢家湾卢氏祖堂 位于花湖镇华山村卢家湾中部。以居民点和建筑物综合命名。建于 2013 年。占地面积 300 平方米，建筑面积 150 平方米。其形制为歇山三重。

马氏祖堂 位于汀祖镇华伍村马家。以姓氏和建筑物综合命名。清朝顺治年间修建，为砖木结构，后毁。2007 年由马青提倡重建，同年落成。占地面积 150 平方米，建筑面积约 100 平方米。为红砖青瓦结构。

阮氏祖堂 位于花湖镇阮湾村阮家新屋。以姓氏与建筑物综合命名。修建于清末年间。20 世纪 80 年代曾维修过一次。占地面积 320 平方米，建筑面积 200 平方米。由低到高分三级组成。大门上方有 "阮氏祖堂" 四个金色大字。前堂两侧设有厢房。

王寿上门永高公祠堂 位于汀祖镇王寿村王寿门正中。以居民点、始迁祖名讳和建筑物综合命名。王寿上门指居民点。永高指始迁祖名讳。修建于清朝道光年间。20 世纪 80 年代维修。2010 年，合族子孙集资重建。占地面积 242 平方米，建筑面积 300 多平方米。门楼斗拱飞檐，雄伟壮观，中书 "永高公祠" 四个金色大字。有前、中、后三堂。前堂两侧有厢房，厢房墙壁上镶有巨型石板，左边刻有《祖志》铭文，右边供平时记事所用。中堂为族众祭祀祖先的主要场所。后堂与中堂间装有雕栏相隔。后堂神龛中间是思贤公神像，雕栏上方高悬 "槐荫满堂" 四个金色大字。后堂左右承庐砥柱上刻有楹联。上联云：聚同宗于一堂序昭序穆；下联曰：祀祖先以百世报德报功。

谢华伍祠堂 位于汀祖镇华伍村。以居民点和建筑物综合命名。谢华伍指居民点。修建于清朝初期，原为一重正殿，约 50 平方米。重建于 2014 年。长 48 米，宽 16 米，高 16.8 米。占地面积约 1500 平方米，建筑面积 768 平方米。全框架钢筋水泥结构，宗祠名 "宝树堂"。

徐敬川公祠 位于花湖镇白龙村邓家湾西南边。以始迁祖名讳和建筑物综合命名。修建于明朝。20 世纪 50 年代曾维修过一次。1984 年重建。占地面积 50 平方米，建筑面积 40 平方米。

严家畈宗祠 坐落在燕矶镇嵩山村严家畈，荣三公宗祠康熙年间始建，咸丰九年复修。宗祠古朴典雅，梁栋高华，历经数百年而不朽。然时代变迁，宗祠昭穆无踪，今适逢太平盛世，国泰民安之机，吾族后裔为秉承先祖遗愿，增辉族党。丞振家声。于己丑年春谋划重建荣三公宗祠，举族上下同心同德，无不拥护。

嵩山村严家畈宗祠

荣三公字秉端，号崇正，生于明朝正统二年，殁于正德十年，享年 79 岁。公自幼聪明，学识渊博，文韬武略，德行超美，智慧过人，公参禅怡道，诗赋翰墨，植柳画梅悲笑当歌，毕生追随先贤，尝以先祖严子陵为镜，传承富春遗风，不为权贵，不为公卿，高风亮节，乃吾辈之楷模。

2009 年 7 月，荣三公宗祠重建理事会成立，宗祠重建奠基仪式于同年 8 月 18 日在风光秀丽的嵩山风景区隆重举行，重建宗祠是光宗耀祖之举，全族后裔热忱满怀，群策群力，集资 220 多万元，精心设计，精心施工，历时六月余，2010 年清明宗祠胜利竣工。祠阔 15.3 米，深 52.8 米，占地 1600 平方米。祠五进四井，大厅可容千余人，上殿设神龛，左昭右穆。前殿门拱飞檐构建，楼上置戏台。中丞世家，汉廷重望。牌匾和楹联充满了对先祖的缅怀与追思。宗祠灰墙碧瓦，雕龙画栋，古朴典雅，气势恢宏。金梁耀紫薇，玉柱临福地。它宛如巨龙自九天而降，采西山之云雨，纳长江之波涛，得嵩山之巍峨，集黄湖之灵秀，瞻仰者无不肃然敬之。

杨家湾思爱公祠 位于花湖镇白龙村杨家湾。以居民点、始迁祖名讳和建筑物综合命名。杨家湾指居民点。思爱指杨氏始迁祖名讳。修建于民国年间。2013 年维修。占地面积 17 平方米，建筑面积 16 平方米。

杨王湾祖堂 位于汀祖镇杨王村杨王湾。以居民点和建筑物综合命名。杨王湾指"杨"与"王"两姓合居的居民点。1950 年前祖堂为砖木结构。1966 年遭到毁坏。2015 年又遇火灾。2016 年重建。占地面积 450 平方米，建筑面积 400 平方米，步步梯三重式，砖混结构，前门楼正中高悬"四知堂"鎏金楷书大字。前重门楼为仿古建筑，檐牙高啄、飞阁流丹。二重为大厅，厅中挂有"清白传家"巨匾。第三重为享堂。

叶家楼叶氏祖堂 位于花湖镇华山村叶家楼湾中部，以居民点、姓氏和建筑物综合命名。修建于 1984 年，1998 年上门叶湾叶姓族人集资维修。占地面积 300 平方米，建筑面积 150 平方米。其形制为歇山式三重。

袁氏宗祠 位于杨叶镇三峡村西北部，地处溃口湾与白沙村交界处。以姓氏和建筑物综合命名。建于 2013 年。占地面积 1600 平方米，建筑面积 1500 平方米。一进三重。

临空经济区氏族宗祠一览表

序号	所属乡镇街	标准名称	始建时间	重建时间	所在村塆
1	新庙镇	洪家祠堂	明末清初		洪港村洪港桥头
2		徐氏祖堂	明末清初	2009 年	月陂村徐家下塆
3		叶氏祖堂	清代	1999 年	月陂村叶家大塆
4		赵氏宗祠	明末清初	1995 年	月陂村赵家老屋
5		赵家新屋祖堂	清代	1998 年	月陂村赵家新屋

续表

序号	所属乡镇街	标准名称	始建时间	重建时间	所在村塆
6		汀祖上门吾公祠	1880 年	1996 年	丁家村汀祖上门湾
7		董家庄董氏祖堂	清康熙年间	2013 年	刘畈村董家庄
8		对面屋祖堂	清代中期	2014 年	杨王村对面屋湾
9		爱莲堂	清代早期	2005 年	岳石村上周湾
10		百忍堂	民国	1990 年	岳石村上张湾
11		柏树林本安祠堂	清代中期	2014 年	桂花村柏树林湾
12		蔡家边祖祠	清同治年	2013 年	石桥边蔡家湾
13		陈盛祖堂	清代中期	2011 年	刘去村陈盛湾
14		陈兴三祖堂	明代	2010 年	凤凰村陈兴三湾
15		大刘全青藜堂	清道光年	1982 年	丁坳村大刘全湾
16		方荃堂	1919 年	1993 年	王边村方家湾
17		甘伍家伍氏炳九公祠	明代	2013 年	刘显村甘伍家湾
18		宫山	清代		吴垴村
19		何祖上门懋荣宗祠	1778 年	2013 年	刘显村何祖上门湾
20	汀祖镇	金保塆祖堂	1334 年	2007 年	刘云村金保塆
21		金龟山祖堂	明初	2009 年	刘畈村金龟山湾
22		金鉴千秋祠堂	民国	1990 年	岳石村下张湾
23		李二塘下门锦富堂	清道光年	2014 年	丁坳村李二塘下门湾
24		刘显塆仕贤公祠	明代清初	2015 年	刘显村刘显塆
25		彭氏宗祠	1762 年	2016 年	刘畈村纸曹庄
26		上董祖堂	清康熙年	2015 年	吴垴村上董湾
27		上饶湾祠堂	元代	2007 年	李坳村上饶湾
28		上吴祖堂	清代	2011 年	吴垴村上吴湾
29		树德家风公祠	1960 年	2012 年	洪山村有边湾
30		王氏宗祠	明代	2014 年	洪山村柿树下湾
31		李秀七宗祠	明末清代	1999 年	刘云村李秀七湾
32		王寿下门永盛公祠	清代中期	2008 年	王寿村王寿下门湾
33		下陈德星堂	清代	2014 年	桂花村下陈湾
34		先班公祠	清代早期	2011 年	岳石村戴家湾
35		徐氏宗祠	1919 年	1990 年	王边村响塘徐
36		杨岗湾祠堂	明末时期	2006 年	杨岗村杨岗湾

续表

序号	所属乡镇街	标准名称	始建时间	重建时间	所在村塆
37	汀祖镇	永泰公祠	1912 年	2007 年	洪山村庄稼山湾
38		状猷堂	民国初期	2005 年	王边村王家边
39	燕矶镇	陈氏祠堂	清代晚期	2014 年	龙王村陈家湾
40		严家畈宗祠	明代早期	2009 年	嵩山村严家畈
41		艾家湾祖堂	清代中期	1992 年	鸭畈村艾家湾
42		缪氏宗祠	明崇祯年	2012 年	龙山村缪家湾
43	花湖镇	宝树堂	清末	2012 年	龙山村缪家湾
44		陈家细屋御赐义门公祠	1921 年	2002 年	华山村陈家细屋
45		陈文玉公祠	清道光年	1997 年	华山村陈文玉
46		大道洪明道公祠堂	1916 年	2006 年	华山村大道洪
47		德化公祠	清代	1999 年	华山村大道洪
48		回龙嘴凌云公堂	1745 年	2008 年	刘钊村回龙嘴
49		纪家湾二友公祠	民国	2003 年	白龙村纪家湾
50		江家咀有润公祖堂	1936 年	1992 年	东庙村江家咀
51		金陈阮梯公祖堂	1876 年	1983 年	华山村金陈阮湾
52		金鸡桥文炳祖堂	1876 年	2015 年	华山村金鸡桥湾
53		李百川俊公祖堂	1921 年	1993 年	东庙村李家淌
54		李家径美公祖堂	1876 年	2015 年	华山村李家径湾
55		李家淌尽江公祖堂	1817 年	1996 年	东庙村李家淌
56		莲花地炅晟祖堂	1876 年	2015 年	华山村莲花地湾
57		刘家天禄堂	清代	2003 年	白龙村刘家湾
58		刘钊大湾允坤公祠	1876 年	2002 年	刘钊村刘钊大湾
59		棚家嘴时明祖堂	1993 年	2012 年	华山村棚家嘴湾
60		万家塘宗公祖堂	1988 年	1992 年	华山村万家堰湾
61		下面湾尚敏公祖堂	1876 年	2012 年	刘钊村下面湾
62		谢家嘴平伯公祠	明万历年	2015 年	白龙村谢家嘴
63		熊家湾东泉公祖堂	1894 年	1996 年	东庙村熊家湾
64		徐品屋礼宏公祠	清代	2015 年	白龙村徐品臣湾
65		徐训芳文魁祖堂	1879 年	2000 年	东庙村徐训芳湾
66		燕翼堂	明代	1987 年	白龙村李氏族人湾

续表

序号	所属乡镇街	标准名称	始建时间	重建时间	所在村坞
67	花湖镇	杨木屋万顺公祠	民国年间	2011 年	白龙村杨木屋
68		应祯祖堂	清雍正初年	1998 年	白龙村余家湾
69		余受章顺连公祠	民国	2021 年	白龙村作受章湾
70		占谢李贞甫祖堂	1876 年	1991 年	华山村占谢李湾
71		张明洪百忍堂公寺	民国	2014 年	白龙村百忍公寺湾
72		朱家湾紫阳世族祖堂	1676 年	2015 年	刘钊村朱家湾
73	沙窝乡	何湾祖堂	1977 年	2002 年	牌楼村何家大湾
74		李家大湾李氏五房祖堂	清乾隆年	——	渔坝村李家大湾
75		李家湾李氏祖堂	清朝道光	1988 年	渔坝村李家大湾
76		严家湾祖祠	清朝乾隆	1997 年	渔坝村严家湾
77		李家墩祖祠	明朝晚期	1975 年	草陂村李家墩

第五节　纪念碑塔

一、鄂南抗日根据地指挥中心纪念碑群

鄂南抗日根据地指挥中心纪念碑 在鄂城区沙窝乡麻羊垴，沿着浓密的林荫道，拾级攀过陡崖，跨过涓涓小溪，登上巍巍麻羊垴主峰时，发现云盖寺东边不远处，高高耸立着一座纪念碑直插云霄。正面醒目地雕刻着"鄂南抗日根据地指挥中心纪念碑"十四个楷书大字。

鄂南抗日根据地是由旧行政区鄂城县一区和大冶县二区组成。以鄂城麻羊垴为中心，西起鄂城城关，东至黄石港，北靠长江，南抵铁山、下陆、碧石渡，纵横百余里。1938 年至 1945 年，中共鄂大工委、鄂南指挥部、鄂大政务委员会相继在这里成立，领导和发动人民同日伪顽进行了 8 年的浴血奋战，发挥了新四军五师跨江南北征战的桥头堡作用，终于赢得了抗日战争的伟大胜利。2014 年，鄂州市人民政府为了纪念这一重大事件，拨专款修建了这座纪念碑，故名。

1938 年，中共大冶县委委员冯玉亭、彭济时等在鄂大地区的宋皇、吕泉一带活动，联络刘丹池、曹洪波等开展抗日宣传。1942 年，中共鄂城县委书记陈大发和新四军五师四十一团，进入该地区，消灭伪保安队、解散红学会组织，发展党组织，建立武装，开创抗日根据地。同年 6 月，成立中共鄂大临时工作委员会，谭道如任书记。8 月，鄂南政务工作团开进，鄂大工作委员会正式成立，书记王表。并先后建立了大洪二乡分区委、新丰乡分区委、映陂乡分区委和燕矶乡、湖西乡、七花乡、打石乡、金太乡、凤凰乡、宋皇乡、吕泉乡等 12 个分区委。同时分为三大区，各区成立 30 人的游击队，分区成立 10 人的武工队。1943 年 5 月，成立了 12 个乡民主政权和一、二、三区抗日民主政府。1944 年 7 月，成立鄂南中心县委，罗通任鄂南中心县委书记。1942 年冬至 1944 年，是鄂南抗日根据地斗争最艰苦的时期。根据地在十四旅主力新四军和地方武装配合下，多次粉碎了日伪顽对抗日根据地的扫荡和进攻。1944 年 3 月，顽军马钦武、廖义华部 1500 余人联合进攻麻羊垴，被罗通四十团、张体学四十一团，在麻羊垴、康家湾击溃，毙敌 100 多人，缴获电台一部、机枪两挺、其他枪支弹药一批，巩固了根据地。1943 年春，郑位山从江苏新四军军部回鄂豫边区，曾在麻羊垴进行视察，听取了鄂大工委书记王表的汇报，对鄂南抗日根据地的战略地位和抗日工作给予了充分的肯定。

1995 年，鄂南抗日根据地指挥中心被鄂州市委、市政府确定为市级爱国主义教育基地。1999 年，被湖北省人民政府命名为湖北省爱国主义教育基地至今。

纪念碑由台基和碑身两部分组成，台基是 7 米 ×7 米的正方形，四周有大理石刻花护栏，正面两边共 6 块，左、右两侧各 8 块，北面 8 块，护栏下面置有休息座椅。碑身高 9.3 米，碑尖呈"U"形，0.3 米。碑体为四方形、宽厚为 1.6 米，为钢筋水泥浇灌而成，外贴大理石面砖，碑前还建有门楼一座。在台基中植有三棵高大挺拔、苍翠遒劲的大松树，整个纪念碑耸立在万山群峰中。在林涛竹湖、鸟语花香衬托下，显得十分雄伟、庄重肃穆。属市级文物保护单位。

鄂南抗日根据地指挥中心旧址碑 位于沙窝乡麻羊垴主峰东向一处山冈上。以历史事件与遗迹综合命名。1942 年 5 月初，新四军五师令十四旅挺进鄂南，开辟中共鄂南抗日根据地。从 1942 年至 1945 年，中共长江地委、行署、鄂南军分区指挥部、鄂南中心县委、工委、政务委员会均在麻羊垴设置指挥办公机构。1995 年被公布为鄂州市爱国主义教育基地，1999 年被公布为湖北省爱国主义教育基地，2014 年修建鄂南抗日根据地指挥中心旧址。原鄂南抗战老领导鲁明健、谭道如亲笔题字，镌刻在门楼之北。占地面积 160 平方米，建筑面积 200 平方米。为青少年革命教育基地，年接待游客 4000 余人次。

鄂南桥头堡革命教育基地碑 位于燕矶镇百洪村土陡山北麓。以事件发生地命名。抗日战争时期，新四军五师、八路军三五九旅挺进鄂南，土陡山地区是鄂大县政府所在地，成了控制沿江战略要地连接各个抗日战场的桥头堡。1997 年由鄂州市人民政府在原土陡山庙址修建。基地内，碑、墓、馆呈品形排列，最高处为"鄂南桥头堡"纪念碑，半山腰偏南处是"柯逢年烈士墓"，东边较为平坦的地方建有纪念馆，馆门上挂有老革命干部易新民题写的"鄂南县政府活动基地"牌匾。占地面积 3000 平方米。为青少年革命教育基地，年接待游客 4000 余人次。

张体学军事指挥台碑 位于沙窝乡麻羊垴主峰东向一处山冈上。以历史人物和遗迹综合命名。1944 年 3 月，张体学在鄂南根据地指挥中心指挥麻羊垴保卫战获得胜利，因此而得名。张体学（1915 年—1973 年），河南光山县人。1930 年参加革命，中共党员，参加过长征。抗日战争时期任新四军五师十四旅政委，第四军分区司令员。1949 年后历任中共大冶地委副书记、军分区政治委员、湖北省人民政府省长等职。1944 年 3 月，张体学在此指挥抗日军民进行麻羊垴根据地保卫战，并取得巨大胜利。1995 年列为鄂州市爱国主义教育基地，1999 年定为湖北省爱国主义教育基地。2014 年建立"鄂南抗日根据地指挥中心旧址"和"鄂南抗日根据地指挥中心纪念碑"。占地面积 50 平方米。

岳石洪村革命烈士纪念碑 位于岳石洪村。以所在地域和建筑综合命名。建于 1942 年。占地面积 100 平方米。土地革命时期，1929 年 6 月，以於凤林为首的革命党人，在马家坳开会准备打击反动地主武装。由于被叛徒出卖，在与敌人的战斗中寡不敌众，当场牺牲的有於凤林，其余的被抓捕，在大冶县城就义。

1960 年 7 月，国家民政部追认为烈士共有 9 人，名单如下：

於凤林，中共党员，1908 年生。於益来，1900 年出生。於其，1906 年出生。於其近，1902 年出生。张其远，1894 年出生。张礼门，1905 年出生。张远林，1986 年出生。其余两位不详。

鄂南抗日桥头堡纪念碑 位于燕矶镇百洪村南面，与土陛山寺庙同一座山的山顶偏东位置。以地理方位和事件性质综合命名。抗日战争期间，挺进鄂南的八路军、新四军一部，建立了鄂南中心县委，鄂大县政府。土陛山曾经是指挥中心的办公地点。2009 年建立至今。碑正面有王首道题写的"鄂南抗日桥头堡纪念碑"几个大字并有题款，背面有小字刻写的碑文。

新洲新四军烈士纪念碑 位于燕矶镇长江中江心洲中部。以逝者及安葬地综合命名。新洲指江心洲。抗日战争时期，新四军五师十四旅部队曾在洲上同日伪军战斗，有多名指战员为国捐躯，被当地群众掩埋。国际命理及易学专家邵伟华为完成父亲遗愿，于 2016 年 4 月动工兴建该碑，8 月 1 日建成。占地面积 1500 平方米，碑高 9.9 米。有专业护碑人员。被鄂城区人民政府定为革命传统教育基地。

张家松烈士纪念馆 原位于临空经济区燕矶镇路排村傅家湾，占地约 600 平方米。馆舍建筑面积 300 平方米。馆内设有三个纪念展厅，第一厅室展陈设古玩藏品 200 余件，有各类陶、瓷器、玉器、青铜器、木雕、石雕、砖雕、文房古玩、字画和各类民俗藏品。

第二厅室主要展陈了张家松烈士的遗物约 180 余件套，有张家松烈士证书，有新四军五师领导人李先念、郑位三、陈少敏、张体学等首长与张家松烈士合影照片，有原中国人民解放军成都军区政治委员万海峰上将照片和书信手稿等。张家松烈士纪念馆是由烈士的孙子张敏云先生自筹资金投资建设的。为了创办烈士纪念馆，张敏云先生还亲自去武汉、黄冈、麻城、红安、成都、北京走访张家松烈士生前战友，特别是采访百岁老人万海峰将军，因万海峰将军是烈士张家松的亲密战友，对烈士生前情况较为了解，提供了很多详细的历史史料和照片，为他创办烈士纪念馆奠定了坚实的基础。

纪念馆展陈了烈士生前立功证章、抗日战争纪念章等，十分珍贵的藏品有毛泽东、朱德签名的中国工农红军布告，有印有红军时期铁锤、镰刀标的中国工农红军文件箱和军旗。展陈了新四军使用过的大刀、长矛、猎枪等一批军用器械。还有烈士生前使用过的石磨、箱柜和桌椅板凳等用品遗物。

第三厅展陈品有烈士生前使用过的农具、家具和部分陶瓷生活用品。

2019 年，由于花湖机场建设需要，燕矶镇路牌博家湾面临拆迁，张敏云先生积极响应党和政府号召，带头拆迁，又将张家松烈士纪念馆迁至燕矶街华琪花园小区门前继续对外免费展陈开放。

麻羊垴抗日根据地纪念馆 位于沙窝乡麻羊垴主峰东向一处山冈上。以自然实体和建筑物综合命名。抗日战争时期，麻羊垴成为鄂南抗日根据地指挥中心，为此特建纪念馆。1997 年筹办麻羊垴抗日根据地纪念馆，1998 年建成。当时为 3 间小平房，占地面积 80 平方米。旧馆逐渐破损，2009 年重新建馆，与云盖寺、斋堂成为一体。馆址在云盖寺斋堂二楼，占地面积 160 平方米，建筑面积 180 平方米。馆内收藏有抗日战争时期鄂南地区革命斗争有关遗物、史料、录像带、照片及当年在此战斗过的老干部回忆录、题词、根据地红契、边币等珍贵文物。1995 年列为鄂州市爱国主义教育基地，1999 年成为湖北省爱国主义教育基地，年接待游客 6000 余人次。

第六节　博物馆

嵩山百节龙博物馆 是湖北省首家龙文化主题博物馆。博物馆的建设得到各级党委政府的大力支持。该馆兴建于 2018 年，坐落在风光秀丽的嵩山脚下，地处临空经济区燕矶镇嵩山村严家畈。该馆占地 1000 平方米，展厅面积 400 平方米，设有库房、安保室等辅助设施。展示的各类藏品都是以龙文化为主题，陈列了与龙文化相关的文物 1000 余件。主要包括：龙纹青铜器、石器、陶器、瓷器、玉器、木雕和龙纹石雕石刻；龙纹古钱币、刺绣、字画、漆器等系列龙文化文物藏品。

百节龙灯围墙

嵩山百节龙首创于明朝天启二年，历经 400 余年，是嵩山村严家畈湾村民在春节、元宵节期间举行的特大型传统龙灯祭游送福民俗活动。是民俗信仰和民俗传统音乐、体育竞技的文化项目，至 2022 年已达 25 届。该项目分别于 2006 年和 2009 年入选市级、省级非物质文化遗产代表性名录，2018 年被授予鄂州市首批非物质文化遗产传承示范基地，2021 年 5 月被国务院授予全国第五批国家级非物质文化遗产代表性名录。

嵩山百节龙灯窠

嵩山百节龙

临空经济区民俗文化博物馆 鄂州花湖机场征迁老物件展示馆（临空区民俗文化博物馆）是鄂州市首家民俗文化藏品博物馆，占地 3000 平方米，展厅面积 800 平方米，还建有图书室、库房、安保室等辅助设施。地处燕矶镇嵩山村，与嵩山百节龙博物馆毗邻，始建于 2017 年，总投资 500 多万元，是一座仿古民俗建筑群落。

该馆是根据中共中央、国务院《关于实施中华优秀传统文化传承发展工程的意见》和中宣部关于"推进农村祠堂功能转换"的文件精神，组织专班，由民间专业人员在湖北国际物流花湖机场拆迁核心区域抢救性征集了各类民俗老物件数千余件，经过认真遴选出 1000 余件老物件藏品，利用严家畈宗祠创办"鄂州花湖机场征迁老物件展示馆"。其中包括各种生产工具、生活用具、木质织布机及纺织工具、家具、渔具、器皿、铁器、铜器、度量衡器物、乐器、木雕、石雕石刻、陶瓷器、武术器械、生活用品、婚嫁用品、殡葬用品、楹联匾额等文物展品。是我市首批祠堂功能转型的示范单位。博物馆展出的收藏品种繁多，是一座民俗文化艺术宝库，是劳动人民智慧的结晶，展现出收藏人的辛劳和汗水，记录下了花湖机场拆迁区人民群众的高尚情怀与乡愁记忆，开启了我市民间博物馆建设的先河，引领我市民间乡村文化旅游振兴发展的前进方向，获得了各级领导和广大参观者的高度评价。

第五章

古朴民俗

第一节　民俗信仰

一、嵩山百节龙

百节龙灯会是燕矶镇嵩山村严家畈湾在春节期间举行的传统大型龙灯祭游民俗活动，是民俗信仰和传统体育相关的文化空间项目。严家畈湾北依长江，在燕子矶与龙王矶之间，南邻鄂黄公路，东接嵩山，北魏时期的古刹嵩山寺就建在山顶，整个湾落南北向呈 U 形，东西两角突出，东、西、北三方拥抱湾前池塘——龙塘。龙塘不大但很方正，塘水清可见底，游鱼碎石，历历可见。据《严氏宗谱》载，宋朝末期，严氏先祖从江西迁至燕矶，被黄家召为女婿。当时江河泛滥，水患不断，相传有一黄龙长百余丈，从天而降，潜入该地黄湖（现叫"龙塘"），湾人视为吉祥。严家先祖率众拜祭，并立下承诺，他年若风调雨顺，五谷丰登，人丁兴旺，必扎百节龙灯祭谢神龙。果然，以后连年丰多欠少，严家逐渐兴旺发达。至康熙初年，五十二世祖在京城翰林院为官，遂倡导并率先出资扎制百节龙，祭谢神龙，并遍游四乡。严家畈湾在春节期间举行的传统特大型祭游民俗活动由此传承下来，并形成了自己的特点。嵩山百节龙共 101 节，总长 425.58 米。龙头后的第一节长 18 米，以后每节长 3.99 米。龙头高 6.38 米，重 100 公斤左右，保持龙头直立要 80 人轮番高擎。玩灯队伍组成需 500 人。龙游四乡，500 多人撑起这一"巨龙"，走如龙蜿游，舞如龙翻腾，举起来数层高，散开来一里地长。

百节龙非遗下乡

嵩山百节龙的制作全由严家畈本族艺人完成,有篾工、木工,也有纸扎艺人和缝纫工。制作的规格、尺寸、比例十分严格,在色彩的运用上也十分讲究,仅龙头的制作就需要20道工序。百节龙的内部骨架完全用竹篾条手工扎制,几百年来这种工艺的传承没有任何教材或书面的东西,一直是通过民间艺人们口传身授,在严氏家族中代代流传下来,保留了原生形态。除了百节龙灯外,还需要扎制彩旗、花对和许多神像,因此既费时又耗材,制作的时间一般选在玩灯的头一年的农历八九月间。从购置材料到制作全部完成需要4个月左右的时间。百节龙灯制作完成后,被存放到嵩山寺中,寺中原有专门的龙窠,于2017年11月建成300平方米的嵩山百节龙博物馆。

嵩山百节龙跑风

嵩山百节龙祭游活动原则是 5 年至 10 年举行一届，一届为一年次，下次玩灯年份是在本次化灯时按签决定，但也有灵活性，遇上龙年或国家大事大庆，可提前举行。玩灯期间，必唱会戏，一直唱到正月十八或二月花朝花灯。也许是真的沾了龙神的喜气，严家畈自荣三公迁居此地 550 余年来，人丁兴旺，民风淳朴，乐施好善，团结向上，尤其是勤奋好学的文化氛围浓厚，文人志士代代有人。

嵩山百节龙于 2006 年被批准为第一批市级非物质文化遗产名录，2009 年正式列入湖北省非物质文化遗产名录。2021 年 5 月被国务院授予全国第五批国家级非物质文化遗产代表性名录。

嵩山百节龙

二、汪文龙灯

汪文舞龙队成立于 1896 年，迄今有 130 年历史。最初队名为"水王龙灯队"，汪者，水边之王也。由燕矶百碐一带汪姓人组织，一条长龙 69 节。舞动三届后（每三年为一届），由于人力、物力及财力不支，转交至水月葛麻湾。

葛麻湾人进行整改后，增至三条龙。即老龙、红龙、黄龙。一般外出拜年时，老龙驻守在聚集地中心，两条子龙分别从湾村两端向中逐户拜年。按当时约定，龙灯连舞三年，歇三年。这样，葛麻湾人舞动六届后，转交给汪文。

汪文，1957年前，地属大冶县洪二里，有大小村庄五个，加上新屋桥两大村庄，近2000汪姓人，其中青壮劳力700余人。1963年将队名更改为"汪文舞龙队"。

汪文舞龙队，组织得力，纪律严明，方案得体，队员心往一处想，劲往一处使，所到之处，深受好评。1992年前，汪文舞龙队盛况空前，三条龙，两头狮子，一条采莲船，一只蚌壳精，一班武术队，四套锣鼓。加上指挥及后勤人员，一般超过200人，他们每到一处，鼓乐喧天，鞭炮齐鸣。首先，老龙盘踞在湾村中央主祭场，各家各户前来敬香祈福，大人带着子孙钻龙身。其后，武术表演、采莲船、蚌壳精交替上场。在缭绕的烟雾中，两条子龙犹如腾云驾雾，快速滚动，喝彩声不绝于耳。半小时后，逐户拜年，两条雄狮分别应邀至新婚两三年未孕的农户滚床。据说狮子新婚床上滚两滚，次年必定怀上子。

龙灯每到一处，都得提前下帖子，以便通知对方做好迎接准备。无论天气晴好还是恶劣，哪怕北风呼啸，滴水成冰，都是如期履约。龙队到达村庄前，该湾青壮年劳力倾巢而出迎接，舞龙人员恪守陈规，不得随意缺席。若缺席或离岗，龙神会怪罪，引来疾病。相传有两个舞龙人员随意缺席，跑到赌桌玩耍，不到半小时，一个腹部剧烈疼痛，一个头昏眼花，其家长急忙驱车送至现场，病痛全无。还有一次，正月初六日，舞龙人员外出，正遇瓢泼大雨，寒风刺骨，两名青年弃龙而逃。半路上，一名腰杆剧烈疼痛，佝偻着身子；一名双腿抽筋，寸步难行。两人认定是龙神怪罪，只好乖乖返回场地，疼痛即刻消失。

一般地，龙灯每届都要开光，也叫接龙神。应邀出席的各界知名人士相聚一堂，在祖堂内摆设香案，请来道士，为龙灯点睛开喉。寅时龙灯撑腰，贺彩师喝彩，请龙灯出祖堂。此时，礼炮、锣鼓、喝彩声、呐喊声震耳欲聋。龙队舞动翻滚，称为试灯。一个时辰后，龙灯归窝。中午时分，大家欢聚一堂，举杯畅饮，共度美好时光。

场面最为壮观的是化灯日。化灯也称送龙神。这一天，人们倾城而出，更有一些信众携带香纸、祭物前来祭拜。大多数化灯日选在元宵节或花朝节。晌午，设宴答谢四邻八乡亲朋好友。下午举行神龙归天化灯仪式；晚上7时，龙灯来到夫子岭水库库坝，龙灯做最后一翻滚后，解下龙头、龙尾，投入燃烧的火场内。

在热烈的鞭炮声中，绚丽夺目的焰火映衬下熊熊燃烧、缓缓化去。

三、三角六塆龙灯

新庙镇茨塘村三角六塆的龙灯会遐迩闻名。

所谓"三角六塆"即茨塘和盛家道为一角，石头咀、花园咀（映山中学处后迁盛家道）、周铺桥（老卫生所处后迁盛家道）又为一角，胡家破坝、细塆三为一角；六塆所指的就是以上六塆村，也就是现在的茨塘四组、五组、六组、七组。

三角六塆龙灯会兴起时间无法考证，有文字记载的是从清咸丰九年开始，严国甫任会长，至今计有 10 届。龙灯会一届分春、秋两次（即春节、中秋节）。三角六塆人以神龙为寄托，企盼正气、吉祥和丰收。神龙的制作过程设计精巧，形态、颜色、长宽高低尺寸，都很讲究。跟随神龙的随从官将的制作，从形态到颜色等，也有讲究。另外跟随神龙的仪仗及名称也有严格规定。每次出灯很是壮观。龙身有 25 节灯，长计 138 米，随从官将 7 位。随从舞龙举灯者 150 余人，加之彩旗招展，神龙舞跃，锣鼓笙箫，鞭炮飞花……那阵容是千军万马，那气势是壮阔强大，那威风是奋武飞扬！每到一处神龙定位盘巢供奉，摆上香案，便于人们顶礼膜拜，左右彪汉守护。其余人举着青狮百象、雷公电母、风伯雨师沿家送福。家家有香案、鞭炮、香烛，迎接神龙。每到一家由一主持人即兴编词，喝彩祝贺，所有人扬声随和，主人发烟打赏，作揖道谢，充溢了和谐吉祥之气。每次出灯活动都有严格的时间、地点、路线、人员顺序的安排，所有活动有条不紊，百无一漏。

玩龙灯唱灯戏是一个整体。每届三年，一年春秋两次戏，一次最少 5～11本戏，计算下来，一届灯戏起码 45 本。灯戏的组织也是劳心费神的，然而三角六塆每届进行了周密的安排，从没有一点差池。远近乡民观灯看戏饶有兴趣。三角六塆人还要接亲戚六眷看戏并款待客人。

化灯是每年中秋节玩灯结束后的一项程序，将神龙驾举到湖岸水边火烬，寓意是送神龙顺江入海班师回宫。

三角六塆的龙灯会有严密的组织纪律，各届会长都是精英人才，为人贤、办事公、做事力，能多出钱。会长分工明确，各司其职，各负其责。三角六塆纯朴的民俗民风，这里的人得到了满足的物质享受，更有执着的精神追求。

四、茨塘村元宵龙灯

新庙镇茨塘村的元宵节赛灯会，是以桂家畈塆与邻塆肖家道为主导的，其他塆也应和有声的民间风俗活动。

相传清光绪初年，连续几个好年景，丰多歉少。至光绪六年元宵节，桂家畈、肖家道两表兄弟商定并主持赛灯活动，除"文革"间搁置4年之外，迄今143年。

每年的赛灯会很有看头。元宵节这天刚上黑，铜锣一响，鼓乐笙箫，一路鞭声。全塆男女老少手持各种灯笼，结队登山。远看点点星火，蜿蜒曲折，绕山而上，犹如星汉游乐的意境。上得山顶后鞭竹齐放，火光冲天，烟花飞空；变幻多姿，五彩斑斓，辉煌灿烂。再加上喝彩声、欢呼声、锣击乐响声……简直有皇都大庆的壮观！

上下山有严格的规定：两塆人马，一先一后；后上先必下，先下后才上。互有默契，井然有序。其间还有熊家塆、胡家宅塆、干家塆、石磴岭塆……灯火辉煌，热闹非常。

茨塘元宵灯会是周围十里八乡人正月十五的大看点，给人们带来了热闹、安康、吉祥。

第二节　传统艺术

一、新庙铜缸技艺

拆迁路塞，几展辗转，好不容易找到了新庙镇将军村杨家嘴湾的杨先训老人。82岁的他还思维敏捷，谈吐不凡，谈起铜缸术如数家珍。

他 15 岁时就从师于浙江的一位何姓师傅。所谓锔缸就是补制破缸，再盛上水，点滴不漏并经久耐用。制作过程很是不简单。先把破缸拼接好，用一条特制的细绳紧紧地捆扎起来，又沿缸口倒水，能看清裂缝；第二步倒上水可用小铁锤敲出缝隙间的泥水；第三开始用金刚钻打小孔，钻子绕在竹弓的一条细皮条弦上，来回拉动弓弦，钻头就随之不停地旋转。在缸的破缝两边均匀地钻出两排小孔，这一步很有讲究，依破损的程度快慢轻重都有讲究，尤其是金刚钻是铜匠的最重要工具，民间俏皮话"没有金刚钻别揽瓷器活"在这里印证了。第四步则是用钢皮子做的锔钉，用小钉锤轻轻打入孔中，一个个钉紧。最后一步用准备好的生钉砂加入盐水调制好，反复涂入裂缝处，再用事先烧好的细腻的糠头灰撒上磨制擦净，这个缸，才算锔好了。

锔缸有粗活、秀活（细活）之分。以上为粗活，秀活则是补陶瓷、花瓶类的了，工艺更巧。

与之交谈后，我们又到现场欣赏了老人保存下来的 1972 年元月的作品，盛满了一缸水点滴不漏，不得不佩服老先生的手艺高超。据他自己介绍，当年学艺时，时常受何师傅的夸奖。

二、三峡高跷

三峡高跷有 100 多年的历史。传说该村四房湾有一商户不仅横行乡里，还在荒年时囤积粮食以高价出卖，村民苦不堪言。村里有个叫高跷的壮士爱打抱不平，为了劫富济贫，他将腿绑在两根棍子上，"登高"看清藏粮的地方，夜晚就偷偷运出粮食分给乡亲们。后被商户察觉，抓住高跷将其活活打死。为了纪念高跷，四房湾和三峡人模仿高跷腿绑棍子行走，演变成踩高跷活动，传承至今，形成了传统性的风俗活动。2006 年 8 月 29 日被列入鄂州市非物质文化遗产名录。

三、胡破坝雕花剪纸

本境始于民国时期，由新洲剪纸艺人郭才明传入本境得胜村、杜沟村、戴汉生、谬云明为其徒，后在本境广泛流传。到 1935 年，从业者达 150 余人。花样以红白纸为材料，工艺剪雕结合。种类繁多，如有帽花、鞋花、拖鞋花、袜底花、带扣花、背心花、兜花、围裙花、枕头花、帐沿花以及窗花、灯花，等等。其风格细腻、流畅、传神，集实用性与装饰性于一体。1949 年前花样匠人农闲背着花样箱，手摇货郎鼓，高喊着："卖花样喽！"走村串户，成为一种风俗。

胡小平，现年 72 岁，初中文化程度，新庙茨塘村胡家破坝人，湖北省非物质文化遗产鄂州雕花剪纸传承人。胡小平父亲胡茂恒，1949 年前后在老鄂城雕花剪纸行业中小有名气，无人不晓他的精湛技艺。胡小平 6 岁就跟父亲学画花样，9 岁学刻花样，13 岁起走村串户卖花样。在实践中继承鄂州花样艺人的经营方法、雕刻剪纸的技艺。随着年龄增长，越来越痴迷花样技艺。"文革"期间，一有空就偷偷练习技法；农业社时，努力探索父亲传授的花样创作方式、方法。后技艺日见成效，成为鄂州市目前唯一对传统花样技法及相关知识全面掌握的继承者。胡小平还与其兄整理记载了当年父亲讲述的老鄂城花样行业和花样工会的历史故事，还保管了父亲保留下来的花样工会史料和纹样，总计 2 万余张，为鄂州市雕花剪纸成为湖北省级、国家级、世界级非遗项目提供有力佐证作出了重大贡献。

他积极参加鄂州市文化部门和民间社团组织的雕花剪纸的各项活动，热心宣传、展示、授艺。近几年，他曾到鄂州市雕花剪纸传习所、鄂州职大和中南民族大学去为学员讲课，全力投入雕花剪纸的传承工作。

四、鄂城木雕

是以木头作为材料。民间木雕主要用来作装饰。如大花床雕刻的"床牙花"，桌子的横档、脚，椅子的扶手和靠背，花格子门窗、食品印模、年画模、亭台楼阁上的浮雕以及各种神像，有的雕刻花鸟虫鱼，有的雕刻戏文故事或八仙过海等。其造型奇巧、栩栩如生，刀法精细入微，潇洒浪漫。其作品各具特色，尤以陈新堂的显得更为气魄雄伟，古朴逼真。其作品《黄鹤楼》《武汉长江大桥》曾悬挂在人民大会堂内的湖北厅。鄂城木雕于 2015 年 2 月 3 日被列入鄂州市非物质文化遗产名录。

五、梅家湾楚戏

清朝末年，梅家湾人迷上了唱楚剧。族长高薪请来名师教戏，成立戏班子，平日爱唱爱舞的俊男靓女纷纷参与，劲头十足。学成后，或临水搭台唱戏，或在收割后的垄田里，依低就高，搭台唱戏。欢乐的戏曲声，愉悦了梅家湾人疲劳的身心，也让周边乡民分享到戏剧艺术的欢乐情景。梅家湾人爱唱戏，达到痴迷程度。有个小伙子非常爱戏，他怀揣唱本，锄草空闲时唱，车水时也唱，下湖打鱼也不忘唱。有一次打旋网时，唱忘了形，连人带网掉进冰冷的湖中。父亲把他救上船，他第一句话竟是："我……我的唱本……"现今，梅家湾人依然相信，优秀的传统文化能启迪人们的心智，愉悦人们的身心，在全镇率先建起了万年台，成立了欣月艺术团。每当岁末年初，便请名角来唱大戏，四邻八乡乐开了花。人们不用带凳子，不用带茶水，热心的梅家湾人早备好了。看完戏后，还拉到家里吃饭，晚上接着看。浓浓的乡俗文化，陶醉了梅家湾，也陶醉了水少新城。

乡村舞蹈进京城获佳绩。花湖镇胄山村梅家湾人，能歌善舞。他们近年成立了欣月艺术团。2009年12月2日这支从小山村里唱出来的民间队伍，过五关斩六将，用他们亮丽的歌喉、优美的舞绣一直演到了北京城并夺魁。

六、鄂城硪歌

"硪歌"流行或始于鄂州市沿长江和沿梁子湖地区。一人领唱，众人和，有固定的喊唱记号，也有即兴而编的。如流行于燕矶、杨叶、新庙、樊口一带的有《石磙歌》《上大人》。如："上京都，下湖广，男女广有；听我把，粗大腿，细表从头。大不该，下深水，摸鱼采藕；阴风吹。受寒温，起祸根由……"

硪歌一般都在冬春两季修筑堤坝时才唱。人们用木棒抬着石硪或用麻纤扯着石硪，一边夯扎着土层，一边唱着，形式是一人主唱众人和。硪歌除有娱乐作用外，还起到协调劳动的指挥作用。

七、汀祖楚剧

源于清末民国初。相传当时黄陂孝感为主的花鼓戏，在汉口颇受民众欢迎。由汀祖在武汉经商的商人请回师父教戏。到 20 世纪二三十年代西路花鼓戏开始在汀祖普及。方圆百里，咸称汀祖为"楚剧窝"。一百多年来，本地所组建的戏班子多达二十个。具体有：桂花上畈、下畈、刘思忠（大细屋）、汀祖（上、下门）、王寿（柿树下）、杨家坊、徐国庄、陈兴山（汉剧）、杨王、杨岗、李秀七、谢华伍、刘云（汉剧）、张祖、岳石洪、王家边、方家湾、戴家坝、李二塘。有的乡戏班应邀外出唱草台，还偶尔进园子卖过票。1953 年（土改）、1958 年（"大跃进"），两度戏班会演，可谓群英荟萃，盛况空前。当时流传有顺口溜赞誉："汀祖的《大游龟山》、刘思忠的《穆桂英下山》、畈上的《白蛇传》、杨岗的《碧玉簪》。"相传最出众的班子属上畈，他们师承省楚李化龙，做、唱、念、打，别开生面，独树一帜。

1980 年，楚剧复兴，汀祖楚剧团应运而生。在泉塘卫生所处在科班培训半年，出台后轰动鄂东南，曾在阳新采茶剧场连演 35 天，场场爆满。草台戏更是应接不暇，戏箱经常是抢着走。1982 年鄂城县小戏调演《林十娘送鸭》荣获一等奖；1984 年代表鄂城县出席黄冈地区调演，小戏《花香蜜甜》获表演一等奖；1985 年一出《改合同》参加鄂州市会演，荣获集体、个人、导演三个一等奖。

汀祖地区已故的民间戏剧艺人有：张远才、潘金安（外号金狗）、谢来喜、陈汉林、陈凤林、刘海为、方雨霖、程功堂、李桃子、李杨球、丁公发、丁家申（琴师）等。还健在的有：杨三明、陈四火（外号活行）、杨前元、王异凡、杨文豪、陈月香（女）。著名鼓师丁五子、徐金山（已故）。梨园新秀有：王汉发（已故）、何翠花、杨秋娥、杨俊良（杨文豪之子，晋升大冶楚剧团）、徐清河（琴师，徐金山之子，晋升孝感楚剧团）。尤其是王汉发，文唱武打、吹拉弹奏样样精通，堪称一代英异之才。此外，还有李云兵、李立刚、方冬香、王忠治（鼓师）等各有所长，皆可独当一面。

风流倜傥的方华国，王边村人，父亲方雨霖（民间艺人），出身梨园世家，自幼聪颖过人。始入鄂城种子队（县办文艺团体），后跻身鄂城京剧团。他京、汉、楚门门精通，能写能画，能编能导，且一表人才，风度翩翩。1982 年，一折功本戏《宋江杀惜》，代表黄石汉剧团出席湖北省青年演员大奖赛，荣获表演一等奖。只可惜一代天才，英年早逝。

经过市场洗礼，鄂州市翠花楚剧团成为社会专业文艺团体。2017 年鄂城区以鄂州市翠花楚剧团和泽林、花湖两个楚剧团为代表性楚剧团专业团体，联合申报"鄂城楚剧"。2018 年 5 月，包括鄂城楚剧在内的"鄂州楚剧"被市政府批准，公布为全市第四批非物质文化遗产代表性项目名录。

八、书法艺术

中国有四大国粹，分别是中国武术、中医、京剧和书法。其中，书法既是中国传统艺术上的瑰宝，也是一朵奇葩。它是以汉字为表现对象、以毛笔为表现工具，并遵循系列法则进行书写而形成的抽象线条造型艺术。它源远流长，流派纷呈，名家辈出，成就辉煌，光彩夺目地屹立于世界文化艺术之林。

汀祖镇历史悠久，文化底蕴深厚。数千年来，中国书法这门古老的艺术按照自身的艺术规律不断地演变发展，在这里得到了不断传承和发扬，一代代农民书法爱好者挥毫泼墨，书写生活，在这里已形成优良的文化传统和鲜明的地方风格。每逢庆寿、贺喜、婚嫁、丧葬诸事，各家都有书写赠送牌匾、幛轴、中堂、对联的习俗，"家家藏字画，户户挂中堂"亦蔚然成风。在 20 世纪 90 年代中期，汀祖镇被鄂州市政府授予"书法之乡"称号。

汀祖镇不但历史上书法名家荟萃，而且民间处处都是墨香四溢的浓厚艺术氛围，已经成为地方一大传统特色。各个村湾，从天真孩童到耄耋老人，酷爱书法者不计其数。20 世纪 70 年代以前的书法领头人有：汀祖高中老师佘斯大，洪山村石家边湾刘义民，洪山村柿树下王寿湾王民先、王冀凡，洪山村袁家庄湾伍春佳，石桥村董家湾董治生，汀祖村丁柏林、丁绍林、丁鹤、丁洪涛等。20 世纪 70 年代后期至 90 年代书法领头人有：凤凰村刘开华、徐泽河、陈敬忠、刘会泉，桂花村陈敬安，石桥村饶新如，王寿村王国维和王松源，刘畈村王和生、刘真勤、刘礼香，汀祖村丁海亭，杨王村张子诚，王边村方征全等。20世纪90年代后书法领头人有：马军红（居北京）、张炳坤（居北京）、李波泉（居北京）、彭书雄（武汉）、刘珍奇、王贵华、刘会奇、丁贵州、丁田泽、丁修喜等。当代书法领头人有伍能标、余立鹏、董立新、方细祥、王四田、刘建峰，等等。

近年来，汀祖镇书法创作更加活跃，习字研帖盛况空前，一批功力深厚、独具特色的书法家脱颖而出，在鄂州乃至全国都有一定的知名度。诸如马军鸿、张炳坤、刘义民、王贵华等书法家，临池不辍，辛勤笔耕40余年，被誉为书法之乡的汀祖镇在继承和发扬中华民族的传统文化、培养书法队伍方面做了大量的工作。

2015年在鄂城区书协的指导下，汀祖镇成立了书法协会，王贵华担任主席，有会员18人，并成立了工作委员会，组建了"汀祖镇书法研讨班"，保证了汀祖镇书法艺术不断发展，影响日益扩大，书法创作力不断提升。目前，汀祖镇中国书法家协会员1人，省书法家协会员5人，市书法家协8人，区书法家协12人；开设有王寿村小学教师队伍书法培训基地、刘畈村皇家铭门艺术学校书法班、汀祖村梦想艺术培训中心书法班，中心街社区璟贤艺术培训中心书法班等数十家，其中多人先后在全国、省、市、区各项书法比赛中获得荣誉。

九、舞狮文化

古时候，中国文化中，狮子和龙、凤、麒麟都是神话中的动物，没有实际形体。传说狮子是佛教中四大菩萨之一的文殊菩萨的坐骑。到了汉朝时，才有少量的真狮从西域传入中原。狮子传入中原有两种说法：一是汉武帝派张骞出使西域，进行和平外交。西域将狮子和孔雀作为贡品，连同其他珍宝进贡汉皇帝；二是在汉章帝时，西域大月氏国向汉朝进贡了一头金毛雄狮。进贡使者在朝堂上扬言，若有人能驯服此狮，便继续向汉朝进贡，否则断绝邦交。大月氏使者退出朝堂后，章帝先后选了三个人驯狮，均未成功。后来金毛狮狂性大作，被宫人乱棒打死。宫人为逃避章帝降罪，于是就将狮子皮剥下，由二宫人穿着狮子皮扮成金毛狮子，一人逗引起舞。此举不但骗过了大月氏使者，连章帝也信以为真。此事传出汉宫后，老百姓认为舞狮为国争了光，是吉祥如意的象征。从那时开始，仿造狮子表演狮舞，逐渐由宫廷传到民间。

近两千年来，人们心目中的狮子是祥瑞之兽、百兽之尊，外形威武，动作刚劲、勇猛，能驱邪镇妖，保佑人畜平安的神兽。给人以勇敢和力量的象征。

从古到今，舞狮是我国优秀的民间艺术，每逢春节、元宵节或集会、庆典、民间都有舞狮队前来助兴。这一习俗始于三国时期，南北朝开始盛行。随着时间的推移，后来舞狮的发展变得更丰富，更多样。

我国流行的舞狮，有文狮和武狮之分。文狮动作细腻、诙谐。表现了狮子的活泼及嬉戏神态，如抢球、戏球、舔毛、搔痒、打滚、洗耳、打盹等，富有情趣性；武狮则重技巧和武功的运用，如腾、闪、跃、扑、登高、走梅花桩等高难动作，表现狮子的威武性格。

燕矶林家湾的舞狮文化、师承于花湖细邱湾的邱氏武术世家。邱家不但武术超群，高跷狮子（双人脚踩高跷，穿着狮衣舞狮子）更是高难技艺，远近闻名。20世纪60年代初，林家湾有林金寿、林涛、林依生、林金安、林幼坤等多名青年拜在邱显清、邱显芬二位师父门下，学习长拳、枪、刀、棍、棒等武术。20世纪90年代初，林家湾又有林锋、林志、林汉斌、林鹰、林伍祥、林子敬等十多个青年，延请邱显清老师父教授武术、舞狮。他们所舞的是雌雄双狮，表演舞狮内容：狮子打盹，狮子出洞、觅食、喝水、梳毛、洗耳、踩莲、抢球，打滚、瘙痒、咬绳、上高台、坐肩、望月、啸天。锣、鼓、铙的声响节奏，是根据舞狮的动作而调整快慢。还配上长拳、短打，枪、刀、棍、棒等武术助乐。

林家湾的舞狮是文狮和武狮的混合舞法。狮子梳毛、抢球、搔痒、洗耳，咬蝇等动作表现出狮子的诙谐、活泼、嬉戏的情趣；出洞、觅食、打滚、坐肩、上高台、啸天表现出狮子腾、闪、跃、扑，刚劲、勇猛、威武的神态。

学习舞狮艺术，有个传统习俗，出师后要连续三年玩狮子（舞狮）。所以20世纪90年代初，林家湾武狮队应邀，接连三年大年初一和正月十五，到亲戚家和村子等多个湾子拜年，恭贺新禧，祝福主家合家欢，万事如意，人畜两旺，五谷丰登，岁岁平安。

十、采莲船

采莲船，又称划龙船，是临空都市区及周边地区贺新春迎新年的一种文艺娱乐形式，其文化内涵颇为深远。这里以己之所见所闻予以简介。

从船说起。造型上分，有帆船、轮船之别；从功能上论，有客船、货船之分。莲船呢？顾名思义，它是用于湖中采摘莲子的船，这种船因其需要在茂密的荷林中穿来钻去采摘莲子，故而船身小如一叶扁舟。还有一种船，叫龙船，起于隋炀帝开运河下扬州观琼花而专门设计建造的船。封建社会称皇帝为天子，即龙的化身，故称其为龙船。

数千年来，劳动人民为了提高自己的生活质量，便创造出采莲船度佳节的娱乐形式。其船似莲船，船体小，又似龙船，因外观华丽。看下似一叶扁舟，观上如皇室宫殿。又因其船系篾扎纸糊，可尽力精心装饰，莲花朵朵、蛟龙盘珠、八仙过海，各色图案均可画贴于上，红绿相间，五彩缤纷，美观至极。

除船美之外，还有人物美，仿京剧演员衣着、脸谱之美、化装坐船的旦角，划船的丑角，余者皆为舞台艺人之打扮。是此有引人入胜之感。采莲船的文化娱活动简便、灵活、惹人生笑。

谈其简便，则是一船一桨，一旦一丑，加上鼓乐、领队等只需 8 至 10 人。说其灵活，无论道路曲折还是高低不平，都可畅通，穿街过巷均无大碍，更甚者，是人物化装划船姿态，喝彩词调，引人注目生笑。

先谈坐在船中的旦角，足穿莲花鞋，双手提着船舷，行走莲花步，扭动细柳腰，穿红着绿，画眉粉唇，头戴凤冠，貌若天仙，眉飞色舞，喜笑颜开。

更逗人欢的是丑角，留八字须，戴渔翁帽，穿避风衣，一手扶船，一手划桨，一摇一晃，如同水上送天仙。

最惹人发笑的是采莲船时的词儿、调儿、锣儿、鼓儿。

词为对句式，见物道物，见人说人，即景生情。脱口而出，通俗大方。调为民间小调。

如"哟哟""划着"等，丑角边划边出上句，众人（含鼓乐、领队、伴演等人）和。例如：

丑角唱		众人和
为给商家拜年词	采莲船	哟哟
	到家来	划着
	（上门来）	
	恭喜老板	哟哟
	大发财	划着

又如：

丑角唱		众人和
为建新房家拜年词	新居建得	哟哟
	高又高	划着
	人丁兴旺	哟哟
	财源茂	划着

同时，主家人鸣鞭炮，发香烟、上糖茶，鼓掌助兴热闹非常。

概之，采莲船贺新春仅一船一桨，一旦一丑，一划一扭，一锣一鼓，一唱一和，将民间小曲与京剧舞台艺术融为一体，逗得男男女女、老老少少，笑为一堂，乐于一家。

十一、牌子锣

民乐在汀祖地区已广为流传，其历史悠久，风格古朴雅致，一百余年来，久盛不衰，"牌子锣""龙灯狮子锣"最有名气。凡地方上举办的大型民俗活动，如"接送菩萨太公""春节元宵玩龙舞狮""端午节寺庙送水"等活动均是各类民乐大显身手的最佳场面。

"喇叭锣"俗称"牌子锣"，全套道具是由喇叭、京锣、小锣、马锣、钹、钗、洋镲、梆子、长号（又名"的多"）组成。所奏曲牌名目繁多、曲调广泛，均来自京、汉、楚戏剧内容，如"雄黄阵、朱仙阵、天门阵、龙门阵"分别来自"辕门斩子""穆桂英下山""八大铜锤大闹朱仙镇"（岳家军故事之一）等传统戏曲内容，还有一般通用的"大开门、干竹歌、朝阳歌、金榜、风入松、醉美人、雁儿落、将军令起堂、柳叶金起堂"等也可送奏或串奏。特别是大型串打坐掌锣"牛头山"更是再现了当年岳飞大战金兀术的热闹场面。所有这些统称为奏"大乐"。而"小乐"则由"三星锣、箫、笛子、碰铃"组成，凡遇上乡村有名望的人家，"红白喜事"皆邀请某乐队前来，到时大、小乐交替演奏，既高亢又优雅。

汀祖镇较有名望的乐班有：汀祖、徐国庄、上畈、陈兴山、刘思忠、戴荣、何祖、李秀一、戴家坝、刘畈、巷之口。民国时期，如遇某姓举办"接菩萨、送菩萨、接太公、送太公"等大型活动，地方上的十几套喇叭锣，也经常有幸聚会在一起，真乃"上阵十几里，乐声震九霄。沿路放鞭炮，茶会百人挑"，气势确实惊人。

近代以来"玩龙舞狮"迎春接福送吉祥等大型活动又主占喜庆鳌头。至20世纪60年代以后，用"喇叭锣""秧歌锣鼓""腰鼓""三星锣"前往送兵的场面也确实热闹非凡，沿途观看者简直是摩肩接踵，络绎不绝。

2018年7月12日，为增进全社会对文化遗产的认识和了解，提高公众的非物质文化遗产的保护意识，宣传保护成果，营造全民参与保护的良好氛围，弘扬传统文化，汀祖镇党委、镇政府举办了汀祖镇2018年首届"睿峰杯"，是以"弘扬民族文化，创造时代辉煌"为主题的牌子锣比赛。全镇13支代表队经过紧张角逐，凤凰村徐国庄牌子锣队荣获一等奖；桂花村大刘思忠湾、刘显村戴荣湾牌子锣队荣获二等奖；刘云村李秀七湾、汀祖村上下门湾、丁坳村李二塘湾牌子锣队荣获三等奖。

第三节　民间工艺

一、盆景

是以植物和山石为基本材料在盆内表现自然景观的艺术品。由景、盆、几

（架）三个要素组成。为中国优秀传统艺术之一。汀祖镇从事民间盆景工艺常见主要有树桩盆景和花草盆景。树桩盆景是以树木为主要材料，从山野旷地采掘而来，以山石、人物、鸟兽等作陪衬，通过攀扎、修剪、整形等技术加工和精心栽培，其目的是将树桩特有的妙处表达出来，使制作的盆景气韵生动，古雅如画，不流于俗。花草盆景是以花草或木本的花卉为主要材料，经过一定的修饰加工，适当配置山石和点缀配件，在盆中表现自然界优美的花草景色。汀祖镇民间爱好者颇多。岳石洪村、刘畈村、董胜村、张祖村有盆景园和苗圃专业种植合作社。

二、根雕

流传于中国民间的传统雕刻艺术之一。根雕艺术是发现自然美而又显示创造性加工的造型艺术。根雕工艺讲究"三分人工，七分天成"，主要利用根材（包括树身、树瘤、竹根等）的天然形态，通过构思立意、艺术加工及工艺处理，创作出人物、动物、器物等艺术形象作品。汀祖民间从事根雕艺术的爱好者主要是以树根为材料，制作成各种摆件、茶具、玩具等日常生活用品，以及具有观赏性的人物、花鸟虫兽等工艺品。

三、刺绣

俗称"绣花"，又名"针绣"，是用多种彩色丝线在丝织品上按照设计好的花样刺缀运针、锁绣纹饰的一种民间传统工艺。古代称"黹""针黹"，后因刺绣多为妇女所作，故又名"女红"。刺绣图案选用题材非常广泛，一般是以花卉虫鸟动物以及传说故事中的人物为主，而且多寓有吉祥的含义。融实用与审美于一体，不仅图案精美、流光溢彩，具有较高的艺术欣赏性和装饰价值，而且其反复绣缀的工艺还能增加衣物的耐用度。

汀祖民间刺绣主要有绣花和挑花两种。其中绣花源于汉绣，色彩浓艳、构思瑰丽、手法夸张、绣工精细、富丽堂皇、雍容华贵、装饰味浓厚，极具有楚韵遗风。多用于被面、床单、枕套、帐帘、床头等日常用品，以及鞋面、袜底、围裙、帽圈、袖口等装饰用品和荷包、香包、绣球等佩戴用品，有时也用做窗帘、门帘、刺绣壁挂等大型室宅装饰。每件绣品都力求充分表达一个主题，或祈求人寿年丰，吉祥如意；或祝福婚姻幸福，家庭美满和睦，或寓意子孙繁衍，家族兴旺；或希望子孙早日成才，始终突出和弘扬喜庆、吉祥、祝福的主旋律。

四、挑花

又称"挑织"或"十字花绣"，是民间广泛流行的绣种。它以十字形针法显示纹样和分布色彩，即在布料上严格按照经纬纹络，用细密小的十字"挑"织花纹图案。"十"字形有大有小，依据棉麻布的经纬纱数，一般每个十字针有六纱、五纱和四纱等区别。在设计稿上，以每英寸十格者为六纱、十二格者为五纱、十六格者为四纱。每一个即代表一个十字针，由许多十字针绣成花纹。绣工根据纸样格子的大小，在底布的经纬线上数纱，进行挑绣。挑花图案以十字形直角构成，有独特的变形几何形装饰风格，而且刺绣时不仅不伤布丝，反而能增强织物的耐磨损性能，因而受到人们的广泛喜爱。

第四节　传统习俗

一、王家边村天花宫庙会

清同治年间天花瘟疫肆虐，有苞模谢湾人扎制龙船，建天花宫供奉碧霞元君诸神，乡人祈神佑子，于大端阳节放逐长江"送瘟"的民俗活动。相传清同治末年，苞模谢湾乡绅善人谢番法见连年瘟疫致不少少年夭折，甚至青壮年也死于天花，四乡遍地凄泣与恐惧，遂出资扎龙舟驱邪送瘟神。龙舟上安碧仙、传仙、云仙寓治病救人，有赵公明祈元帅斩妖除魔，还有药王妙手回春。5月18日，将龙舟抬到江边焚烧，任其东逝，后瘟疫果有好转。为防止复发，遂连年送瘟。谢番法并嘱后辈将这一善举世代相传，故流传到现代。

1984 年，谢番法曾孙谢用广、谢用轩兄弟牵头，组织湾人恢复预防天花的送瘟活动。至 1992 年，由谢用轩家和湾人筹资，在村后山建立"天花宫"，由谢用轩常年值守。天花宫里供奉碧仙、传仙、云仙和赵公明元帅、药王孙思邈，让乡邻初一、十五祭拜诸神，祈佑子女、家人祛病安康。天花宫庙会每年 3 月请人扎龙舟，龙舟扎好后迎回天花宫，让众人拜舟。5 月 18 日由苞模谢湾人抬舟，送至杨叶新闸处的江边焚舟，即为本年庙会结束。

当今瘟疫虽灭，但以护佑四乡少儿、青年祛病健康、家丁兴旺为宗旨的"天花宫庙会"仍连年举办，并成为庙会活动基地。2018 年 5 月由市政府公布为全市第四批非物质文化遗产代表性项目名录。

二、汀祖镇刘云村太祖出游送吉祥

义门陈姓太祖正月十五日前出游送吉祥流行于阳新、大冶、鄂州等地，相传已有近千年。因武祖忠君护国爱民，祛邪扶正，能给他的后裔带来吉祥；文祖治家有方，能给他的后裔带来人财兴旺，每年正月十五前，义门陈姓各庄自选吉日，由本庄青年后生抬着太祖的雕像，在吹打乐队的护送下，沿家沿户送福送吉祥，各家各户摆设香案迎接，以祈求本家在新的一年合家幸福安康。

第六章

地方特色

第一节　传统食品

一、沙塘大碗茶

沙塘小集镇的茶铺，人们至今还记忆犹新。它位于沙塘东岸角的大路对面，两间小瓦屋：一内室一外堂，堂内摆设炉灶、水缸、大桌、长凳数条；桌子上瓦壶、茶罐、大茶碗数叠；屋外搭一方小棚屋，瓦屋的座位不足之用。

茶铺内外，贵宾多聚，高朋满座。有上街下县的行人，有近地劳碌的忙者，还有行乐无事的闲士。他们饮着香飘四溢、津口解渴的大叶茶，有谈天说地的、嬉笑打趣的、哼声扬调的……这里是沙塘街最热闹的地方。

那时喝茶规矩独特，喝茶时不给钱，到冬腊月茶主人上门收钱，穷人少给，也可不给，富人愿多愿少。进入农业社后由各生产小队付钱，多给5元，也可4元、3元，或稻谷、小麦、高粱什么的都行，几乎不见收款争吵。

1949年前后几年，沙塘茶铺的主人是汪祖环，此人殷勤热忱。约1954年后茶主人是沙窝毛屋湾的周宝成夫妇。周宝城，学名周崇照，其妻赵氏随夫营生。他俩开茶铺历史许久，约20世纪30年代开始，地点几移，最终落脚"沙塘"。宝成老人1964年病逝，赵氏太婆继续开办，直到1985年去世为止。历时近50年。赵老待人也是热情好善，为人诚实，大家都亲切地称她为"茶奶"。直到分田到户后几年里沙塘茶铺仍飘清香……尤其是农忙，人们还提壶带瓶地找"茶奶"要茶喝。

还记得茶奶裹着小脚、挂着拐杖收款的情景，与其说是收款，倒不如说是要饭，多少随意，听其赏赐。人们要问，茶奶开茶铺是为了赚钱，还是为了图其他什么"利"呢？老人的女儿、沙窝小学教师周桃英继承的两间陈旧的小房屋和一些极简陋的家用摆设，几乎可以诠释这个难以回答的问题。笔者的理解是，这茶铺就像一个大家庭，账要算，但"情在，账马虎"。这就是老鄂城出东门——沙窝、燕矶、新庙等地的老祖宗遗留下来的生活习俗、为人的本分、世上的风气，仅以"沙塘茶铺"为一说。

二、老龙角油面

燕矶一带有个传统习俗，但凡哪家生了小孩，女方娘家及男方家的亲朋好友都要在孩子出生的第九天前来替孩子贺九朝。当然谁都不会空手去，一般会带上鸡、猪肉、鸡蛋或红砂糖等。没鸡、没蛋、没肉都可以，但没油面是万万不能的。因为贺"九朝"也就是俗称的赶（送）"油面"礼，没了油面也就不成"礼"了。油面很光滑，很长，预示着小孩平平安安，长命百岁。

严家畈大户老龙角油面在我们这十里八乡可是远近闻名，他们的油面还远销到鄂城、黄州、蕲水一带。他们做油面历史悠久，是祖传的手艺，据说清朝嘉庆年间就广为传播。油面不仅是"油面"礼的专用品，也是馈赠亲朋好友的佳品。油面细如丝，入口柔软而不烂，口感好，味美，加入汤汁更是香甜，深受百姓喜爱。

清嘉庆年间，严大岳师从蕲水洗马畈刘师傅，三年学徒期满又在刘家帮工三年，直至油面手艺完全掌握才回武昌严家畈开办了"老龙角油面坊"，其五个儿子分工明确，有的种田，有的养马（驴），有的做面，有的卖面。这样一直做了四五代人，家族团结，油面生意红火，民国时期全家36人吃饭不分家，人称严家畈大户老龙角，直至1947年2月才分家拆户。

据严家畈老人介绍，油面的制作工艺很有讲究，也很特别，但使用的工具却很简单，一条面凳，两个大陶瓷钵子，一个上条柱，两副晒面架，一个面箱，一副案板，一个圆竹签桶，一个扁形竹长春，圆竹签二百根左右。

油面制作所用原料：食用油、食用盐、面粉。安全环保，无任何添加剂。

油面制作的工艺流程：浸盐、和面、打面、揉面、切面、盘条、上签、入箱、纤面、晾晒、收面、包扎出成品。

做油面既是体力活，又是技术活。先将食用盐按面粉的量成比例地称好，晚上睡觉前，投入凉水浸泡溶解，以完全溶解于水为宜（因为早先的食用盐是冰糖大小的粗盐，不易溶解）。次日凌晨再将称好的面粉置入盐水中均匀搅拌，如果过硬可加入适量的凉水。面和好后，在陶瓷盆内反复打揉，达到柔软的程度。这一过程要用双拳使出足够的力气，力气不足得花较长的时间。面打揉好后，再放置案板上，涂少量食用油，进行搓揉，如此反复进行，让食用油完全浸入面中。揉好面团后将其压成圆形或椭圆形，用瓷盆滚动将其环切成条状。然后涂上食用油进行粗搓，上盆盘条，然后再出盆细搓入盆盘条。面条盘好后，将陶瓷盆放在面凳上，盖上布让其饧（闷）一会儿。在面凳头方孔上插入上面柱，再在面柱的两圆孔上插入两根面签，将面条交叉反复环签套上，直至签套满面条为止，然后取下入面箱饧面。面饧好后再取出，将面签的一端插入面架上方的圆孔内，握住另一根竹签的两端，用力向下有节奏地蹾拉（面架高二米）。此过程不能急于求成，要把握火候，循序渐进，直至拉扯到架子下方的木方圆孔为止，使面条细如丝，让其在阳光下晾晒。面条晾晒至一定的程度（面条色变为微白为宜），从下方圆孔内取出竹签，插入上方木方圆孔内，继续晾晒。面条晾晒好后，收入竹箕内，盖上布让其回潮变皮软，再用刮刀削去竹签上的面头，整理捆扎，出成品。至此，油面制作的整个流程结束。20世纪七八十年代，严家畈第六生产队老龙角油面还在制作，只是分田到户后才慢慢歇业。

三、包心鱼圆

主料：净鱼、蹄子肉、猪五花肉、火腿末、干米末、鸡蛋清、荸荠。配料：精盐、味精、淀粉、胡椒、葱姜末。先将鱼、蹄子肉加适量的淀粉、蛋清、盐、姜葱，搅拌成鱼松，又将猪五花肉剁成末。另放一碗加淀粉、盐、味精、葱花、麻油、胡椒粉、火腿末、荸荠细粒一起搅拌成肉松后，将其挤制成肉圆。在锅里放清水，再取鱼松在手掌心，将肉圆嵌入鱼松中，做成包肉心的鱼圆，做完后，开始烧火，等包心鱼圆熟后，盛入汤盘里，点白卤汁即成。该菜色泽晶莹洁白，鱼鲜肉味都有，鲜嫩柔韧爽口。

四、浸油麻花

原料：面粉 1500 克、湿老面 50 克、纯碱 18 克、明矾 30 克、食盐 50 克、清水 650 克。制作方法：将清水放入面盆内，再边放碱、矾，边用手不停搅拌，搅得水起泡后，再加食盐和老面，继续搅拌，待老面全溶化后放入面粉，立刻和匀揉好，再搓成长条盘成塔状，用湿布盖上，待饧 15 分钟。饧好后均匀扯出 75 段，每段再扯成长条，然后折拢成为八段麻花待炸。用 80% 精油，渗 20% 清油炸过的老油入锅，待油烧到八成热时，将搓好的麻花排放入油锅里炸，不停翻动并理直，炸到麻花浮起时，捞起摊凉，再用六成温油反复往麻花上淋两次，使其吸油后摊凉，再用四成温油淋一次待凉，最后用三成温油淋一次即成。做好的麻花黄亮透明、松酥可口、油而不腻，品茶佐酒做汤都好。

五、红烧肉

用猪前夹带皮肉烧制而成。此菜色泽红润、质地软嫩，微甜味长，肥而不腻。其制法是先将猪前夹带皮肉放入锅里煮至八成熟后，取出切成长 3.3 厘米，宽 0.74 厘米，厚 1 厘米的肉条，用旺火烧炒，再入姜末、大蒜、葱、精盐、酱油、鸡汤、白糖、清水后，盖上锅盖烧焖 10 分钟，再用文火焖干水就好了。

六、豆丝糍粑鸡汤

将老母鸡剁块用瓦罐文火煨，并加姜末、料酒、胡椒粉，煨至汤汁浓稠、香气四溢时，倒入锅里，烧火，将切成长条块状的糍粑放下去煮软即成。是过年待客的佳品。

七、梅塘米线

在新庙镇水月村部西南 400 米处，有一个三面环山、一面傍水的自然村落：梅塘湾。

梅塘湾，百余户人家，常住 400 来口人，一幢幢小洋楼依山而建，整齐别致，各具特色。湾前有一口面积近 10 亩的蓄水塘，常年清泉流淌，清澈见底。200 年前，由于此塘四周种满杨梅，香甜可口、回味无穷，有着"杨梅进口，饭增几口"的美谈。故而，此湾称之为"梅塘湾"。

梅塘湾特产丰富，尤其是米线，在我们这十里八乡可是远近闻名。做米线的历史悠久，手艺祖传。米线不仅是馈赠亲朋好友的佳品，也是人们特别喜爱的食品。

据介绍，米线制作很有讲究，也很特别，但使用的工具却很简单：两个淘米抿缸，一台磨米机，两只发酵箱，一台蒸汽机，一台压条机，一具沸水箱，百十根竹签，近十具晒筐。

米线制作所有原料：大米、食用油、食用盐、老面，安全环保，无任何添加剂。

米线制作的工艺流程：洗米、滤米、磨粉、发酵、压丝、过沸水、平捞、晾晒、包扎成品。

米线的制作既是体力活，又是技术活，同时还得选择晴好天气。首先将大米（早、中、晚）按比例配备，冲洗、揉搓、放入清水浸泡。十小时后捞出，滤水。待水滤干后，检验大米的软硬度，一般取米两三粒，用食、拇指夹搓，无小颗粒即可，然后磨成粉，投入食用盐、老面与其他配料，反复搅拌，均匀后放入发酵缸，压紧、封口。发酵时间视气温而定，少则 24 小时，多则 36 小时，一旦发现表层有蜂窝状，立即取出，加水调制、搅拌，倒进压丝机压成丝条。随后，师傅们迅速将丝条均匀铺在两根竹签上，在沸水中上下左右娴熟摆动。此过程尤为关键，取出时间既不能过早，也不能太晚，必须看火候，视成色。时机成熟后取出放在晾晒框架上，抬到山顶上晾晒。晒干后，整理捆机，成品包装。至此，米线制作整个流程结束。

米线制作过程复杂，时间较长，技术要求高，获利较小，一般无大量订单、无大批需求，不会轻易制作。况且，原来的师傅也老了，年轻人不愿学习，此工艺快要失传了。

第二节　特色物产

一、胡桥豆丝

一种地道的鄂州特色小吃，是最受欢迎的一道民间传统手工美食。

山水胡桥百年豆丝与太和千张、樊口武昌鱼齐名并称为鄂州"三大宝"。

据《武汉文史资料》记载，胡桥豆丝在 1920 年由老谦记豆丝店老板冯谦伯的徒弟汪道清传承，经过一代又一代人的创新发展，打造出了今天的"胡桥人家"品牌。

豆丝又叫豆糕，是用大米、绿豆等按一定比例打浆摊成饼，此时为湿豆丝，湿豆丝一般是直接炒着吃，晒干后就像煮面条一样煮着吃。

按传统惯例，以前每年立冬之后，忙碌了一年的农人趁着冬闲，便会开始做豆丝。在有冬阳的日子里，农家的屋前、房顶都摊满了晾晒的豆丝。现在的豆丝加工专业户们中秋节一过就提前做豆丝了。

正宗的沙窝豆丝纯手工制作有 13 道工序。洗米、浸泡、沥干、磨浆、配料、搅拌、铺浆、摇扇、出锅、摊凉、卷筒、切丝、晾晒、装箱，每一道工序必须做到环环相扣、清洁卫生。

腊月，家家户户的豆丝在厨房内被烹饪，飘散出的那一股淡淡的豆香和青烟，便是浓浓年味的美好写照。

现在沙窝有很多专门加工的豆丝作坊，许多农户成为豆丝加工专业户，如今几乎每个村都有豆丝加工，农民把这作为了一项下半年增收的产业。产品十分畅销。

豆丝也有干湿之分，干豆丝口感筋道，尤其是加肉煮着吃，浸透了肉香浓汁的豆丝下肚，从身到心都被熨烫得服服帖帖。

胡桥豆丝

湿豆丝用腊肉、蒜苗翻炒，或是直接以热油下锅将其煎炸至喷香，亦是一绝。

沙窝豆丝作为一种土特产，一项产业名片，已进入鄂州人百姓家，早已是鄂州人生活中不可割舍的一部分。它穿梭于每一户寻常人家中，成了难以被替代的年味与乡愁。

如今，沙窝豆丝借互联网出山俏销全国各地，并远销澳大利亚、日本等国，年产豆丝量超过 300 万公斤（其中 15% 以上通过网上销售），总产值达 3000 万元以上。

二、鄂州彭塘老米粉

为鄂州市非遗传承品牌，发源地为牌楼村彭塘庙湾。据说，当年有"高人"点化，凭借朝有千人拱手、暮有万盏明灯的"彭塘"的四溢灵气，加之乡人艺传，取彭塘之水酿制而成，堪称一绝，家喻户晓，后代代相传，至今已有一百余年的历史。

彭塘老米粉，又称折子粉，和黄石阳新折子粉、黄冈蕲春酸米粉一脉相承，蕴含深厚的传统文化价值。制作程序复杂，经过发酵后的米粉晶莹剔透、酸爽开胃，具有独特的香味，是鄂赣地区人最为喜爱的农家特产食品之一。

"彭塘老米粉"非遗传承人、鄂州市陈林寨农副产品产销合作社"掌舵人"何远银接过前辈的老手艺，默默坚守，不仅继承了老传统，还大胆创新，融入了现代科技，从一个传统小作坊发展到现在"产、供、销"一条龙服务的"彭塘老米粉"无公害绿色生态示范加工基地，投资60余万元创建"银玻动态聚光场"，大大提高了产品质量和劳动效率。

如今，何远银将祖上的老手艺传给了两个儿子，以公司化运作模式，采取线上与线下销售相结合，做到诚信至上、客户至上、质量第一、服务为本。经过近几年的努力探索，开启了"湖北米达农特产"网购模式，网络销售量逐年增加30％以上，近销鄂州、黄石、大冶、黄冈、蕲春、咸宁、武汉等地，远销深圳、上海等地，近年销售市场前景广阔。

作为市"彭塘老米粉"老字号品牌，2018年入选第四批市级非遗项目；作为该品牌的经济实体，陈林寨农副产品产销合作社，2015年被评为全国农民合作社加工示范单位。

三、山坡鸡全鸡宴

山坡鸡就是在山坡上放养的土鸡，这种鸡的孕育和繁殖都是采用天然放养的全自然生态方式。山坡鸡口感纯，味道鲜美，是老人、小孩、孕妇、病人不可缺少的补品，又是探亲、访友的最佳赠品。山坡鸡全鸡宴菜名有：芙蓉鸡丝、凉拌鸡丝、白斩鸡、卤水鸡、山坡鸡炖荸荠、板栗烧仔鸡、小鸡炖蘑菇、辣子鸡、可乐烧鸡翅、宫保鸡丁、土豆烧鸡块、香菇滑鸡、荷花糯米鸡、姜汁黄焖鸡、茶树紫干焖鸡、山药土鸡、鸡肉煎饼。

四、淡水鱼全鱼宴

花湖地区水资源丰富，水质良好、无任何污染，各种水产品都是纯绿色生态。花湖的鱼为明、清两代的贡品，品种多。全鱼宴菜名有：火烧全鱼、火烧鲫鱼、清蒸鳊鱼、火烧胖头、水煮鱼片、蒸鱼糕、滑鱼、糖醋鱼、酸菜鱼、卤鲜红尾鱼、财鱼片、清蒸鳜鱼、鳝鱼片、油炸泥鳅等等，举不胜举。

五、荷花宴

荷花宴有如下菜名：荷花莲藕、精品荷花虾、荷塘鱼影、金蒜莲子鸡、珍珠莲藕、福苏莲子、荷蟹天下、莲藕飘香兔、荷叶粉蒸排骨、莲藕蒸咸蛋黄、花瓣蒸丁、花开鸿运、一品莲蓬乳鸽、荷塘全景、青椒藕蒜、农家藕饼，等等。

六、红烧肉

红烧肉是全民饮食特色，家家必备，人人会做。无论是普通家庭的餐桌，还是机关事企业单位的食堂；无论是汀祖街上的小炒，还是高档酒店的宴席；无论是家庭聚餐，还是招待贵客，此菜必有。因此，鄂州有句民谣：要喝酒，到汀祖，红烧肉必须有，否则客人不会走。

七、白雉山土鸡汤

白雉山鸡性情活泼，善于奔走而不善飞行，喜欢游走觅食，奔跑速度快，高飞能力差，只能短距离低飞并且不能持久。白雉山鸡食性杂，以山坡林中昆虫、杂草、野果、草籽等为食。因胃囊较小，容纳的食物也少，喜欢吃一点就走，转一圈回来再吃。其肉质细嫩鲜美，野味浓，是高蛋白质、低脂肪的野味食品，具有滋阴补肾、生血补气、强身健脑、养颜美容等功效，受到大众青睐。

八、湖山双元汤

猪肉、四峰山土鸡、石桥水库胖头鱼，制作成丸子，汤汁鲜美，四溢飘香。

九、四峰山农家蜂蜜

四峰山农家蜂蜜属于野生花草蜂蜜。蜜蜂采集的蜜源来自鄂州第一高峰四峰山及东方山、白雉山等周边山区植物。四峰山生态环境优美、植被丰富，树木茂密葱茏，一年四季鸟语花香。尤其是春夏秋季节各种蜜源植物竞相绽放，成群的蜜蜂在空气清新的环境中采集花蜜酿造出优质的蜂蜜。

四峰山农家蜂蜜含有大量的维生素，具有排毒养颜、润肺止咳、润肠通便、抗氧化、抗衰老等作用。蜂王浆中的超氧化物歧化酶有助于体内糖分的分解、降低血糖。蜂王浆中胰岛素样肽类物质能杀灭如大肠杆菌、结核杆菌及肝炎病毒等多种病毒细菌，所含黄酮类物质有一定的保肝、护肝的功效。

十、燕矶油粑

又叫油炸粑，是当地民间流行的一种地方小吃，主要原料为糯米和绿豆。制作原料要求很严格，要选用当年的新鲜糯米和绿豆，择去绿豆中的硬绿豆（农村叫白粒，又叫铁豆），提前一晚浸泡，然后淘洗去砂砾，蒸熟后的糯米捣碎揉匀成团，绿豆捣成豆沙，再将绿豆沙作馅，包入糯米团，拍成小圆饼，放入油锅中炸熟，起锅捞起即吃。又香又酥又可口，咀嚼之间，可以感觉到糯米的糯香和绿豆的清香，令人吃而不舍。主要流行在鄂州东部鄂城区一带。

十一、麻花

是中国的一种特色油炸面食小吃。传说是东汉人柴文进发明。现主产于湖北崇阳、陕西省咸阳、山西稷山、天津、湖南。其中山西稷山以咸香油酥出名，湖北崇阳以小麻花出名，天津以大麻花出名。

麻花，汀祖当地方言又叫搞条。金黄爽脆，甜而不腻。富含蛋白质、氨基酸等多种维生素和微量元素，热量适中，低脂肪，健胃益脾，是理想的休闲食品。做法是在面粉中加入适量水、酵母、鸡蛋、白糖（或盐）搅拌均匀，揉成面团，放入盆中，待面团饧半小时左右，拿出放在面板擀成方形面片，然后切成均匀的长条，双手按住长条的两端，搓成麻花，放入油锅中慢慢翻转，炸至表面金黄即可。

十二、锅盔饼子

又叫锅盔烧饼，是用面粉制作而成的两种民间小吃。其中一种外形看上去像乌龟，两头尖中间胖，另一种为圆形，里面包有少量白糖或红糖，当地人又叫它们为"乌龟"饼子。将面粉和水揉成光滑的面团，发酵后再切成小剂子，撒上芝麻和葱花，用小擀面杖擀开成形，涂上一层食用油，倒贴在自制水泥炭火炉壁内烘烤，三四分钟后闻到香味，即可出炉食用。锅盔饼子表皮焦黄酥脆，里面松软，香甜可口，冷热均可食用。

十三、杨叶"白沙萝卜"

是杨叶镇白沙村传统产品，种植历史悠久。适宜于江滩沙质土壤，垅箱种植。播种前深翻土壤，耙细整平，施足人粪尿、渣肥等有机肥，可撒播或点播，间距在 5 寸～7 寸。播种时间在处暑前后。出苗后及时间苗，留单株，松土追肥，除虫。生长期在 30 天～50 天内。白沙萝卜的特点是：通体玉白，无须根，底部圆平，菜叶少，个头大，水分足，生食甜脆。熟食可炒、可炖汤，绵软香甜，无筋丝。还可晒干腌制而食。此品种亩产 0.5 万—0.75 万公斤。已注册"白沙"牌商标。主销黄石市和鄂州市主城区。

十四、杨叶甘蔗

是一种食茎水果。味甜多汁，含有多种人体需要的营养物质，具有补充能量，调解脾胃之功效。甘蔗曾经是杨叶地区的特色产品。杨叶地势平坦，土壤深厚肥沃，水资源丰富。种植的甘蔗粗壮、皮薄、肉质脆甜、汁液浓厚。杨叶甘蔗种植兴于清初，盛产于清中至民国年间。那时种植的甘蔗主要通过刘家渡口外运，上至武汉，下至九江等地，也有外地商贩前来订购。人民公社集体生产中，杨叶地区被指定粮棉油种植，此时甘蔗种植只在每家每户自留地里，作为集体经济的补充。改革开放后近十几年中，杨叶又一次出现甘蔗种植、贮藏、销售一条龙的新格局。这时，甘蔗畅销鄂州、黄石、大冶等城区，深受人们喜爱。

杨叶甘蔗闻名遐迩，曾一度成为杨叶人民发家致富的途径。随着市场经济的发展和人们的需要，杨叶由甘蔗种植发展为蔬菜种植。从此，这一特产物品将成为杨叶人民永久的记忆！

十五、花湖菜藕

藕分菜藕（家藕）、莲籽藕（野藕）两大类。品种有抱娘生、鱼尾藕（俗称猪尾巴）、泡子藕、鲫鱼头、瓦沟槽、草鞋板、岔口梁、猫头、大毛节、六月报、小白莲等12种。前8种产量高、质量好，为通常栽培品种。六月报成熟早、栽培期短。历来湖区人民将藕加工成藕粉作为副业，藕还可以生食或炒菜，或和猪骨炖汤，营养丰富。20世纪90年代中期，花湖镇引进"武植二号"新品种，改为水田浅植栽培新技术，产量更高，每枝肥硕粗壮，十余斤。全镇年产100余万斤，形成品牌产品。主要在市内和周边城市销售。

十六、白雉山鸡

又名白雉鸡。原产地位于汀祖镇杨王村白雉山。相传1800年前，吴王孙权建都鄂州时，到此狩猎看到了"白雉"，认为是祥瑞之兆，因此当地有了1800年饲养山鸡的历史。白雉山鸡是优质的地方乡村产业资源。

成年白雉山鸡公鸡体重1.6千克左右，体长约17厘米；头羽为青铜褐色，带有金属光泽；头顶两侧各有一束青铜色眉羽，两眼睑四周布满红色皮肤，两眼上方头顶两侧各有白色眉纹；虹膜为红栗色；眼睑部皮肤为红色，并有红色毛状肉柱突起，稀疏分布着细短的褐色羽毛；颈有白色羽毛形成的颈羽环，在胸部处不完全闭合，不闭合处为非白羽段，非白羽段横向长2.7厘米左右，白颈环实际上是由该处羽毛峰端为白色的羽毛构成的，这种羽毛的中段以下直至基部为深褐色；胸部羽毛呈铜红色，有金属光泽；背羽为黄褐色，羽毛边缘带黑色斑纹；背腰两侧和两肩及翅膀的羽毛为黄褐色，羽毛中间带有蓝黑色；主翼羽10根，副主翼羽13根，轴羽1根；尾羽为黄褐色，并具有黑横斑纹，主尾羽4对；喙为浅灰色，质地坚硬；胫、趾为暗灰色或红灰色，胫下段偏内侧长有距。

成年白雉山鸡母鸡体重 1.3 千克左右，体长约 15 厘米；头顶米黄色或褐色，具有黑褐色斑纹；眼四周分布浅褐色睑毛，眼下方浅红色，虹膜红褐色；睑部浅红色；颈部为浅栗色羽毛，后颈羽基为栗色，羽缘黑色；胸羽沙黄色；翅膀暗褐色；有浅褐色横斑，上部分褐色或棕褐色，下部分沙黄色；主翼羽 10 根，副翼羽 13 根，轴羽 1 根；尾羽黄褐色，有黑色横斑纹；喙暗灰色。胫、趾灰色，5 月龄以后胫上段偏内侧处长距。

白雉山鸡 4 ~ 5 个月就可达到性成熟期。公山鸡比母山鸡晚 1 个月成熟。每年 2 ~ 3 月开始产蛋，产蛋期延长到 9 月。蛋壳色为浅橄榄黄色，椭圆形，蛋重 28 ~ 36 克，纵径 26 ~ 34 毫米。在产蛋期内，母山鸡产蛋无规律性，一般连产 2 天休息 1 天，个别连产 3 天休息 1 天，初产母山鸡隔天产 1 枚蛋的较多，每天产蛋时间集中在上午 9 时至下午 3 时。年产蛋 80 ~ 120 枚。白雉山鸡富含硒、锌、铁、锰等多种矿物质、氨 β 球蛋白、卵磷脂和维生素 A、D、E、B_1、B_2 等多种维生素，其蛋白质含量高达 30%，是普通鸡肉、猪肉的 2 倍，脂肪含量仅为 0.9%，是猪肉的 1/39、牛肉的 1/8、普通鸡肉的 1/10，基本不含胆固醇。其肉质细嫩鲜美、鲜甜味醇，是高蛋白质、低脂肪的珍禽食品。

十七、黄姜

黄姜主要姜种有两种，第一种是长姜 1 号，是从武陵黄姜脱毒苗体细胞无性系变异植株中选育出的生姜新品种（湖北省科技成果登记 EK2021C010355001593）。该品种为四倍体，平均亩产量达 3600 公斤以上，生育期 180 天左右，叶色深绿，植株生长健壮，辛辣味浓郁，具有品质优良、丰产性稳定、抗逆性强、适应性广的特点，适宜湖北省及长江流域生姜产区种植。第二种是凤头姜，因其形似凤头而得名，主产湖北省恩施土家族苗族自治州来凤县，品质优良、风味独特，凤头姜无筋脆嫩、富硒多汁、辛辣适中、美味可口。凤头生姜富含多种维生素、氨基酸、蛋白质、脂肪、胡萝卜素、姜油酮、酚、醇及人体必需的铁、锌、钙、硒等，具有健脾开胃、祛湿御寒、加速血液循环、延缓衰老、防癌、美容等功效，以其营养丰富以及保健和药用价值受到海内外消费者的喜爱。

十八、香稻

刘云村种植水稻品种为清两优 185，属籼型两系杂交水稻。由湖北省种子集团有限公司、长沙中亿丰农业科技有限公司选育，经过多年的筛选与实践，具有抗倒伏、丰产稳产、优质等特点。主要作为中稻种植，生长期为 5 至 10 月，亩产 1300 斤左右。米质优良，外形透明，软糯可口，营养丰富，达到农业行业《食用稻品种品质》标准三级，广受百姓青睐。

第三节　传统技艺

一、王寿世岐黄仁术

"行医者，时时要怀菩萨之心对待患者。不能贪求患者钱财，要笃诚无伪常存仁爱之心。"这是百年中医世家第四代传人、鄂州市知名中医王寿世老先生从医五十多年秉承的医风医德。

王寿世，名德征，字叔侯，号寿世，1935 年出生于鄂州市鄂城区新庙镇文塘村中医世家。自其曾祖王隆国不求仕进，"业托岐黄"创业以来，历传祖父王家熊、父亲王彩云，都为清末民初享誉鄂东南地区的中医名医。他们以"存心忠厚""道承孔孟""学究岐黄""医世导俗"为家风，世代传承，延绵不绝。

作为第四代传人的王寿世，少承父业，深得家学秘传。1952 年开始担任侍诊，先后在城关夏万和药店和其父王彩云首创的鄂城县搬运站医务室工作，其间刻苦学习中医理论及辨症论治，从事中药药性和炮制等有关实践工作，进一步丰富了自己的医学知识。1955 年又随其兄王寿生在怀德区联合诊所侍诊，主管中药药务，边工作边研究各种中药的药性与药理以及临床应用，从而夯实了自己的医术和医学根基。1969 年，王寿世的医术达到了较高的境界，被调到鄂城县搬运公司医务室任坐堂医生，成为当时鄂城县有名的中医骨干。他除了热心为单位职工治病疗伤外，还热情地为外来求医者服务，做到"急病者之疾，解病家之忧"，受到世人赞誉。

王寿世先生尤其擅长诊治内科杂症，兼及外、妇、儿诸科，在内科肿瘤、肝病及肝腹水、小儿疳积等方面，更有独到之处。注重"结合中药炮制而取宜药之方，用得其实效"，故求医者往往能药到病除。例如，1970年，本县有一王姓病者患有膀胱癌，多方名院求治皆无实效，慕名前来，带着试一试的心理求治于王先生。王先生采用软坚散结、疏导通利之法，配合单方，用皂角刺配合通化之药，经调治一年多后终于痊愈，至今健在。自此，鄂州周边的黄冈、黄石、大冶、武汉等地的求医者更是络绎不绝。

1991年，王寿世先生退休后，本可以赋闲在家享受天伦之乐，但常有病者慕名上门求医，他仍热情接诊，近者为其开个处方，远者上门诊视，不辞劳苦。后来在友人的鼓励下，在城区江广北路开设"王寿世中医诊所"，专理中医、中药，方便群众看病购药。在看病难、看病贵、尊"孔方"兄的乱象医风盛行时，王寿世老先生依然牢记家训"夫言行可覆，信之至也；推美引过，德之至也"，立身正己，严诚子孙，热忱对待病人，真药实价，善待每一位求医者。特别是对那些弱势群体中的重大特困病人，他总是怀抱仁感，尽心施治，并减免医药费用。2006年，武汉市江夏区农村多位乙肝、重症肝炎、肝腹水患者求治，老先生得知他们生活、生产环境困窘，不仅热情认真为他们治疗，而且为他们减免了部分医药费用，深受病者和家人的厚赞，也受到社会的好评。

王寿世老先生为了弘扬中医事业，除了向三个儿子和一个侄子传授医术外，还鼓励他们报考中医学院，让悬壶济世的家业永世传承。毕业于湖南中医学院的次子、鄂城区政协常委王志良，已接替父亲成为"王寿世中医诊所"的掌门人。长子志腾、三子志涛和毕业于湖北中医学院的侄子王清，有的在王寿世中医诊所侍诊，有的另开药铺。其孙王维石、王俊清均在中医学院学习。王家百年岐黄仁术，在其子孙后辈中渐渐发扬光大。

二、名医熊巨川

何家独屋位于新塆村西北部，距村委会驻地 200 米，东南与杨家塆相连，西与黄山中学为邻，沙杨路在塆前之北。塆中有何、熊二姓，到 2015 年末，有居民 11 户，55 人。何氏支祖何柏华于光绪二十年从牌楼何家中塆搬迁到此，那时只有单独一户居住此地，故名"何家独屋"，熊姓人于民国期间由沙窝村迁入该地。该塆与黄山中学和灵普寺左右为邻，是一处文史昌盛之地，熊家"杏林春满"为中医世家，熊巨川为鄂城名医，《鄂城区志》立有小传如下：

熊巨川（1899 年—1973 年），鄂城区沙窝乡人。政协鄂城县第三届至第五届委员会委员。

熊巨川幼读经书，16 岁随父学医。1938 年其父病故，巨川在家独立悬壶。1951 年，在金阳祠联合诊所行医，兼任燕矶区卫生协会主任。1956 年，调入鄂城县（映山）血防组。1964 年，调入石山公社卫生院任中医师，兼任程潮区卫生协会秘书。1972 年退休。

三、民间神医李氏兄弟

李德大 1916 年出生在草陂李家墩一个贫苦农家，全家 10 口人相依为命。8 岁进私塾读书，14 岁随父耕耘，并拜师伯父立元门下习武、学医。以正骨推拿闻名乡里，享有很高的知名度。

1957 年关山水库建设动工，草陂公社党委任命他为工地诊所负责人。当时缺医少药，工地事故频繁，受伤人多。他亲自带领诊所人员到麻羊垴、白雉山等处遍寻中草药，使受伤民工得到了及时的救治。官山水库建成后，他的中草药治病和正骨疗伤名声也随之传遍四乡八邻。

1960 年，大队党支部为解决群众看病难的问题，决定增开一个中草药房，聘李德大为主治医生，胞弟李德时为药剂师（1933 年生）。祖传的名版《本草纲目》，他们兄弟俩彻夜通读，熟稔于心并融会贯通，在寒、热、温、平药性上深钻苦研，有独特的见解。他利用中草药为群众治病，医治好了多位四处求医的患者，人们奔走相告，一时间求医病人接踵而至，有大冶、阳新、蕲春、广济、浠水、黄梅、英山、罗田、黄石患者，还有远道而来的安徽六安、宿松、安庆、江西九江、武宁、修水、瑞昌等地病人，草陂村还建起了食堂、旅馆供患者进餐和住宿，一天吃饭带住宿只收四毛钱，极大地方便了患者，人称"神医"。湖北省原副省长王利滨也曾慕名派车接他出诊。诊所墙壁挂满了百数幅痊愈患者送来的锦旗、锦匾。为方便远道而来的患者就近医治，诊所还在雷公咀（四组）增设 26 张病床，配备专门护士和炊事员，这在当时村级卫生室实属罕见。

李德大医生一生为医疗事业倾注了全部心血，平均每天要接诊四五十位病人，医治上从不马虎，没有误诊，得到广大患者的一致认可。为寻找中草药，他胞弟李德时大夫带领诊所部分药剂人员走遍了湖北、安徽、江西的大小山川；为收集名贵药材，他们曾到武当山、大别山、九华山、九宫山、庐山等地采集，甚至远到福建武夷山。李德大、李德时兄弟先后培养出了彭达武、吕守富、苏顺立、李德运、彭海清、苏顺宝、李开柏、肖树青等采药师和药剂师。十几年间，他们为草陂的经济建设作出了非凡的贡献，而他们自己却与普通企业人员一样拿工分，从不计较个人得失，充分体现了一名医生的高尚医德和人生价值。

1973 年 10 月 6 日，李德大医生赴黄石大冶钢厂出诊，因工作极度劳累突发脑出血，倒在了工作岗位上，时年 57 岁。出殡那天，草陂大队为他举行了隆重的追悼会，一千多名群众为他送行。李德大医生去世后，胞弟李德时医生继承兄长衣钵，精心钻研中医理论，认真研究中医病理实践，总结出了一套治疗白血病、肺结核、肝腹水和久婚不孕症的奇方妙术，在鄂东、皖西、赣西地区声名远扬。

第四节　明星企业

一、湖北鄂州长江容器机械厂

创立于 1990 年。是一家致力于压力容器设计、制造与安装的大型企业。该企业坐落在享誉"百湖之市"的鄂州市。工厂于2020年因修建花湖机场而搬迁，从杨叶镇搬迁到花湖镇。新厂区距亚洲第一货运机场、客运支线花湖机场仅10公里，距花湖高铁站仅3公里。邻近大广高速、武鄂高速、武黄高速、沪渝高速，交通运输十分便利。厂区总占地面积216亩，其中一期工程占地面积116亩，建筑面积57000平方米，二期工程占地面积100亩，规划在建建筑面积45000平方米。现有固定资产3亿元，拥有各类机械设备1500台（套），年生产能力达7万吨。现有职工500余人，高级工程师6人，中级工程师和工程技术人员60余人，是鄂州市重点民营企业。

长江容器机械厂作为鄂东南唯一一家具有A2类压力容器资质和钢结构工程专业承包一级资质的双资质企业，始终坚持"以精立业，以质取胜，以诚拓市场"的经营管理模式，经过32年的发展变化，为企业未来更高、更强发展打下了坚实的基础。企业经过全新建设，技术再添新力量，制造再添新能力，检测再添技术，较大地提高了企业的生产能力和产品质量。

长江容器先后参建了国内众多知名化工企业的建设，树立了"品质为本，服务至上"的大格局，为我国的化工生产发展和化工强国建设作出了巨大的贡献。

二、鄂州市金刚石工具行业协会

鄂州金刚石产业是发根于鄂州的本土产业，经过40年的发展，实现了从无到有、从小到大、从弱到强的成长飞跃。以燕矶镇为中心已聚集各类金刚石工具及其配套企业228家，从业人员逾20000人，已形成知名"鄂州金刚石技术工"劳务品牌。现拥有省级新型超硬材料创新中心1家、湖北高新技术企业10家、"专精特新"小巨人4家，发明专利及实用新型专利380余项。

在全国创造三个第一：大理石片全国市场占有率90%以上，全国第一；中型花岗石锯片市场占有率80%以上，全国第一；金刚石磨轮市场占有率60%以上，全国第一。燕矶镇也因此享有"中国金刚石刀具第一镇"美誉。已成为中国最大的金刚石锯片生产基地及省政府67个重点扶持成长型产业集群之一。

在鄂州既有的5个省级重点成长型产业集群中，鄂州金刚石产业集群特色

鲜明:

1. 朝阳行业。金刚石是目前地球上发现的众多天然物质中最坚硬的物质。金刚石工具以其无与伦比的性能优势,被誉为"最硬最锋利的工业牙齿"。金刚石工具行业只是将硬度一个特性应用在"切磨削钻"很小的领域,还有多种优良特性有待开发利用。目前燕矶镇正在朝着更加尖端的电、热、声、光等功能性应用发展,在航空航天、半导体、集成电路、光伏、LED 等领域还有巨大潜力待挖掘。

2. 集群优势明显。鄂州金刚石行业是一个集珠宝级钻石饰品、金刚石锯片、磨轮、钻头、锯片基体、机械设备、冶金粉末、金刚石单晶、石墨模具、石材加工等完整的综合产业链,形成金刚石工具系列产品研发、制造和销售于一体的金刚石产业集群。目前,北京大学、中国地质大学、河南工业大学等科研院校为金刚石企业提供技术支撑,中国金刚石质检中心全面为鄂州市金刚石用户提供全方位检测服务,实现产、学、研、基地建设一体化。

3. 生命力旺盛。面对国际贸易纷争与中美贸易博弈、原材料紧缺大幅上涨、拆迁安置重重压力下,全体鄂州金刚石从业同仁以抱团取暖的精神砥砺前行,创造国内国际双循环的逆势增长,创造了鄂州金刚石行业 2021 最大技改投入年,新上项目力度之大、速度之快均超历史。

4. 市场网络资源广。掌握了众多刀具核心生产技术的第一代燕矶"金刚石人",在全国各地建厂或者销售金刚石刀具,如今在优势领域金刚石花岗岩工具产品已占领全国 60% 以上的市场份额。在山东莱州、福建水头、广东云浮等石材生产基地形成了"燕矶刀具镇",有 4000 余人从事金刚石刀具生产、销售。此外,还有 2000 多人常年在埃及、约旦、印度、巴基斯坦等国家跑市场。毫不夸张地说,只要有石材生产、加工的地方,就有鄂州人的身影,市场网络十分发达,为转型升级积累了雄厚的队伍优势,也为鄂州引商回乡积蓄了人脉资源。

三、湖北昌利超硬材料有限公司

湖北昌利超硬材料有限公司成立于 1991 年,是生产金刚石工具的专业制造商。公司位于中国金刚石刀头第一镇燕矶镇，生产基地占地面积 60 亩。主营产品有：金刚石刀头、金刚石小锯片、金刚石中径锯片、金刚石磨具，用于花岗石、大理石、微晶石、耐火砖、混凝土、水泥路面等材料切割。

昌利公司是鄂州市金刚石工具行业协会会长单位、湖北省企业国际合作协会副会长单位，是国内同行业知名企业之一。2004 年公司通过 ISO9001：2000 国际质量管理体系认证；2005 年获评湖北省高新技术企业、湖北名牌产品、湖北省著名商标；2006 年获评湖北省中小企业 100 强、湖北省"十一五"重点培育 100 家科技型中小企业；2009 年被评选为湖北省科技型中小企业成长路线图重点培育企业；2010 年被授予湖北省经济建设明星企业、湖北省优秀企业、湖北省石材服务性五强企业、质量诚信企业、湖北省金刚石技术校企共建研发中心、国家高新技术企业称号；2011 年获评湖北省创新型试点企业；2016 年被省政府授予科学技术创新奖；2018 年被鄂州市企业联合会、企业家协会评选为副会长单位；2020 年被评为湖北省支柱产业细分领域隐形冠军培育企业；2021 年获评湖北省专精特新小巨人企业；2022 年被授予鄂州市五一劳动奖状，被评为湖北省制造业单项冠军产品企业。从 2006 年到 2023 年报经国家专利局受理各种技术专利 55 项，其中发明专利 2 项，实用新型专利 50 项，外观专利 3 项；连续 23 年被评为省、市级守合同重信用企业、湖北省金融系统 AAA 信用企业。公司生产的金刚石工具系列产品畅销国内 28 个省、市、自治区和欧美、中东、东南亚等国际市场。

"研发和制造更安全更锋利的金刚石锯片"是昌利公司的使命，公司全体员工坚持"仁爱、协作、创新、勤奋"的价值观，为昌利公司成为"行业第一""成就百年昌利"，精诚协作、开拓奋进。

昌利公司一直遵循"追求和谐、创造繁荣"发展理念，不断加强与国内外客户、同行的合作，先后与河南工业大学、中南大学、中国地质大学、北京大学、鄂州职业大学等学校密切合作，积极组建高新技术研发中心，开展高新技术研究与开发，致力于提升产品品质和经营管理水平，为建设技术先进、产品优质、客户满意、和谐发展的现代化企业而努力奋斗。

四、湖北方圆特模具材料有限公司

湖北方圆特模具材料有限公司是一家专业从事模具钢材生产，销售及新品研发的特钢企业。2008年落户于汀祖镇刘畈村，是专业从事高品质工、模具钢产品制造及研发的实体企业，在湖北地区拥有两处工厂，总占地面积超过75000平方米，国内已注册5家"方圆特"产品专卖公司和武汉方圆外贸公司。公司前身是始建于1991年的黄石方圆特钢；企业设计产能为年产各类型高品质工、模具钢20000吨；主要产品为"方圆特"牌冷作模具钢系列、热作模具钢系列、塑胶模具钢系列、高速工具钢系列。经过26年的模具钢制造实践及推广，公司客户遍布全球，"方圆特"产品广泛应用于全球制造业中的各个领域。目前，产品销售网络覆盖整个大陆地区，企业的H13、A8改良、D2等中高档产品远销德国、法国、意大利等几十个国家。

五、湖北良信建筑安装有限公司

公司总部所在地为鄂州市明塘路64号，现具有建筑工程施工总承包壹级、市政公用工程施工总承包贰级、建筑装修装饰工程专业承包贰级、钢结构工程专业承包贰级、机电设备专业承包贰级、环保工程专业承包叁级、起重设备专业承包叁级、施工劳务不分等级资质的施工企业。

2005年6月，为满足项目管理要求，进一步拓展劳务市场，另注册成立了鄂州市民信建筑劳务有限公司，下设10余支劳务分包施工队伍，涵盖木工、砌筑工、钢筋工、混凝土工、脚手架工、水暖工、电工、管道工、油漆工、焊工、抹灰工、防水工、机械工等技术工人830余人，门类齐全，持证上岗率100%。

经过半个多世纪的创业和发展，公司规模扩大，经济实力雄厚，技术力量强大。注册资本金3590万元，净资产上亿元。各类建筑施工机械设备齐全。年创建安产值5亿元以上，创利税3000万元以上。现有员工860人，各类专业技术人员151人，具有高、中级职称79人，持有一级和二级建造师资质证共计28人。2018年为了积极支持花湖机场建设，公司又专门增设了湖北良信建筑安装工程公司临空分公司，办公地点设在燕矶镇嵩山村，专门承接花湖机场及交通管网配套工程建设。分公司自建立以来创造建安产值近5亿元。受到市政府工管中心、临空经济区管委会、中建三局、中核集团、中化建、中交二航局及湖北路桥集团公司的表彰和好评。

在工业与民用建筑施工方面，有较强的技术优势和先进的管理经验，并已通过ISO9001：2008国际质量管理体系认证，工程合格率100%，产品质量得到社会的一致好评。在山东、福建、广东、安徽、陕西、河南、河北、湖南、广西等省市承接多项工业与民用建筑工程，深受相关部门好评，已发展成为鄂州市产值规模大、工程质量优、创新能力强、社会贡献多的建筑企业。

公司坚持"以质量求生存，以信誉求发展"的经营理念，多次被省、市建设管理部门授予"湖北省建筑业先进企业""鄂州市建筑业先进企业""鄂州市安全生产先进单位""鄂州市十佳文明诚信建筑业企业"等荣誉称号。连年被省、市工商行政管理局授予"守合同、重信用"单位。

六、湖北富洋机械制造股份有限公司

湖北富洋机械制造股份有限公司于2011年01月注册成立，法人代表董丽娟。2016年湖北富洋机械制造股份有限公司在武汉股权托管交易中心挂牌上市。

公司投资近5000万元新建厂区40亩，标准化厂房1.2万平方米，研发综合楼4000平方米，绿化带及停车场等配套设施齐全。

公司拥有30年生产齿轮及齿轮轴系统的技术经验，用于冲床、压力机、锚绞机等成套设备，公司设备加工直径5000毫米模数25M以下规格齿轮生产力强，精度等级高。现有各类数控车床、加工中心普通车床、滚齿机、落地镗床、数控人字铣床、磨齿机等设备40台套。公司有专业的技术团队、稳定的职工队伍，拥有良好的信誉和强大的技术力量，公司研制的大型焊接偏心齿轮弥补了传统铸造齿轮气孔、缩松、表面粗糙的缺陷。

后　记

2016 年 4 月，鄂州民用机场经国家民航局正式批复，选址鄂州市鄂城区燕矶镇，将建设航空物流国际口岸，是世界第四、亚洲第一的专业货运（兼营客运）枢纽机场。这意味着，机场核心区和与之配套的道路建设占用区内 16000 户 6 万多名父老乡亲要搬离故土。乡亲们离开祖祖辈辈生活数百年的地方，真的是舍不得。但在各级党委政府正确领导下，在各级干部耐心细致的思想工作和政策引导下，机场核心区群众响应党的号召，本着"舍小家、顾大家"的奉献精神，积极投入支持花湖机场建设之中。2024 年 3 月 19 日，国务院批复花湖机场为"鄂州花湖国际机场"。

"望得见山，看得见水，记得住乡愁"，这是 2013 年 7 月 22 日习近平总书记视察鄂州并与峒山社区村民代表座谈时留下生态文明建设的殷殷嘱托。怎么样让机场核心拆迁区村民"记得住乡愁"，留得下永恒的记忆？我们根据"鄂州地名历史文化丛书"编纂出版方案，策划编撰出版《乡愁花湖》专辑。

2022 年 5 月，《乡愁花湖》编撰策划方案得到了市临空经济区党工委书记尹彬、管委会主任尹俊武、鄂州临空集团有限公司董事长王杰、临空集团有限公司总经理廖金星、临空经济区管委会副主任王涛等领导的充分肯定和鼓励，同时还得到了市民政局领导的大力支持，于 2022 年 6 月 24 日召开了"鄂州地名历史文化丛书"编纂工作会。市民政局在同年 8 月 3 日向全市各区民政局、葛店开发区社发局、临空经济区社会事务局下发了鄂州民政函〔2022〕61 号《关于做好地名文化丛书编纂工作》的函。9 月 22 日市民政局召开了"第二次鄂州地名历史文化丛书"《乡愁花湖》编撰工作会。10月22日上午，鄂州市临空经济区管委会在燕矶镇国家级非遗百节龙研发基地举行了《乡愁花湖》编撰工作动员会，临空经济区辖区的燕矶、沙窝、新庙、杨叶四个乡镇的民政、文化口分管领导和民政办主任或文化站站长出席了会议，泛花马湖地区鄂城区管辖的花湖镇和汀祖镇的分管领导和民政办主任、文化站站长也应邀参加了会议。同时还邀请了市关工委常务副主任、鄂州市历史文化专家夏建国，鄂州市博物馆原党支部书记、市民俗文化专家熊寿昌，副研究员和鄂州市退役军人事务局四级调研员、鄂州市民俗文化专家邱风，市摄影家协会、影视家协会原会长严泽宏等专家出席了会议。会上成立了《乡愁花湖》专辑编委会，鄂州市临空经济区民俗文化博物馆馆长、鄂州市非遗专家库特聘专家严基树担任主编。《乡愁花湖》编委会主要成员先后分别到花湖、汀祖、新庙、燕矶、杨叶、沙窝各乡镇召开编辑人员座谈会，就编撰工作的有关问题与相关乡镇领导和编写人员沟通协商，为《乡愁花湖》编写工作铺平了道路。

《乡愁花湖》专辑共分为6大章，29小节。第一章由袁泽江、李共明、方征武统稿；第二章由王友燕、丁羽奇统稿；第三章由林金寿统稿；第四章由邵国发、江大泉、汪智明统稿；第五章由邵立松统稿；第六章由严子滨统稿。

编撰工作得到了中共鄂州市委原副书记、一级巡视员熊明新同志重点关注和支持，并撰写序言。同时，得到了鄂州市文体局原局长、市关工委常务副主任、鄂州市文史专家夏建国，鄂州市博物馆原党支部书记、副馆长、副研究馆员、鄂州市文史专家熊寿昌，鄂州市退役军人事务局四级调研员、鄂州市文史专家、鄂州市地名专家库特聘专家邱风，鄂城区文化馆原馆长、副研究馆员、鄂州市民俗文化专家邵国春等同志的大力支持。还得到了民间文学爱好者、民俗历史文化作家王友燕、李军、陈晓斌、林金寿、邵立松、曹平、刘喜珍、邵国华、江大泉、汪智明、袁泽江、李共明、方征武、何元华、龚顺良、丁羽奇等人的大力支持，他们不辞劳苦、不惧高温严寒，调查研究走访群众，夜以继日撰写作品。在此，要感谢李凤梅、赵善全、唐伶俐、余剑、陶峰、陈晓斌等人对各乡镇《乡愁花湖》编撰小组的支持。感谢鄂州市摄影家协会严泽宏、范修海、朱文秋、周园林、吴国强、余金水、赵承舟等人提供图片。还要感谢快捷文印的赵晓静、韩维二位女士，为《乡愁花湖》组稿、编排、校对、复核、打印工作给予大力支持。

由于编撰时间较短，资料准备不足，特别是在作品的编辑过程中缺乏经验，本书肯定存在诸多问题和不足，在此表示由衷的歉意。

本书编者